项目引导　任务驱动
示范性高等职业院校课改规划教材

U0833792

船舶结构焊接工艺及编制

主　编　蔡志伟
副主编　曾　平
主　审　陈长江
副主审　罗金华

HEUP 哈尔滨工程大学出版社

内容简介

本书是根据教育部对高等职业技术教育培养目标的要求编写的教材。以船舶行业职业规范和标准为依据，基于船舶结构焊接生产工艺过程的项目引导和任务驱动，设置课程内容。全书按七个项目展开论述了船舶结构的焊接工艺，并介绍了其焊接工艺的编写方法和案例。七个项目分别是：项目一，船舶钢板拼接装焊工艺编制；项目二，船体骨架装焊工艺编制；项目三，船体分段装焊工艺编制；项目四，船舶舾装件装焊工艺编制；项目五，上层建筑及钢结构焊接工艺编制；项目六，船舶总装、合龙工艺编制；项目七，整船焊接原则工艺的编写。每个项目都有职业能力目标，工作任务项目，教学目标要求，主要教学内容，思考与练习，作业与任务等板块，全书由易到难，循序渐进，把理论知识贯穿到船舶结构的焊接生产工艺过程中，重点落实在船舶结构焊接工艺的编制与实施上，使学生的职业能力得到全面的、系统的、专业的训练和提高。书后还附有参考资料等内容。

本书可作为高职高专船舶类及其他成人高校相关专业的教材，也可作为船舶与海洋工程相关专业的本科生的辅修教材，还可供修造船行业相关工程技术人员的参考。

图书在版编目(CIP)数据

船舶结构焊接工艺及编制/蔡志伟主编. —哈尔滨：哈尔滨工程大学出版社，2014.6
ISBN 978-7-5661-0832-6

Ⅰ.①船… Ⅱ.①蔡… Ⅲ.①船舶结构-焊接工艺-高等职业教育-教材 Ⅳ.①U671.83

中国版本图书馆 CIP 数据核字(2014)第 143507 号

出版发行 哈尔滨工程大学出版社
社　　址 哈尔滨市南岗区东大直街 124 号
邮政编码 150001
发行电话 0451-82519328
传　　真 0451-82519699
经　　销 新华书店
印　　刷 哈尔滨市石桥印务有限公司
开　　本 787mm×1 092mm 1/16
印　　张 18.5
字　　数 462 千字
版　　次 2014 年 7 月第 1 版
印　　次 2014 年 7 月第 1 次印刷
定　　价 39.00 元
http://www.hrbeupress.com
E-mail:heupress@hrbeu.edu.cn

前　　言

以“服务为宗旨，以就业为导向”已经成为全社会对高职教育发展的共识，如何建立适应中国经济社会发展的高职教育模式成为当前高职院校的重大课题。高职教育正在创新，努力走出一种适应我国经济社会建设需要的高素质技能型专门人才培养模式。

能否培养出适合企业或行业需求的高素质技能型专门人才，专业是否适销对路成为关键，而构成专业的课程又是主要要素，因此，课程开发是培养模式的核心内容。课程开发必须围绕职业能力这个核心，以专业技术应用能力和岗位工作技能为主线，对课程进行优化衔接、定向选择、有机整合和合理排序，课程的整合应打破学科界限，本着强化能力、优化体系、合理组合、尊重认知规律、缩减课时的原则进行。不必考虑内容的系统性、完整性，而应突出课程的针对性、实用性、先进性和就业岗位群的适应性。

为了适应上述需求，本教材着力针对船舶行业，满足企业对人才培养的需求，从岗位能力要求，到完成工作任务所需要的知识和技能以及素质要求，基于船舶焊接的工作过程，从编制焊接工艺到组织实施，让学生通过学习和训练达到岗位要求。

为了保证本教材的编写质量，船舶与海洋工程学院组织了企业专家，院校的“双师型”骨干教师及部分青年教师参入编写工作，他们是:

陈长江，教授，硕士，湖北金工教学专业委员会常务理事，湖北职工焊接技术协会理事，武汉船舶职业技术学院副院长，船舶焊接技术专业团队带头人。担任本书主审。

罗金华，教授级高级工程师，博士，国际焊接工程师，湖北省焊接学会理事，武昌造船厂副总工程师，担任副主审。

蔡志伟，副教授，高级工程师，副研究员，“双师型”骨干教师，专业负责人兼课程负责人。担任本书项目一至项目五的编写，担任全书主编。

曾平，副教授，国际焊接工程师，“双师型”骨干教师，国家级精品课程负责人。担任本书项目六和项目七的编写，担任副主编。

陶逸询，退休高级工程师，原长航青山船厂技术工艺科副科长兼焊接实验室主任。担任附件等部分的编写。

周飞霓，讲师，国际焊接工程师，低职高聘青年骨干教师，船舶焊接技术专业教研室主任。担任本教材的部分编写及全文校正工作。

韩喆，助教，武汉理工大学，硕士研究生，担任部分校正工作。

管大为，助教，佳木斯大学，硕士研究生，担任部分校正工作。

在本教材的编写过程中，还得到了沪东中华造船有限责任公司、上海江南造船有限责任公司、广州广船国际、广州船厂、中船广州龙穴造船、中船广州黄埔船厂、中船广州文冲船厂、中海工业广州菠萝庙船厂、招商局友联（蛇口）船厂、招商局重工有限公司、长航宜昌船厂等企业的有关专家和技术人员的指导和帮助，在此表示衷心的感谢。

本教材从公开发表的有关杂志、书籍、网站中引用了部分相关资料，在此对涉及到的原文作者，表示衷心的感谢！

编　者

2013 年 10 月

目　　录

绪　论

0.1 船舶焊接技术的发展

新世纪以来,船舶工业步入快速发展时期,呈现出良好的发展势头,产业规模迅速扩大,从2000~2004年的五年间,中国的造船产量年均增长率为26%;2004年,造船产量达到880万载重吨,占世界造船份额的14%,连续第10年列世界第三位;2010年,造船产量超过韩国跃升到世界第一位。

船舶工业自主创新能力不断增强。在消化吸收引进技术的基础上,不断加大自主创新力度,船舶研究、设计、建造技术水平不断提高。中国已能够自主设计建造30万吨级超大型原油船(VLCC)和8 000箱级超大型集装箱船,如图0-1所示,并已成功进入液化天然气(LNG)船建造市场,打破了少数国家的垄断。目前,除豪华游船等少数船型外,中国已经能够建造符合各种国际规范,航行于任何海域的船舶。船用柴油机、甲板机械等产品的制造水平已达到或接近当前世界先进水平,并大量为出口船和国内远洋船配套。2010年,中国的造船产量占世界市场的份额达到25%以上,形成中、日、韩"三足鼎立"的世界造船格局;到2020年,我国造船技术水平将达到或接近世界先进水平,成为世界造船强国。

(1) 30吨载重油轮　　(2) 8530TEU集装箱船

图0-1　船舶建造的大型化、多样化

造船焊接技术是现代船舶制造的关键工艺技术之一,在船体建造中,焊接工时约占船体建造总工时的30%~40%,焊接质量是评价造船质量的重要指标,焊接效率直接影响到造船周期和船舶建造成本。因此,焊接技术进步对推动造船发展具有十分重要的意义。

(1)船舶焊接技术在造船中的作用越来越突出　焊接技术随着船舶建造的大型化、多样化而日益成为现代船舶建造的关键技术。一方面,焊接自身的优越性和焊缝的致密性得到广泛认同,使得焊接加工的需要量越来越大,另一方面,焊接自身的局限性和不足也得到进一步限制和解决,诸如应力集中,焊接变形等问题目前都得到了有效的控制,所以焊接技术在造船中的应用得到扩大,再就是随着船舶的大型化和多样化,提高了船舶的科技含量和附加值，焊接技术在关键部位的作用更为重要，甚至决定整船的建造质量。因此，现代船舶建造中，焊接技术已经成为不可缺少的关键加工技术。焊接工作和技术人员也得到企业的高度重视。

（2）船舶焊接技术在造船业的应用不断进步　新材料、新钢种，尤其是高强度钢在船舶建造中的不断应用，促进了焊接新工艺的发展；推广应用了 CO_2 气体保护自动、半自动、气电垂直自动焊，以及各种衬垫单面焊等高效焊接技术；提高了船舶分段制造的焊接自动化、半自动化率和焊接生产流水线作业水平；缩短了造船周期，在船台等现场焊接中全面推广应用衬垫单面焊技术；在新建的平面分段流水线上全面应用 CO_2 气体保护焊接技术；加强了军品焊接技术研究，提高军品焊接自动化率，改善军品焊接质量。

（3）焊接工艺推进了造船工艺的发展　造船工艺的进步要求焊接工艺的改进，焊接工艺的改进又推动了造船工艺的发展。由于造船业的发展，船舶类型的大型化和多样化决定了造船工艺的复杂化，图 0－2 为现代造船工艺流程图，如此复杂的造船工艺也要求焊接工艺与之相适应，使焊接工艺的改进成了造船业的常规课题，出现同种焊接方法在同一条船的建造中就有着多种不同的焊接工艺，以满足船舶建造的需要。

中国船舶工业用 30 年的时间，在一穷二白的基础上，基本建立了比较完整的工业体系，又用了 20 余年的时间，发展成为举足轻重的世界第三造船大国，我们相信，再用 10 余年的时间，中国船舶工业一定会跃上一个新的台阶，为国民经济建设和国防现代化建设，为世界造船与航运业的发展，作出更大的贡献。

0.2　本课程教学改革

我国造船业的发展，需要大批的专业人才，作为船舶工程类的高等职业教育院校，为适应这一需求，也加快了教学改革的步伐，经过十年的建设，其改革成果主要体现在专业设置的改革和课程模式的改革两个方面。

（1）专业设置的改革　在高等职业教育的专业设置方面，各级教育主管部门给予高职院校许多不同于普通本科院校的自主发展空间，各高职院校以面向社会、面向地方经济建设为基本原则，在建设教学平台的同时，积极创建适应地方经济建设的新专业，改造已有的专业。目前，全国已经涌现出一大批面向地方支柱产业，面向新兴产业生产、建设、服务第一线的技术或职业岗位（群）设置的新型高职专业，基本上改变了按传统学科设置专业的局面。

（2）课程模式的改革　多年来，我国高等教育中多采用“学科范型”为主的课程模式设计教学方案，在大学专科教育中也基本运用了这一模式，造成专科层次人才培养定位不清、规格与职业需求不符的情况。在过去的十年中，无论是发展高等职业教育还是改革专科教育，都力求突破这种以学科教育为基础的课程模式。各级教育主管部门和高职院校纷纷借鉴世界先进的职业教育课程模式及开发模式，初步开发了一些适应我国职业教育的、以行为导向为基础的，以能力培养为核心的课程模式及课程开发模式。创造出校企联合、工学结合的新经验。

《船舶结构焊接工艺编制》课程，经过课程改革和建设工作，取得了很大的进步。尤其是 2008 年按照国家精品课程的要求建设本课程，经过教学团队共同的努力，被评为 2009 年院级精品课程，2010 年又被评为省级精品课在课程定位，职业能力分析，课程设置，课程内

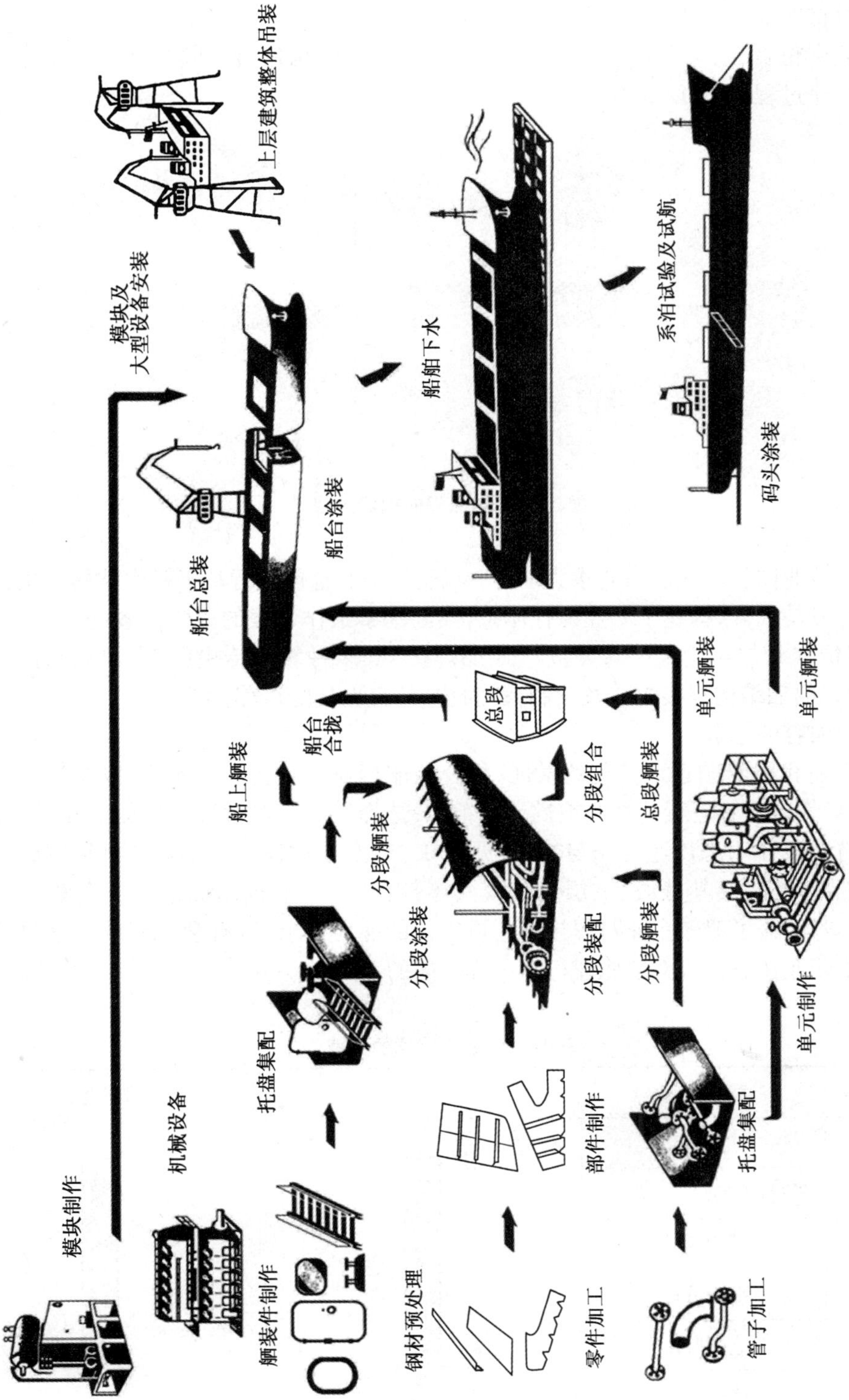

图0-2 现代造船工艺流程

容选择,教学情境设计,教学考核等方面,做了大量的工作,现主要对课程内容等方面的改革简述如下:

①本教材内容的构建

从职业岗位责任,职业能力要求,到专业课程体系的构建,再到教材内容的设置,本课程教材的构建过程如图0－3所示。

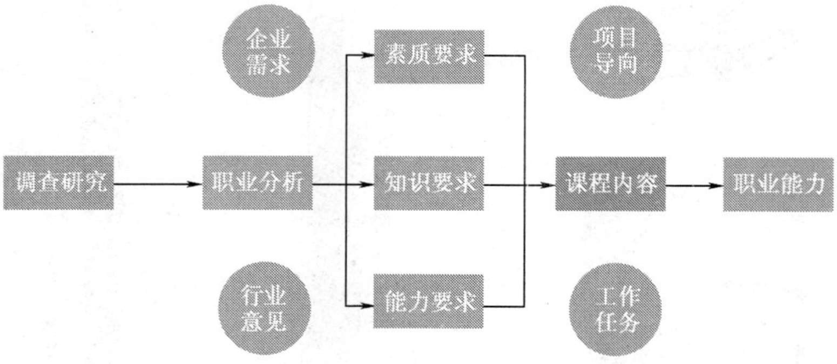

图0－3　本课程的构建过程

以学生就业岗位职业能力要求为前提，与船舶企业合作进行基于船舶结构焊接工艺过程的课程开发与设计,构建了专业课程体系,强调基于工作过程的教学内容的整合,将原来由《焊接结构》《焊接结构生产与装备》《船舶焊接》等多种教材传递的知识与能力,高度融合到现在的《船舶结构焊接工艺及编制》教材中,并突出技能培养。

②教材内容的选取

针对目前我国船舶建造工艺的发展,结合船舶行业各企业生产实际,以及学院教学与设备情况,对教学内容进行了精心地挑选与组织,选择了具有典型代表性的船舶零、部件或分段作为教学载体用来传递知识与能力,见表0－1,七个载体分别来自从事船舶制造的厂家,涵盖了船体结构及其分段、上层建筑及其零部件,每一个载体都是一个完整的工作过程。教学内容涵盖了船舶企业对焊接工艺员岗位的能力要求,所有学习领域的学习情境设计都是基于职业任务设置并以职业行动过程取向的。

表0－1　七个载体的选取

顺序	载体名称	复杂程度	难易程度
1	船底板	简单 ↓ 复杂	易 ↓ 难
2	骨材(T型材、工字钢)		
3	船用钢管		
4	平面分段		
5	立体分段		
6	船舶舾装		
7	上层建筑		

0.3 本教材教学法及安排

1. 多种教学方法运用

本教材是一门实践性很强的课程，为了更好地提高学生的工艺编制能力，勤于思考，乐于实践，本课程在实施的过程中，可采用多种方法组织教学：

(1)实例教学法　采用实际生产的船舶图纸(主要是200 m^3 挖泥船、500 m^3 开体泥驳、多用途货船、502/275TEU 集装箱多用途船)和典型船舶模型，进行实例教学。

(2)分组讨论教学法　每个项目教学时将学生分组，给每个组分配一套图纸或模型，学生先识读，找出问题，并通过讨论，提出初步解答方案，教师再进行讲评、归纳总结。

(3)启发引导教学法　以学生为主体，教师提出问题，引导学生在做中学，充分发挥学生的潜能。

(4)引导文法　是本课程编制工艺的一个主要的教学方法，每一个任务的载体都以一个项目的方式开展，老师在每一个项目中为学生提供了每一个载体所需要的引导文资料，学生在引导文资料的引导下，逐步实施船舶结构焊接工艺的编制。

教育教学是一个复制的过程，课程组老师经过多年的教学实践，还可采用头脑风暴法、角色扮演法等多种方式方法，并结合现代教学技术手段，努力提高教学效果。

2. 课程安排

以贴近真实工作任务及工作过程为依据开发设计教学、训练项目，确定如下学习情境，见表0-2，本课程总学时120学时(其中单元教学：讲50学时，练10学时；2周的专用周教学：采用一体化教学，讲20学时，练40学时)，5学分。

表0-2　船舶结构焊接工艺编制课程学时安排

序号	学习情境内容	建议学时		
		讲授	训练	小计
1	船舶钢板对接装焊工艺编制	4	2	6
2	船体骨架装焊工艺编制	12	4	16
3	船体分段装焊工艺编制	8	4	12
4	船舶舾装件装焊工艺编制	8	4	12
5	上层建筑装焊工艺编制	4	2	6
6	船舶总组、合龙工艺编制	8	4	12
7	船舶焊接原则工艺的编写	6	2	8
8	船舶焊接工艺编制实作	20	28	48
总计		70	50	120

【思考与练习】

1. 谈谈船舶工业的发展对焊接技术的影响。
2. 为什么说船舶焊接技术是现代造船工业的关键工艺技术？

3. 现代船舶工业采用了哪些先进的焊接技术?
4. 本课程选择哪些载体组织教学?
5. 以船体构件为载体组织教学着力培养学生的什么能力?
6. 本课程的学习情境包括哪些内容?
7. 如何学好本课程? 应用哪些方法?
8. 通过本课程的学习,提高哪些职业技能?

项目一　船舶钢板拼接装焊工艺编制

【职业能力目标】

1. 能识读船用钢板拼接装焊图,并能分析焊接变形的特征。
2. 能选用船用钢板拼接装配的工夹具和常用的焊接方法。
3. 能熟悉船用钢板拼接装焊工艺内容。
4. 掌握薄板、中厚板的对接要求及常用工夹具的选用。
5. 掌握船用钢板结构焊接应力与变形的产生原因、变形规律及其控制方法。
6. 掌握船用钢板拼接装焊工艺卡的编写常识。

【工作任务项目】

船舶钢板的拼接。主要包括:船体板的拼接,其中包括船底板、舷侧板、主甲板、次甲板、纵、横舱壁等,上层建筑壁板,楼甲板及其他船用板结构的对接。在编制船用钢板拼接焊工艺中,主要要求是:

1. 能够找出船舶上不同部位或结构的对接焊缝,并根据其特点进行分类,并能区分不同焊缝的工作特点。
2. 能够根据船体结构特点提出船板拼接焊方案。
3. 明确船舶薄板、中厚板的对接要求。
(1)船舶钢板对接的空间位置;
(2)船舶钢板对接的坡口形式;
(3)船舶钢板对接焊缝的质量要求。
4. 编写船用钢板对接装焊工艺卡。

【教学目标要求】

一、知识目标
1. 船舶钢板拼接焊接特点和类型及生产工艺过程。
2. 钢板预处理常识。
3. 焊接接头的组成及类型,焊缝的形式。
4. 工夹具的种类及其应用。
5. 薄板、中厚板的对接装配定位方法。
6. 焊接应力与变形的产生原因。
7. 焊接收缩变形的控制。
8. 焊接工艺要点及简单焊接工艺卡的要求。
二、能力目标
1. 能识别不同类型焊接结构。
2. 能判别钢板预处理的表面质量。

3. 能对不同板厚进行坡口加工和处理。
4. 能识别和使用简单的拼接焊工夹具。
5. 能进行钢板的对接定位和装配。
6. 能采取预防船板拼接焊焊接变形的措施。
7. 能正确应用对接焊工艺。
8. 能编制船板拼接焊装焊工艺卡。

【教学内容导航】

1. 船舶薄板、中厚板的对接要求。
(1)船舶钢板对接的空间位置;
(2)船舶钢板对接的坡口形式;
(3)船舶钢板对接焊缝的质量要求。
2. 焊接应力与变形的产生原因,焊接收缩变形的控制。
(1)焊接应力与变形的基本概念;
(2)焊接应力与变形的产生原因;
(3)焊接收缩量及变形的控制和矫正方法。
3. 掌握船用钢板拼接装焊工艺卡的编写常识。
(1)钢板拼接焊接生产工艺过程;
(2)钢板拼接焊接施工简图及工艺卡。

1.1 船舶钢板的拼接特点

船舶钢板简称船板是一种专用钢板,在相关课程已作介绍,这里重点介绍船板的焊接加工工艺,船舶钢板拼接是船舶焊接的主要加工工艺之一,也是船舶焊接生产的主要工序,在船舶构件的加工中,也是主要的构件加工,船板中包括船底板、船甲板、舷侧板和上层建筑等,都需要拼接,图1-1是一般中小型船厂正在进行船板拼接的场景,大型船厂是采用自动化的单面焊流水线生产工艺,实际上船板拼接只是船舶焊接的一个工作环节,要了解船舶的焊接工作,还需要了解船体结构的焊接特点及相关知识。

1.1.1 船体板结构焊接特点和焊缝类型

1.1.1.1 船体板结构焊接特点

(1)焊接质量高 由于现代船舶的专业化和多功能化的需求使得船舶结构越来越复杂,船舶的附加值越来越高,科技含量越来越高,制造质量越来越高。这就要求对生产过程的控制越来越严,尤其是焊接质量,焊接技术已成为现代船舶生产的关键加工技术之一,依靠焊接技术提高船舶焊接质量已成为现代造船师的共识。

(2)焊接量大 船体结构无论是从吨位还是从尺寸上看都在向大型化方向发展,10万吨级的船在我国沿海船厂已比比皆是,船长在300 m以上已不足为奇,这样巨大的船舶犹如海上城市,完成这样的船舶焊接往往需要焊接材料上千吨,所耗人工数量不亚于修建一座摩天大楼。

图 1－1　车间船用钢板的拼接

(3)焊缝种类多　对于任何一个现代船舶来说，几乎包括了所有焊缝的种类，不仅包括对接、角接，而且还有各种异型焊缝、异质焊缝，这就需要更为先进的焊接技术和焊缝检测技术，以应对不同船舶结构的焊缝的焊接而采取不同的工艺措施。尤其是针对不同空间位置的焊接，包括平、立、横、仰等全位置的焊接。

(4)焊接变形复杂　现代船舶结构的用料较为复杂，仅就船体而言，虽然主要是船用结构钢，但也大量地应用了铝、铜、钛等合金，甚至出现多种材料的焊接，材料的强度级别越来越高，力学性能差异和板厚差异也越来越大，加上结构上的复杂性，造成了较大的焊接应力和变形，为了防止船舶结构的焊接变形，需要采用特殊的技术措施和矫正焊接变形的手段。

(5)焊接辅助装置多　随着船舶加工专业化程度的提高，从整体建造法，到分段建造法，再到“壳、舾、涂”一体化区域造船法，需要专业化的设备和辅助胎夹具也越来越多，尤其是焊接辅助装置，呈现出高科技含量，数控技术和计算机技术已得到广泛应用，自带焊接辅助装置的船用焊接成套设备不断革新和创造，焊接自动化程度越来越高。

(6)焊接工艺条件复杂　船厂造船的作业面随着造船量的与日俱增而不断扩大，这为缩短造船周期创造了有利条件，而作业面的扩大从造船车间延伸到船台、船坞、甚至码头岸边，因而焊接作业由平面作业扩大到空间作业或高空作业。就气候而言，涉及春夏秋冬，使得焊接工艺条件变化多端，所以对船舶焊接工艺评定要求也越来越严。

(7)焊接操作技术要求高　先进的焊接设备要求具有高素质的技术人员操作，从普通的焊条电弧焊，到埋弧焊，气体保护焊的应用，再到先进焊接设备，如双丝、多丝焊，气电立焊、焊接生产流水线以及各种焊接加工中心的应用都需要较高的科技知识和专业文化作基础，没有现代化的焊接专业知识，是无法操作现代化的焊接设备的，也就无法从事现代船舶结构的焊接生产。

1.1.1.2　船体板结构焊缝类型

船体板结构焊缝类型很多，按焊缝在船体空间的位置分大致有以下几种：

(1)船板平焊缝类型　这类焊缝从船体的生产过程中可以看到，它包括船体外板的拼接缝，分段之间的船底板、内底板对接缝、甲板、次甲板对接缝，各种纵横舱壁和上层建筑的对接缝，各种结构舾装件如系揽桩、艉舵、锚链筒、吊艇架、舷梯等的各类钢板或型材预制时的对接缝及其安装定位时的焊缝等。

（2）填角焊缝类型　这类焊缝从船体的生产过程中可以看到，它包括平面分段建造时各种骨材如T型材、角钢、球扁钢等与外板连接的角焊缝、船体构件或骨材在空间任意方向或位置的交叉连接缝，各种船体支柱，包括舱内支柱、桅杆立柱，系揽桩等的连接与安装焊缝，船舶大合龙连接处骨架与外板的连接缝，舭龙骨与外板的连接缝等。

（3）船板立焊缝类型　这类焊缝从船体的生产过程中可以看到，在船舶平面分段的构架装焊时的连接缝，各立体分段的构架装焊时的连接缝；船舶分段总组、船台或船坞装焊时，船侧板合龙对接，在船体或上层建筑各种垂直舱口的加强焊缝等。

（4）船板横焊缝类型　这类焊缝从船体的生产过程中可以看到，在船舶分段总组、船台或船坞装焊时，上下层壁板的连接缝、艏部外板在胎架上（顺装法）或在骨架上（倒装法）安装时上下板的连接缝、在船体或上层建筑各种舱口的加强焊缝等。

（5）船板仰焊缝类型　这类焊缝从船体的生产过程中可以看到，在船体分段合龙时，船底板或内底板下边，甲板内侧的连接缝多处于仰位，现多以各种衬垫焊，即单面焊双面成形工艺所取代，在各分段、艏艉舱装焊、总组和总装及合龙焊接时，构架或骨材水平板对接下侧的焊缝，还有部分仰角焊缝如护舷材与舷侧顶列板板的安装焊缝等。

（6）管子焊缝类型　各种船用钢管，包括水管、油管、气管及其他管道系统的制造与安装焊缝，主要有管子可转动水平焊缝（属于动态平焊）、管子固定全位置焊缝（主要含平、立、仰焊），管子垂直对接横焊缝，同型或异型管子交叉接头相贯线对接缝、管子在空间任意角度的空间对接焊缝等。

（7）曲线形焊缝类型　焊缝长度线型随船舶线型而定，特别是艏部、艉部结构的连接处，如艏尖舱的焊缝，存在大量的爬坡焊，斜仰焊；在上层建筑中，各种附件的装焊，焊接空间位置异常复杂；还有船上各种结构舾装件的安装也有大量的不同曲度的全位置焊缝。

（8）船板构件塞焊缝类型　这类焊缝从船体的生产过程中可以看到，在船舶舾装构件的装焊中，带缆桩的加强板与甲板的连接，艉舵装焊中的舵叶板的连接缝，以及其他在船体或上层建筑相关结构的加强焊缝等。

1.1.2　船体板的拼接特点

（1）焊缝长　由于船舶的大型化，船体的空间尺寸越来越大，船体列板包括船底列板、舷侧列板、甲板列板的相对长度也越来越长，常常在10～15 m，拼接以后甚至更长，对于单次焊接长焊缝来说，增加了板缝中的焊接应力，尤其是拼接板缝中的终端应力。

（2）钢板厚　船舶的大型化，要求板材相对较厚，大大增加了焊接的难度，厚板的装配精度要求较严，焊缝的熔透性要求较高，厚板的角变形控制较难，尤其是非对称角焊缝，如角接接头的焊缝。另外，不等厚板的连接也常常会导致增加焊接应力和出现角变形。

（3）刚性大　船舶的大型化，要求板材的材质性能越来越高，从低碳钢、普通低合金钢的应用到船用合金钢的应用，现在由船用的E级钢发展到F级钢，强度级别越来越高，材料的刚性也越来越大。另外，结构的复杂性也会导致刚度增大，所以，焊接的难度不断增大。

（4）占用平台面积大　船舶的大型化，要求生产场地越来越大，从新建的厂房和车间来看，占地面积越来越大，空间越来越高，相应的焊接平台也越来越大，平台耗材明显增多，特别是船台作业，由于船台的扩大导致作业面增加，同时也增加了劳动强度和安全的危险性。

(5)焊接质量要求高　船舶的大型化，不断增加了船舶的自重，而且船舶的载重量也越来越高，现在30万吨级的船舶已不少见，船舶性能越来越高，对焊缝的质量要求也越来越高，焊缝级别的限制越来越苛刻，焊缝检测手段越来越先进，同时检测方法越来越多，验船程序越来越严。

1.1.3　船体板的拼接的生产工艺过程

1.1.3.1　一般船舶结构的焊接生产工艺过程和生产工艺流程

船舶结构焊接产品在生产车间中通常是由若干个工作位置、若干个工种、若干设施、设备或机械加工逐步完成的。每个工作位置完成其中一道或几道工序。生产同一部件或产品的若干位置排到一起称为“生产线”。在生产工件被连续传输加工时，即为流水生产线。这种由若干个生产加工过程或工序组成的按先后顺序依次作业最终生产出产品的过程称为船舶结构焊接生产的工艺生产流程。如目前国内船厂流行的分段生产流水线，由拼板、自动焊接、构件安装、舱壁组装和翻身施焊等工序组成。

对于特别重或特别大的产品，如总装船舶时，船舶不能传输，而只能通过交换不同工种的工人在上面工作。

不同的焊接结构生产，其工作流程有所不同或者有较大的差异，其焊接方法、生产条件和过程也不会相同，但大致都包括以下几个过程。

(1)生产准备　包括审查、熟悉施工图纸，了解技术要求，进行工艺分析，制定整个船舶结构焊接生产工艺流程、工艺措施及确定工艺方法，制定工艺文件及质量保证文件，订购金属材料及辅助材料等。金属材料预处理，包括材料的验收、分类、矫正、除锈和表面保护处理等工序，其目的是为船舶结构的焊接提供合格的原材料等。

(2)备料　包括放样、画线、备料、切割、边缘加工、成型加工、端面加工及冲压、制孔等工序，目的是为船舶预装配及焊接提供合格的零件。

(3)装配-焊接　这是两个不同但又紧密相连的工序，包括边缘清理、装配-焊接及除锈清理。一个产品可能经过几次装配-焊接工序。

(4)检验　从原材料入库开始，在每道工序中都应采用不同方式进行不同内容的检验。其中成品检验除检验外，还包括油漆、做标志和包装等。

简单的船体构件加工，不必划分为装配-焊接部件，而直接由零件装配-焊接为部件。对较复杂的船体分段，应该把它划分为若干部件，由几个流水线或几个工作位置将零部件装配-焊接成分段，再将各个分段总装配-焊接为整个船体。分段制造有利于扩大工作面，简化装配结构、降低工人技术水平要求，提高劳动生产率，协调各工种间的生产节奏。

1.1.3.2　生产的基本工序

一个生产过程包括若干生产的若干工序，工序是产品制造过程中的基本环节，也是构成生产的基本单位。生产工序往往是由一个或若干个操作人员在同一处用相同设备加工同样的产品。其特征是操作人员的动作基本相同，产品的加工方式或加工部位基本相同。

例如上述材料的预处理包括材料的矫正、矫平、除锈等工序。其中矫正就用到调整机、起重机等设备，它在同时间、同位置，由相同的几个工人生产完成。

又例如，焊接这一生产过程，包括焊材预热、坡口打磨、焊接、焊后清渣、后热等生产工序。焊材预热要求，酸性焊条是100°~150°，保温1.5 h，碱性焊条预热350°~400°，保温2 h。设备是烘干箱，由专人完成。坡口打磨工序，由专人用电动打磨机完成。焊接和焊后清理由焊工负责。后热由专人担任。

1.1.3.3 生产规模

(1)单件小批生产　同一种产品数量很少，产品单一，经常变化并且难以确定生产数量。常采用手工焊接，灵活方便，但成本较高。

(2)成批生产　一段时间内生产一定数量的同一种产品。周期性的轮换生产若干种产品，常用夹具及多种工具。

(3)大量生产　在相当长的一段时间内生产同一种产品，产量很大。常利用设备工夹具，效率高，工艺装备先进，机械化自动操作多。

1.1.3.4 船体板的拼接的生产工艺过程

船体的各层甲板、平台、纵横舱壁、围壁、内底板和平直的外板等大面积水平船板，均可预先拼板，其过程为：

(1)铺板　将预定的钢板运送到车间，吊放在事先做好的钢制平台上，并做好对接装配准备。

(2)除锈　在钢板对接口的边缘进行除锈处理，常采用砂轮打磨机清除钢板边缘25～30 mm范围内的底漆、锈蚀和污物等。

(3)拼装　将装配平台上的准备对接的钢板利用撬杠等工具对齐定位，并点焊焊珠。

(4)定位焊　在装配定位时，应随时进行定位焊，定位焊前钢板应对齐，且高低一致，无错口，定位焊的焊珠应有一定的长度，还应保持一定的间距，不同的板厚，要求不同。

(5)防变形　在正式焊接前应采取必要的防变形措施，如焊接前在钢板周边点焊固定，以防焊接后出现收缩变形，或者在焊缝附近加上压铁。特别是8 mm以下的薄板需要采用适当的防变形的措施。

(6)焊接　将焊接设备准备到位，按照预先做的焊接工艺规范调节好工艺参数，然后焊接。

钢板拼焊完成后，应检查拼板的平面度，超差部分应予矫正，矫正后再切割余料，然后画线，再进行后续工序的施工。

1.2 船舶钢板焊接准备工作

1.2.1 钢板预处理常识

现代造船中，钢材的表面处理分为两个阶段：一是对原材料先进行处理，除去表面氧化皮和锈蚀，涂上车间底漆，确保在焊接、装配等加工过程中不继续腐蚀——即表面预处理。二是钢材在加工成分段或合龙成船舶整体时，在涂装前所做的钢材表面处理，即“二次除锈”。简单说：一是加工前表面预处理；二是加工后，涂装前的表面处理(二次除锈)。

1.2.1.1 钢材抛丸预处理流水线

造船材料预处理方式有抛射磨料处理，喷射磨料处理和酸洗处理三种方式。其中抛射磨料处理现已建成自动化流水作业线。

(1)抛丸抛射磨料处理　它是利用抛丸机的叶轮在高速旋转时所产生的离心力，将磨料(钢丸、钢丝段、棱角钢砂等)以很高的线速度射向被处理钢材表面，产生打击和磨削作用，除去钢材表面氧化皮与锈蚀，让钢材表面暴露出金属本色，并呈现出一定的粗糙度，以利于涂料的黏附。

（2）钢材抛丸预处理流水线　钢材抛丸预处理流水线简称钢材预处理流水线。有两种类型：一是钢板预处理流水线，二是型钢预处理流水线。这里只介绍钢材预处理流水线的工艺流程，如图1－2(a)和(b)所示。

(a)

(b)

图1－2　钢板预处理流水线示意图

钢材抛丸预处理流水线流程如图1－3所示。

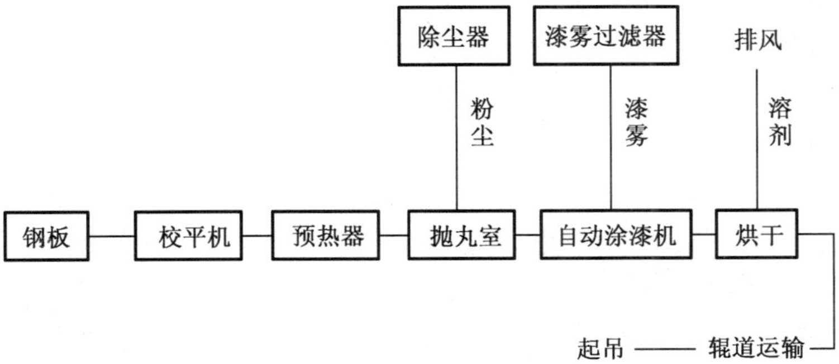

图1－3　钢材抛丸预处理流水线流程

钢材抛丸预处理程序：

①钢板校平　钢板校平，通常是采用七星辊或九星辊校平机，如图 1－4 所示。适用板厚 4～390 mm。一般放在预热处理工位之前，也有放在抛丸机之后。这是为了保护轧辊不受氧化皮损伤的缘故。

②钢板运送　钢板上料后，各工位的传送由辊道完成。通常有两种辊道：一是链式点接触型；二是“八”字形辊道。另外，辊道数量必须足够。

③预热　预热式为了除去钢板表面的水分、部分油污，有利于喷漆后的干燥。目前预热设备有：中频感应加热、液化石油气加热、热水喷淋加热等。不论采用何种方式加热，均应使钢板升温至 40 ℃左右。

④抛丸　抛丸在抛丸室内完成如图 1－5 所示。抛丸室安装有抛丸器（抛头）、磨料循环装置、磨料清扫装置、通风除尘装置等。

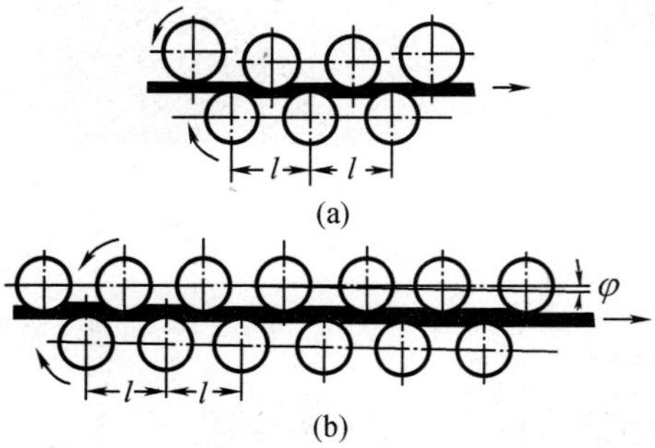

图 1－4　钢板矫平机工作原理图

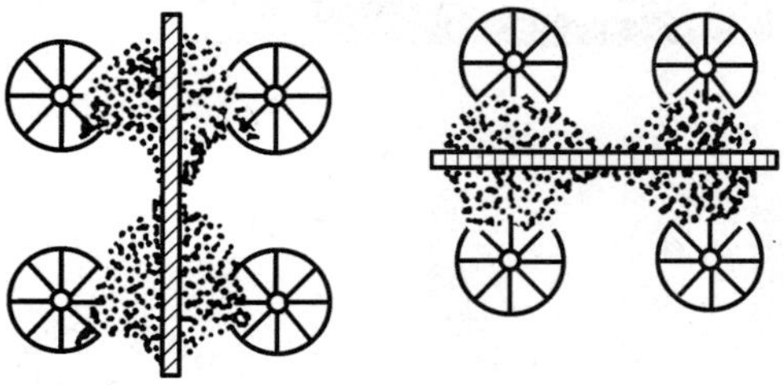

图 1－5　抛丸除锈设备的工作原理

⑤喷漆　抛丸后需立即涂覆车间底漆。涂漆以自动化方式进行。装置由高压无气喷漆机、自动喷枪、通风去污装置组成。

⑥烘干　钢板喷漆后应进入烘干炉。烘干炉可以远红外线辐射或蒸汽为热源，不能采用明火加热。

对钢板型材处理程序：校平机（校平，提高分段落料加工精度）——预热器（升温，去除表面氧化皮后，立即喷覆车间底漆）——烘干（水分，油污，利于喷漆后干燥）——抛丸室（粉尘，连接除尘器）——自动涂漆机（漆雾，漆雾过滤器）——后加热器（烘干车间底漆）——辊道运输——起吊。

1.2.1.2　喷丸处理

（1）定义　喷丸处理是压缩空气为动力，将磨料以一定的速度喷向被处理的钢材表面，以磨料对钢材表面的冲击和磨削作用，将钢材表面的氧化皮、锈蚀产物以及其他污物去除的一种高效率的表面处理方法。

（2）喷丸处理的主要对象是对未经过原材料预处理的钢材组装后的分段、舾装件、结构件进行表面处理，并配以手工涂装防锈漆，它也属于“二次除锈”。

（3）喷丸处理的特点

①喷丸处理可以直接处理厚板材料。

②对预处理流水线难处理的超厚板（不利于流水线作业）进行预处理。

③喷丸处理还是二次除锈的工艺手段。

1.2.1.3　酸洗

酸洗主要应用在不抛丸的工件或薄扳、管材、舾装件和零部件。

(1)酸洗是应用无机酸或有机酸与钢板表面的氧化皮(其分子式为 Fe_3O_4,实际是 Fe_2O_3 与 FeO 的复合氧化物)、铁锈(氧化铁和氧化亚铁的复合水合物)进行化学反应,生成可溶性铁盐,然后将其从钢板表面清除的工艺手段。

(2)主要化学反应

酸洗中:$Fe_2O_3 + 6H^+ \longrightarrow 2Fe^+ + 3H_2O$

$FeO + 2H^+ \longrightarrow Fe^+ + H_2O$

酸还与铁反应析出氢:$2H^+ + 2Fe \longrightarrow Fe^{2+} + H_2$

析氢的两面性:其一容易使钢板剥离,氢分子对铁表面的氧化皮与铁锈剥离 Fe_2O_3——FeO(更易溶于酸);其二产生氢脆,氢原子体积小易扩散到铁表面基体内部,产生氢脆。

(3)酸洗工艺(主要指浸渍法) 酸洗工艺分七步:

①除油(碱液+乳化剂)　70~80 ℃ 1 h;

②热水浸洗　80~90 ℃ 2 min;

③酸处理　40~60 ℃ 0.5~4 h;

④冷水浸洗上下运动 1~2 min;

⑤中和处理　稀碱液(碱粉+水玻璃);

⑥冷水漂洗　洗去中和液和表面少量盐分;

⑦磷化处理　在钢铁表面形成一层不溶于水的金属磷化膜。

(4)酸洗方法　酸洗主要是采用酸性溶液,主要的酸性溶液及其特点如下:

①有机酸　酸洗速度慢,酸洗后不易重新生锈,残酸无毒,但有机酸较无机酸贵得多。

②无机酸　反应快,有毒,有易过蚀现象和氢脆。H_2SO_4 易过蚀、氢脆、需洗去残酸。

③盐酸　速度较硫酸快,升温时形成酸雾,对人体健康有影响。铁的氧化物在 HCl 中的溶解速度大大快于硫酸,且盐酸挥发性大,酸雾有毒,需洗去残酸。

④磷酸反应慢,因而除锈速度慢,H_2PO_4 无毒,磷化膜无毒,成本高。

⑤硝酸主要用于高合金钢的处理,与盐酸混用,易生成有毒的氮氧化物。

⑥氢氟酸用于处理处理表面含有残余型砂的铸件、不锈钢,剧毒,易挥发。

酸洗时需要改善处理过程,缩短酸洗时间,提高酸洗质量,防止过蚀和氢脆,减少酸雾,加入缓蚀剂(极性分子有机物被吸附形成保护膜,达到缓蚀)、润湿剂(增大酸洗接触面积)和消泡剂(降低酸雾挥发性,被吸附,形成保护膜,达到缓蚀阳极 Fe 的作用)。

(5)废酸处理　废酸处理方法有两种:一是用铁屑吸收废酸;二是采用离子交换树脂法、电渗析法、氧化沉淀法等清除废酸中的亚铁离子,使废酸新生。

1.2.2　下料和坡口加工方法

船厂下料和坡口加工主要采用高效加工方法,有机械加工法和火焰切割法两大类。

1.2.2.1　机械加工方法

机械加工方法主要有:剪切、冲孔、刨边和铣边等。

(1)剪切原理

被切割金属受到剪刀给予的超过材料极限强度的机械剪切力的挤压而发生变形并断裂分离。被剪切的板材可分为圆角带,截断带,剪裂带和揉压带,如图 1-6 所示。

机械剪切的过程可分为三个连续发生的阶段：①弹性变形阶段：材料受上、下剪刀作用力，发生弹性变形，应力没有超过屈服极限。②塑性变形阶段：上、下剪刀继续作用，应力超过屈服极限并继续上升，直到相当于材料抗剪强度的最大值，塑性剪变形从剪刀的刃边开始，变形方向沿着滑移面发生。剪刀挤入被剪金属的深度随着材料性质的不同可达其厚度的 20～50%。③断裂阶段：随着塑性变形的增加，由于剪刃间有一定间隙使金属纤维弯曲拉伸，沿着滑移面的方向逐渐形成裂隙并迅速扩大，直到材料的一部分与另一部分完全脱离，材料即被剪断。

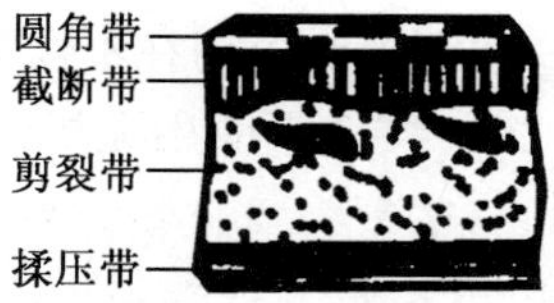

图 1－6 断口变形情况

(2) 常用的机械剪切加工机床

①斜刃龙门剪床——剪切长直边构件的专用设备如图 1－7 所示。

a. 工作部分如图所示：$\gamma = 2° \sim 3°$，$\alpha = 75° \sim 80°$，$\varphi = 1.5° \sim 5°$；S 为刀口间隙；剪刀长度：1.5～8.3 m。

b. 剪刀刀口间隙调整曲线，如图 1－8 所示。

c. 剪切过程　剪床的下剪刀固定，离合器合上，上剪刀做一次下剪动作。完成一次剪切动作后上剪刀回到原来位置时，离合器自行脱开，工作部分停止运动。这样有充分时间进行下一次剪切的各项准备工作。同时，在上剪刀下剪之前，剪床的压紧装置将板料自动压紧，以免钢板产生移动或翻转。

d. 剪切板厚：最大可达 20～50 mm。

e. 优点：剪切长直线时，可获得比较高的精度；加工效率高、经济。

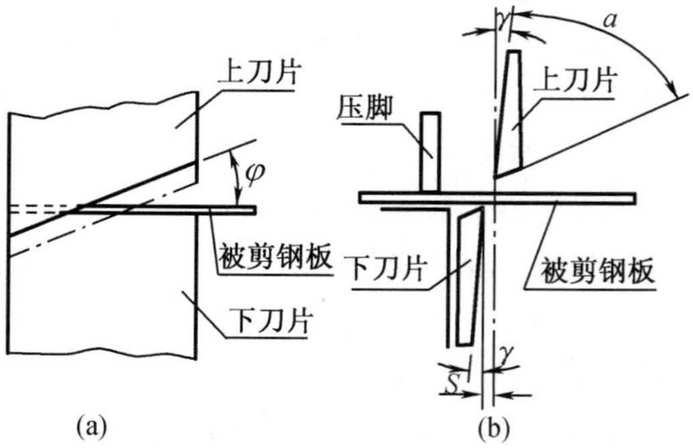

图 1－7 斜刃龙门剪床

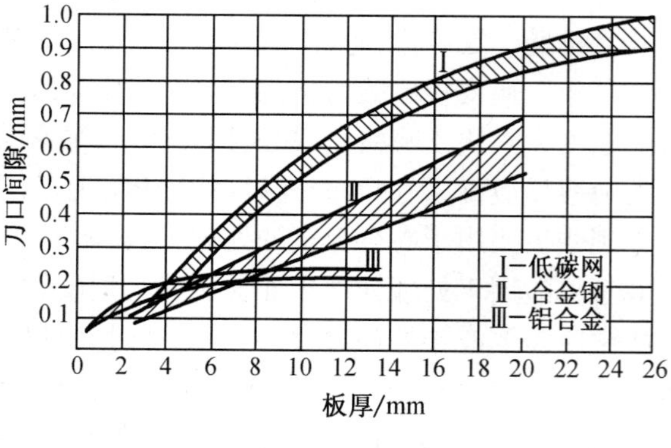

图 1－8 剪刀刀口间隙调整曲线

②压力剪切机——常见的是剪切与冲孔两用的联合机床，如图 1－9 所示。

a. 作用：既可以剪切板材和型材，又可以进行冲孔。

b. 剪切刀片有效工作长度：剪切刀片较短，一般在 300～600 mm 范围内。

c. 刀片的有效工作长度一般是 250～300 mm。

d. 适用情况：适宜于剪切短直线，也可以剪切较长直线及曲度较小的外弯曲线，但剪切的质量不够理想。

e. 两种类型：根据剪刀装置的方向，压力剪分纵向和横向两种。横向式压力剪喉深一般为 600～1 000 mm，板材剪切的宽度受到喉深的限制。而纵向式压力剪却无喉深的限制。

③圆盘剪切机

a. 工作部分：如图 1－10 所示，剪刀由两个轴线平行或倾斜安装的锥形圆盘组成。剪切时，上刀盘为主动盘，下刀盘为从动盘。

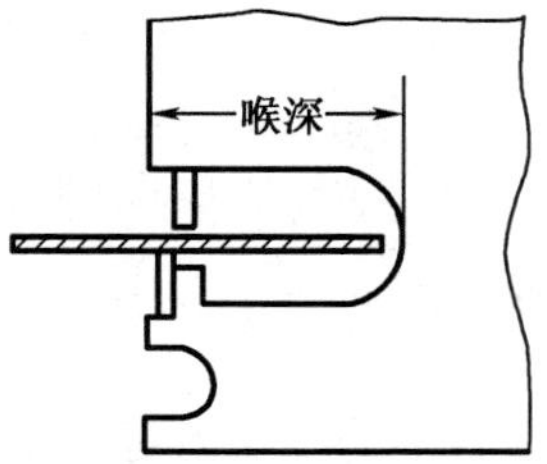

图 1－9　压力剪切机

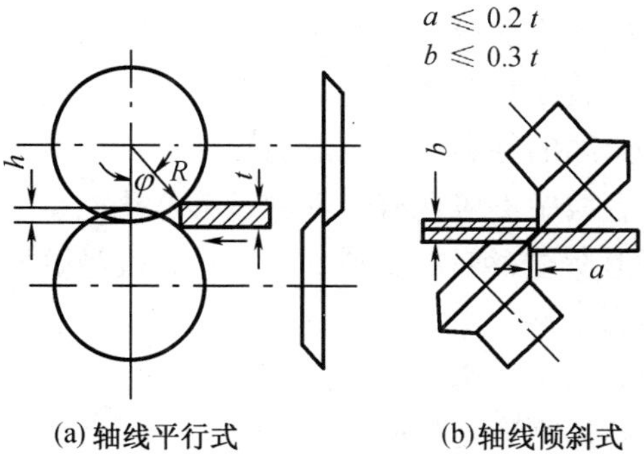

图 1－10　圆盘剪切机

(a)轴线平行式；(b)轴线倾斜式

b. 适用情况：对于厚度较小，具有任意曲线边缘的船体构件，可用圆盘剪切机进行剪切。由于这种机床操作复杂，劳动强度大，所以在船体构件的边缘加工中应用较少，主要用于薄板和有色金属构件的曲线边缘切割。

1.2.2.2　火焰切割法

通常说的火焰切割法主要指气割：即氧－乙炔气割或氧－丙烷气割。

(1)气割的原理

气割是利用气体火焰的热能将工件切割处预热到一定温度后，喷出高速切割氧流，使其燃烧并放出热量实现切割的方法。见气割原理示意图 1－11。

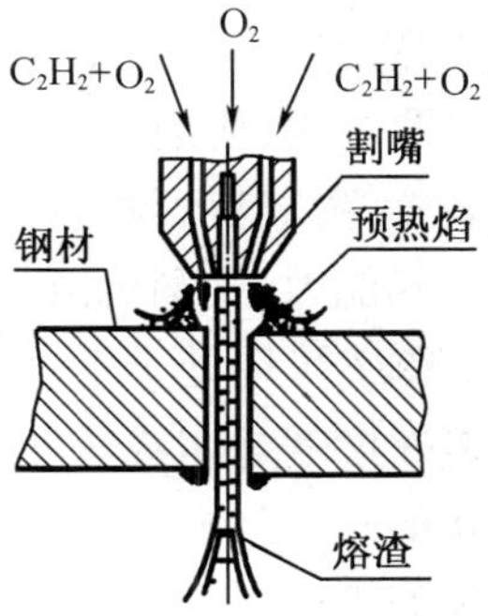

图 1－11　气割原理示意图

气割的实质：金属在氧气中燃烧，其本质是化学反应，而不仅仅是物理变化。

气割的过程：预热→燃烧→去渣。即首先用调节好的预热火焰加热金属，使割缝起点的温度逐步上升，直到达到被割材料的燃点；然后放出高压的纯氧气流，使金属燃烧(即剧烈氧化)，并将燃烧生成的熔渣(金属氧化物)迅速吹掉。连续不断地进行上述过程，就能在被割金属上形成一条光洁的割缝从而将材料分离开来。

(2)氧炔焰性质

如图 1－12 所示，切割时应选择适当的火焰进行调节。

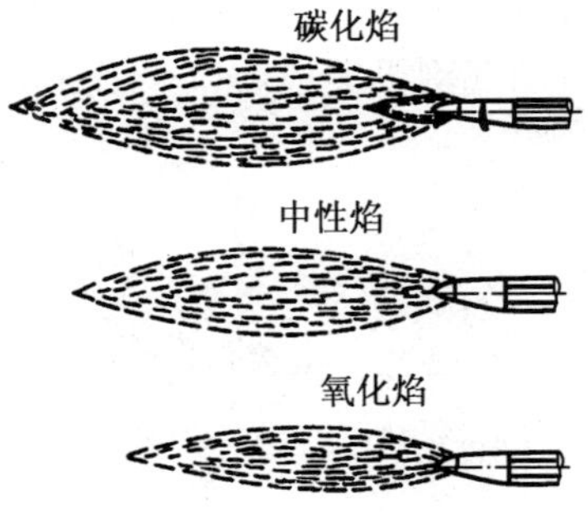

图 1－12　氧炔焰性质

①中性焰：氧气和乙炔完全燃烧，适合作为预热火焰。

②氧化焰：氧气燃烧不完全，燃烧温度低，对金属产

生氧化作用。

③碳化焰：乙炔燃烧不完全，燃烧弯度低，对金属产生渗碳作用。

(3)金属气割的条件

①被割金属的燃点应低于其熔点；

②氧化物的熔点应低于金属熔点，并且具有良好的流动性；

③金属在氧气中燃烧时应能放出较多的热量；

④金属的导热率不应过高；

⑤金属中不应含有使气割过程恶化的杂质。

综上所述，纯铁、低碳钢、中碳钢和普通低合金钢能满足上述条件，所以能顺利地进行氧气切割。

(4)提高气割速度的主要途径

提高切割速度是船厂气割技术发展的重要方向。主要途径有：a.强化对切口处的预热；b.提高切割氧气流的流速和动量；c.提高并保持切口区内氧气的纯度。这要求一方面提高供氧的质量，一方面改进割嘴的结构。国内外都从这几方面出发，研制出一些新型割嘴，如扩散型割嘴和具有氧气屏的割嘴等。

(5)船厂常用的气割设备

①手工气割炬　割嘴的运动轨迹由操作者手工控制。事先应在钢板上经号料画出切割线迹，操作者控制割嘴沿切割线迹运动。切割精度主要取决于操作的平稳程度。它所需要的主要设备及其工具还有乙炔钢瓶、氧气瓶、减压器、橡胶管等。

②半自动气割机如图1－13(a)所示，是双头式半自动气割机。

a.主要组成：切割部分(包括割嘴、气体管路及其调节装置等)、动力部分(行走电动机和减速装置等)、辅助设备(直线轨道和割圆圆规等)。

b.切割能力：气割机由电动机驱动，沿直线轨道作匀速直线运动而实现构件直线边缘的切割。割嘴可以处于垂直位置，也可以倾斜一定的角度以便切割出V型或X型坡口。小车的行走速度就是切割速度，能进行无级调速，速度范围为5～50 mm/min，切割钢板的厚度为5～60 mm，切割圆弧的直径为200～2 000 mm。

c.气割优点：与自动气割机相比，半自动气割机还具有设备简单、便于移动、容易操作、适应性强、投资少、易于扩大施工面等。

d.应用：在船舶重要构件的焊接和做焊接工艺评定试验以及焊工考试试板时，往往采用机械加工。大量的焊接坡口还是采用火焰加工。图1－13(b)所示为操作人员正在进行半自动气割机钢板坡口火焰加工。

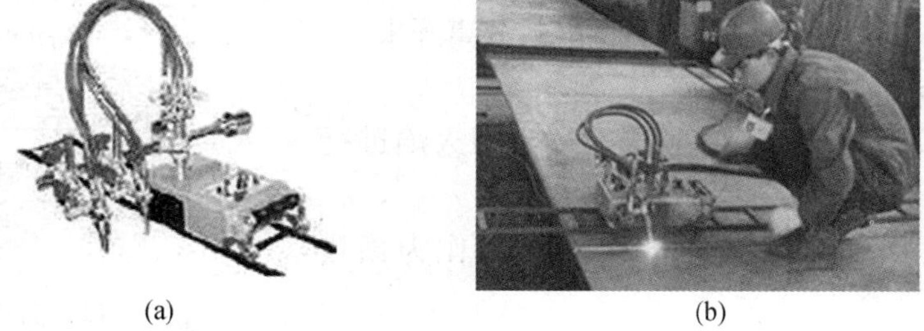

(a)　　(b)

图1－13　半自动气割下料、开坡口

③门式自动气割机

a. 主要组成：在两根固定导轨上设置一座坚固的“门”形支架，在支架上装置一套或数套切割装置，如图 1－14 所示。

图 1－14　多头门式切割机

b. 切割过程：由电动机驱动门式支架以一定的速度沿导轨作直线运动（运动速度等于切割装置的切割速度），切割装置随门式支架的运动而切出一条或数条精度很高的直线割缝。

c. 切割能力：一般每套切割装置上都装有三个割嘴，除切割平直边缘外，还可一次割出 V 型、X 型、K 型、Y 型焊接坡口。

d. 切割优点：加工精度高、切割速度快；能将边缘切割和开坡口一次完成，以代替原来刨边机的全部工作内容，省去原来剪切和半自动气割中拼板构件的二次加工，缩短船体构件的加工周期，节省大量的劳动工时。

④光电跟踪自动气割机

光电跟踪切割是一台利用光电原理对切割线进行自动跟踪移动的切割机，它适用于复杂形状零件的切割，是一种高效率、多比例的自动化切割设备，如图 1－15 所示。

图 1－15　光电跟踪自动气割机

a. 主要组成：光电跟踪机构，气割执行机构。

光电跟踪原理有光量感应法和脉冲相位法两种基本形式。光量感应法是将灯光聚焦形成的光点投射到钢板所画的线上，（要求线粗一些，以便跟踪），并使光点的中心位于所画线的边缘。若光点的中心位于线条的中心时，白色线条会使反射光减少，光电感应电也相应减少，通过放大器后控制和调节司服电动机，使光点中心恢复到线条边缘的正常位置。

b. 工作过程：光电跟踪系统自动跟踪图纸上的线条；气割执行机构按照一定的比例同步地切割出底图（或仿形图）上所绘制的船体构件。

c. 主要设备：一种是 1∶1 光电跟踪气割机，其跟踪机构可直接跟踪构件底图上的线条。

这种光电跟踪切割机是一种高效率的自动切割设备，该机型具有导向性好，操作简便，易安装，维修方便等特点，光电头采用 LINATROL 光电控制及驱动，各种复杂的图形的形线只通过光电跟踪，即可完成 1∶1 的工件切割，光电切割机特别适合边料切割和小批量复杂图形的切割。

采用进口 HL－93 驱动跟踪系统，具有自动探测、速度控制和切缝调节等功能，能按照图纸要求，自动跟踪探测图形轨迹，切割各种复杂图形钢板。割缝补偿可使缝宽在 ±3 mm 范围内调节，这样可根据不同工作条件的割缝大小自行调整割缝的宽度。本机上附有自动引入装置，只需按下启动按钮，机器能沿预选方向移动，在碰到图形线后，光电跟踪装置会自动跟踪图形线。

配备 Linatrol 数控系统，可将图形记忆储存及进行记忆比例放大缩小切割。

另一种是光电跟线切割机，它是一种小型自动切割机，能自动跟踪钢板上的线条进行沿曲线零件的切割。

⑤数控自动气割机

数控切割是按照数学指令规定的程序进行的热切割。它能准确地切割出直线与曲线组成的平面图形，也能用足够精确的模拟方法切割其他形状的平面图形。

a. 特点：精度高，生产率比较高，适合于批量生产或自动化生产。

数控切割是由数控切割机来实现的，该机由两大部分组成：数字程序控制系统（包括稳压电源、光电输入机，运算控制小型计算机等）和执行系统（即切割机部分）。

b. 数控切割机的工作原理和程序：首先对切割的图样进行分析，看零件图线是由哪几个线型组成，并分段编出指令。将这些指令连接起来并确定他们的切割顺序。然后将切割顺序排成一个程序，并在纸带上穿孔，再通过光电输入机输入给计算机。切割时，计算机将这些纸带孔的含义翻译并显示出编码，就可得到预定要求的切割零件。

c. 切割能力：执行部分的机架上安装有一套或数套切割装置。割炬在控制装置的控制下，除了能作平面移动外，还有自动升降和旋转等功能；能切割不同厚度和任意形状的构件；若切割装置为多割嘴割炬组，则可切割焊接坡口；若配置有画线装置，则还能在钢板上划安装线、加工线和各种符号。图 1－16(a) 为多头数控切割，图 1－16(b) 为曲线数控切割。

(a) (b)

图 1－16 数控自动切割机

d. 数控气割的优点：

ⅰ. 根据 CAM 提供的资料直接进行切割，可实现放样、切割过程自动化；

ⅱ. 切割精度高，其误差可控制在 ±0.5 mm 以下，使用磁盘能长期保存准确的数据；

ⅲ. 切割效率较光电跟踪气割机高 15% 以上；

ⅳ. 可省去号料工序,不仅可以节省劳动力,改善劳动条件,还可消除各工序间的积累误差。

应当指出,数控气割机必须和计算机辅助建造系统配套使用,否则不能发挥其优越性。

(6)切割工艺

利用割炬组可以在构件边缘切割的同时,加工所要求的焊接坡口,如图 1 – 17 所示。

①开 V 型坡口,用二个割炬,如图 1 – 18 所示。

方案Ⅰ:所开坡口在板材的正面　割炬 1:在前,垂直,进行直角切断;割炬 2:在后,与加工表面成一倾斜角,割出所需坡口;间距 a:依板厚不同而变,不使熔渣黏着板边的反面。间距 b:取决于板的厚度、坡口角度和钝边的大小。

方案Ⅱ:所开坡口在板材的反面　割炬布置与方案Ⅰ基本相同; b 值比方案Ⅰ小得多。

方案Ⅱ和方案Ⅰ比较　切除金属的体积相同, 方案Ⅱ的切割速度稍高(因为间距 b 减小了,倾斜割炬的预热比方案Ⅰ好),熔渣相应地减少,而且容易从板边清除。方案Ⅱ的缺点是切割的板厚大于 40 mm 时,其精度下降。割炬 2 倾斜度稍有误差即会导致背面坡口角产生较大的误差。

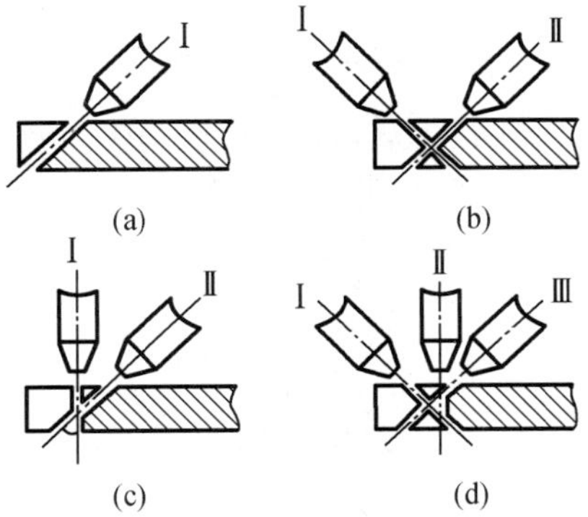

图 1 – 17　切割工艺

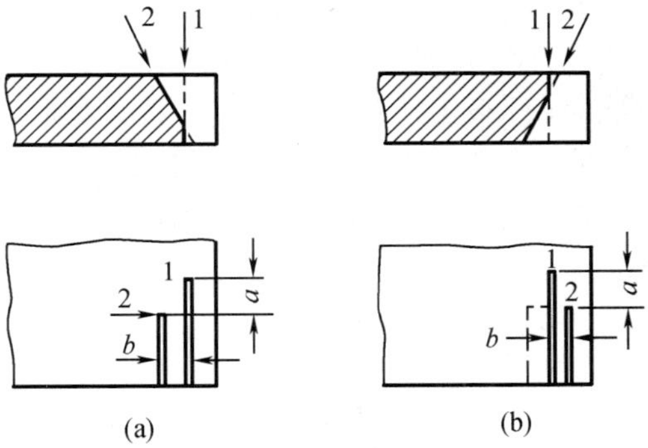

图 1 – 18　开 V 型坡口

(a)方案Ⅰ;(b)方案Ⅱ

②开 X 型和 K 型坡口　用三个割炬切割双面焊接坡口,如图 1 – 19 所示。

(7)气割法加工焊接坡口的优点

气割法加工焊接坡口工艺生产效率高,周期短,成本低,切割和开坡口一次完成,既简化了船体构件的加工过程,又提高了工效。这种割炬组可直接安装在半自动气割机、高精度门式切割机、光电跟踪气割机和数控气割机等自动、半自动气割设备上,使生产效率大大地提高。

1.2.2.3　物理切割法

物理切割法主要有等离子切割,激光切割等方法。

(1)等离子切割

等离子切割是利用高温高速的等离子弧将切口金属及氧化物熔化,并将其吹走而完成切割的过程。它属于熔化切割,它与氧气切割有本质的区别。由于它的温度和速度极高,所以任何高熔点的氧化物都能被熔化及吹走,因此可切割各种金属。

等离子弧是高能量密度的压缩电弧,是近代发展的一种高新热源。等离子弧焊接和切割对有色金属和合金钢的加工是一项不可缺少的重要工艺,随着现代科学技术的发展,等

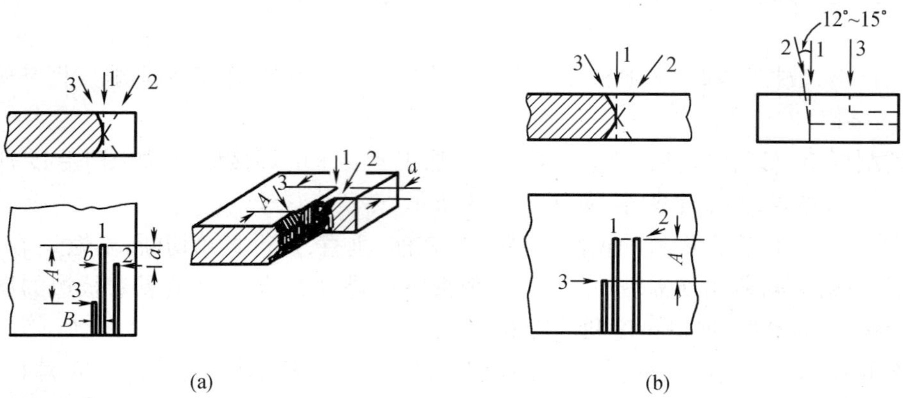

图 1－19　用三个割炬开 X 型和 K 型坡口

(a)开 X 型；(b)K 型坡口

离子弧的应用越来越广泛。

借助水冷喷嘴的外部拘束条件使弧柱横向截面受到限制时，可使电弧的温度、能量密度、等离子弧流速都显著增大，这种拘束(压缩)电弧就是通常所称的等离子弧。

等离子弧按电源连接方式分为转移型和非转移型两种基本型式，如图 1－20(a)、(d)所示。前者电弧是在电极和工件之间燃烧，水冷喷嘴不接电源仅起冷却拘束作用；后者电弧在电极和喷嘴之间燃烧，水冷喷嘴既是电弧一极，又起冷壁拘束作用，而工件是不接电源的。

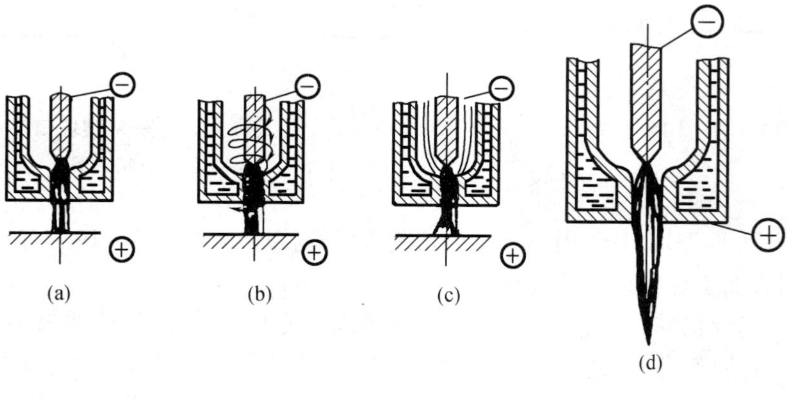

图 1－20　等离子弧的型式

因此，非转移型等离子弧又称为等离子焰。转移型弧和非转移型弧也可以同时存在，就称为混合型等离子弧。转移型弧难以直接形成，必须先引燃非转移型弧后才能转移为转移型弧，它的名称也就由此而来。为了进一步提高、控制等离子弧的温度和能量密度，可以在喷嘴中通以径向或切向流动的离子气流，如图 1－20(b)、(c)所示。切割等离子弧通常采用富 N_2 的 N_2+H 混合气体作为离子气，但也可以采用 $Ar+H_2$、空气及水蒸气等。

等离子切割机目前以空气等离子切割机应用较广，空气等离子切割机是一种新型的热切割设备，它的工作原理是以压缩空气为工作气体，以高温高速的等离子弧为热源、将被切割的金属局部熔化、并同时用高速气流将已熔化的金属吹走、形成狭窄切缝。该设备可用于不锈钢、铝、铜、铸铁、碳钢等各种金属材料切割，不仅切割速度快、切缝狭窄、切口平整、热影响区小，工件变形度低、操作简单，而且具有显著的节能效果。该设备适用于各种机械、金属结构的制造、安装和维修，做中、薄板材的切断、开孔、挖补、开坡口等切割加工。

(2)激光切割

激光切割是利用高功率密度的激光束扫描材料表面，在极短时间内将材料加热到几千至上万摄氏度，使材料熔化或气化，再用高压气体将熔化或气化物质从切缝中吹走，达到切割材料的目的。激光切割，由于是用不可见的光束代替了传统的机械刀，激光刀头的机械部分与工作表面无接触，在工作中不会对工作表面造成划伤；激光切割速度快，切口光滑平整，一般无需后续加工；切割热影响区小，板材变形小，切缝窄(0.1～0.3 mm)；切口没有机械应力，无剪切毛刺；加工精度高，重复性好，不损伤材料表面；数控编程，可加工任意的平面图，可以对幅面很大的整板切割，无需开模具，经济省时。

激光切割工艺多种多样，其中熔化切割是使入射的激光束功率密度超过某一值，从而使光束照射点处材料内部开始蒸发，形成孔洞；汽化切割是使用高功率密度的激光束加热，避免热传导造成的熔化，于是部分材料汽化成蒸汽消失；氧化熔化切割是材料在激光束的照射下被点燃，与氧气发生激烈的化学反应而产生另一热源；对于容易受热破坏的脆性材料，通过激光束加热进行高速、可控的切断，引起该区域大的热梯度和严重的机械变形，导致材料形成裂缝，称之为控制断裂切割。

在造船业中，激光切割主要是采用 CO_2 激光切割机，如图 1－21 所示，SLCF－XL 型激光切割机嫁接了意大利 PRIMA 的切割机技术，采用悬臂式飞行光路小台面激光切割机与龙门机载型切割机的完美组合，加工范围更广，适用于大型钣金件的切割，可以广泛应用于造船、桥梁等行业切割领域。

图 1－21　SLCF－XL 系列机载式(大台面)激光切割机

加工区域内具有良好的加速度，可对板材进行高速度切割。加工区域内激光器静止不动，避免了对激光器高频的汽艇的冲击。配有落料小车，清理落料时无需吊起工作台。直线滚珠导轨传动，精度高，噪音低。主要性能如下：

标准配置：分段除尘装置及切割工作台。

选择配置：管材切割。

加工范围：宽度 2 500/3 000/3 500/4 000 mm。

长度：9 000～30 000 mm。

激光器选配功率：4 000～4 500 W。

最大碳钢切割厚度：20～25 mm。

CO_2 激光切割是用聚焦镜将 CO_2 激光束聚焦在材料表面使材料熔化，同时用与激光束同轴的压缩气体吹走被熔化的材料，并使激光束与材料沿一定轨迹作相对运动，从而形成一定形状的切缝。CO_2 激光切割技术比其他方法的明显优点是：

①切割质量好。切口宽度窄(一般为 0.1～0.5 mm)、精度高(一般孔中心距误差 0.1～

0.4 mm，轮廓尺寸误差 0.1 ~ 0.5 mm）、切口表面粗糙度好（一般 R_a 为 12.5 ~ 25 μm），切缝一般不需要再加工即可焊接。

②切割速度快。例如采用 2 kW 激光功率，8 mm 厚的碳钢切割速度为 1.6 m/min；2 mm 厚的不锈钢切割速度为 3.5 m/min，热影响区小，变形极小。

③清洁、安全、无污染。大大改善了操作人员的工作环境。当然就精度和切口表面粗糙度而言，CO_2 激光切割不可能超过电加工；就切割厚度而言难以达到火焰和等离子切割的水平。

CO_2 激光切割的几项关键技术：一是焦点位置控制技术。聚焦透镜焦深越小，焦点光斑直径就越小，因此控制焦点相对于被切材料表面的位置十分重要。二是切割穿孔技术。任何一种热切割技术，除少数情况可以从板边缘开始外，一般都必须在板上穿一小孔，预先在激光冲压复合机上是用冲头先冲出一孔，然后再用激光从小孔处开始进行切割。三是嘴设计及气流控制技术。激光切割钢材时，氧气和聚焦的激光束是通过喷嘴射到被切材料处，从而形成一个气流束。对气流的基本要求是进入切口的气流量要大，速度要高，以便足够的氧化使切口材料充分进行放热反应；同时又有足够的动量将熔融材料喷射吹出。

1.2.3 船体钢板拼接接头的组成、类型及焊缝的形式

1.2.3.1 焊接接头

焊接接头根据焊接方法的不同有很多类型，这里以熔化焊焊接接头为例重点加以分析。

（1）熔化焊焊接接头是利用高温热源对焊缝金属进行局部高温加热，使之熔化并随之冷却凝固，将被连接板焊在一起而成。

焊接接头一般所指的焊接接头区域包括焊缝金属，熔合线，热影响区和邻近的母材，如图 1 – 22 所示。

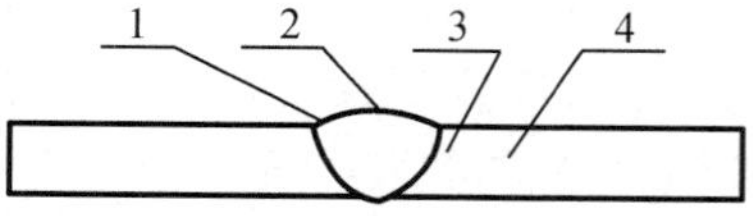

图 1 – 22 熔化焊焊接接头的组成

1—焊缝金属；2—熔合线；
3—热影响区；4—母材

焊缝金属是由焊接材料及部分母材熔融凝固而成的铸造组织，其组织和化学成分都不同于母材。

热影响区，即焊缝区受焊接热循环和热塑性变形的影响，金属组织和性能都发生了变化，特别是熔合线更为明显。

（2）焊接接头性能的特点

因为焊接接头是一个不均匀体，国外称为“焊接不连续”，由于焊接过程包括熔炼，铸造和热处理三个过程，因而产生了如下四个的不连续：①几何形状不连续，截面突然改变；②化学成分不连续，化学成分不均匀；③各相组织的不连续，各相组织不均匀；④力学性能的不连续，存在应力集中和残余应力。

（3）影响焊接接头性能的主要因素

影响焊接接头性能因素很多，归纳起来，主要可分为两个方面。

一是材质方面的影响因素：热循环引起的组织变化，热塑性变形循环所引起的材质变化，此外，焊接热处理和矫正变形均有影响。

二是力学方面的影响因素：反应接头形状的不连续，焊接缺陷，残余应力和应力集中以及焊接变形。如加强高，错位等导致应力集中。特别是焊接缺陷中的未焊透和焊接裂纹。

1.2.3.2　船体钢板拼接接头的基本形式

(1)船体钢板拼接接头焊缝的基本形式　焊缝是构成焊接接头的主体部分,对接焊缝和搭接焊缝是拼接接头焊缝的基本形式。

①对接焊缝　焊接中两件表面构成大于或等于135°,小于或等于180°夹角的接头,叫对接接头。对接接头是各种焊接结构中采用最多的一种接头形式,根据焊件的板厚,对接接头可开成各种不同形式的坡口,如图1－23所示。

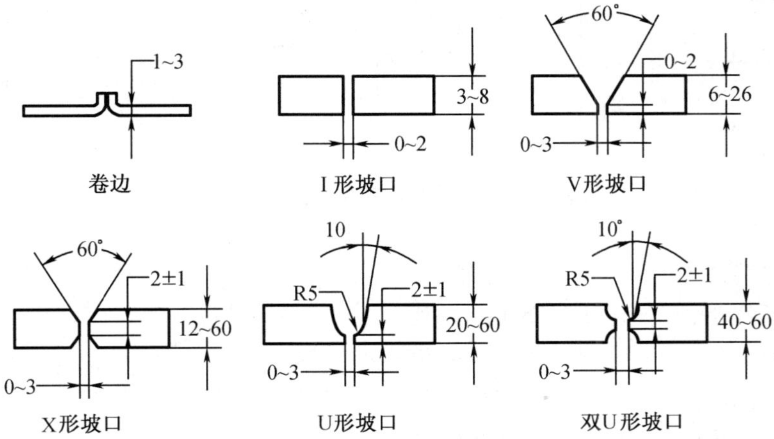

图1－23　几种对接接头坡口形式

卷边对接的接头常常用于薄板的气焊连接,可以免去焊接材料,直接利用母材熔化,使两个分离的板材连接起来;I形坡口也用于薄板焊接,如果产品不要求在整个厚度上全焊透,则可进行单面焊,但此时必须保证焊缝的计算厚度$H \geqslant 0.7\delta$,其中δ为板厚。如果产品要求在整个厚度上全焊透,则应进行双面焊。

开坡口的对接接头用于要求全焊透的焊件,根据钢板厚度不同,可开成各种形状的坡口,其中常用的有V形(带钝边)、X形(带钝边)坡口。

V形坡口(带垫板)是在坡口背面放置一块与母材金属成分相同的垫板,用于要求全焊透而焊缝背面又无法焊接的焊件,如小直径管道的对接焊缝。其优点是可以降低操作难度,即可不采取操作难度较大的单面焊双面成形技术。但这种坡口形式对垫板与焊件两者之间的装配间隙要求较高,如在局部地方存在较大间隙,焊接时,熔渣流入此间隙内因无法上浮而形成夹渣。因此,对于一些重要的焊件,不宜使用,应该推广采用单面焊双面成形的焊接工艺。

厚板削薄的单边V形(带垫板)坡口,用于不等厚度焊件的对接。因为对接接头两侧钢板如果厚度相差太多,连接后由于连接处的截面变化较大,将会引起严重的应力集中。所以对厚板应进行削薄,使连接处厚度相同,如图1－24所示。

对接焊缝的焊接边缘可分卷边,平对式V,X,U形等坡口,坡口尺寸按GB/T 985—1988和GB/T 986—1988或根据具体情况确定。

确定坡口必须考虑几个问题:焊接材料的消耗量;可焊割性;坡口加工;焊接变形;可焊到性。

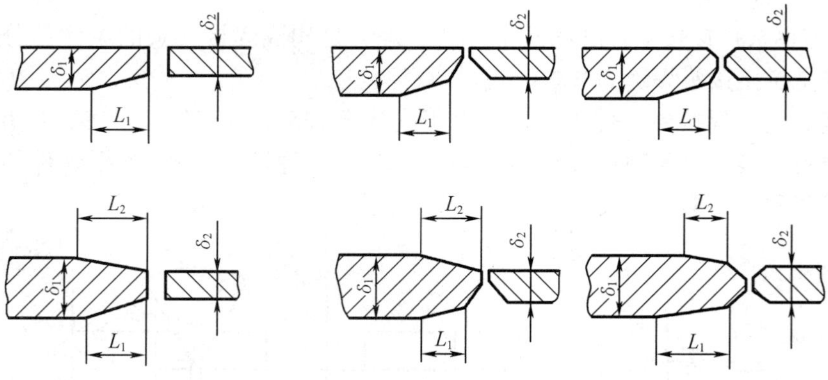

$L_1, L_2 \geqslant 3(\delta_1-\delta_2)$

图 1-24 厚薄不等的对接接头形式

②搭接焊缝　搭接焊缝属于角焊缝。按截面形状可分四种，如图 1-25 所示，其中图(a)为等边角接缝，图(b)为不等边角接缝，图(c)为凹陷角接缝，图(d)为凸起角接缝。其中凹陷角焊缝由于焊缝与母材过度圆滑，抗动载性能最好。而凸起角焊缝由于焊缝与母材过度较突然，会产生较大的应力集中，使得其抗动载性能最差。

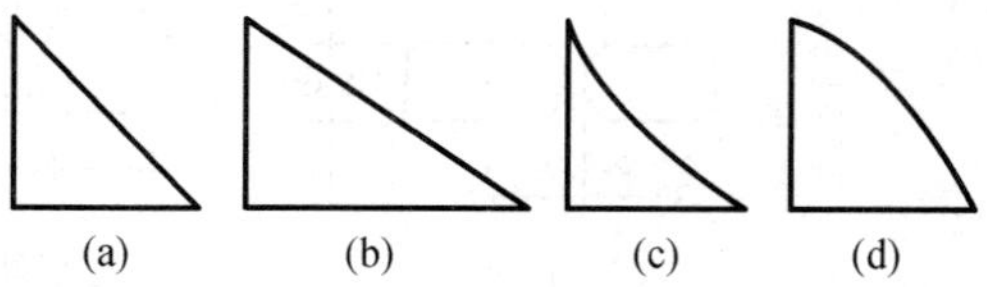

图 1-25 截面形状不同的四种角焊缝

按承载方向分为三种：垂直中心线的正面角焊缝；平行中心线的侧面角焊缝；倾斜中心线的斜面角焊缝。在现在造船中，搭接焊缝应用较少。主要是角焊缝的应力集中比对接焊缝大(主要集中在根部和趾部)。工程上为了安全可靠和计算方便，常假定角焊缝是在平均切应力作用下断裂的，并假定其断面是在角焊缝截面最小高度处 $a=0$ 发生的。而且搭接部分的金属增加了材料的消耗。

根据载荷的传递情况，可分两种焊缝：工作焊缝和联系焊缝。工作焊缝是焊缝与被连接件成串联形式，传递全部载荷，一旦焊缝断裂，则接头立即破坏(或失效)；联系焊缝是焊缝与被连接件成并联形式，主要在被连接件之间起联系作用即使焊缝断裂焊头不会立即失效。一般在设计中，只对工作焊缝进行计算。

(2)船体钢板拼接接头的基本形式　按焊接接头的基本形式分有：对接接头和搭接接头。对接接头从力学性能角度来看是比较理想的接头；搭接接头应力分布不均匀，疲劳强度较底，不理想接头。开槽焊，塞焊，锯齿状搭接等。按不同板厚连接形式分有：等厚连接接头和不等厚连接接头。等厚连接接头，即两连接板厚度相等的连接接头；不等厚连接接头，即两连接板厚度不相等的连接接头，如图 1-26 所示。

1.2.4 常用工夹具的种类及其应用

1.2.4.1 焊接工夹具的作用

在焊接结构生产中，焊接时间占主要产品全部加工时间的 10% ~30%，其余为备料、装备及辅助工作等时间，节约每个工序的时间，对缩短产品生产周期无疑是有重要意义的。焊接产品质量好坏不仅取决于焊接工艺质量，与备料、装配工序的质量也有密切的关系。

因此,在整个焊接工艺过程中不论产品质量要求和批量的大小如何,均应考虑采用生产工艺装备。

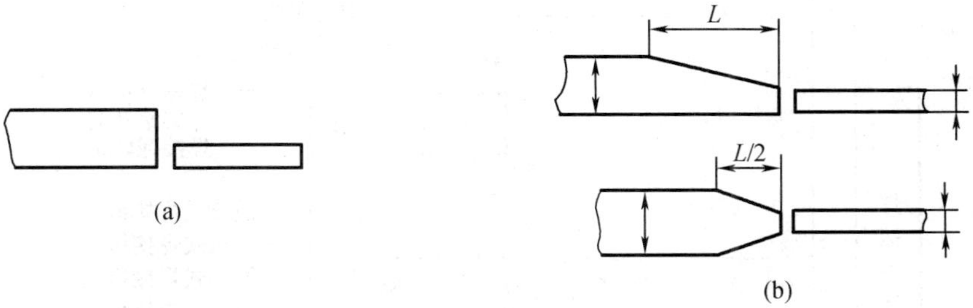

图 1-26　不同板厚的连接

(a)不合理;(b)合理

焊接结构生产工艺装备的功能:

(1)减轻下料及装配时的画线工作,零部件安装时的定位工作。

(2)制品几何尺寸一致,减少尺寸偏差,提高制品的精度和互换性。

(3)减少焊接生产中间产品的搬运和换转时间,提高焊接操作系数(焊接时间与生产总时间的比值),从 0.10 ~ 0.30 提高到 0.40 ~ 0.50,从而提高中间产品的生产率。

(4)降低对装配、焊接工人技术水平的要求,如仰、立焊改为平焊。

(5)焊接工艺装配能使焊接工作处于最合理的位置,并尽可能采用最佳焊接工艺方法。据有关资料统计后说明:立、横、仰焊所用时间比平焊大一倍以上。

(6)减少焊接变形量,可免除或减少焊后矫正工作量。

为了使用工夹具,要求焊接中间产品有以下特征:

(1)几何形状是有规则的外形,形式简单易于备料和机械化焊接。

(2)品种数量少,几何尺寸规格化、模数化、系列化。

1.2.4.2　焊接工装的组成

焊接工装的构造是由其用途及可实现的功能所决定的。装配焊接夹具一般是由定位元件(或装置)、夹紧元件(或装置)和夹具体组成。夹具体起连接各定位元件和夹紧元件的作用,有时还起支承焊件的作用。

焊接变位机、焊接操作机基本由原动机(力源装置)、传动装置(中间传动机构)和工作机(夹紧元件)三个基本部分组成,并通过机体把它们连接成整体。

1.2.4.3　焊接生产工装夹具的分类

焊接生产工装夹具的分类目前有以下几种:

按使用范围分:有专用工装、通用工装、组合式工装。

按动力源分:有手动工装、气动工装、液动工装、电动工装、电磁工装。

按功能分类:有装配用工艺装备、焊接工艺装备、装配焊接设备工艺装备、装配-焊接用辅助装备、检验用工艺装备;进一步分类如图 1-27 所示。

1.2.4.4　焊接工夹具的选择原则及应用

焊接工艺装备的专用化程度、完善性、效率及构造在相当大的程度上取决于焊接结构产品的生产规模和批量大小。而产品的结构特征、质量大小以及质量要求与技术特征是选择工艺装备的重要依据。

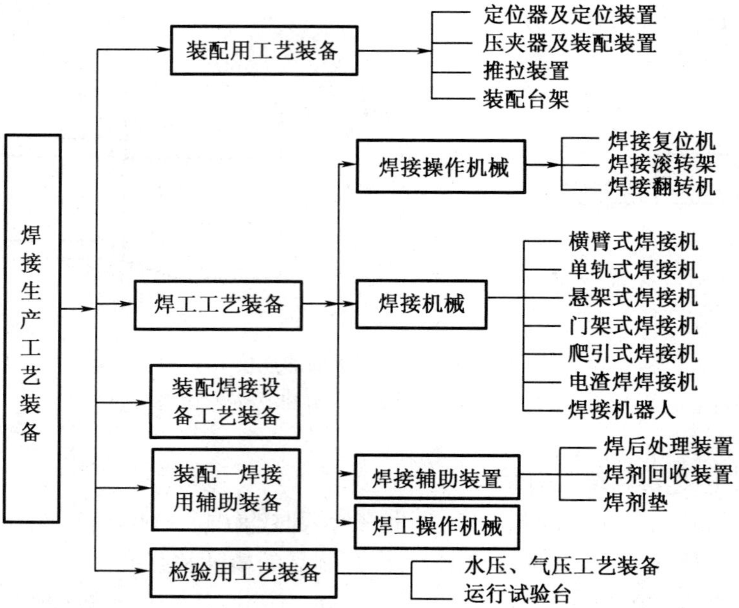

图 1-27 焊接生产工装夹具的分类

(1)单件生产时,除非该产品的技术要求特别高。一般是采用通用的夹具及机械装置。但好的产品较多,也可采用有一定通用性的高效工艺装备。

(2)成批生产时,可按除技术要求,批量大小,工作场地面积,焊接工艺辅助时间的比例以及工艺装备的成本,来决定应采用工艺装备的完美性及效率,通常是采用较专用的工艺设备,同一装备上可完成生产工序的工作。

(3)大批量生产的焊接产品,应考虑采用可用的工艺装备,并严格按照生产的节奏来计算每一工序所需要的时间及该工序的工艺装备应完成的工作。使每一工位完成某些工序时具有相同的生产时间,从而保证流水性生产的胜利进行。在大量生产中,常用气压,液压,电动或电磁式的快速夹具和电动的机械化,自动化装置,并宜采用焊接机床及装配——焊接专用装备的生产线。

近年来,由于产品更新速度加快及用户对产品要求的系统化,所以工艺装备的设计应适应这一特点,能够一机多用。设计制作工艺装备时应考虑成本。

1.3 船体列板、中厚板的对接装配定位及焊接方法

1.3.1 船体列板对接装配焊接

1.3.1.1 板列与拼板

(1)板列与拼板的含义

板列:两块或两块以上的板材零件的组合件。

拼板:将板材零件装配焊接成板列的工艺过程。

船体上可预先拼板的板列:船体中大面积的平板或曲度和缓的板,如内底板、纵横舱壁

板、围壁板、平台板、平直的外板、甲板板及船体以及上层建筑的各层甲板、平台、纵横舱壁、围壁、内底板和平直的外板等大面积平板，均可预先拼板，其过程如图 1－28 所示。

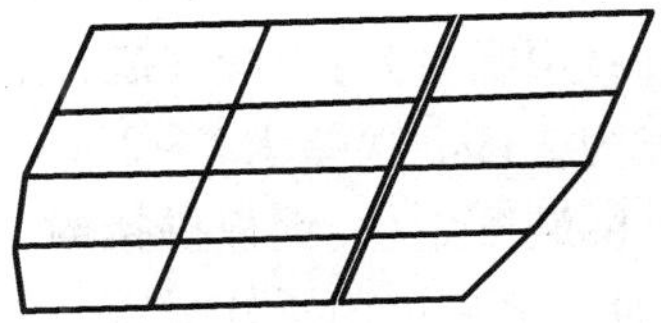

图 1－28　船板的拼板

(2)船体板拼板草图

板列部件的拼装一般按照拼板草图进行。一般根据下料画线草图绘制或直接用下料画线草图作为拼板草图，如图 1－29 所示。拼板草图一般表达如下内容：

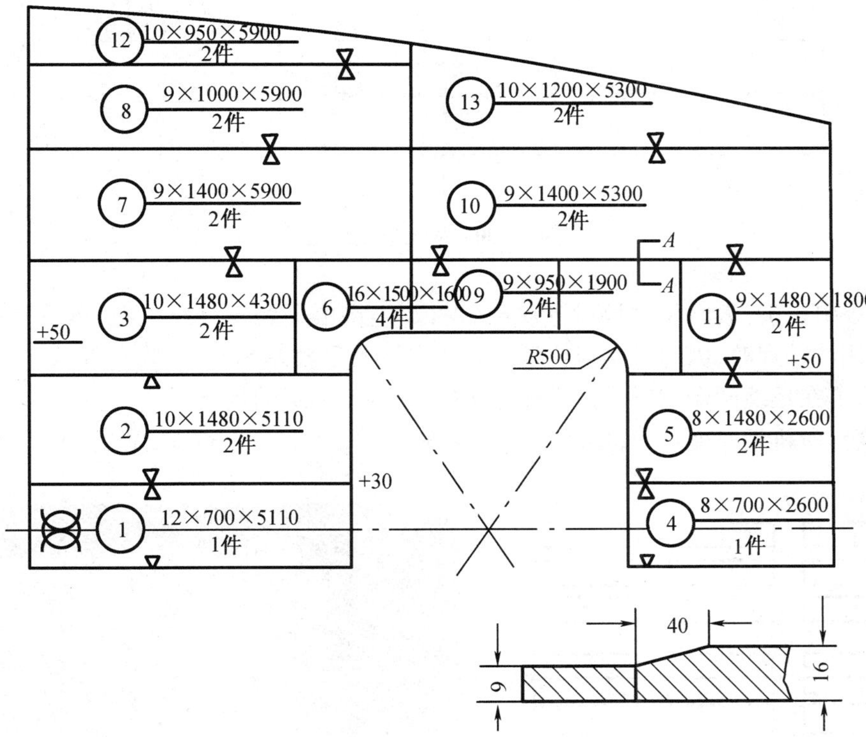

图 1－29　船甲板及仓口板的拼接草图

①拼板结构的外形轮廓尺寸；

②每块钢板厚度和长宽尺寸、余量加放的位置和数值；

③每块钢板的零件号、坡口形式、肋位号、艏艉方向等。

(3)板列拼装焊接的工艺过程

大面积平板可以预先拼接，一般步骤如下：

①准备工作　按照施工图纸(或草图)的要求，将钢板铺放在平台上，并核对钢板上所注的代号、艏艉方向、肋骨号码、正反面、直线边缘平直度、坡口边缘的准备工作；在铺板过程中应尽量利用空余场地，尽可能将板排列整齐，以减轻拼板时拉撬钢板的工作。

②铺板除锈钢板在拼接前，其边坡口缘均需除锈(已进行抛丸除锈顶处理工艺者除外)，要求用砂轮除锈直至露出金属光泽为止，以确保焊接质量。然后核对列板代号、艏艉方向、肋位号、直线边缘平直度、坡口等是否符合要求。

③钢板拼接主要施工过程如下：

a. 边缘对齐：用撬杠撬，注意装配间隙和两板高度对齐，其误差应符合要求，一般对接间隙为 2 mm，误差为 1 ~ 2 mm，高度对齐误差不大于 1 mm。

b. 装配定位：钢板拼接时，一般应先将钢板经过修正的端部边缘对齐，用松紧螺丝紧固，对于薄板可用撬杠撬紧。如果不用松紧螺丝紧固，在定位焊时要先在中间和两端固定，然后再加密定位焊。如图 1 – 30(a)所示，拼板时，在兼有边、端缝的情况下，一般先拼装边缝，再拼装端接缝，如图 1 – 30(b)所示；若先拼装端缝，由于边缝尺度较长，定位焊的收缩变形较大，可能产生间隙，则边缝的修正量就较大，如图 1 – 30(c)所示。而在焊接时，为了减少焊接应力，应先焊端缝，后焊边缝。

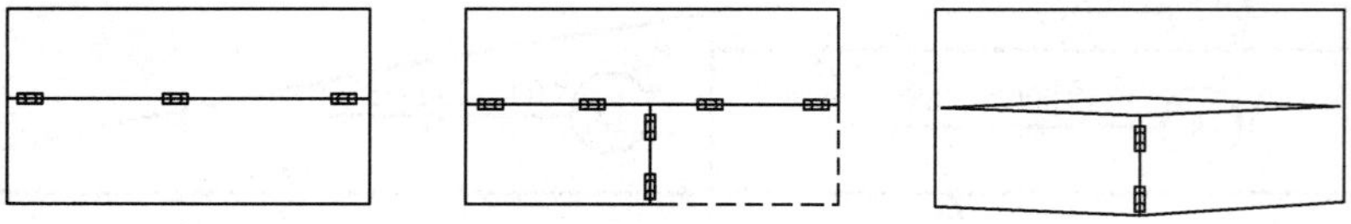

(a) (b) (c)

图 1 – 30 板的装配定位

c. 加焊引弧板：大面积拼板时，应分片进行，先将单板列板拼成片板，再将片板拼成整块板。采用自动焊时，因起弧点与熄弧点处的焊接质量较差，为了消除这种缺陷，在钢板拼接整齐后，可在板缝两端设置引弧板和熄弧板，这种工艺板的规格一般为 100 mm × 100 mm 左右，厚度与所拼板厚度相当，如图 1 – 31(a)和(b)所示。

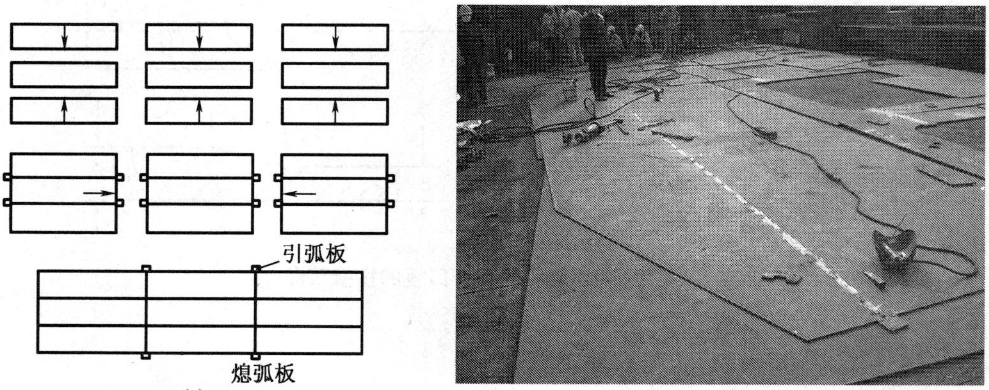

(a) (b)

图 1 – 31 钢板拼接简图

d. 加压铁枕：焊接时可根据板厚的情况，采取预防焊接变形的措施，可把被焊的钢板周边点焊在焊接平台上，待焊接冷却后，再去掉焊珠，焊接过程中也可在焊道附近加压铁枕，以防焊道上产生的波浪变形。

1.3.1.2 船体列板焊接方法

(1)焊接设备及场地准备

①焊接设备的选择 尽可能选择高效焊接方法。如埋弧自动焊，CO_2气体保护焊等。

②焊接场地的选择 焊接场地应有专用的焊接平台或胎架，并确保船用钢板在平台或

胎架上牢固定位。在车间或露天平台焊接均应留有足够的进出场空间,以便钢板翻身或进出料运输,并留有足够的安全通道。

(2)焊接方法　可采用手工焊条电弧焊,埋弧自动焊,焊接正面接缝后翻身,反面焊道应用碳弧气刨清根后再焊,对于单面焊双面成型工艺应选择好衬垫并确保衬垫的有效性。为了减小焊接应力,应先焊端缝,后焊纵缝。

1.3.2　船用薄板、中厚板的对接焊接

1.3.2.1　薄钢板拼接

船用薄钢板一般在 8 mm 以下,拼板时,在兼有边、端缝的情况下,一般先拼装边缝,若先拼装端缝,由于边缝尺度较长,端缝定位焊的收缩变形较大,可能产生图 1-30(c)所示的间隙,则边缝的修正量就较大。定位焊点应留有一定的间距,如图 1-30(b)所示;而在焊接时,为了减少焊接应力,应先焊端缝,后焊边缝。

对于大面积钢板拼接,可分成几片,分别拼接,随后在进行片与片之间的横向拼接。为了减少横向接缝的切割工作,在拼接时应尽量将端接缝对齐。

采用自动焊时起弧点与熄弧点处的焊接质量较差。为了消除这种缺陷,在钢板拼接整齐后,可在板缝的两端设置引弧板和熄弧板。这种工艺板的规格一般为 100 mm×100 mm 左右,厚度与所拼钢板厚度相当。

这种拼接工艺虽然用埋弧板自动焊拼接,但只焊接了正面的对接缝,必须翻身后再焊接反面的对接缝才算完成了拼板的工作。对于 6 mm 以下的钢板用埋弧自动焊较困难,一般少用。若采用单面焊双面成型工艺(如二氧化碳气体保护焊),则不仅不用将列板翻身,而且使焊接效率提高一倍以上。

反面成型是采用了大焊接电流和反面衬垫而实现的,有紫铜衬垫、焊剂衬垫等。单面焊双面成型时钢板的固定不能采用定位焊,而是用梳状马将钢板固定,在板缝两端各放一只,其余数只放在板缝长度的等分处。梳状马的规格约为 150 mm×80 mm×10 mm,当钢板厚度在 10 mm 以上时,焊接时板缝的伸张力较强,在熄弧处的马板规格为 500 mm×100 mm×10 mm,而其余的梳状马均为一般规格。马板的定位焊应尽量焊在马板的同一侧两端,不能焊在靠近板缝处,以免影响焊机的行进,也不能焊在马板两侧,否则不易敲拆。当焊机到达马板附近时,即把马板敲掉。

压力架焊接方法也是单面焊双面成型,但钢板的固定不是采用梳状马或定位焊的方法,而是用压力架对钢板加压,使之固定,接着在焊缝两端装上引弧板和熄弧板再进行焊接。

1.3.2.2　中厚板的对接焊接

(1)中厚板的对接焊接工艺方法

除了可采用上述方法外,钢板之间在整条焊缝上的间隙应是相等的。目前不少船厂已采用单面焊双面成型自动焊拼板工艺。这种工艺的反面成型有两种方法:一种是采用随焊机移动的滑块使反面成型,称为滑块焊接;另一种是用固定的衬垫使反面成型,称为压力架焊接。

滑块焊成型时两板间需留有一定的间隙 δ,δ_1,(见表 1-1),δ 与 δ_1 的数值根据板的厚度而定,起弧端处的间隙为 δ,熄弧端处的间隙为 δ_1,且 $\delta>\delta_1$,因为焊接过程中板缝有逐渐增大的趋势,这种趋势将随板的厚度和长度的增大而增大。

表 1-1　滑块焊钢板间隙值/mm

板厚	6	8	10	12	14	16	18	20
δ	4	4	4	5	5	5	5	5
δ_1	3	3	3	4	4	4	4	4

滑块焊时,由于焊机小车在板缝中通过,故不进行定位焊,而是用梳妆马将钢板固定,在板缝两端各放一只,其余数只放在板缝长度等分处。梳妆马的规格约为 150 mm×80 mm×8 mm 以上时,焊接时板缝的伸张力较强,在熄弧处的马板规格为 500 mm×100 mm×10 mm,而其余的梳妆马均为一般规格。马板的定位焊应尽量焊在马板的同一侧两端,不能焊在靠近板缝处,以免影响焊机的焊接,也不能焊在马板两侧,否则不易被拆。当焊机到达马板附近时,即把马板敲掉。在两马板之间的钢板可能有不平之处,但焊机本身有压平钢板的装置,在钢板焊接前即能将钢板压平。滑块焊的除锈要求可稍低些,一般只用风刷把铁锈除去,故可省工省时。

压力架焊接方法也是单面焊双面成型,但钢板的固定不是采用梳妆马或定位焊的方法,而是用压力架对钢板加压,使之固定,接着在焊缝两端装上引弧板和熄弧板,再进行焊接。钢板之间在整条焊缝上的间隙是相等的。当钢板厚度在 10 mm 以下时,间隙为 3 mm;钢板厚度在 12 mm 以上时,间隙为 4 mm。

采用埋弧焊时焊接规范较大,可以提高焊接效率。但大功率高效焊接的负面效应是焊接变形较大,其焊接温度场中的高温区域范围扩大,对于温度达 600 ℃以上的区域,材料屈服极限急剧降低,处于塑性状态,在周边拘束下发生压缩塑性变形。随后的冷却收缩中,该区域因周边拘束受到拉伸,拉伸力大到超过此时的材料屈服极限,发生小量的拉伸塑性变形,但由于不可能完全恢复初始形状,从而造成永久焊接变形,这也是焊接热应力产生变形的根本原因。厚板对接焊的变形包括纵向、横向收缩和角收缩(翘曲一般不发生),这些变形通常可采取焊后火焰矫正、锤击等措施予以减小或消除。但是对于有线型变化的船壳板的焊接,焊后消除变形的效果不理想,所以更多的精力放在了焊前和焊接过程中控制变形。

(2)甲板板的焊接

①甲板的结构形式

上甲板(也称强力甲板)是船体抗纵总弯曲的强力构件。大中型货船上甲板都采用纵骨架式,但舱口间甲板也有采用横骨架式的。中间甲板和下甲板则多采用横骨架式。小型船舶的上甲板通常为横骨架式结构。

②甲板拼板的焊接

在装配和焊接甲板板时,允许在平台上进行,待甲板板的对接焊缝焊完后,再吊上预先做好的胎架上定位,然后装配横梁和桁材等构件。甲板板的对接焊缝可以采用手工焊条电弧焊,但目前大部分船厂已广泛采用埋弧自动焊焊接,焊前必须根据板厚先开好符合工艺要求的坡口,焊接程序则按板的排列情况而定。具体焊接顺序应遵循原则工艺的要求。船首甲板焊缝采用埋弧自动焊,焊接程序如图 1-32 所示。

1.3.2.3 “马板”的使用

“马板”是用来紧固钢板与平台、胎架或固定装置的元件,常和楔铁同时使用,用以防止钢板加工或焊接后的变形。常见的“马板”有 L 形、V 形、门形、弓形、梳状马等形式,其尺寸大小依据钢板或构件大小而定,如图 1-33(a)所示。L 形马板与铁楔一起主要用于楔平钢

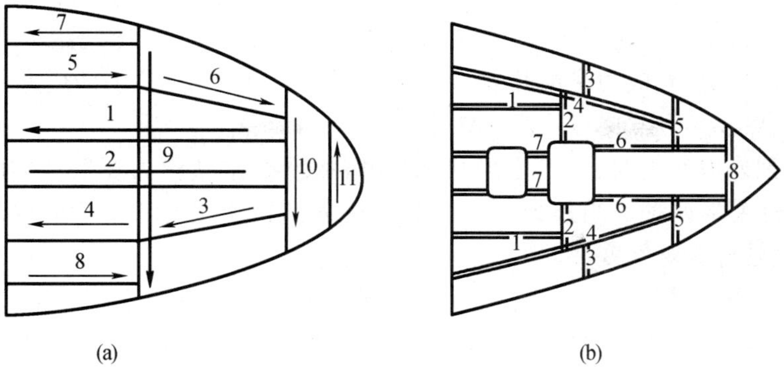

图 1－32　船体拼板结构首部甲板的焊接程序

板拼接缝,在对接缝处出现的高低不平时,使板缝对齐,L 形马板位于钢板拼接缝的一边,马板厚度应略大于所拼钢板的厚度,钢板厚度小于 6 mm 或大于 14 mm 时,马板厚度分别取 8 mm和 14 mm。L 形马板的定位焊应在马板的前端部,即紧靠板缝方向,且位于铁楔楔紧方向的同一侧,确保有效的受力点,定位焊只在马板的一边进行,以便拆除。操作时楔铁只在定位焊侧楔入, 拆除时用铁锤从另一面敲击,即可拆除。如受力较大时,可将定位焊焊脚略作包角或采用加强焊,但拆除时较麻烦。V 形马则可直接将钢板与平台紧固起来,也是依靠铁楔的应用,如图 1－33(b)所示。

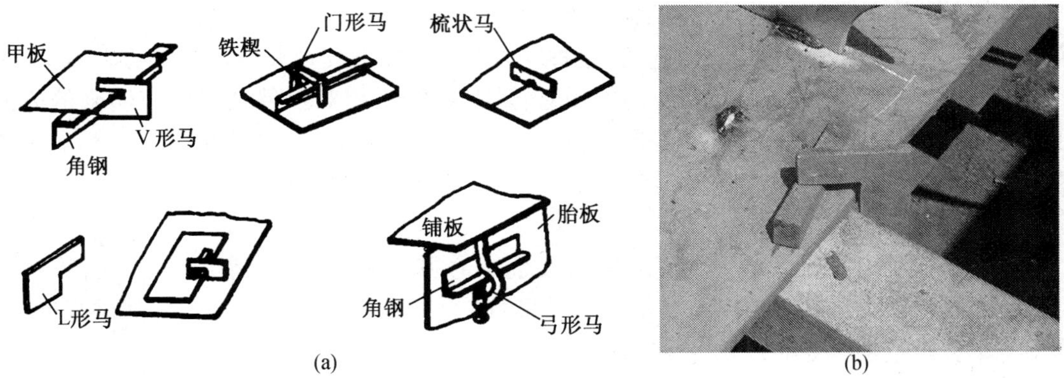

图 1－33　各种马板的使用

1.4　船用钢板焊接应力与变形

1.4.1　焊接应力与变形的产生原因

船体结构属于一种典型的焊接结构。焊接在整个船体建造总工作量中占相当大的比例,高达 30%～40%。焊接质量和生产效率直接影响船体的建造周期、成本和使用性能。电弧焊作业是一个不均匀的、快速的加热和冷却的过程,焊接过程中及焊后结构都将产生变形和应力。它是焊接施工中最麻烦也最难处理的问题之一。当部件和分段因焊接而产生变形时,会给船体装配和焊接带来很大的麻烦,甚至因无法矫正而导致整个结构的报废。焊接变形还将引起甲板失稳以及舱壁、外板的凹凸变形,使船体结构强度降低。焊接残余应力对焊接结构的脆断、应力腐蚀开裂、失稳等都有很大的影响,危害性很大。

1.4.1.1 焊接应力与变形的基本概念

物体在受到外力作用时,会产生形状和尺寸的变化,这就称为变形。物体的变形分为弹性变形和塑性变形两种。当外力除去后能够恢复到初始状态和尺寸的变形称为弹性变形,不能恢复的就称为塑性变形。

在外力作用下物体会产生变形,同时其内部会出现一种抵抗变形的力,这种力称为内力。单位面积上出现的内力就称为应力。应力的大小与外力成正比,与本身截面积成反比,应力方向与外力相反。如果没有外力作用,物体内部也存在应力,则称为内应力。这种应力存在于许多工程结构中,例如铆接结构、铸造结构和焊接结构等。内应力的特点是本身构成平衡力系,即同一截面上的拉伸应力与压缩应力互相平衡。

(1)焊接应力及其种类

①焊接应力的基本概念　物体受外力作用后导致物体内部之间产生相互作用力,称为内力。因外部条件变化,导致物体发生物理、化学、物理化学变化,如温度、金相组织,化学成分的变化,也会导致内部产生应力。作用在物体单位面积上的内力叫应力。内应力是在没有外力的条件下平衡于物体内部的应力。焊接时产生的应力,称为焊接应力。

②焊接应力的分类　焊接应力的种类很多,可以根据不同的要求来分类,从不同的角度来进行划分。

a. 按其分布的范围可分为三类:第一类内应力具有一定数值和方向,并且内应力在整个焊件内部平衡,故又称为宏观内应力,这种应力与焊件的几何形状或焊缝的方向有关;第二类内应力在一个或几个金属晶粒内的微观范围内平衡,相对焊件轴线没有明确的方向性,与焊件的大小和形状无关,它主要由金相组织的变化引起;第三类内应力在金属晶格的各构架之间的超微观范围内平衡,在空间也没有一定的方向性。本课程重点分析第一类内应力产生的原因和防止措施。

b. 按引起应力的原因分为:温度应力、残余应力和组织应力等。温度应力(也称热应力)是由于焊接时,结构中温度分布不均匀引起的。如果温度应力低于材料的屈服强度,结构中将不会产生塑性变形,当结构各区的温度均匀以后,应力即消失。焊接时,由于焊件不均匀加热和冷却而产生温度应力。焊接温度应力的特点是随时间在不断变化。残余应力是当不均匀温度场(即温度在结构中的分布状态)所造成的内应力达到材料的屈服强度时,结构局部区域发生了塑性变形,而当温度恢复到原始均匀状态后留在结构中的变形没有消失,焊件在焊接完毕冷却之后便残存着内应力,这种应力就是残余应力。组织应力是指焊接时由于金属温度变化而产生组织转变、晶粒体积改变所产生的应力。

c. 按应力相对于焊缝的作用方向分为:纵向应力、横向应力和 Z 向应力。纵向应力是指应力方向平行于焊缝轴线的应力;横向应力是指应力方向垂直于焊缝轴线的应力;Z 向应力是指应力方向垂直于板平面的应力。

d. 按应力在空间作用的方向分为:单向应力(轴向应力)、双向应力(平面应力)和三向应力(体积应力)。

通常结构中的应力总是三向的,但有时在一个或两个方向上的应力值较另一方向上的应力值小得多时,内应力可假定为单向的或平面的。对接焊缝中的内应力,如图 1－34 所示。通常,窄而薄的线材对接焊缝中的应力为单向的,中等厚度的板材对接焊缝中的应力为平面的,而大厚度板材对接焊缝中的应力为三向的。在这三种应力中,以三向应力对结构的承载能力影响最大,极容易导致焊接接头产生裂纹。焊接中应尽量避免产生三向应力。

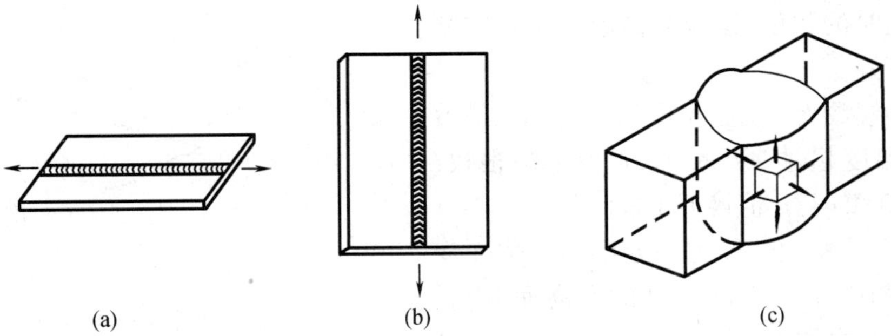

图 1-34　对接焊缝中的应力

(a)单向应力;(b)平面应力;(c)三向应力

e. 按应力作用的时间分:瞬时应力和残余应力。瞬时应力是指在焊接过程中,焊件上某瞬时的焊接应力,它随时间而变化;残余应力是指在不均匀温度场所造成的内应力达到材料的屈服极限使局部区域产生塑性变形,当温度恢复到原始的均匀状态后,就产生新的内应力。这种内应力是温度均匀降低后残存在物体中的,故称为残余应力。

(2)焊接变形及其分类

①焊接变形的概念

物体发生形状和尺寸的改变,称之为变形。由于焊接加工使得物体发生形状和尺寸的改变,称之为焊接变形。

②焊接变形的分类

焊接变形的种类很多,可以根据不同的要求来分类或划分:

a. 按照变形的范围分有:整体变形和局部变形。

b. 按照变形的过程分有:自由变形,外观变形和内部变形。

c. 按照变形的形态特征分有:收缩变形,弯曲变形,角变形,扭曲变形,波浪变形和错边变形等。

1.4.1.2　焊接应力与变形产生的原因

(1)钢材受热时机械性能的变化　焊接时焊件金属由室温加热到材料的熔点。再由熔点冷却到室温。在这一循环过程中,金属材料的机械性能和物理性能都将发生变化。了解这种变化对于分析焊接应力和变形是很有帮助的。

低碳钢焊接时温度变化范围大约为 1 500 ℃。图 1-35 为低碳钢在加热时其主要机械性能发生变化的曲线。

①抗拉强度 σ_b　在温度不高时没有什么变化,以后随着温度的升高而提高,当温度达到 300 ℃左右时,σ_b达到最大值。温度继续升高,抗拉强度迅速下降,达到 1 000 ℃时,σ_b不超过 20 ~ 40 MPa。

②屈服强度 σ_s　在温度不高时,σ_s随温度的升高下降较为缓慢,以后迅速下降,当温度

升到 600～650 ℃时，σ_s接近于零。

③塑性指标中的延伸率 δ 和断面收缩率 Ψ　δ 和 Ψ 有相近的性质，低温时随温度的升高而减小，在 200 ℃左右时达到最小值，然后随着温度的升高而增加，温度达到 500 ℃时，δ 和 Ψ 就超过常温时的数值，这说明高温时材料的塑性比常温下好。

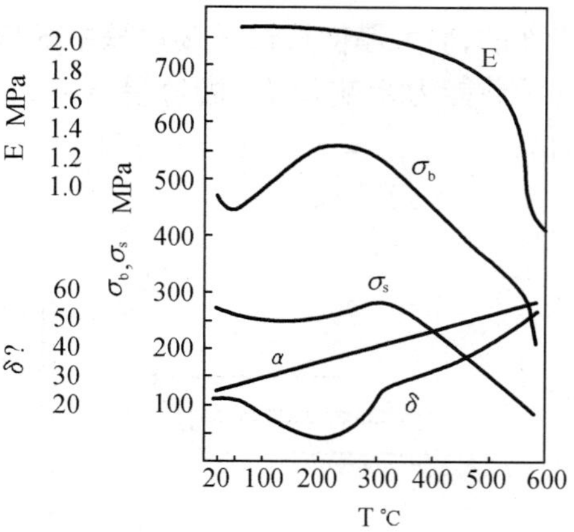

图 1－35　低碳钢的主要机械性能与温度的关系

④弹性模数 E　随着温度的升高弹性模数 E 降低，当温度超过 300 ℃时，E 值下降很快，在 600～650 ℃时，E 值接近于零。

此外，钢的物理性能也随温度的变化而变化，其中线膨胀系数 α 随温度的升高而升高。可将图 1－35 中的 E 和 α 曲线单独画出。图 1－36 为低碳钢的弹性模数 E、线膨胀系数 α 与温度 T 的关系曲线。由图可见，在 500 ℃以下时，E 降低而 α 升高，两者的乘积却近似于不变，即 $E\alpha$ = 常数。

为了便于研究计算，可对图 1－36 中的屈服强度与温度关系曲线做一简化，如图 1－37 所示，即在 0～500 ℃范围内，可将 σ_s作为一个常数，而在 600～650 ℃范围内，σ_s按线性规律减小到零。在此简化条件下，低碳钢在 600 ℃以上时就成为完全塑性的材料，此时，任何变形都不会在其内部引起应力。这与实际是有出入的，但从应用上来说已经足够了，而且也便于分析。

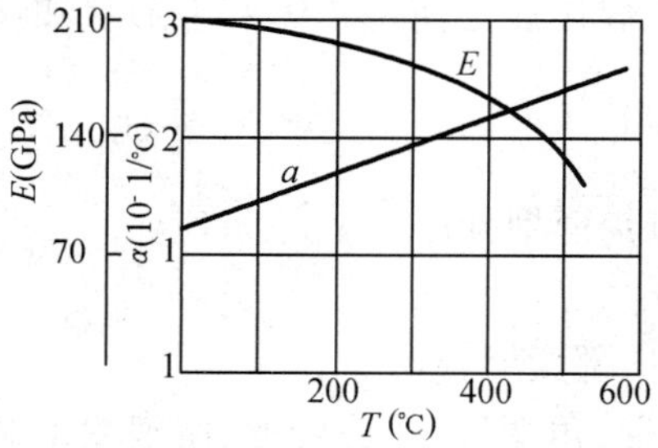

图 1－36　E、α 与 T 的关系

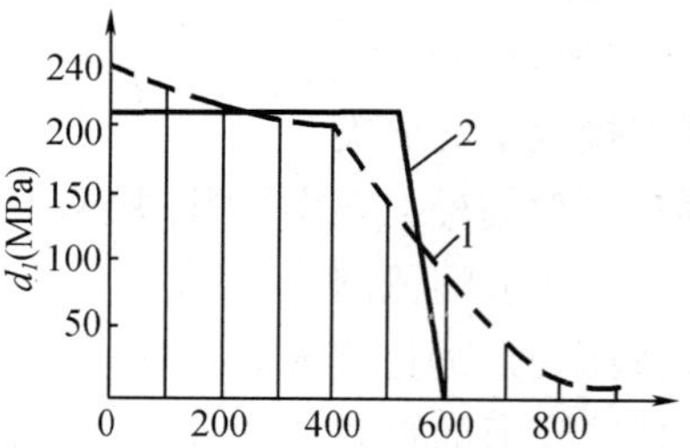

图 1－37　屈服强度与温度的关系

1—实测曲线；2—简化曲线

（2）焊接引起的应力与变形的分析

焊接时，焊件上各个部位的温度各不相同，受热后的变化也不相同。这里我们从分析杆件在均匀加热时的应力和变形的情况着手，来研究焊接时周围的应力和变形问题。

①均匀加热引起的应力与变形　均匀加热时，杆件上的各点的温度及变化都是相同的，其伸缩情况也相同，最后的应力与变形主要取决于加热温度和外部约束条件。

a. 自由状态的杆件　自由状态的杆件在均匀加热、冷却过程中，其伸长和收缩没有受到任何阻碍，能自由收缩，当冷却到原始温度时，杆件恢复到原来的长度，不会产生残余应力和残余变形，如图 1－38（a）所示。

当某一构件的温度有了改变或发生相变，它的尺寸和形状就要发生变化，如这些变化没有受到外界的任何妨碍而自由地进行，这就是自由变形。

当 T_0 到 T_1，L_0 到 L_1 时，自由变形量为：

$$\Delta L_T = \alpha L_0 (T_1 - T_0)$$

自由变形率为：

$$\varepsilon T = \Delta L_T / L_0 = \alpha (T_1 - T_0)$$

式中，α 为金属的膨胀系数（与材质、温度有关）。

b. 加热时不能自由膨胀的杆件　假定杆件两端被阻于两壁之间，如图 1－38（b）所示，杆件受热后的伸长受到了限制，而冷却时的收缩却是自由的。假设杆件在受纵向力压缩时不产生弯曲；两壁为绝对刚性的，不产生任何变形和移动；杆件与壁之间没有热传导。

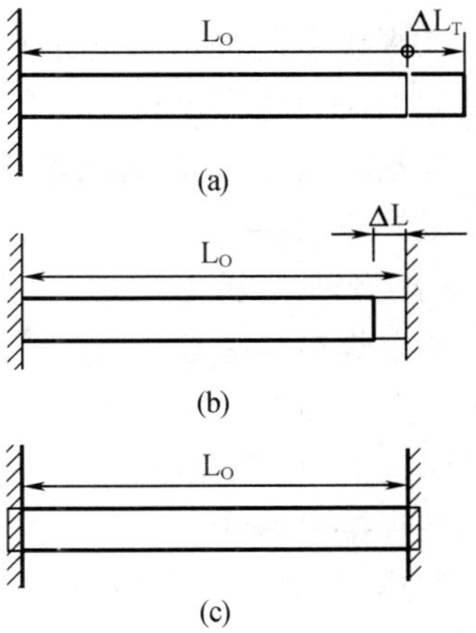

图 1－38　杆件的不同状态下均匀加热和冷却时的应力与变形

（a）自由状态的杆件；
（b）不能自由膨胀的杆件；
（c）两端完全固定的杆件

当均匀受热时，杆件由于受热而要伸长，但由于两端受刚性壁的阻碍，实际上没有伸长，这相当于在自由状态下将杆件加热到温度 T，杆件伸长了 ΔL，然后施加外力将杆件压缩到原来的长度，这时杆件内部便产生了压应力 σ_y 及压缩变形 ΔL。随着温度的增高，压应力和压缩变形都将随之增大。如果压应力 σ_y 没有达到材料的屈服强度 σ_s，则杆件的变形为弹性压缩变形，此时若将杆件冷却，杆件的伸长没有了。压缩变形也消失了，杆中不再有压应力的存在，杆件恢复到原始状态。这说明有应力的存在就会产生变形。

当金属构件温度变化过程中受到阻碍，使它不能完全自由地变形，只能够部分地表现，这种表现出来的部分，称之为外观变形，即。

$$\varepsilon_e = \Delta L_e / L_0$$

继续进行加热，当压应力 σ 达到 σ_s 以后，杆件发生了塑性变形，这时杆件的压缩变形由 σ 达到 σ_s 以前的弹性变形和达到 σ_s 以后的塑性变形两部分组成。此时若将杆件冷却，弹性变形可以恢复，塑性变形保留下来，杆件长度比原来缩短了，即产生了残余压缩变形，由于杆件能自由收缩，不产生内部压应力。这说明结构中有变形的存在就不一定有应力。

c. 两端刚性固定的杆件　假定杆件两端完全刚性固定，如图 1－38（c）所示，杆件加热时不能自由伸长，冷却时也不能自由收缩。此杆件加热过程的情形与不能自由膨胀的杆件相同。冷却过程由于杆件不能自由收缩，情形就有所不同了。如果加热温度不高，加热过程没有产生塑性变形，则冷却后杆件与原始状态一样，既没有应力也没有变形。但若在加热过程有塑性变形产生，则冷却后杆件将比原始状态短一截，但由于杆件受固定端的限制不能自由收缩，这就产生了拉应力和拉伸变形，未表现出来的那部分变形称为内部变形，即

$$\Delta L = \Delta L_e - \Delta L_T = -(\Delta L_T - \Delta L_e)$$

$$\varepsilon = \Delta L / L_0 = -(\Delta L_T - \Delta L_e)/L_0 = -(\varepsilon_T + \varepsilon_e) = \varepsilon_e - \varepsilon_T$$

应力与应变之间的关系，从应力－应变图中可知。

以低碳钢为例，在弹性范围内，可用虎克定律，即：

$$\sigma = E\varepsilon = E(\varepsilon_e - \varepsilon_T)$$

对于杆件：$|\varepsilon_1| < \varepsilon_s$，则 $\sigma_1 < \sigma_s$，T_1 到 T_0 时，L_1 到 L_0，$\sigma = 0$；若 $T_2 > T_1$，$|\varepsilon_2| > \varepsilon_e$，则 $\sigma_1 >$

σ_s，$\varepsilon_P = |\varepsilon_e - \varepsilon_T| - \varepsilon_e$产生压缩塑性变形。$T_2$到$T_0$时，杆长减小，$\Delta L_P$和$\sigma = 0$。

②焊接引起的应力变形（非均匀加热引起的应力与变形）

焊接时温度场的变化范围很大，在焊缝处最高温度可达到材料的熔点以上，而离开焊缝温度急剧下降，直至室温。所以焊接时引起应力与变形的过程较为复杂。图1－39为钢板中间堆焊或对接时的应力与变形情况。

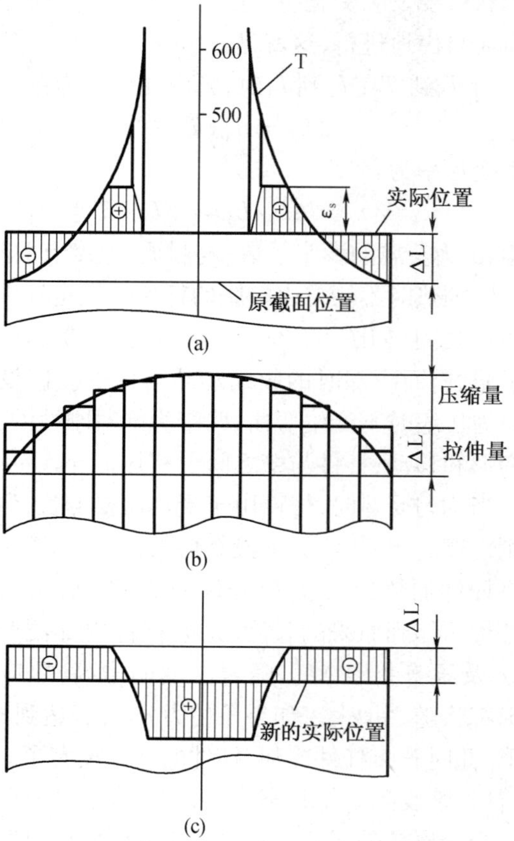

图1－39 平板中间堆焊或对接时的应力与变形

（a），（b）—加热时；（c）冷却后

在焊接过程中，由于钢板经受了不均匀加热，其加热温度为中间高两边低，如图1－39（a）所示。这里我们假设钢板是由许多能自由收缩的小窄板条组成的，每一个小窄板条都可看成是受均匀加热的杆件，那么小窄板条的理论伸长情况应如图1－39（b）中虚线所示。而实际上，由于小窄板条是互为一体并互相牵制的，因此实际伸长情况就如图中实线所示。从图中可以看出，钢板的边缘被拉伸了ΔL，这样在边缘上出现了拉应力。钢板中间被压缩了在实际变形外的虚线围绕部分，实线部分的压缩弹性变形外，虚线所围绕的空白部分是已产生了塑性变形的部分。可见钢板中间焊缝区，不仅产生了压应力，而且还产生了压缩塑性变形。

当冷却时，由于钢板中间在加热时产生压缩塑性变形的缘故，所以最后的钢板长度要比原来短。从理论上来说，钢板中间缩短的长度应如图1－39（c）中的虚线形状。但事实上，由于中间部分的收缩受到两边的牵制，所以实际的收缩变形如图中实线所示。这样冷却后钢板总长度缩短了$\Delta L'$，在钢板的边缘出现了压应力，而在钢板中间因没能完全收缩，则出现了拉伸应力。这就是焊接过程引起的应力与变形的实际情况。综合上面所叙述的内容，可认为不均匀加热所形成的应力与变形和焊接热过程形成的应力与变形的基本原因上相同的，只是焊接时热源是移动的，焊件各部分加热是不均匀的，也是不同时的，但基本原理是一致的。也就是说由于焊件加热和冷却的特点和焊件的刚性条件（即外界的约束程度）是造成焊接应力与变形的基本原因。

1.4.1.3 焊接过程中的组织应力与变形

以上讲述的焊接应力与变形是一种宏观的概念，即是相对结构整体而言的。事实上，在同种金属焊接时，在热影响区不可避免地要发生金相组织的同素异形转变，而异种金属焊接时，则会产生晶格构造的差异。由于金属各种组织比容的不同，因而导致金属体积发生变化。焊接过程中，伴随金相组织转变所出现的体积变化将产生新的内应力，冷却以后，如果相变产物仍旧保留下来，那么在焊件中就产生了组织应力。

钢材在加热和冷却过程中体积变化的情况如图 1－40 所示。Ⅰ代表钢材加热曲线，Ⅱ、Ⅲ分别代表低碳钢和低合金钢冷却曲线。

加热时，钢材膨胀，体积随着温度升高而增大。加热到 Ac_1 时发生相变，铁素体与珠光体转变为奥氏体，而奥氏体的比容最小，因此钢材体积也减小；到 Ac_3 时相变结束后，体积又随温度升高而增大。

冷却时，低碳钢与合金钢体积变化情况不大相同。低碳钢的相变温度高于 600 ℃，此时钢材仍处于塑性，所以不会产生组织应力。对于合金钢来说，由于合金元素使钢材在高温时奥氏体稳定性增加，以至冷却到 200～350 ℃左右时才发生奥氏体向马氏体的转变，并保留到室温。由于马氏体的比容最大，因此马氏体形成后造成较大的组织应力。图 1－41 所示为高强度钢 HY—80 的应力应变循环曲线。由于合金钢在近缝区产生较大的危险拉应力，所以焊接时应注意组织应力的影响。

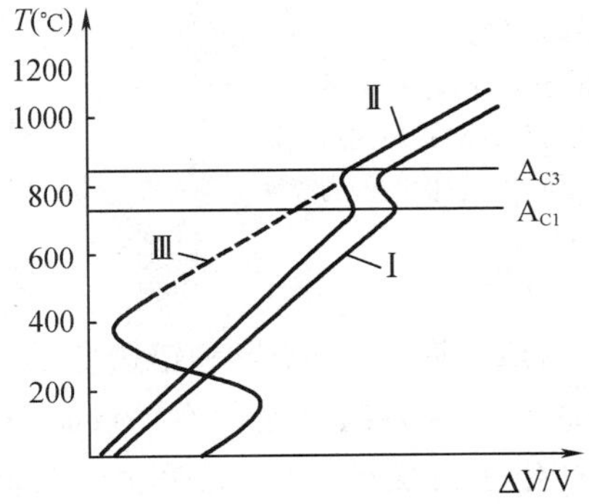

图 1－40　钢材在温度变化时的体积改变情况

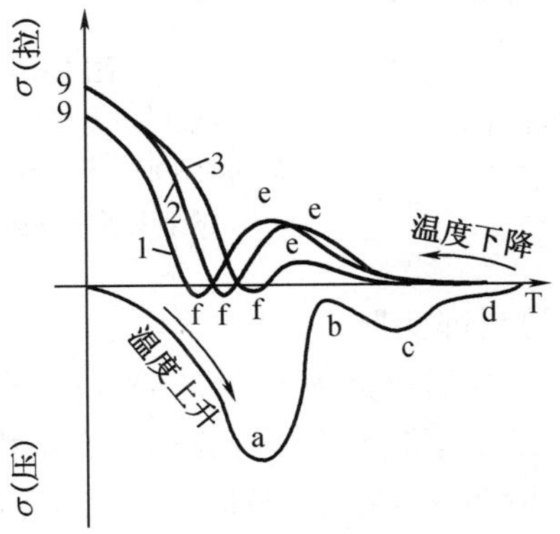

图 1－41　HY—80 高强度钢应力应变循环

1.4.2　船体焊接收缩变形的控制

1.4.2.1　船体焊接收缩变形的种类

船体结构件经过焊接后出现局部或整体尺寸和形状的改变，这种变化叫作焊接变形。焊接变形可为分为两大类：一类是整体变形，即整个结构形状和尺寸发生了变化。另一类是局部变形，它是指发生于焊接结构某部分的焊接变形。局部变形对结构的使用性能影响较小，一般也容易控制和矫正。

按焊接变形的特征，又可将焊接变形分为六种基本变形形式，如图 1－42 所示。

（1）整体变形

整体变形是由于焊缝在各个方向收缩而引起的，包括收缩变形、弯曲变形和扭曲变形，如图 1－42（a）、（c）、（d）和图 1－43（a）所示。收缩变形是由焊缝的纵向和横向收缩造成整个结构的长度缩短和宽度变窄；弯曲和扭曲变形是由于焊缝在结构中布置不对称时产生的，也可能由于装配质量不好、焊件搁置不当、焊接程序和焊接方向不合理而造成的。通常弯曲变形、扭曲变形与纵向和横向收缩相伴而同时发生变化，如图 1－42（a）所示。

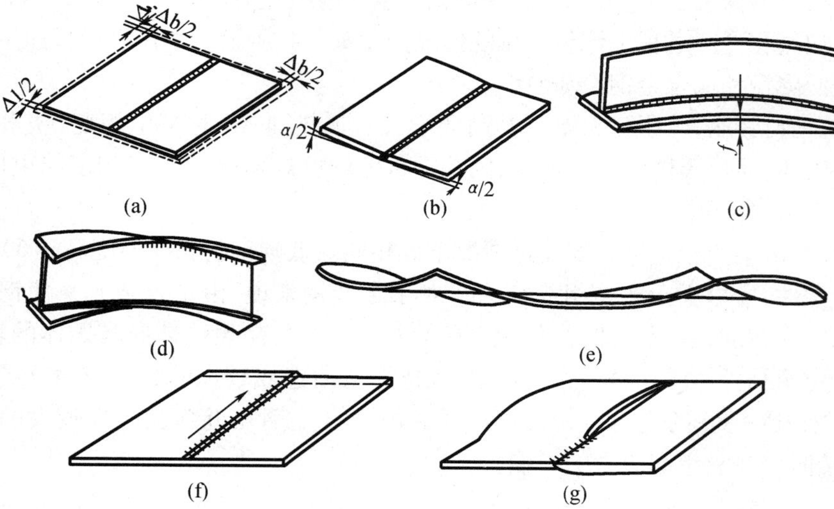

图 1－42　焊接变形的基本形式

(a)纵向和横向的伸长和缩短;(b)角变形;(c)弯曲变形;
(d)扭曲变形;(e)波浪变形;(f)纵向错边变形;(g)板厚错边变形
Δa—纵向伸缩量;Δb 横向伸缩量;α—角变形;f—弯曲变形的挠度

(2)局部变形

局部变形包括图 1－42(b)、(e)、(f)和(g)所示的角变形、波浪变形和错边变形。角变形主要是由于温度沿板厚方向分布不均匀和熔化金属沿厚度方向收缩量不一致而引起的,因此一般多发生在中、厚板的对接接头。波浪变形产生于薄板结构中,它是由于纵向和横向的压应力使薄板失去稳定而造成的。也有的结构因众多的角变形彼此衔接,在外观上类似于波浪变形,如图 1－43(b)所示。错边变形主要是由于组成焊件的两零件在装配时夹紧程度不一致或刚度各不相同或物理性质不同,以及装配不良或电弧偏离坡口中心等原因引起的。

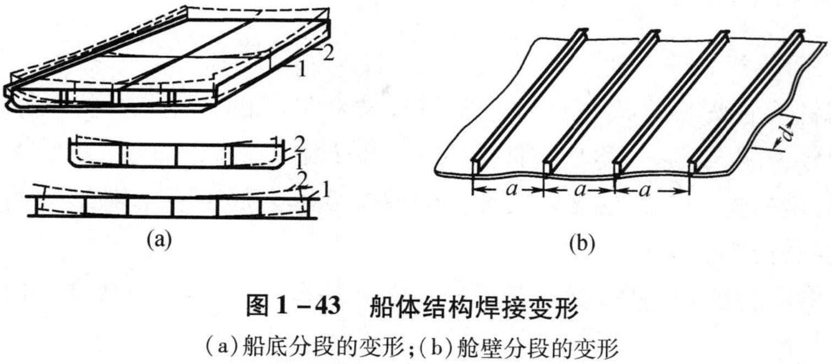

图 1－43　船体结构焊接变形

(a)船底分段的变形;(b)舱壁分段的变形

1.4.2.2　船体焊接收缩量及焊接变形的影响因素

船舶结构焊接生产中产生的焊接变形是个很复杂的问题,涉及的因素很多,也不可能针对船体结构各部位产生的焊接变形逐一加以讨论,而只能分析引起焊接变形的一些主要的因素。

(1)金属材料的热物理性能　金属材料的热物理性能对焊接变形有一定的影响,这种影响是由材料本身特性引起的,与工艺因素无关。通常材料的膨胀系数越大,则焊接时产生的塑性变形越大,冷却后纵横向收缩也越大。如不锈钢和铝的线膨胀系数都比低碳钢大,因而焊后变形也大。导热性大的金属,焊后的变形也较大,铝及其合金即属此类。

(2)施焊方法和焊接工艺参数　不同施焊方法引起的收缩量也不同。当焊件的厚度相同时,单层焊的纵向收缩量要比多层焊收缩大,这是因为多层焊时,先焊焊道冷却后阻止了后焊焊道的收缩。逐步退焊比直通焊收缩小,这是因为前者可使焊件温度比较均匀,产生压缩塑性变形比较分散的缘故。

焊接工艺参数的影响主要为线能量。一般规律是随着线能量的增加,压缩塑性变形区扩大,因而收缩量增大。

(3)焊缝的长度及其截面积　焊缝的长度和截面积的大小对收缩量有很大影响。一般来说,焊缝的纵向收缩量随着焊缝长度的增加而增加,而焊缝的横向收缩量随焊缝宽度增加而增加。横向收缩量还与板厚、坡口形式及接头形式有关。焊条电弧焊时,板厚增加,收缩量增大,自动焊时则有所不同;在同样厚度条件下,V 形坡口比 X 形坡口收缩量大;对接焊缝的横向收缩量比角焊缝大。

(4)焊缝在结构中的位置　焊缝在结构中布置的不对称,是造成焊接结构弯曲变形的主要因素。焊缝离中和轴越近,弯曲变形越小,焊缝离中和轴越远,弯曲变形越大。对于船体焊接结构,中和轴上下都有许多焊缝,且距中和轴的距离也各不相同,因此很容易产生整体弯曲变形。

(5)结构的刚性和几何尺寸　结构的刚性大小决定于截面形状和尺寸,截面积越大,则结构抗弯刚度越大,弯曲变形越小。在同样截面形状和大小时,结构的抗弯刚度还决定于截面的布置,亦即决定于截面惯性矩。

(6)装配和焊接程序　船体结构随着装配过程的进展,结构的整体刚性也在增大。因此就整个结构生产而言,有边装配边焊接和装配成整体后再焊接两种方式可供选择。如果仅从增加刚性以减少变形的角度看,采用后一种方式,对于结构截面和焊缝布置都对称的简单结构来说,可以减少其弯曲变形。例如工形梁的装焊,如果边装边焊方式,则焊后产生较大的弯曲变形,而采用全部构件装配之后再焊接的方式,则弯曲变形较小。对于复杂结构来说,全部构件装配后再焊接的方式,往往是不合理的。一是边装配边焊接所产生的变形不一定都反映到总变形量中去;二是有些零部件因施工上的需要,只能采用边装配边焊接的方式进行。因此需根据实际情况来决定采取的装焊方式。

焊接顺序对变形的影响也是很大。由于先焊焊缝引起的变形最大,后焊焊缝引起的变形逐渐减小。而最终变形方向往往与最先焊的焊缝引起的变形方向一致。

1.4.2.3　船体焊接变形的控制

金属结构经焊接后的变形若超过允许范围,将会影响结构的承载能力,特别是对船体这样的复杂结构,很容易产生变形。因此,在船体建造过程中,必须对焊接变形加以控制。造船生产中所采取的防止或减小焊接变形的措施有两大类,一种是结构设计方面的措施;另一种是制造工艺方面的措施。

(1)船体结构的设计方面

在焊接结构设计时,不仅要考虑到结构的强度、刚度、稳定性以及经济性,而且还要考虑到制造工艺和焊接的特点来进行结构设计才能减小焊接变形。这里提出几点原则,作为结构设计时参考。

①由于船体分段建造法可以大大减小船台工作量,也使船体总焊接变形得到控制,所以在船体结构设计时应考虑船体分段划分的可能性,以便使船台的焊接工作量减至最少。

②分段中的焊缝应保持对称性,或者靠近结构的中心线,以防止弯曲变形。对于厚度大于 8 mm 的板,应尽量采用 X 形坡口而不采用 V 形坡口。

③在保证结构强度的前提下,减少焊缝的截面尺寸,以减少收缩变形。

④尽可能减少焊缝的数量。

⑤在装配焊接时,可采用简单装配焊接胎夹具。

(2)船舶建造的工艺方面

严格对加工、装配工序的要求不仅应注意焊接工序,而且还需要求各工序都应按技术条件保证加工零件的尺寸和质量。坡口的装配间隙不可过大,否则不仅增多熔敷金属量,加大变形,而且在埋弧自动焊时,还有可能烧穿。

①预留收缩余量　无论采取何种措施,焊接结构的收缩变形总是要发生的。生产中为了弥补焊后尺寸的缩短,往往在备料中预先考虑加放收缩余量。由于收缩大小受许多因素的影响,所以加放余量的大小往往采用经验数据或经验公式进行近似估计,见表 1-2。

表 1-2　焊缝纵向收缩量的近似值 /(mm/m)

对接焊缝	连续角焊缝	间断角焊缝
0.15~0.3	0~0.4	0~0.1

②反变形法

根据结构焊后变形情况,预先给出一个方向相反、大小相等的变形,用以抵消结构焊后产生的变形。图 1-43(a)所示为厚度为 8~12 mm 钢板 V 形坡口单面对接的变形情况,当采用反变形后,如 1-44(b)所示,基本上消除了焊接变形。

图 1-44　钢板对接焊的变形情况

(a)没有采用反变形法;(b) 反变形法

③刚性固定法

刚性固定有多种方式,在大型船板拼接焊时,为了防止一条焊道焊到终端时出现横向张开位移,或焊完后出现终端裂纹,工程上常常采用一种专用引弧板(或叫弹性引弧板),如图 1-45(a)所示,它既把弧坑从焊缝引出,又有效地避免了焊缝的终端裂纹。图 1-45(b)所示为薄板焊接时,在接缝两侧放置压铁,并在薄板四周焊上临时点固焊缝,就可以减少焊接之后产生的波浪变形。对于批量生产方式,如造船流水线的拼板工序,可采用电磁铁代替压铁,或用电磁平台代替普通平台,除可减少波浪变形外,还能提高生产效率。此外,在钢板拼接时,还可以采用加“马板”的方法控制焊接变形,如图 1-45(c)所示。

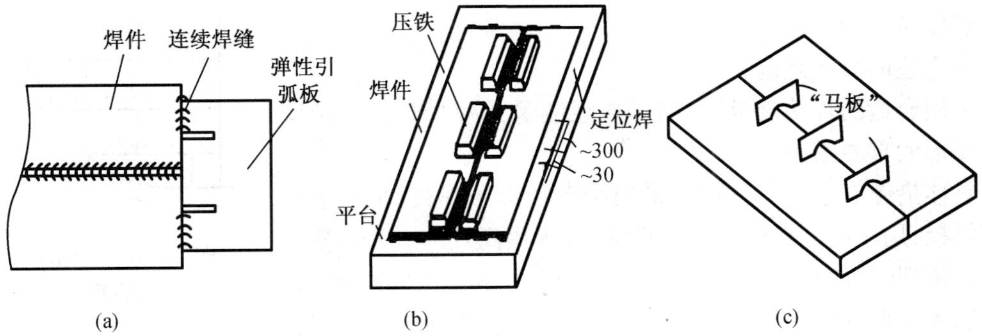

图 1－45　刚性固定法减少焊接变形

④合理的焊接次序

当结构装配后,焊接顺序对焊接变形的大小和焊缝应力的分布有很大影响。因此,在施工设计时,要按照建造方法、分段结构特点及装配的主要顺序,预先制定出分段、总段和船台合龙的焊接顺序。

装焊顺序的基本原则是:先期焊缝产生的焊接残余应力与变形尽量不影响或少影响后期焊接的残余应力与变形。对于比较复杂的焊接结构,在进行装配焊接时,可以将其分成几个简单的部件进行分别组装焊接,然后再进行总装焊接。这样可以避免某些组装件的焊接残余应力与变形带到总体结构上去。造船中采用的船舶分段建造法就是合理装配焊接顺序的实际应用,合理安排焊接顺序是船体结构焊接中十分重要的工艺内容,是保证焊接质量,减少焊接残余变形和焊接残余应力的主要措施之一。如果考虑不周,会造成结构中局部应力集中或应力过大,导致船体结构和焊缝脆性断裂,同时也易使船体结构产生较大的变形,增加了矫正的工作量。

a. 确定焊接顺序的原则　ⅰ. 保证钢板和焊接接缝一端自由收缩的可能性;ⅱ. 先焊接对其他焊缝不起拘束的焊缝;ⅲ. 在构架和板接缝相交的情况下,既有对接缝也有角接缝时应先焊对接缝,然后再焊角接缝;ⅳ. 当分段、总段对接焊时,尽可能由双数焊工从分段中部逐渐向左右、前后对称地施焊,以保证结构件收缩均匀;ⅴ. 大合龙对接时,焊接应采用对称于纵中剖面的焊接程序,以保证船体中心线不致发生扭曲现象;ⅵ. 处于大接头同一断面的各种构件,应先焊大接头的对接焊缝,再焊其他构件的对接缝,最后焊其他构件的角焊缝。

b. 船体构架的焊接顺序　在船体构架上大部分的接头是角接头(如立角接缝、仰角接缝和平角接缝),此外还有少量的对接缝(如平对接缝、立对接缝和横对接缝)。船体构架焊缝的焊接顺序是先对接缝,后角接缝。

对接缝的焊接顺序是先焊平对接缝,再焊横对接缝,最后焊立对接缝;带坡口的接头先焊,不带坡口的接头后焊。角接缝的焊接顺序是先焊立角接缝,后焊平角接缝。仰角接缝在起吊能力允许的条件下,在完成除仰角接缝之外的焊接工作之后,将分段翻身,变仰角焊为水平角焊,从而提高焊接生产效率和减轻焊工劳动强度,同时也保证了焊缝的质量。

c. 船体外板的焊接顺序　船体外板的焊接顺序,如图 1－46 所示为艏部外板焊接顺序,原则上应当先焊横向焊缝,后焊纵向焊缝。这样,横向焊缝因横向收缩而产生的单值应力可在纵向焊缝纵向收缩的影响下而减弱。船体横向焊缝单值应力的存在,在其一旦与外载荷引起的应力叠加之后,就容易产生裂纹或断裂,这是制定焊接顺序中应该极为注意的。

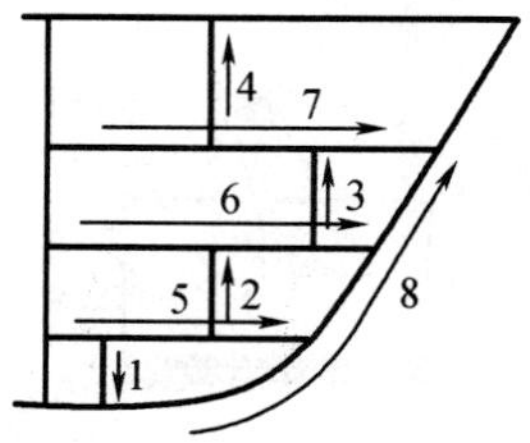

图 1-46 船艏外板焊接顺序

纵焊缝的焊接应由下而上(按焊缝 5,6,7 顺序)进行,目的在于减少船体结构的上翘。

⑤合适的焊接规范

采用合适的焊接规范,控制焊接线能量是减少焊接残余应力与变形的重要措施。

具体措施有:手工焊接时,采用小直径焊条焊接,采用多层多道焊接,用小电流快速不摆动焊法,或采用高效的 CO_2 焊等。

采用埋弧焊时,避免采用大电流,而采用小功率低速焊接是解决船板变形的途径之一。在小的焊接规范下焊接温度场中各点在高温的停留时间短,使得材料显微组织相变保持细微晶粒结构,提高焊接接头机械性能;此外还使高温区的压缩塑性变形减小,改善了焊接变形,因而小功率低速焊接比大功率高速焊接更有优势。但小功率低速焊接的不足是无法兼顾生产效率的需要,尽管如此,在对焊接质量强调更多的场合,小功率低速焊接仍值得尝试。表 1-3、表 1-4 是某船建造中,大合龙焊缝采用 CO_2 气体保护单面焊双面成形工艺的焊接规范及工艺评定试验主要数据。试验证明,焊接质量是符合 CCS《钢质海船入级与建造规范》——材料焊接篇的要求的。

表 1-3 单面焊大坡口接头焊接规范实例

焊件坡口/mm	焊材规格牌号	气体种类及流量	电压/V	电流/A	极性	焊速/ $mm \cdot s^{-1}$
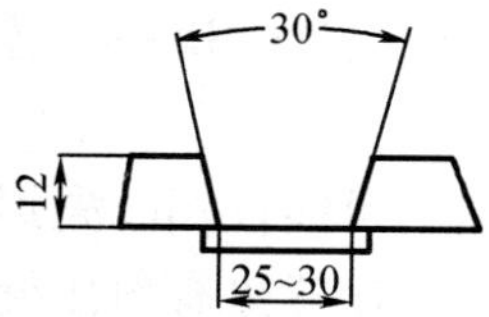	Φ1.2WE-711	CO_2 16~18/ $L \cdot min^{-1}$	23~24	160~170	直流反接	3

表 1-4 接头工艺评定主要实验数据

试验项目		主要数据		
拉伸试验		断口位置:母材;接头抗拉强度:535 $N \cdot mm^{-2}$;结论:合格		
弯曲试验		压头直径:48 mm;正反弯曲角度:180°;结论:合格		
冲击试验	缺口位置	焊缝中心线	熔合线	热影响区
	冲击功/J	141,130,80	86,154,83	56,65,62

总之,中厚板的大坡口焊缝采用单面焊双面成形工艺,为保证一次焊透,焊接线能量应大于最小值;焊接线能量在满足焊缝成形要求的前提下越小越好,以利于改善焊接热作用区域的显微组织结构,减小焊接变形和热应力;小的焊接线能量可以通过两种途径实现:大功率高速焊接或小功率低速焊接,后者的焊接质量明显胜出;采用小功率低速焊接需兼顾生产效率的要求,但对于重要焊缝,不失为保证焊接质量的有效方法之一。

⑥焊前预热

预热的目的是使焊接区与局部结构之间的温差减小，从而降低温度分布的不均匀性，使冷却速度减慢，降低焊接收缩应力，也使产生裂纹倾向变小。

1.4.3　船体钢板焊接变形的矫正方法

船体结构焊接发生了超出技术要求所允许的变形后，应设法矫正，使之符合产品质量要求。实践表明，很多变形的结构是可以设法矫正的。各种矫正变形的方法实质上都是设法造成新的变形去抵消已经发生的变形。

1.4.3.1　机械矫正焊接变形

机械矫正的实质是利用机械力将焊接接头区域已经缩短的纤维再次拉长。一般可采用矫平机或压力机来进行，机械矫正一般用于塑性较好的材料及形状简单的焊件。造船中主要用平板矫正机进行。

1.4.3.2　火焰矫正焊接变形

火焰矫正又叫“火工矫正”。它是利用氧－乙炔火焰或其他火焰对金属局部加热使它产生新的变形来抵消已经产生的焊接变形。火焰矫正的实质与机械矫正正好相反，它不是利用焊件上尺寸短的部分的延伸来消除变形，而是将焊件上尺寸较长的部分缩短来消除焊接变形。

(1)火焰矫正原则

①在分段建造完成后只对骨材吊装接口边缘的变形进行火工校正，减少火工加热次数。

②在校正施工中要严格执行规定的工作程序和选择既定的火工参数，特别是要严格控制加热温度，不得随意更改。

③绝对禁止使用铁锤敲击，必须锤击时只能用木锤和塑料锤。

④对板的局部凹凸变形采用小火圈加热形式，火圈直径为 20 mm，从外到内，火圈疏密视情况而定，一般间距在 50 ~ 100 mm。

⑤板的纵向波浪在加强材两侧边缘条形加热火路距离构架 5 mm，采用隔挡加热的办法控制总体变形。

⑥同一部位加热次数不得超过 3 次。

(2)火焰矫正加热方法

火焰矫正法矫正变形的关键是对火焰加热部位的选择。加热位置一般选择在被矫正变形方向的反向一边。例如，弯曲变形应选择在反向弯曲的一侧；另外应选择在变形的鼓凸之处，例如波浪变形应选择在变形的高起部分。船厂采用火焰矫正的办法来纠正板材波浪变形，针对不同结构和不同部位的波浪变形要选择不同的加热方法。

(3)火焰矫正法注意事项

①先了解被矫正结构材料的性质。实践证明火焰矫正基本上对碳钢与低合金钢的性能没有不利影响，可以放心使用。但对于某些材料如具有晶间腐蚀倾向的不锈钢和淬硬倾向较大的钢材则不适用，具体操作时应引起重视。因此，火焰矫正适用于低碳钢和普通低合金钢。

②加热火焰一般采用中性焰,采用氧化焰虽加热速度提高,但对工件表面有损伤作用。

③露天处建议火工后自然冷却,不用冷水浇。尤其是高强度钢,要尽量避免采用水冷方法矫正变形。

1.4.3.3 机械与火焰综合矫正法

对于大厚度钢板,如发生焊接变形时,有时同时采用机械与火焰两种方式矫正焊接变形可以收到更好的效果。

1.5 船用钢板对接装焊工艺卡的编写

1.5.1 焊接施工简图

1.5.1.1 焊接施工简图的定义

焊接图是图示焊接加工要求的一种图样,它应将焊接件的结构与焊接的有关内容表示清楚。在图样中简易地绘制焊缝时,可用视图、剖视图和断面图表示,也可用轴测图示意地表示,通常还应同时标注焊缝符号,包括基本符号、辅助符号、补充符号。在相关课程中已学习,不再赘述。

焊接施工简图是焊接施工图的简化图或示意图,它是为方便焊接施工而设计的。在一些大型工程或船舶施工或焊接时不便于把图纸带到现场而用焊接施工简图代替,大多数情况下在技术交底时,技术人员可以采用焊接施工简图,焊接操作工人能很快借助焊接施工简图明白设计意图,从而按照设计要求施焊。

1.5.1.2 焊接施工简图的作用

(1)焊接施工简图是把设计意图转化为焊接施工的桥梁;

(2)焊接施工简图是向焊接操作人员表达设计意图的工具;

(3)焊接施工简图是远距离传达技术要求的媒体;

(4)焊接施工简图是现场焊接操作人员的工作依据;

(5)焊接施工简图也是现场焊接质量检验的资料。

1.5.1.3 焊接施工简图的绘制

焊接施工简图在工程实践中可以在工艺交接单中绘制,还可以在工艺说明书中绘制,在大多数焊接工艺文件中,也都常常看到一些焊接施工简图的表现形式,有的是插图,有的是附图,有的干脆单独以非正式图纸形式出现。

(1)焊接施工简图的绘制依据

①焊接结构设计图纸;

②焊接接头和焊缝形式及其相关标准;

③焊接工艺手册;

④有关产品的焊接施工生产及验收规范;

⑤有关设计修改通知书。

(2)焊接施工简图的绘制步骤

①查阅原始施工图,弄清楚焊接施工对象;

②明确焊接施工方案和技术要求；

③确定焊接施工简图的表现形式；

④明确焊接质量标准；

⑤明确焊接操作人员的焊接生产量及时间安排。

⑥绘制简图或草图并印制。

1.5.1.4　焊接施工简图的应用与实例

(1)焊接施工简图的应用

①焊接施工简图在现场焊接施工技术交底时发到焊接操作人员手中,作为焊接施工的指导文件；

②焊接施工简图可以作为现场焊接人员劳动定额的依据；

③焊接施工简图可以作为基层技术档案资料之一,以便随时查阅和检查；

④焊接施工简图可以成为基层焊接技术交流的桥梁；

⑤焊接施工简图可以作为焊接施工总结的原始资料。

(2)焊接施工简图的实例

厚板多层焊焊缝的施焊,如图 1-47 所示。

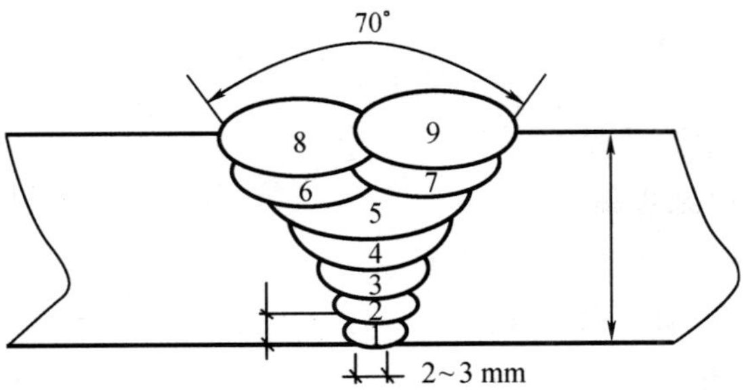

图 1-47　厚板多层焊焊缝的施工简图

1.5.2　焊接工艺规程——焊接工艺卡

1.5.2.1　焊接工艺卡的定义

焊接工艺卡是针对批量产品,按照设计要求对所加工产品的每一个工序的加工程序、质量要求等以工艺卡的形式表现出设计意图,常作为焊接施工现场的正式焊接工艺文件。

1.5.2.2　焊接工艺卡的作用

(1)焊接工艺工艺卡是基层焊接技术经验交流的桥梁；

(2)焊接工艺卡是向焊接操作人员表达设计意图的工具；

(3)焊接工艺卡是远距离传达焊接技术要求的媒体；

(4)焊接工艺卡是现场焊接操作人员的焊接施工指导文件；

(5)焊接工艺卡也是现场焊接质量检验的工作依据；

(6)焊接工艺卡也是现场焊接人员劳动定额的原始资料。

1.5.2.3 焊接工艺卡的编制

焊接工艺卡在工程实践中往往是在焊接施工准备中绘制,焊接技术人员接到设计图纸后,进行自我消化,在全面理解设计意图后结合本单位的焊接施工条件编制焊接结构的焊接工艺卡。涉及本单位重大工艺问题,需提交有关人员讨论后,报主任工程师或总工程师批准。然后制成工艺卡片,作为技术交底的文件发到焊接施工人员手中指导焊接施工。

(1)焊接工艺卡的编制依据

①焊接结构产品设计图纸及说明书;

②焊接工艺文件或焊接施工方案;

③焊接工艺手册;

④焊接接头和焊缝形式及其相关标准;

⑤有关产品的焊接施工生产及验收规范;

⑥有关设计修改通知书。

(2)焊接工艺卡的内容

①产品对象,船舶分段或施焊部位;

②焊接方案或焊接方法;

③焊接施工简图;

④焊接工艺参数;

⑤焊接程序;

⑥焊接质量标准和检测手段。

(3)焊接工艺卡的绘制步骤

①读懂原始施工图,弄清楚焊接施工对象;

②明确焊接施工方案和技术要求;

③确定焊接质量标准;

④确定现场焊接技术措施;

⑤明确焊接操作人员的焊接生产量及时间安排。

⑥绘制焊接工艺卡并印制。

1.5.2.4 焊接工艺卡的应用和实例

(1)焊接工艺卡的作用

①焊接工艺卡在现场焊接施工前应到焊接操作人员手中,作为焊接施工的指导文件;

②焊接工艺卡可以作为基层技术档案资料之一,它可以表示一个单位在一个时期的焊接施工技术水平的发展程度,以便随时查阅和检查;

③焊接工艺卡可以成为基层焊接技术交流的桥梁;

④焊接工艺卡也可以作为现场焊接人员劳动定额的依据;

⑤焊接工艺卡可以作为焊接施工总结的原始资料,应严格登记管理。

(2)焊接工艺卡的实例

①中文版的焊接工艺规程,见式样表1-5、表1-6、表1-7。

②中英文对照版的焊接工艺规程,见式样表1-8、表1-9、表1-10。

表 1－5　焊接工艺卡(WPS)

质量手册表:9—10　　修订版次:6　　修订版次:0　　共　　页　　第　1　页

施工号	0205—505		产品名称			工艺编号	H0214	
件　号	拼接缝		设备类型	MZ—1000,KR—500 等		预热温度	/	
母　材	Q235A		焊接位置	平焊		层间温度	/	
PRQ　号	HP0101		无损检测	超声波		焊后热处理	/	
焊工资格			合格等级	Ⅱ级		产品规格型号		
焊接工艺参数	焊接层次	焊接方法	焊材牌号规格/mm	电源极性	焊接电流/A	电弧电压/V	焊接速度	CO_2 气体流量/(L/min)
				DC RP	—	—	—(mm/h)	
				DC RP	—	—	—(mm/min)	
				DC RP	—	—	—(mm/min)	
				DC RP	—	—	—(mm/min)	
坡口尺寸和焊道形状图示				焊缝编号	焊接要求及说明			
				A101				

表 1－6　焊接工艺卡

表 H－05

NO：

<table>
<tr><td>产　品　名　称</td><td colspan="2"></td><td>产　品　型　号</td><td colspan="2"></td><td>零部件名称</td><td></td></tr>
<tr><td>焊接工艺指导书编号</td><td colspan="2"></td><td>焊接工艺评定编号</td><td colspan="2"></td><td>图　　号</td><td></td></tr>
<tr><td>母 材</td><td colspan="2"></td><td>规　格</td><td colspan="2"></td><td>钢号类组别号</td><td></td></tr>
<tr><td>气 体</td><td></td><td>配 比</td><td></td><td>流 量</td><td></td><td>清根方式</td><td></td></tr>
<tr><td>接　头　编　号</td><td colspan="5"></td><td>焊工资格</td><td></td></tr>
</table>

层次	焊接方法	焊接材料		电源及极性	电流/A	电压/V	焊接速度/(cm/min)	线能量/(J/cm)
		牌号	规格					

焊接层次，顺序示意图：

焊接层次（正/反）：各一层

坡口角度：0^0

钝边：板厚

其它：

焊接技术要求及说明：

编制：　　　　年　月　日　　　　焊接责任工程师：　　　　年　月　日

表 1-7　通用焊接工艺卡

版　次	修改标记及处数	编制人及日期	审核人及日期	备　注

表 1-8 焊接工艺规程（WPS）

WELDING PROCEDURE SPECIFICATION

WPS No.：WPS-H005 PAGE 1 OF 3 DATE 2003.03.10

公司名称 Company Name ________

依据的 PQR 编号 Supporting PQR No. PQR-07 签字人 BY(QA DIRECTOR) ________ 生效日期 Date ________

焊接方法 Welding Process MAG 自动化等级 Type(s) Semi-Auto ____ (Automatic, Manual, Machine, Semi-Auto.)

接头 JOINTS	

母材 BASE METALS

类别号 P—No. ____ 组号 Group No. 1 与类别号 to P—No. ____ 组号 Group No. 1 相焊，或 or

钢号/等级为 Specification Type and Grade St52-3 与钢号/等级为 to Specification Type and Grade St52-3 相焊，或 or

化学成分/力学性能为 Chem. Analysis and Mech. Prop. __与化学成分和力学性能为 to Chem. Analysis and Mech. Prop. __相焊

厚度范围 Thickness Range：母材 Base Metal： 坡口焊 Groove 3~24 mm 角焊 Fillet not limited

管径范围 Pipe Dia. Range： 坡口焊 Groove Not Limitted 角焊 Fillet not limited

其它 Other ________

填充金属 FILLER METALS SFA No.	Special	
AWSNo. (Class)	ANSI/AWS A5.18 ER70S-6 上海中钢焊材有限公司	
F—No.	None	
A—No.	NA	
填充金属尺寸 Size of Filler Metals	Φ1.2 mm	

表 1 – 9 焊接工艺规程（WPS）

WELDING PROCEDURE SPECIFICATION

WPS No.：WPS – H005 PAGE 2 OF 3 DATE 2003. 03. 10

熔敷焊缝金属厚度范围 对接焊缝 Deposited Weld Met. Thickness Range：Groove	max24mm	
角焊缝 Fillet	not limited	
焊丝 – 焊剂 Electrode – Flux（Class）	NA	
焊剂商标 Flux Trade Name	NA	
熔化性嵌条 Consumable insert	NA	
其　他 Other		

焊接位置 POSITIONS

焊缝位置 Position（s）of groove ＿PA＿

焊接方向 Weld. Progression：向上 UP X 向下 Down ＿NO＿

角焊缝位置 Position(s) of Fillet ＿PA＿

预热 PREHEAT

最小预热温度 Preheat Temp. Min. ＿5 ℃＿

最大层间温度 Inter pass Temp. Max. ＿300℃＿

预热保持方式 Preheat Maintenance ＿None＿

(Continuous or special heating where applicable shall be recorded)

焊后热处理 POST – WELD HEAT TREATMENT

温度范围 Temperature Range ＿＿＿＿

时间范围 Time Range ＿＿＿＿

气体 GAS

百分组成 Percent Composition

气体 Gas(es)	混合剂(Mixture)	流量 Flow Rate
保护气 Shielding 二氧化碳 + 氩气	18/82	15 ~ 25 L/min
尾部保护气 Trailing None	None	None
背面保护气 Backing None	None	Non

电特性 ELECTRICAL CHARACTERISTICS

交流或直流 Current AC or DC ＿DC＿ 极性 Polarity ＿EP＿

电流(范围) Amps(Range) ＿see below＿ 电压(范围) Volts(Range) ＿see belowe＿

钨极尺寸和类型(纯钨极或 2% 钍钨极等) Tungsten Electrode Size and Type(Pure. Tungsten. 2% thoriated. etc.) ＿NA＿

金属过渡方式(射流或短路等) Mode of Metal Transfer for GMAW (Spray arc, short circuiting arc, etc.) ＿NA＿

送丝速度范围 Electrode Wire Feed Speed Range ＿NA＿

施焊技术 TECHNIQUE

无摆动焊或有摆动焊 String or Weave Bead ＿String 无摆动焊＿

喷孔或喷嘴尺寸 Orifice or Gas Cup Size ＿NA＿

表 1-10　焊接工艺规程（WPS）

WELDING PROCEDURE SPECIFICATION

WPS No.：WPS-H005　　PAGE 3 OF 3　　DATE　2003.03.10

打底及中间焊道的清理方法(刷理或打磨等) Initial and Inter pass Cleaning(Brushing. Grinding. etc.) Grinding　磨

背部清根方法 Method of Back Gouging　Carbon arc gouging 、Grinding 碳弧气刨、磨

摆动方法 Oscillation　NA

导电嘴-工件距离 Contact Tube To Work Distance　NA

多道焊或单道焊(每侧) Multiple or Single Pass (per side)　Multiple　多道焊

多丝焊或单丝焊 Multiple or Single Electrodes　NA

焊接速度(范围) Travel Speed(Range)　See below

锤击有/无 Peening　None

其它 Other

焊 层 Weldlayer	焊接方法 Process	填充金属 Filler Metal		电流 Current	电压范围 Volt. Range		焊接速度范围 TravelSpeed Range	其它 Other
		种类 Class	直径 Dia.	极性 TypePolar	安培 Amp. Range			
1st side								
1	MAG	ER70S-6	Φ1.2 mm	DCEP	320-350A	32-34V	8~12 cm/min	
Others	MAG	ER70S-6	Φ1.2 mm	DCEP	320~350 A	32~34 V	8~12 cm/min	
2nd side								
1	MAG	ER70S-6	Φ1.2 mm	DCEP	320~350 A	32~34 V	8~12 cm/min	
Others	MAG	ER70S-6	Φ1.2 mm	DCEP	320~350 A	32~34 V	8~12 cm/min	

焊接工程师 PREPARED BY:　日期 DATE:　质保总监 APPROVED BY:　日期 DATE:　授权检验师 ACCEPTED BY AI:　日期 DATE:

【思考与练习】

1. 船体结构的焊接特点是什么？
2. 船体结构焊缝类型有哪些？
3. 船体拼版的特点有哪些？
4. 船体钢板对接有哪几种空间位置，各种对接位置的焊接特点是什么？
5. 什么是船体结构焊接生产工艺过程？
6. 什么是焊接生产工艺流程？
7. 生产的基本工序是什么，为什么说它是生产的基本单元？
8. 船舶什么生产规模的大小对生产工艺过程有何影响？
9. 简述船体板的拼板工艺过程。
10. 什么是船体钢板的预处理？预处理有哪几种途径？
11. 什么是“二次除锈”？
12. 船板下料或开破口有哪几种加工方法？
13. 简述气割的切割原理。
14. 金属能够气割的条件是什么？
15. 为什么中性焰用的最广？
16. 提高气割的切割质量的措施或途径有哪些？
17. 船厂常用的气割设备有哪些？
18. 简述光电跟踪的切割原理。
19. 数控自动切割的特点有哪些？
20. 什么是等离子切割，等离子有哪几种形式？
21. 什么是激光切割？造船中用的激光切割设备是什么型号？
22. CO_2激光切割的关键技术是什么？
23. 船板拼接的对接接头有哪几种形式，只要用的坡口形式有哪些？
24. 焊接工装夹具如何分类，焊接接工装夹具的选用原则是什么？
25. 甲板拼接的焊接程序是什么？
26. “马板”的作用是什么？
27. 焊接应力与变形产生的原因是什么？
28. 焊接变形的类型有哪几种？
29. 控制焊接应力与变形的措施有哪些？
30. 矫正焊接变形的方法有哪些？
31. 焊接简图和焊接工艺卡有什么区别？
32. 编制焊接工艺卡有什么作用？
33. 编制焊接工艺卡的依据、内容和步骤是什么？

【作业与任务】

1. 编制船底板拼接焊焊接工艺卡。
2. 编制艏甲板拼接焊焊接工艺卡。

项目二　船体骨架装焊工艺编制

【职业能力目标】

1. 能识读船舶骨架装焊图并能分析其焊接变形的特征。
2. 能选用船舶骨架装焊常用的工夹具和常用的焊接方法。
3. 能熟悉骨架装焊工艺规程的内容。
4. 掌握船舶纵桁材(T型材),船用钢管结构等船舶骨架构件的装焊要求。
5. 掌握船体骨架构件焊接残余应力和焊接残余变形。
6. 掌握船体骨架焊接工艺规程的编写知识。

【工作任务要求】

1. 能够找出船体骨架所有焊缝,并根据其特点进行分类,并能区分不同焊缝的工作特点。
2. 能够根据船体骨架特点提出船体骨架装焊方案。
3. 编写船体骨架装焊工艺卡。

【教学目标要求】

一、知识目标
1. 船舶纵桁材(T型材)装焊工艺。
2. 船用钢管结构等船舶骨架构件的装焊工艺。
3. 船体骨架构件焊接残余应力和焊接残余变形。
4. 船体骨架焊接工艺规程的编写知识。

二、能力目标
1. 能识读船舶骨架装焊图并能分析其焊接变形的特征。
2. 能选用船舶骨架装焊常用的工夹具和常用的焊接方法。
3. 能编制骨架装焊工艺规程。

【教学内容导航】

1. 强桁梁的装焊要求。
2. 焊接残余应力及其分布。
3. 影响焊接残余应力的原因。
4. 船体骨架焊接工艺规程的编写知识。
5. 工字钢的装焊要求及简单工夹具的应用。
6. 焊接变形的预防及控制方法及焊接工艺的编制。
7. 钢制管结构的装焊要求。
8. 弯曲与成型工艺。

9. 常用焊接变位机,转管机的使用方法。

10. 不同类型用管的特点及焊接施工要求。

船体骨架是由船体构件组成的,如图 2-1 所示。船体构件是指船体零件经号料、加工后可以进行装焊的,如肋骨、横梁、肋板、外板等。船体部件是指两个或两个以上的船体零件装焊成的船体结构组合件,如各种焊接 T 型梁、肋骨框架、艏艉柱、舵、带缆桩等。船体构件的装焊应在船体预装焊之中,船体预装焊不仅使大部分的船体装配焊接工作移至室内进行,提高了装焊质量,又改善了劳动条件,而且还为建立预装焊生产流水线,实现装焊过程机械化提供了先决条件。

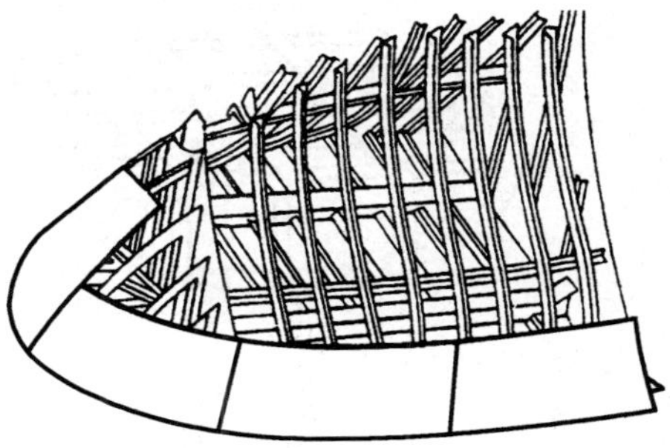

图 2-1　船体骨架或构架示意图

2.1　船体纵桁材(T 型材)装焊工艺

一、知识目标

1. 了解 T 型材装焊夹具及焊接车间的布局;
2. 掌握钢板画线、放样的简单操作知识;
3. 掌握工夹具的使用和下料质量要求。
4. T 型材的装焊工艺;
5. T 型材焊接残余应力的分布和应力与变形的原因;
6. T 型材的装焊工艺卡的编制。

二、能力目标

1. 能够选用常用的工夹具进行钢板的丁字结构的装焊;
2. 能根据工艺要求,对不同板厚进行坡口加工和处理;
3. 能识别和使用简单的工夹具
4. 能确定 T 型材连接定位和装焊工艺;
5. 能编制 T 型材的装焊工艺卡。

船舶纵桁材(T 型材)是船体构架的典型扶强部件之一,它和船板连接,大大地提高了船板的强度和抗弯刚度,其他扶强部件还有角钢、球扁钢和扁钢等,而 T 型材是作船板的纵桁材、横桁材使用,是船舶的主要受力构件之一,焊接质量要求较高。船体上 T 型材的应用如图 2-2 所示,其中(a)图是船底分段上的 T 型材,(b)图是船侧分段上的 T 型材。

2.1.1　T 型材装焊夹具及焊接车间的平面布置

2.1.1.1　T 型材装焊夹具

(1) 焊件在夹具中的定位

①定位原理

在装焊作业中,使焊件按图样或工艺要求在夹具中得到确定位置的过程称为定位。

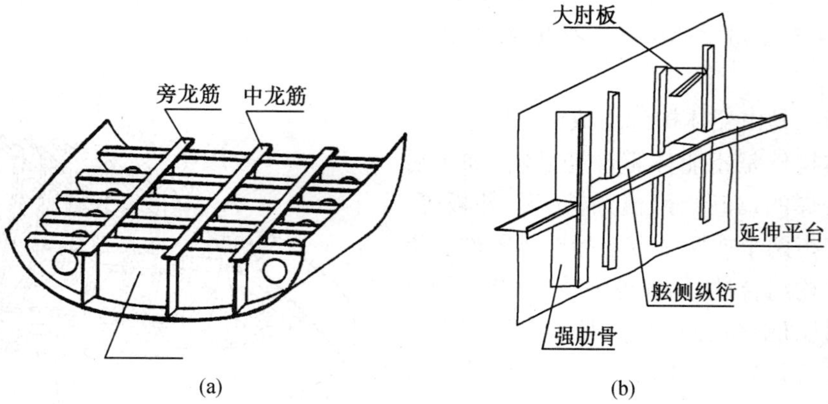

图 2-2　船体上 T 型材的应用

选择定位基准时需着重考虑以下几点：

a. 选用焊件上平整、光洁的表面作为定位基准，若定位基准面上不平整应采取一些突出的定位块以较小的点、线、面与焊件接触的定位方式。

b. 定位基准应尽可能与焊件设计基准重合，以便消除和减少误差。通常选取焊件上的孔中心距、支承点间距等作为定位基准，以保证配合尺寸的公差尺寸。

c. 考虑焊接结构的布置、装配顺序等综合因素。当焊件由多个零件组成时，某些零件可以利用已装配好的零件进行定位。

d. 当产品的批量大，所应用的工装夹具较多时，应注意定位基准的统一性，以便于组织生产和夹具的设计与制造。

②常用的定位方法及应用

定位器可作为一种独立的工艺装置，也可以是复杂夹具中的一个基本元件。定位器具有多种结构形式，如挡铁、支承钉或支承板、定位销及 V 形块等。使用时，可根据被定位焊件的结构形式及定位要求布置和选择。图 2-3 是 T 型材装焊夹具和球扁钢装焊夹具。

图 2-3　船舶骨材的装焊

(a) T 型材装焊夹具；(b) 球扁钢装焊夹具

(2)焊件定位技术

①常用的定位方法

a. 平面定位用定位器　焊件平面定位时常采用挡铁、支承钉(板)等进行定位。

b. 圆孔定位用定位器　利用零件上的装配孔、螺钉孔或螺栓孔及专用定位孔等内表面作为定位基准时多采用定位销定位。

c. 外圆表面定位用定位器　圆柱焊接的外表定位多采用V形块。V形块上两斜面的夹角一般有60°、90°、120°三种,焊接夹具中V形块两斜面的夹角多为90°。

②应用定位器时的技术要点

a. 定位器应具有一定的耐磨性。

b. 定位器应具有一定的结构刚性。

c. 定位器的布局要合理。

d. 应注意基准的选择与配合。

e. 应注意定位操作的简便性。

(3) 定位夹紧装置

①定义　定位夹紧装置就是能够给焊件定位,并施加外力使焊件夹紧,且在焊接过程中焊件不松动、不变形、不位移的装置。在船舶构件的焊接加工中,常常用到这种装置。

②夹紧装置的具体作用有以下几方面

a. 定位器的合理选择和布置为实现焊件的正确定位提供了必要条件,但不是充分条件。只有与夹紧装置相配合,通过夹紧力将焊件表面贴紧在定位面上,才能产生可靠的定位效果。

b. 采用装配反变形工艺措施,可以有效地解决焊接构件的弯曲变形、角变形等工艺问题。实际操作中必须通过某些夹具使焊件整体稳固,再运用专门设置在特定部位的夹具对焊件施加反变形力,才能控制焊件的形状、变形量及位置稳定等。

c. 焊接工序中,吊装在变位机工作台或翻转机上的焊件进行倾斜或回转时,必须采取可靠的夹紧措施,以确保焊件的可靠变位和操作过程的安全,防止焊件在焊接过程中产生相对窜动。

d. 经冲压成形的板壳类焊件受各种工艺因素的影响,往往产生不同程度的形状偏差,对冲压－焊接结构的应用造成不良影响。

③典型夹紧机构　夹紧装置的种类很多,常用的结构形式有以下几种:

a. 楔形夹紧器　楔形夹紧器主要通过斜面的移动所产生的压力夹紧焊件。

b. 螺旋夹紧器　螺旋夹紧器一般由螺杆、螺母和主体两部分组成,通过螺杆与螺母的相对转动达到夹紧焊件的目的。

c. 偏心轮夹紧器　偏心轮是指绕一个与几何中心相对偏移一定距离的回转中心而旋转的零件。偏心轮夹紧器是由偏心轮或凸轮的自锁性能来实现夹紧作用的夹紧装置。常见的偏心轮有两种:圆偏心轮和曲线偏心轮。

d. 杠杆夹紧器　这是一种利用杠杆的作用原理,使原始力转变为夹紧力的夹紧机构。杠杆夹紧器的夹紧动作迅速,而且通过改变杠杆的支点和受力点的位置,可起到增力的作用。

e. 铰链夹紧器　铰链夹紧器是用铰链把若干个杆件连接起来实现夹紧焊件的机构。

f. 气动与液压夹紧器　气动夹紧器是以压缩空气为传力介质,推动汽缸活塞与连杆动作，实现对焊件的夹紧作用。

ⅰ气动夹紧器　气压传动用的气体工作压力一般为0.4 MPa～0.6 MPa。气动压夹紧器具有夹紧动作迅速（3～4 s完成），夹紧力比较稳定，结构简单，操作方便，不污染环境及有利于实现程序控制操作等优点。

ⅱ液压夹紧器　液压夹紧器的工作原理和工作方式与气动夹紧器相似，只是采用高压液体代替压缩空气。

g.专用夹具　专用夹具是指具有专一用途的焊接工装夹具，是针对某种产品的装配与焊接需要而专门制作的。专用夹具的组成基本上是根据被装焊零件的外形和几何尺寸，在夹具上按照定位和夹紧的要求，安装了不同的定位器和夹紧机构。

h.组合夹具　组合夹具是由一些规格化夹具元件，按照产品加工的要求拼装而成的可拆式夹具。适应于品种多、变化快、批量少、生产周期短的生产场合。

组合夹具按元件功用不同可以分为基础件、支承件、定位件、导向件、压紧件、紧固件、合成件以及辅助件等8个类别。

磁力夹具　磁力夹具是借助磁力吸引铁磁性材料的焊件实现夹紧的装置。船厂广泛使用的单面焊双面成型流水线装置，就是利用磁力夹具实现钢板对接定位的。磁力夹具按磁力的来源分为永磁式合电磁式两种；按工作性质分为固定式和移动式两种。

2.1.1.2　船体构件焊接车间的平面布置

（1）焊接车间的分类与组成

焊接结构车间一般由生产部门、辅助部门和行政管理部门及生活间等组成。各部门的具体组成如下：

①生产部门　包括备料加工工段、装配工段、焊接工段、检验实验工段和涂装包装工段等。对于一些大型专业生产厂，可将工段内容设定为车间。

②辅助部门　辅助生产部门主要依据车间规模大小、类型、工艺设备以及协作情况而定，一般包括计算机房（负责数控程序的编制）、机电修理间、工具分发室、焊接实验室、焊接材料库、金属材料库、中间半成品库、胎夹具库、辅助材料库、模具库和成品库。

③行政管理部门及生活间　行政管理部门及生活间包括车间办公室、技术科（组、室）、会议室、资料室、更衣室、休息室（或餐室等）。

T型材装焊平台或夹具根据不同厂家的具体情况一般位于车间装配工段或焊接工段或船舶零部件加工工段。

（2）装配焊接车间的设计

①车间布置设计的目的和重要性

车间布置设计是工艺设计中的重要组成部分。它是在确定生产流程与设备的型号、规格、数量的基础上进行的。车间布置设计的目的是确定各车间、工段每台设备及构筑物的具体位置，决定车间、工段的长度、宽度、高度、建筑结构形式，以及各工段乃至车间之间的相互联系。车间布置是否合理，不仅影响建设的投资，而且对工厂建成后的生产和管理效率、生产的经济性、操作和维修条件、车间内的运输、卫生和安全等均有重要的影响。因此车间布置设计是一项涉及面广、复杂而细致、重要的设计内容。它不仅要求工艺设计人员要了解生产操作、设备维修和具有一定的安装知识，而且要具备一定的土建、电力、自控仪表等其他专业的基本知识。同时，在设计中还必须考虑各个方面的因素，提出不同方案进行比较，征求有关人员，特别应听取生产工人的意见，并与非工艺设计人员协作，这样才能获得良好的设计效果。

②对车间设计的总体要求

a. 所设计的焊接车间组织生产时,能满足生产工艺的要求,且方便合理。

b. 所设计的车间中生产工人有较好的劳动条件,有足够的劳动防护,能够安全生产。

c. 尽量提高设备的负荷率,减少设备投资,缩小车间面积,节约投资。

③车间布置设计所需资料

车间布置设计必须在充分调查的基础上,掌握必要的资料作为设计的依据和参考,这些资料包括如下内容:

a. 生产纲领,即将要生产的产品清单和年产量,生产工艺流程图。

b. 物料资料:包括原料、半成品、成品、副产品、废水与废料等的性质与数量。

c. 设备资料:包括设备图及其操作条件、设备一览表及动力消耗情况等。

d. 生产纲领中每种产品的总图和主要部件的简要说明和图样及有关工艺设计的说明书。

e. 每种产品的零件一览表,表中应有材料、质量及数量及各种构筑物的结构和尺寸。

f. 对车间内的供电、供汽、给排水、通风换气、自控仪表、采光及车间内运输等要求。

g. 制造、实验和验收的技术条件。

h. 现状平面布置图和工厂总平面草图及所设计车间与其他车间的关系。

i. 劳动安全、防火、防爆等资料。

j. 车间组织及定员资料等。

了解和掌握上述资料是重要的,更主要的是工艺设计人员应随时与各辅助专业的设计人员沟通和协商,使车间布置设计能满足各专业的要求。

④车间设计的内容

焊接结构生产的工艺文件中详细规定了生产工艺过程所包含的工艺方法、各工艺工序所用工艺参数、材料和动力消耗及设备的需要量、工人数量、工种及技术等级等等。装配焊接车间的设计还包括以下内容。

a. 通过计算机确定车间所需生产工人、辅助工人的工种、等级和数量,进而确定行政管理人员和工程技术人员的级别和数量。

b. 确定所需各种主要生产设备、辅助设备、装配焊接机械化装置和胎、夹、卡具的规格、型号及数量。

c. 计算制造产品所需基本材料、辅助材料、各种动力(即能源电力、压缩空气、煤气、氧和乙炔气等)的消耗量。

d. 按照确定的生产组成部分、产品结构、生产纲领和生产工艺要求将其绘制在平面图上,以便调整设备和人员,组织生产及确定建筑物的基本尺寸。

e. 根据产品结构、生产工艺要求及车间平面布置图,选择确定车间内部、车间与车间之间的运输方式所用起重运输设备的种类和数量等。

⑤车间布置设计的成果

车间布置设计的最终成果,是车间设备布置图。它包括车间各楼层的平面图和车间布置的剖面图。在图中设有标题栏和设备一览表,也可附加一定的文字说明。

(3)装配焊接车间设计的平面布置

①车间平面布置的基本原则　车间平面布置与采用的工艺方法及批量大小有很密切

的关系,在平面布置时应使工艺路线尽量成直线进行,避免零部件在车间内发生迂回现象。基本原则是:

a. 合理布局封闭车间(即产品基本上在本车间完成)内各工段与设备的相互位置,应使运输路线最短,没有倒流现象。

b. 对散发有害物质,产生噪音的地方和有放火要求的工段、作业区,应布置在靠外墙的一边并尽可能隔离,以保证安全卫生、环境保护和文明生产。

c. 主要部件的装配-焊接生产线的布置,应使部件能经最短的路线运到装配地点,生产线的流向应与工厂总平面图基本流水方向相一致。

d. 应根据生产方式划分成专业化的部门和工段,经济合理地选用占地面积和建筑参数,并对长远的发展有一定的适应性。

e. 辅助部门(如工具室、实验室、修理室、办公室等)应布置在总生产流水线的一边,即在边跨内。充分考虑车间的采光、通风的因素。

②车间的平面布置

a. 平面布置的基本形式

装配-焊接结构车间的平面布置主要根据车间规模、产品对象、总图位置等情况加以确定。其基本形式可分为纵向布置、迂回布置、纵横向混合布置等方案,如图2-4所示。

图2-4 车间平面布置的基本形式

(a)纵向布置;(b)并列布置;(c)迂回布置;(d)转向布置;(e)二合一布置;(f)回旋布置

b. 平面布置实例

图2-5列举了船体车间平面布置和成批生产、机械化程度较高的船体配件车间平面布置的方案,供学习和应用时参考。

2.1.2 骨材画线、放样的简单操作知识

2.1.2.1 识图与画线

(1)焊接结构的施工图

①焊接结构的施工图特点 ⅰ. 按比例放大表示结构或焊缝形式;ⅱ. 局部剖视或局部放大图,焊缝断面要涂黑;ⅲ. 虚线较多;ⅳ. 用焊缝代号表示;ⅴ. 统一零件序号。

②识图方法 ⅰ. 阅读标题栏;ⅱ. 阅读技术要求;ⅲ. 阅读工艺文件,包括总图、部件图、零件图、剖视图等。

(2)画线

①画线的规则 ⅰ. 垂线必须用作图法;ⅱ. 画针或石笔应紧贴直尺或样板;ⅲ. 用圆规画圆时应在圆心处打上样冲眼;ⅳ. 平面画线应遵循先画基准线,后由外向内,由上向下,由左到右的顺序的画线原则。

②画线的方法 有平面画线和立体画线法。

③画线工具 常用的画线工具有画线平台、画针、画规、角尺、样冲、曲尺、石笔、粉

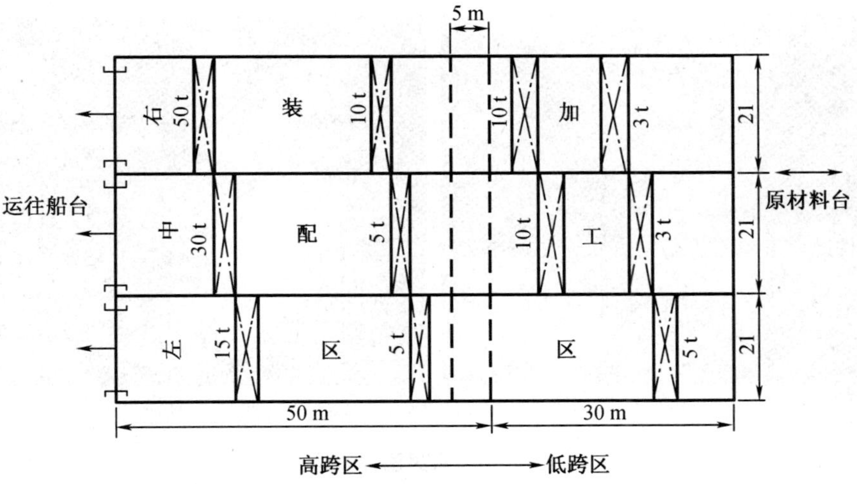

图 2－5　车间平面布置实例

线等。

④画线应注意的问题

a. 画线前应熟悉船舶结构构件图的图样及相关制造工艺，校对相关样板，样杆，样箱是否与图样一致，并核对所用钢号，型号或规格是否符合规定要求。

b. 检查被画工件或板材的状况，首先工件或板材是否放置平稳，表面是否有凹坑，裂纹，麻点等缺陷。

c. 明确被画工件或板材的功能或作用，如需要弯曲的构件或板料，确定其轧制方向，以便画线时确定画线部位和方向。

d. 当材料为毛坯特别是板材时，应因材取料，就地“找方”，去除边缘毛坯，对船体板等尺寸较大的钢板一定要检查对角线。

e. 画线时，首先确定线条的粗细，要尽可能使线条清晰可见，画线笔的笔尖应紧靠样板，且笔杆应垂直于钢板或工件。

f. 画线时的各道工序用线应有明确表示或用特殊符号表示，以免混淆。

g. 注意合理安排用料，画线时要考虑板料的尺寸，接缝的位置，余料的大小，尽可能减少浪费。

h. 画线前应确定割缝的边线和割缝的宽度。

i. 画线时应考虑焊接收缩余量，当板缝较长或并列板缝较多时，应预留焊缝收缩余量。

j. 最后一定要标记被划板材或工件的编号、图号、钢号和批量号等，以便后续加工或装配，防止误用或混淆。

⑤基本线型画法

a. 直线的画法　ⅰ直线不超过 1 m 可用直尺画线，如图 1－6(a)所示。ⅱ直线不超过 5 m用弹粉法画线如图 1－6(b)所示。ⅲ直线超过 5 m 用拉钢丝的方法画线。

b. 大圆弧的画法有样板法、作图法和计算法，详细方法可参阅有关资料[1]。

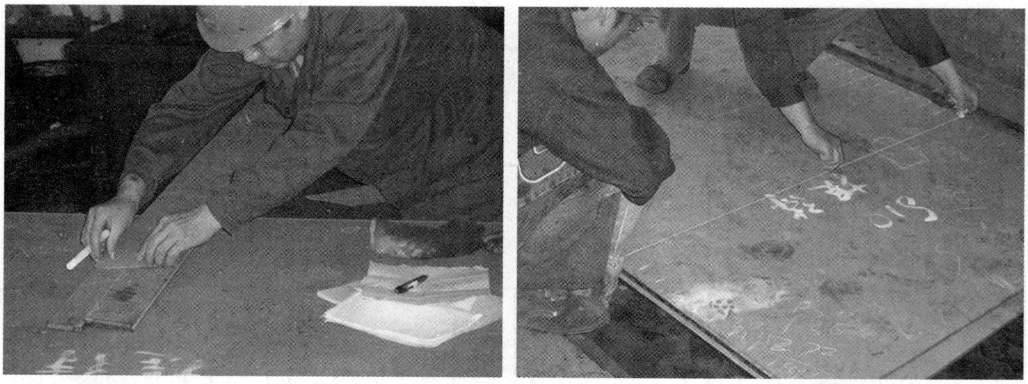

(a) (b)

图 2-6 常见画线方法

(a) 石笔画线;(b) 粉线弹线

2.1.2.2 放样

(1)放样定义

放样就是在制造金属结构之前,按产品的零部件图纸的要求,在放样台上用1∶1的比例尺寸,画出实体零件的平面展开尺寸。

(2)放样目的

①检查设计图纸的正确性;②确定零件毛坯的下料尺寸;③制作样板。

(3)放样种类

①实尺放样(比例放样);②展开放样;③光学放样;④数字放样;⑤计算机放样,它还可与数控气割机相连,直接下料。

(4)人工放样、画线或号料的常用设备和工具。

放样台,钢皮尺2~50 m。卷尺,直角尺,1 m长钢尺,量角器,地规,画规,画针,冲子,内外卡钳,粉笔,剪刀等。

辅助用料:薄铁板(0.2~1.0 mm),硬纸板(1.3~2 mm), 木夹板,油毡纸,粉笔,石笔,毛笔,油画笔,记号笔,各种颜色的油漆。

(5)放样实作步骤

①识读施工图 a. 弄清产品的用途及一般技术要求。b. 了解产品的外部尺寸、质量、材质和加工质量等情况,确定或熟悉产品制造工艺。c. 弄清各部分投影关系和尺寸要求。

②结构放样 a. 连接部位的处理。b. 大尺寸和结构件的处理。

③画基本线形 a. 确定放样画线基准。b. 画出结构的基本线型。

④展开放样 a. 计算弯曲展开长。b. 可展曲面的展开放样。可采用平行线展开法、放射线展开法或三角形展开法,详细方法可参阅有关资料。

⑤样板制作 样板一般用0.5~2 mm的薄钢板制作,若下料数量少、精度要求高,也可用硬纸板或油毡纸板制作。制作样板时还应考虑工艺余量和放样误差。

2.1.3 工夹具的使用和下料质量要求

2.1.3.1 工夹具的使用

(1)工夹具的应用 船体骨架或型材制作时,由于易产生变形需要根据其尺寸和形状来选用或设计夹紧机构即工装夹具，应用最为广泛的是弓形夹，如图 2－7 所示，其中图(a)利用弓形夹在台架上定位；图(b)利用螺纹弓形夹定位 T 型材；图(c)利用螺纹弓形夹加紧强肋板；图(d)利用螺纹弓形夹定位强肋板。

(a)　(b)　(c)　(d)

图 2－7　夹具的使用

(a)利用弓形夹在台架上定位；(b)利用螺纹弓形夹定位 T 型材；
(c)利用螺纹弓形夹加紧强肋板；(d)利用螺纹弓形夹定位强肋板

(2)应用夹紧机构时的技术要点

应用夹紧机构的核心问题是如何正确施加夹紧力，即确定夹紧力的大小、方向和作用点三要素。

①夹紧力大小的确定　主要考虑以下几个方面因素：a. 当焊件在夹具上有翻转或回转动作时，夹紧力就足以克服重力和惯性力的影响，保持夹具夹紧焊件的牢固性；b. 需要在夹具上实现弹性反变形时，夹紧装置就应具有使零件获得预定反变形量所需的夹紧力；c. 夹紧力要足以应付焊接过程热应力引起的约束力。d. 夹紧力应能克服零件因备料、运输等造成的局部变形，以便于结构的装配。

②夹紧力作用方向的确定　夹紧力的方向主要和焊件定位基准的配置及焊件所受外力的作用方向有关。a. 夹紧力一般应垂直于主要定位基准，使这一表面与夹具定位件的接触面积最大，即接触点的单位压力相应减小，定位稳定牢靠，有利于减小焊件因受夹紧力作用而产生的变形。b. 焊接时，夹具常受到焊件重力、控制焊接变形所需要的力、焊件移动或转动引起的惯性力以及离心力等的影响。

③夹紧力作用点的确定　作用点的位置主要考虑如何保证定位稳固和最小的夹紧变形。a. 作用点应位于零件的定位支承所组成的定位平面内，以防止支承反力与夹紧力或支承反力与重力形成力偶造成零件的位移、偏转或局部变形。b. 夹紧力的作用点应安置在焊

件刚度最大的部位上，必要时，可将单点夹紧改为双点夹紧或适当增加夹紧接触面积。c. 作用点的布置还与焊件的薄板（$\delta \leqslant 2$ mm）的夹紧力作用点应靠近焊缝，并且沿焊缝长度方向上多点均布，板材越薄，均布点的距离越小。厚板的刚度较大，作用点可以远离焊缝，且可以减小夹紧力。

2.1.3.2 下料质量要求

（1）板料尺寸

下料质量要求主要包括外形尺寸公差要求和切割质量要求。外形尺寸公差要求应按图纸规定的要求去做；切割质量要求应按有关标准执行。

（2）接头坡口尺寸

船体骨材或构架多为 T 形接头，腹板板厚在 8 mm 以下不开坡口，在 8 mm 以上可开单面或双面坡口，坡口尺寸按国标执行，如图 2-8 所示。

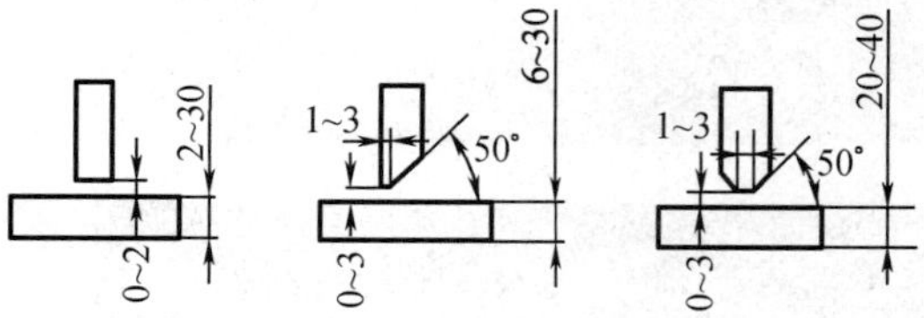

图 2-8 T 型接头坡口形式和尺寸

2.1.4 船体骨架的装配焊接

肋骨框架是由肋板、肋骨、横梁和肘板等组合而成的环形框架。艏、艉立体分段或总段（不包括由平面分段组装的总段）在倒装时，是用肋骨框架作为内胎架来保证分段或总分段型线的。散装法正造船体时，也是利用肋骨框架作为内胎架来保证船体型线的。

肋骨框架装配前，应该先在钢板平台上画出左右对称的全宽肋骨线形图，如图 2-9 所示。

型值由放样间提供。其画法步骤是：作出全宽肋骨型线图的格子线（包括辅助水平线和辅助纵抛线），按放样型值依次逐根画出左右对称的肋骨型线及甲板梁拱型线，在画出纵向结构线及甲板梁拱型线，再画出纵向结构线和外板接缝线。全宽肋骨性线图可按肋框形式与结构强弱来分开画出，或按不同总段（及立体分段）而分别画出，以便平行作业，提高生产效率。至于分多少，怎样分，则要根据不同建造方法来确定。这样，全宽肋骨型线图就作为肋框装焊时对线定位和检验的依据。

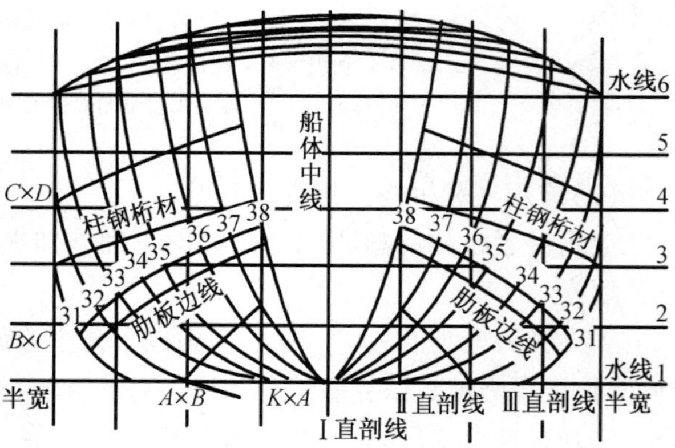

图 2-9 全宽肋骨型线图

2.1.4.1 普通肋骨框架的装焊

（1）简要装焊步骤

胎架准备→肋板、普通肋骨、普通横梁定位→梁肘板、舭肘板定位→画线→临时加强→焊接→检验。

（2）装焊步骤说明

①肋板、肋骨、横梁定位 将同号的肋板、肋骨、横梁与同号型线对准，并用马板、铁楔固定。

②安装横梁肘板和舭板　安装时应注意使整个框架平整无扭曲现象，如图 2－10（a）所示。

③画线　将普通肋框拼好，把肋骨型线上的中心线、纵向构件（甲板纵桁、舷侧纵桁、旁内龙骨）位置线、外板接缝线、水平线等记号，用铳印白漆标画在肋框上，供分段装配时定位和安装构件用，如图 2－10（b）所示。

④临时加强　为了保证分段型线的正确，防止肋骨框架变形，在肋骨框架拼装妥后，需焊上临时加强型材，如图 2－10（c）所示。分段接头处的肋骨框架，一般起着假舱壁的作用，更需特别加强。临时加强应避开前述所画的各种线。

⑤焊接　将框架上面的所有焊缝对称焊好，吊运翻身后，再将另一面的所有焊缝对称焊好。普通肋骨框架的所有焊缝均为连续焊缝。

至此，普通肋框装焊完毕。在装配甲板舱口处的肋骨框架时，因横梁是反向的，装配时应特别加以注意，以免发生差错。为了防止吊运时产生变形，对舱口区域的间断横梁及被中龙骨断开的肋板均需做临时加强，如图 2－10（c）所示。

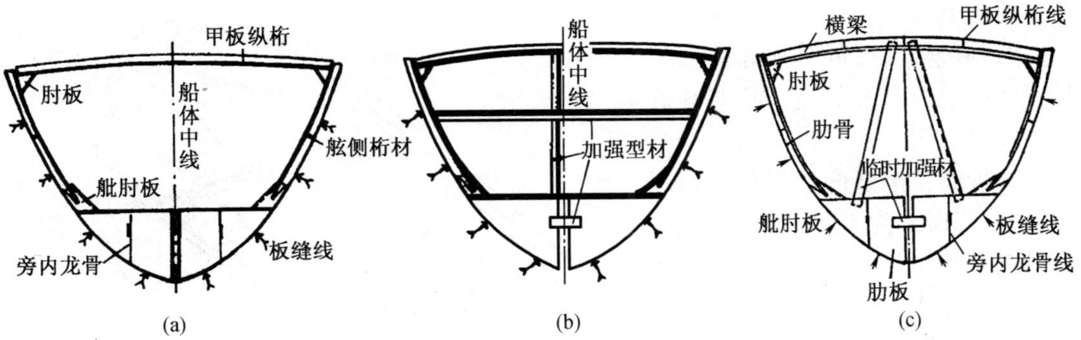

图 2－10　普通肋骨框架装配

（a）骨架装配；（b）中部临时加强；（c）中部斜撑临时加强

2.1.4.2　强肋骨框架的装焊

（1）简要装焊步骤

胎架准备→肋板、梁肘板定位→强横梁、强肋骨定位→嵌装肋板、梁肋板→焊接→画线→检验。

（2）装焊步骤

宽板肋骨框架的装焊与普通肋骨框架不同，宽板横梁、宽板肋骨、肋板都是对接的，所以都要经过余量画线和切割后，再进行装配。其装配焊接步骤如下：

①肋板及梁肘板的定位　将肋板和梁肘板先放到肋骨型线上，用木契垫平，使腹板呈水平状态，用铁角尺检查它们与型线是否吻合，并画线修割。待肋板、梁肘板与型线吻合后，用铁角尺将两段线移画到肋骨型线上，如图 2－11 所示，先将肋板和肘板移开。

②宽板横梁与宽板肋骨的定位画线　方法与上述肋板定位相似。随后在面板两端与平台进行定位焊，再将肋板、肘板的断线移画到宽板横梁与宽板肋骨上，切割余量并去渣，如图 2－12 所示。

③嵌装肋板与梁肘板　用脚尺复验肋骨框架的外形是否与型线相吻合，如有局部凸出，需再进行修割。安装临时加强材及支柱后，再用铁角尺将纵向构架线、中心线、水平线、

外板接缝线移画到框架上，如图 2－13 所示。

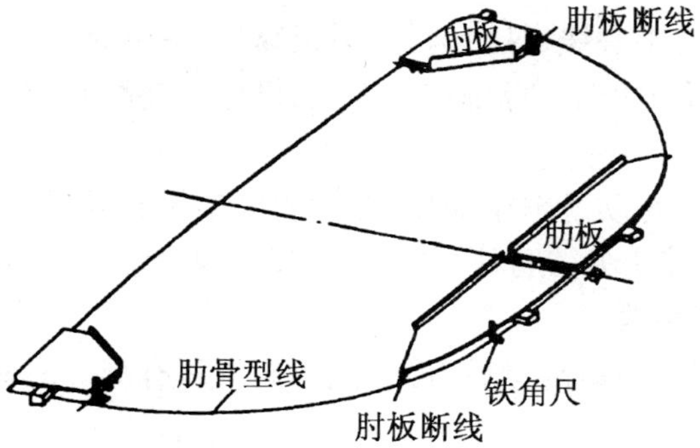

图 2－11 肋板及梁肘板的定位

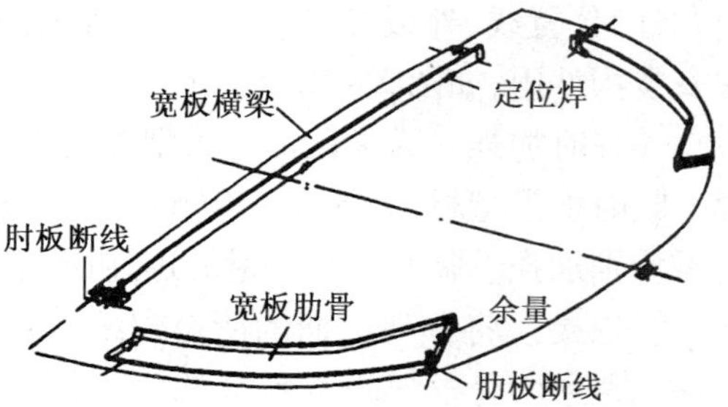

图 2－12 宽板横梁与宽板肋骨的定位画线

④焊接 对称焊接框架正面的所有对接焊缝，然后吊运翻身开槽（刨槽或铲槽）后，再对称焊接框架另一面的所有对接焊缝。这些焊缝均为连续焊缝。

各种肋骨框架的外形应与型线吻合，允许误差为 1mm，考虑焊接时会收缩变形，装配时零件要放在肋骨型线的外缘。

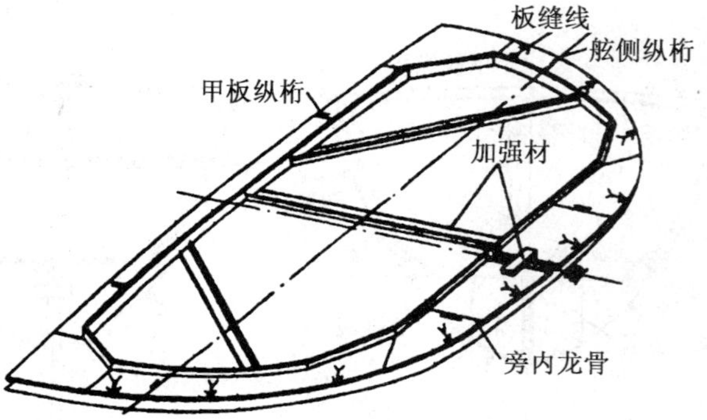

图 2－13 强肋骨框架装焊

肋骨框架拼装时应保持平整，不应有歪斜，肋骨框架装焊后，在吊运翻身时产生了变形，则需要进行矫正，并再次按肋骨型线进行复验，合格后才能吊离。

2.1.4.3 纵向桁材的画线和加强肘板的安装

（1）纵向桁材的画线

对已焊妥及经矫正的纵桁，按样板或草图标出横向隔板和加强肘板的安装线、水平检验线和余量线，同样也要对横向隔板进行画线工作，标出水平检验线、正确的宽度线的下口余量线。

（2）加强肘板的安装

安装双层底内底板的基座，下口在同一平面上的，加强肘板可预先安装在纵向桁材上，不会影响基座总装。对于基座下口有型线而不在同一平面内的，加强肘板暂时不装，可在分段装配或船体总装时再装。机座纵向桁材和横向隔板的下口余量，是考虑总装时的需要而加放的。横向隔板的宽度尺度，要在机座合龙之前切割正确，以确保机座的宽度与主机底脚的宽度相符，如图 2－14 所示。

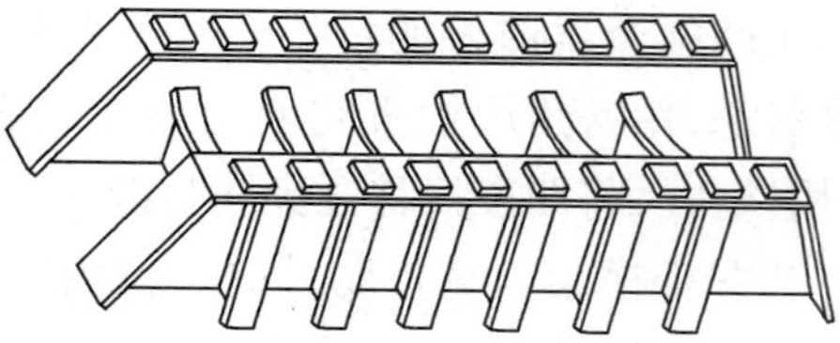

图 2－14 机座

2.1.5　T 型材的装焊工艺

2.1.5.1　T 型材的装配方式

船体结构中的强肋骨、强横梁、舷侧纵桁、舱壁桁材和单底船的肋板、中内龙骨、旁内龙骨等都是 T 形部件，T 型梁由腹板和面板组合而成。有些宽腹板的 T 形梁，其腹板上还装有一定数量的角钢或扁钢扶强材。T 形梁分直、弯两类，凡是面板平直的为直 T 形梁，面板弯曲的为弯 T 形梁。一般都在平台上进行装配焊接，T 形直梁多采用倒装法，T 形弯梁则采用侧装法，如图 2－15(a)、(b) 所示。对具有腹板扶强材的 T 形直梁，待腹板与面板组装妥后，按其扶强材的位置线来安装腹板扶强材。

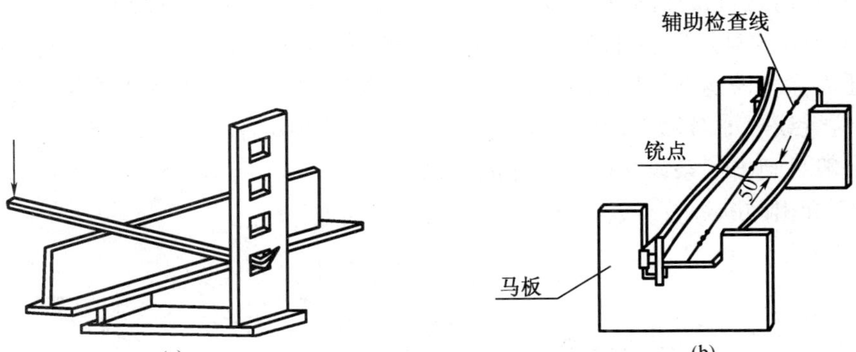

图 2－15　T 型材的装配

(a) T 型材倒装法；(b) T 型材侧装法

2.1.5.2　T 型材的装焊要求

(1) T 型材的装配要求

①必须按图纸要求确定腹板与面板的相对位置。

②必须检查面板与腹板的夹角是否符合要求。

③施定位焊以前，要在腹板作辅助检查线。

④腹板与面板组装间隙为 0～1 mm，局部超差，且其超差长度不超过该材的 20%，间隙不大于 3 mm 允许堆焊。若间隙大于 3 mm 或超差长度超过该材长度的 20%，应割换面板，但割换面板长度≤200 mm。

⑤T 型材面板与腹板对接缝至少错开 100 mm。

⑥定位焊要从一端向另一端逐步进行或从中间向两端进行，不能从两端向中间进行。

⑦正式焊接时，两边角焊缝的焊接方向应一致。

⑧矫正后标明分段号、剖面号、件数以及艏艉、左右等位置标记。

(2) T 型材的质量评级标准　主要尺寸如图 2－16 所示。

①面板与腹板的角度与角度样板的偏差：一级范围：±2.0；合格界限：±3.0。

②焊接后面板的角变形在边缘出变形值：一级范围：±0.02b；合格界限：±0.03b。

③腹板与面板的相对位置与理论值偏差：一级范围：±1.0；合格界限：±2.0。

2.1.5.3　T 形梁的焊前的准备

先将面板和腹板在平台上整齐铺开，并按图纸要求检查其规格尺寸是否相符。T 形梁

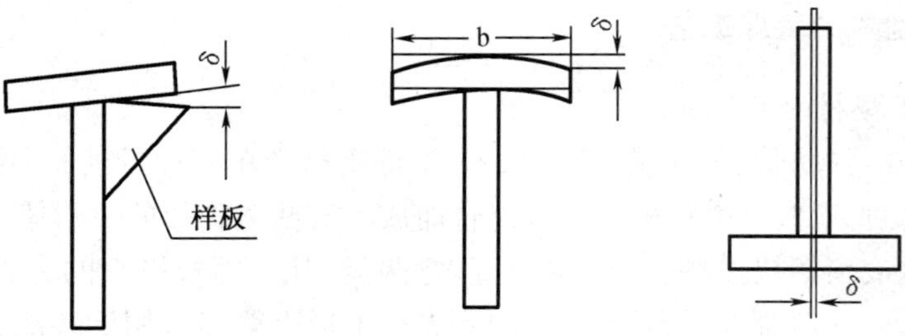

图 2-16 T 型材的变形尺寸

的面板和腹板需各自拼接的,应在组装前先预拼接,预装分立装和侧装如图 2-17(a)所示。板厚大于 6 mm 的对接还要开坡口。拼接后的板材如有变形则需矫正。采用自动焊或半自动焊的,还需除净铁锈。然后,按图纸要求确定面板与腹板的相对位置,并在面板上画出腹板的安装位置线。如对称 T 形梁面板上的腹板安装线,距离面板中心线为 1/2 腹板厚度的位置上,一般只画出一条线并标上厚度记号,如图 2-17(b)所示。采用手工焊间断焊的,在面板上还要标出间断焊符号,连续焊的应注明焊脚高度。

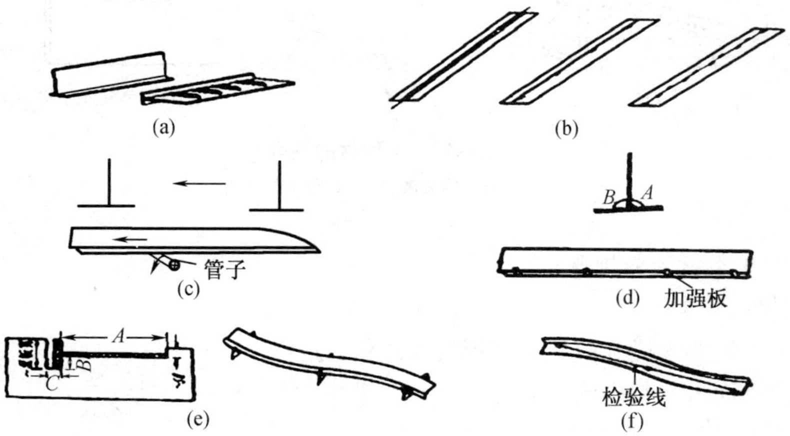

图 2-17 直 T 形梁的装配步骤

2.1.5.4 直 T 形梁的装焊

(1)简要装焊步骤

直 T 形梁的装焊步骤:胎架准备→面板、腹板预拼装→吊装面板→在面板上画线→腹板安装→焊接→检验→矫正。

(2)装焊过程

直 T 形梁常采用倒装法装配,如图 2-17(c)所示。在倒装过程中,可在腹板与面板定位焊一侧,预先加放一定的反变形,使夹角成“开尺”(大于 90°),以抵消定位焊引起的角变形,还可将面板预先扎出反变形角度,以消除焊接角变形,这些反变形数值一般凭经验确定。

为了消除装配时可能出现的腹板与面板间的间隙,可在面板下面垫一根钢管,上面垂向对线安放腹板,这样从一端向另一端边滚动边定位焊。也可以采用侧装法装配,这时只有面板与腹板间的夹角经测量符合要求即可进行定位焊，并在面板与腹板间焊上临时加强板用以加强，以免焊接、吊运时引起部件的角变形，如图 2－17(d)所示。

(3)焊接

焊接时，面板与腹板间的角焊缝一般为双面交错间断焊，采用手工电弧焊完成。特殊情况下，亦有单面或双面连续焊的，小于 2 m 的可直接采用直通焊，大于 2 m 的可采用分中向两头施焊，大于 5 m 的，可采用跳焊法。

采用 CO_2 气体保护焊，由于焊接变形小，当腹板较宽或有足够的刚性时，可不受此限制，如图 2－18 所示。如果宽腹板上有扶强材，则须将腹板与面板装焊完后，再焊接扶强材与腹板的连续焊缝。

图 2－18　CO_2 气体保护焊应用在 T 型材的焊接上

2.1.5.5　弯曲 T 形梁的装焊

(1)简要装焊步骤

弯曲 T 形梁的装焊步骤，如图 2－17(e)左图所示，胎架准备(马板)→铺腹板→面板上画线→面板安装→焊接→检验→矫正。

(2)装焊过程

弯 T 形梁大多采用侧装法，并按照 T 形部件的形状制作搁架马板，如图 2－17(e)右图所示。图中 A 的尺度一般比腹板宽度小 5～6 mm，B 为面板安装线宽度，C 则比面板宽度大 10～15 mm。马板的尺度还应按实际情况，考虑部件拼装后取出方便，并使“马板”具有足够的刚性。

装配时，现将腹板铺在马板上，然后将面板插入，利用铁契压紧，即可进行定位焊。

为了保证部件的正确的曲型，便于矫正焊接变形，在腹板号料时应作一根或两根检验直线，并打上标记，如图 2－17(f)所示。这样经过装配焊接后，只要按标记检验其直线度，即可判别部件曲型正确与否。面板与腹板的角焊缝形式与 T 形直梁相同，焊脚高度视板厚而定。

2.1.5.6　T 形直梁自动装焊

对批量较大或大批量生产的 T 型材，可以采用自动装焊机或自动生产线，以提高生产效率。

(1)T形直梁自动装配焊接机

T形直梁自动装配焊接机是一种新工艺装备。它由装配、焊接和翻落三部分机构组成。主要有单梁式T型材装焊机和多梁门架式装焊机。

①单梁式T型材装焊机

图2－19为单梁式T型材装焊机。自动装配部分装有两组联动的转臂,臂上装有电磁铁,转臂靠汽缸转动。焊接部分包括面板和腹板对中装置、汽缸、调速装置、固定的两台半自动焊机和焊剂回收装置。自动翻落架是一个可翻落的托架,托架依靠汽缸动作而实现翻落,整个托架还可以调节高度。

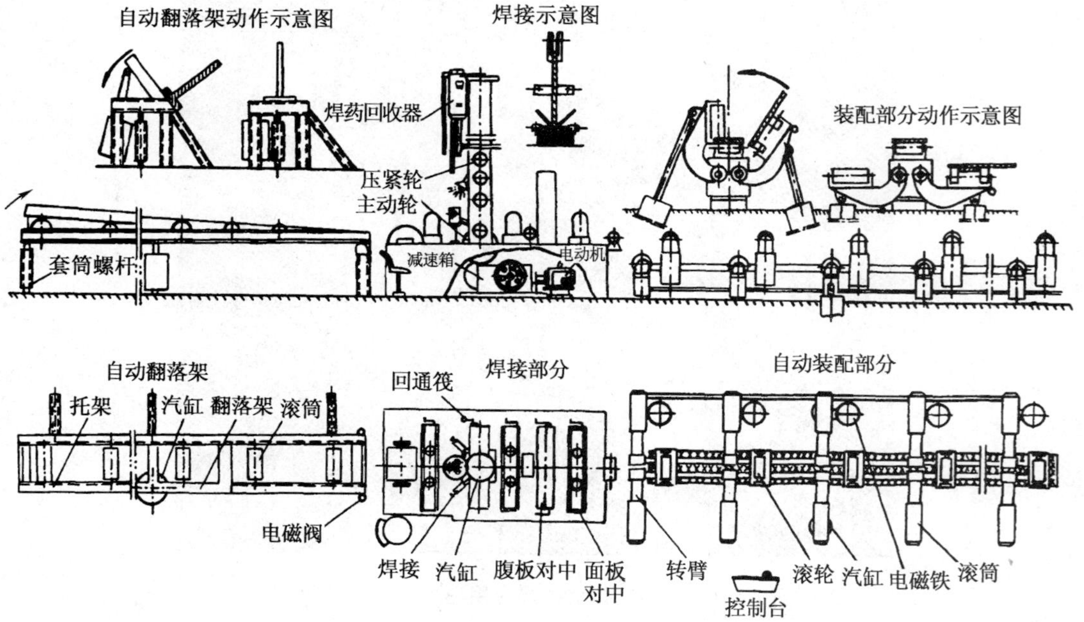

图2－19 T型直梁自动装焊机示意图

②多梁门架式装焊机

图2－20为TQH60型T型钢门式焊机,该适合于T型材的批量生产,该焊机是专门为船用T型钢设计的焊机。它主要采用门式框架多层结构,稳定性好,承载能力大。在横梁上配置了四组移动体,每组移动体上装置了对称的焊枪,每把焊枪均有独立的气动跟踪装置。左右对称的焊枪可以同时对一根T型钢进行焊接。在焊机的平台上,可放置多桶焊丝,减少了焊枪换丝的时间,提高了工作效率。

图2－20 TQH60型T型钢门式焊机

在焊接时，由于焊接点热应力产生的变形会使焊接完的 T 型材产生一定的拱度，为了减小这种变形，在 T 型材焊机上设有四把腹板火焰加热枪，在焊接时加热枪间断将腹板加热，间断时间可调，加热枪由气缸控制提升。减少了由焊接应力产生的变形。

由于在焊接过程中会产生大量的烟尘，配备的随动式烟尘净化系统将焊接的烟尘经吸收净化后可以达到室内直接排放的标准。改善了工人的工作环境。

本机具有焊接效率高，跟踪准确，操作简单等优点，是生产 T 型钢较为理想的设备。

该机的主要技术参数见表 2－1。

表 2－1　TQH60 型 T 型钢门式焊机主要技术参数

主要指标	技术参数	主要指标	技术参数
型钢高度	200～800 mm	左右跟踪行程	80 mm
型钢宽度	100～300 mm（材料为 Q235）	上下跟踪行程	80 mm
型钢长度	2～12 m	油缸工作压力	10 MPa
型钢质量	≤4 t	定位滑块行程	400 mm
门架行走速度	100～6 000 mm/min（无极可调）	门架机械功率	10 kW
滑板升降行程	200 mm	液压榜站功率	7.5 kW
滑板水平行程	1 000 mm		

（2）T 型钢焊接生产线

焊接和矫正工作可以在同一个生产线上完成，如图 2－21（a）为正在焊接中的 T 形钢，图 2－21（b）为 T 形钢矫正机，其中放大图为夹紧装置。

(a)　(b)

图 2－21　T 型钢焊接生产线

T 形直梁自动装焊的步骤：T 形直梁开始装焊时，将面板吊放在装配部分的中间一排滚轮上，腹板吊放在装有电磁铁的一组转臂上。启动电磁铁开关，电磁铁吸住腹板，然后汽缸进气。无工件的一组转臂因负荷小而先翻转 90°，对工件起支撑作用；另一组转臂接着翻转 90°，面板和腹板成直角位置。切断电磁铁电源，把工件推至焊接部分。依靠焊接部分的机械装置(面板对中、腹板对中装置)进行T形直梁装配定位。按板厚调节焊接速度。焊接装备工作结束后,焊接部分汽缸进气使压紧轮压紧工件,然后启动马达,可自动地进行面板与腹板间的填角焊接。焊完后,工件到翻落架上,靠汽缸自动将工件翻落到地面上。

2.1.6 T型材焊接残余应力的分布和应力与变形分析

T型材在下料、装配、焊接等工序中,都有可能产生应力与变形,特别是焊接时最容易产生焊接应力与变形,包括角变形和弯曲变形,但所有变形都可以从对接缝的变形分析开始,下面着重分析T型材的焊接变形。

2.1.6.1 T型材焊接残余应力的分布

T型材焊接残余应力的分布可分为盖板和腹板两部分,先以板厚小于20 mm的盖板为例来分析,再以板厚小于12 mm的腹板为例来分析。

(1)盖板纵向残余应力(σ_x)的分布

①在焊缝截面积上的纵向应力分布,前面已述,如图1-38(a)所示。

盖板对接接头中纵向应力沿板宽方向的分布如图2-22(a)所示,在焊缝及其附近塑性变形区为拉伸应力,该部分应力往往达到屈服强度,而远离焊缝的母材则为压应力,根据板的宽度不同压应力逐渐减小到零(宽板),或维持某个值,甚至有所增加。

②在焊缝长度方向的纵向应力分布,如图2-22(b)所示。中段的纵向应力保持为常值,但在焊缝的两端,因受自由边界的影响,应力由常值逐渐趋向于零值。

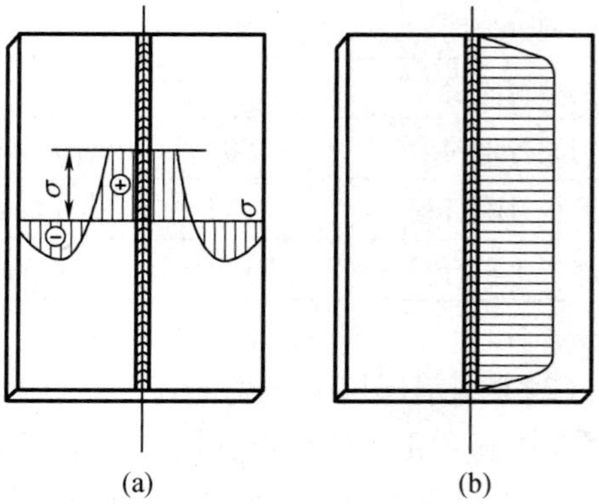

图2-22 对接接头的纵向焊接应力

(a)纵向应力沿板宽放方向的分布;

(b)纵向应力沿焊缝长度防线的分布

端部有一个内应力的过渡区从0到σ_x,板条中段有一个内应力的稳定区,板条短时,$\sigma_x < \sigma_s$,板条长时,$\sigma_x = \sigma_s$。

(2)盖板横向应力(σ_y)的分布

横向应力的构成有两个方面:一方面是由于焊缝及其附近的塑性变形区的纵向收缩引起的;另一方面是由于焊缝及其附近塑性区的横向收缩引起的。σ_y由两部分组成:

①由纵向收缩所引起的σ'_y

对于平板对接焊缝,如图2-23所示。

②由横向收缩的不同时性所引起的σ''_y

如图2-24所示,σ''_y的分布与焊接方向、分段方法以及焊接顺序(直通焊,中间向两端焊,两端向中心焊,分段退焊或跳焊法)有关。横向应力大小应是上述两个应力的合成。即

$$\sigma_y = \sigma'_y + \sigma''_y$$

横向应力在与焊缝平行的各截面上的分布大体与焊缝截面相似。

(3)腹板残余应力的分布

腹板在边缘受到焊接加热的影响,其影响效果相当于盖板中间纵向解剖后留下的一半。其焊接应力与变形的效果,可以自己分析。

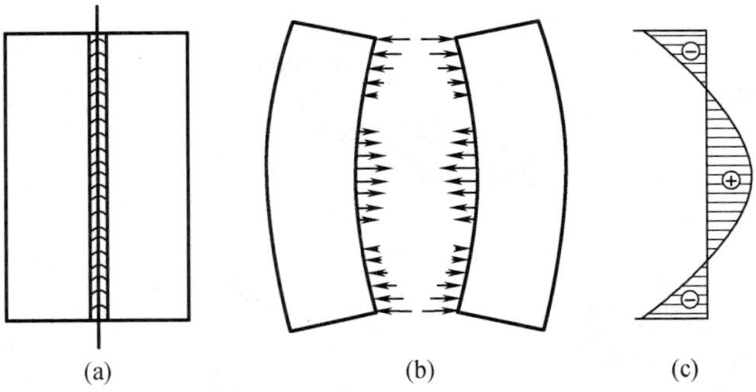

图 2-23　纵向收缩引起的横向应力

（4）T 型材焊接残余应力的分布

T 型材焊接残余应力的分布主要考虑纵向应力的影响，而横向应力的影响相对很小，可以忽略，其纵向应力在整个 T 型材截面包括盖板和腹板的分布如图 2-25 所示。

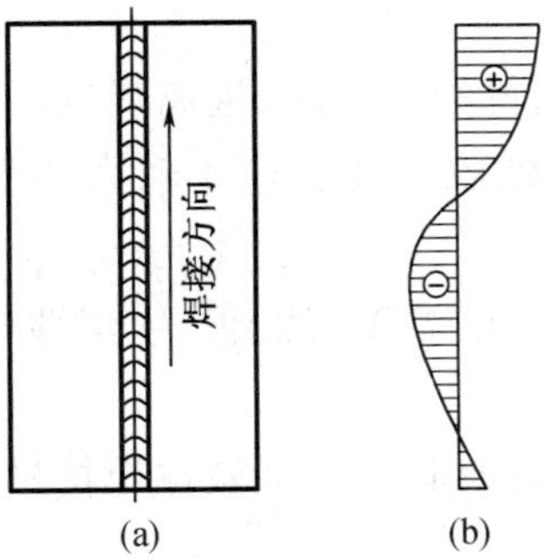

图 2-24　横向收缩引起的横向应力

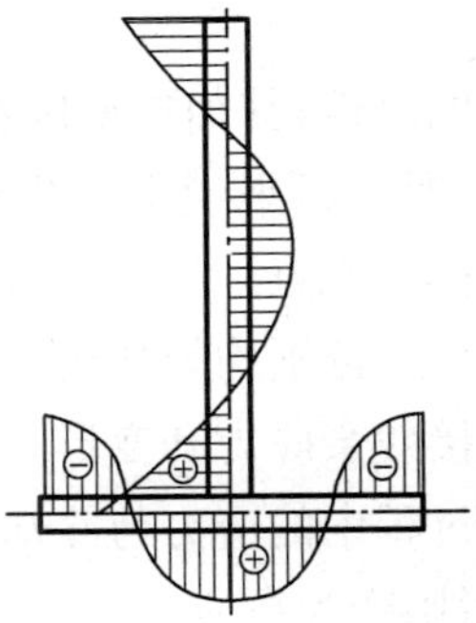

图 2-25　T 型材截面纵向应力的分布

2.1.6.2　T 型材焊接残余应力与变形的原因

（1）T 型材焊接残余应力与变形的表现形式

由于 T 型材焊接时受到不均匀加热和不对称加热，导致母材膨胀和收缩的不一致，出现了较大的焊接残余应力，外在表现为焊接变形，如图 2-26 所示。主要变形有：①盖板塌边；②弯曲变形；③斜角变形；④旁弯变形；⑤扭曲变形。

（2）T 型材焊接残余应力与变形的原因

①焊缝金属的收缩　由于焊缝不是同时完成的，先加热形成焊缝的金属冷却后对后来的焊缝产生拘束作用，使焊缝金属不能自由收缩，所以会产生较大的应力和变形。

②金属组织的变化　经过高温后的焊缝发生相变可得到不同的金属组织，这些组织的比容不同，也会导致膨胀和收缩，产生焊接应力和变形。

③焊件的刚性和拘束　刚性是指焊件抵抗变形的能力，它是焊件本身的性能，与材质和形状及尺寸有关。拘束是指焊件周围的物体对焊件变形的约束。它是焊件的外部条件，如果刚性和拘束程度越大，焊接变形越小，而焊接应力越大，反之亦然。

④焊件的不均匀受热　焊件的不均匀加热表现在焊件加热面的不均性和焊缝长度方

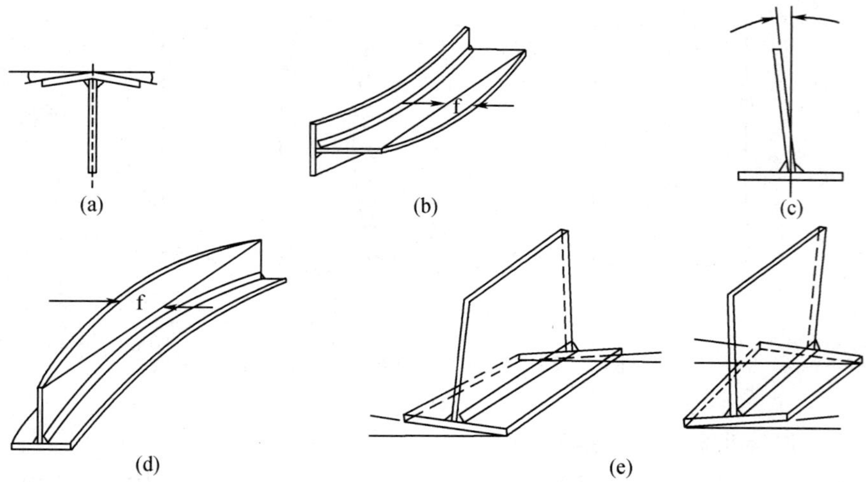

图 2 - 26　T 型材的焊接变形

(a)盖板塌边;(b)弯曲变形;(c)斜角变形;(d)旁弯变形;(e)扭曲变形

向加热的不同时性,其加热温度在焊缝及其附近高于钢材的屈服点,远离焊缝区域低于钢材的屈服点,对钢材来说会产生较大的焊接应力,因塑性收缩还会产生较大的焊接变形。突出表现在以下几点。

a. 对焊件进行不均匀加热,只要温度高于材料屈服点的温度,就会产生塑性变形,冷却后就存在焊接残余应力和变形。

b. 焊接过程中的应力与冷却后的应力方向相反,焊缝及其附近区域在焊接过程中是压应力,冷却后则变为拉应力。

c. 焊接过程中的变形与冷却后的变形方向相反。

d. 焊接加热时,焊缝及其附近区域产生压缩塑性变形,冷却时收缩,如果收缩能充分进行,则焊接残余变形大,焊接残余应力小;若收缩不能充分进行,则焊接残余变形小,焊接残余应力大。焊接后的 T 型材,出现焊接应力与变形,超过规定标准是要矫正的,其矫正方法后面将论述。

2.1.7　T 型材的装焊工艺卡的编制

T 型材作为船舶构件的一种特定形式,其加工方式已日趋成熟,有手工装焊、机械装焊和全自动装焊,其工艺文件的形式相似,内容较为简单,常常以装焊工艺卡或表格形式出现。

现代造船业由于计算机的应用,有些单位已创建计算机辅助焊接工艺卡生成系统,针对船舶企业人工编制焊接工艺卡的问题,利用面向对象编程技术,设计开发了一种在焊接结构装焊工艺 CAPP 系统中工艺生成的模式,更加简化了焊接工艺卡的编制。

焊接工艺卡的主要形式见表 2 - 2、表 2 - 3。

表 2-2 焊接工艺卡

<table>
<tr><td colspan="2">单位名称：×××造船事业部</td><td colspan="2">工艺卡编号：AQ-WPS-001</td></tr>
<tr><td colspan="2">所依据的工艺评定报告编号：5-033-005B</td><td colspan="2">批准日期：2008 年 8 月 8 日</td></tr>
<tr><td colspan="2">修改文件编号：/</td><td colspan="2">日　　期：/</td></tr>
<tr><td colspan="3">评定项目：1. 外观检查 2. 无损探伤 3. 断口检查 4. 机械性能 5. 金相</td><td>焊接方法：Ws/Ds</td></tr>
<tr><td colspan="2">产品名称：φ273×27　P91 钢大口径管焊接</td><td colspan="2">自动化程度：手工施焊</td></tr>
<tr><td colspan="2">接头：
接头型式　对接
衬　　垫　/
衬垫材料　/
其　　他　/</td><td colspan="2">简图：</td></tr>
<tr><td colspan="4">母材：类号　V　级号　/　与类号　V　级号　/
钢号　P91　与钢号　P91　相焊接</td></tr>
<tr><td colspan="4">母材厚度范围：对接接头　27~31 mm　角接接头　/
焊缝金属厚度范围：　27~31 mm
管子直径范围：对接接头　φ273 mm　角接接头　/　其他：</td></tr>
<tr><td>填充金属</td><td>根部</td><td>填充</td><td>盖面</td></tr>
<tr><td>焊条型号</td><td>/</td><td>E9015-B9</td><td>E9015-B9</td></tr>
<tr><td>规格/mm</td><td>/</td><td>Φ2.5、Φ3.2</td><td>Φ2.5</td></tr>
<tr><td>焊丝牌号</td><td>ER505</td><td>/</td><td>/</td></tr>
<tr><td>规格/mm</td><td>Φ2.5</td><td>/</td><td>/</td></tr>
<tr><td>焊剂型号</td><td>/</td><td>/</td><td>/</td></tr>
<tr><td>其他</td><td>/</td><td>/</td><td>/</td></tr>
<tr><td colspan="2">焊接位置：对接接头焊接位置：2G、5G
焊接方向：由下至上　角接接头焊接位置：/</td><td colspan="2">预热：预热温度：200~230 ℃
层间温度：200~250 ℃
预热保持方式：电阻加热，持续控温</td></tr>
<tr><td colspan="4">后热、焊后热处理：
温度范围：750~770 ℃
时间范围：≥3 h
其他：焊后热处理前，冷却至 80~100 ℃，恒温 1~2 h</td></tr>
</table>

表 2-3 焊接工艺卡

单位名称:×××造船事业部	工艺卡编号:AQ-WPS-001

电弧(火焰)特性:

焊层道号	焊接方法	焊条(丝)		电流范围(气体压力)		电压范围/V(焊炬型号、焊嘴号码)	焊接速度范围/(mm/min)	其他
		型(牌)号	直径/mm	极性[乙炔(MPa)]	电流/A[氧气(MPa)]			
1~2	Ws	ER 505	Φ2.4	直流正接	100~130	10~13	20~40	
3~4	Ds	9MV-N	Φ2.5	直流反接	80~100	21~25	190~230	
5~14	Ds	E9015-B9	Φ3.2	直流反接	90~120	22~25	140~220	
15	Ds	E9015-B9	Φ2.5	直流反接	80~100	22~25	190~230	

气体:保护气体	A37.34r	流量	8~12	L/min
背面保护气体	Ar	流量	15~30	L/min
后拖保护气体	/	流量	/	L/min

钨极型号与尺寸 :Wce-20 Φ2.5

送丝速度范围:/

其他:/

施焊技术:

焊嘴尺寸:M10×L65×Φ6

无摆动或摆动焊:摆动范围小于 3 倍焊条直径

打底焊道和中间焊道清理方法:机械法清理

清根方法:/

导电嘴与工件距离:/

其他:/

其他:

编 制		年 月 日	(单位盖章)
审 核		年 月 日	
批 准		年 月 日	

表中填写内容,主要包括常见焊接工艺要求和焊接规范。

2.2 肋骨框架及船用工字结构的装焊工艺

一、知识目标

1. 掌握船用工字钢画线、号料和下料的简单操作知识;
2. 掌握船用工字结构的装焊工艺及简单工夹具的应用;
3. 掌握船用工字结构的装焊质量要求;

4. 掌握船用工字结构焊接变形的预防和控制措施；
5. 掌握船用工字结构焊接变形的矫正方法；
6. 掌握船用丁字接头焊接工艺的编制。
二、能力目标
1. 能够用常用的工夹具进行工字结构的装焊；
2. 能根据工艺要求，对不同工字结构的板厚进行坡口加工和处理；
3. 能识别和使用简单的工夹具。
4. 能进行钢板的工字结构连接定位和装配；
5. 能编制工字钢的装焊工艺卡。

2.2.1　肋骨框架及船用工字钢的装焊准备

船舶肋骨框架是由不同的船舶构件或部件组成，这些构件或部件有T型材，船用工字钢。工字钢多用作立柱，塔柱，横梁，承重梁，导轨梁等设施，其形状规格各不相同，或呈工字型，或呈H型，或盖板不等宽，或盖板不等厚，或腹板不等高等，在船上广泛地得到了应用。

2.2.1.1　画线、号料

（1）画线工具：画线平台、划针、划规、角尺、样冲、曲尺、石笔、粉线等。

（2）画线步骤：钢板找方→画平行线→放余量（含水平余量和长度方向的余量）→确定起割点和止割点→打样冲眼。

找方时应去掉钢板的边角余料，特别是钢板边缘带有挤压层的夹杂物应切去。

（3）号料

号料就是把料量好，标上标记，或者裁好，让下道工序做。

2.2.1.2　下料

下料就是用各种方法将毛坯和工件从原材料上取下来的工序。常见的下料有手工下料和机械下料两种。手工下料的主要方法有克切、锯削、气割（前面已述）等；机械下料的主要方法有剪切、冲裁等。机械下料主要是剪切，机械热切割（前面已述）等。

（1）手工下料

①锯削　采用锯弓和台虎钳。有手工锯削和机械锯削。

②砂轮切割　用高速旋转的薄片砂轮与钢材摩擦所产生的热量，将切割处的钢材变成“钢花”喷出形成切口的工艺。特点是切割速度快，切口经过加热后性能稍有变化；一般是手工操作，灰尘较大，劳动条件差。

③手工气割　前面已述。

（2）机械下料

①剪切

剪切就是用上、下两剪切刀刃的相对运动切断材料的加工方法。剪切一般有斜口剪床、平口剪床、龙门剪床、圆盘剪床。

a. 斜口剪床　斜口剪床的剪切部分是上、下两剪切刀刃，刀刃的长度一般为300 ~ 600 mm，下刀片固定在剪床的工作台部分，靠上刀片的上、下运动完成材料的剪切过程。

b. 平口剪床　平口剪床有上、下两个刀刃，下刀刃固定在剪床工作台的前沿，上刀刃固定在剪床的滑块上。由上刀刃的运动将板料分离。因上下刀刃互相平行，故称为平口剪床,如图 2 - 27 所示。

c. 龙门剪床　龙门剪床主要用于剪切直线。他的刀刃比其他剪切机的刀刃长,能剪切较宽的板料,因此龙门剪床是加工中应用最广泛的一种切割设备。如 Q11 - 13 × 2500。还有龙门斜口剪床、横门斜口剪床、联合冲剪机床都可以剪切直线。

d. 圆盘剪床　圆盘剪床上的上下剪切皆为圆盘状。剪切时上下圆盘刀以相同的速度旋转,被剪切的板料靠本身与刀刃之间的摩擦力而进入刀刃中完成剪切工作。

特点:剪切是连续的,生产效率高,能剪切各种曲线的轮廓,但所剪切的板料弯曲现象严重,边缘有毛刺,一般适合于薄板的直线或曲线切割。

Q11 系列机械剪板机

Q11-13×2500 剪板机

图 2 - 27　剪板机

②机械热切割

有数控切割、等离子切割和光电跟踪切割等,前面已述。

(3)T 型材下料时坡口加工的尺寸要求

根据焊接工件厚度的不同,将两块钢板互成直角连接在一起的焊缝接头称为 T 形接头和角接接头。接头可分为不开坡口、单边 V 形坡口、双边 V 形坡口以及 K 形坡口,如图 2 - 28 所示,根据厚薄不同可采用单面焊或双面焊。

图 2 - 29 示出不允许的角接焊缝结构,这些角焊缝应力分布不均,在焊缝的根部有较大的应力集中,在压力容器的受压件上是禁止采用的。

2.2.2　肋骨框架的装焊

2.2.2.1　肋骨构件和部件的准备

(1)肋骨构件和部件在组装成肋骨框架前必须进行检测,其尺寸必须达到规定的要求。

(2)在肋骨构件和部件的端部应留有足够的余量,待组装后再切割其余量。

(3)装配框架时应选择好装配平台,测量放线后,应点焊必要的定位“马”。

2.2.2.2　肋骨构架的装焊程序

(1)装焊前,检查构件有无变形。

(2)装配框架时应先装主要构件,并进行强度足够的定位焊;再装次要构件。

(3)按图纸装配点焊完毕后,进行测量和校正,直至符合技术要求。

2.2.2.3　肋骨构架的焊接

(1)与平台接触的构架应用“马板”定位牢固,以防装焊后的变形。

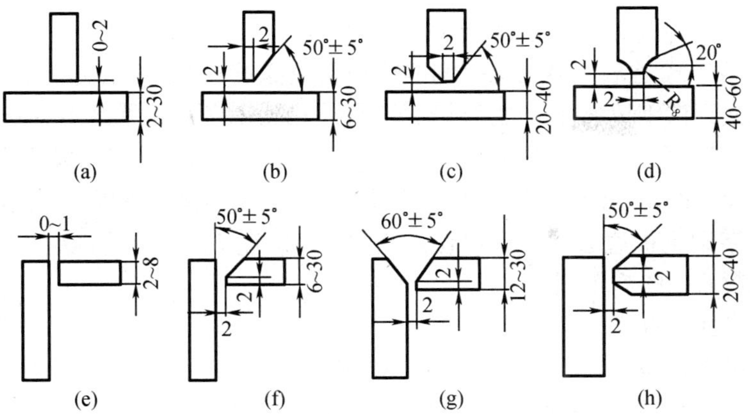

图 2－28　T 形接头和角接接头

(2)按照工艺要求选用碱性焊条或采用 CO_2 气体保护焊，确保焊缝质量。

(3)所有角焊缝应双面焊，并对称施焊，以减少焊接变形。

(4)所有焊缝端头应实施封头焊，杜绝焊缝弧坑。

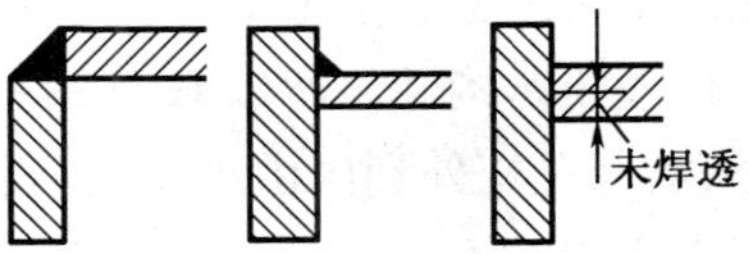

图 2－29　不允许的角焊缝

(5)所有十字接头应留有过道孔，防止应力集中和三向应力的出现。

2.2.2.4　肋骨框架的矫正

(1)检测框架的变形量，确定矫正方法。

(2)矫正变形。

2.2.3　船用工字结构的装焊工艺及简单工夹具的应用

船用工字结构有工字钢、异型工字钢、H 型钢、焊接工字钢等，它们都用在船舶重要部位，如船底龙骨、立柱、横梁、栈桥等，它们往往承受较大载荷，在船舶结构中，起抗压、抗弯、抗扭等作用，因此，必须了解其特点和应用，更好地制造出符合要求的船用工字结构。

2.2.3.1　工字钢、H 型钢、焊接工字钢的应用

(1)工字钢的特点及应用

工字钢过去被称为普通工字钢，由于其翼缘宽度较小，工字钢在腹板和底板连接处有弧度，使其对截面两个主形心轴的惯性矩相差较大($I_x \gg I_y$)，而 H 型钢即为轧制宽翼缘工字钢，这种型钢与普通工字钢相比，其翼缘内外两侧无斜坡，相互平行，便于与其他构件相连。翼缘宽度 b 与截面高度 h 较接近，因而对截面两个主形心轴的惯性矩比较接近。工字型钢和 H 型钢虽然只是在细节上有些区别，但是这些细节往往会产生不同的结果。

工字型钢分普通型和轻型两种，由于截面尺寸相对较高、较窄，故对截面两个主轴的惯性矩相差较大，因此，一般仅能直接用于在其腹板平面内受弯的构件或将其组成格构式受力构件。因而单独使用时也只能用作一般的受弯构件和偏压构件，如工作平台中的次梁或偏压柱等，当用作组合截面时，则可作主要的受压构件。

工字钢和焊接工字钢在抗弯构件计算公式没有差别，但是从实际的情况出发考虑两者是有较大的差别的。

①首先从材质上来讲热轧工字钢是Q235的材质,没有其他的材质等级,而焊接工字钢一般来讲是Q345的材质或者是更高的钢材等级。

②从截面的形式上来讲热轧工字钢的腹板与翼缘都较厚,一是由于工艺的局限,热轧型钢不太可能做到像钢板那样多的热轧次数,另外热轧工字钢其翼缘不可能像焊接工字钢做得那么符合力学模型,其截面模量及回转半径等都是一定值,可能造成浪费。

③从公式计算的角度来讲,看两者的截面属性其应用惯性系数也是不同的。

④焊接工字钢钢板边通常是火焰切割边,热轧钢是有圆角的,所以在计算整体稳定取截面类型或系数时会略有不同。

(2) H型钢的特点及应用

H型钢属于高效经济截面型材(其他还有冷弯薄壁型钢、压型钢板等),由于截面形状合理,它们能使钢材更好地发挥效能,提高承载能力。不同于普通工字型的是H型钢的翼缘进行了加宽,因为宽翼缘H型钢两个主轴方向惯性半径相差不多,且内、外表面通常是平行的,这样便于用高强度螺栓和其他构件连接。其尺寸构成合理系列,型号齐全,便于设计选用。窄翼缘H型钢适用于梁或压弯构件,而宽翼缘H型钢和H型钢桩则适用于轴心受压构件或压弯构件。所以H型钢是工字钢的换代产品。但是工字钢也不是一无是处,由于壁厚,翼缘是从外到内由小变大,符合截面的实际受力情况,而且翼缘和腹板间是圆角,所以正常使用时不会发生局部失稳,没有较大的集中力就不用验算也不用加劲肋。

H型钢与工字钢的区别:

①工字型钢不论是普通型还是轻型的,由于截面尺寸均相对较高、较窄,故对截面两个主轴的惯性矩相差较大,因此,一般仅能直接用于在其腹板平面内受弯的构件或将其组成格构式受力构件。对轴心受压构件或在垂直于腹板平面还有弯曲的构件均不宜采用,这就使其在应用范围上有着很大的局限。

②H型钢属于高效经济截面型材(其他还有冷弯薄壁型钢、压型钢板等),由于截面形状合理,它们能使钢材更高地发挥效能,提高承载能力。不同于普通工字型的是H型钢的翼缘进行了加宽,且内、外表面通常是平行的,这样可便于用高强度螺桂和其他构件连接。其尺寸构成合理系列,型号齐全,便于设计选用。

③H型钢的翼缘都是等厚度的,有轧制截面,也有由3块板焊接组成的组合截面。工字钢都是轧制截面,由于生产工艺差,翼缘内边有1∶10坡度。H型钢的轧制不同于普通工字钢仅用一套水平轧辊,由于其翼缘较宽且无斜度(或斜度很小),故需增设一组立式轧辊同时进行辊轧,因此,其轧制工艺和设备都比普通轧机复杂。国内可生产的最大轧制H型钢高度为800 mm,超过了只能是焊接组合截面。

④工字钢与H型钢相比,等质量前提下,w, I_x, I_y都不如H型钢。在质量计算时都是用长度乘以理论质量来计算构件的质量的。

我国热轧H型钢国标(GB/T 11263—1998)将H型钢分为窄翼缘、宽翼缘和钢桩三类,其代号分别为hz,hk和hu。窄翼缘H型钢适用于梁或压弯构件,而宽翼缘H型钢和H型钢桩则适用于轴心受压构件或压弯构件。

(3) 焊接工字钢

焊接工字钢是由上下盖板和中间的腹板焊接而成。盖板、腹板长度不够可以用焊接方法接长,但为避免密集交叉。焊缝应错开,如图2-30所示(a)图合理,(b)图不合理。

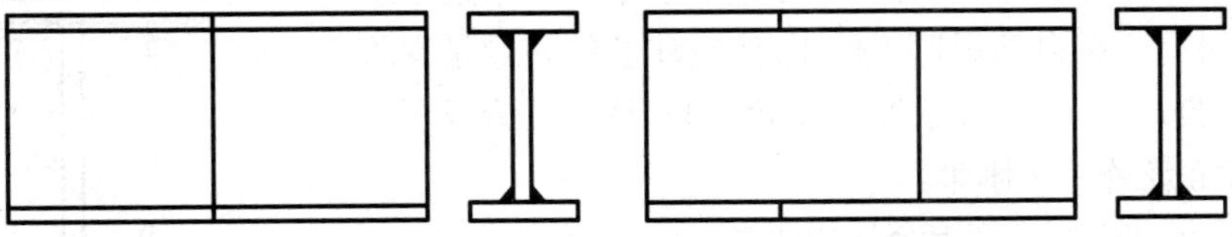

(a)　(b)

图 2 - 30　焊缝设置应避免密集交叉

2.2.3.2　焊接工字钢的装焊工艺

(1)焊接工字钢的装焊

①装焊方法

主要有正装法和卧装法以及自动流水线装焊法。对特种工字型构件应编制专门的制造工艺方案。

②一般工艺流程

拼板(板不够长时)→装配成工字形→上挠↗靠装焊顺序↘ / ↘靠腹板下料(扇形)→焊接(自动焊)→装配加劲板及附件。

③装焊过程

a.翼缘板和腹板的拼接　采用对接焊形式,在平台上铺板(支架上),在板边或中心确定基准线→调整间隙→定位焊(焊肉为焊缝的1/3),应采用定位器,常用双面焊,焊完一面后翻转清根后再焊反面(或用单面焊双面成型工艺)。

拼接时应考虑,焊缝的横向收缩量,焊缝厚度不一致是角变形的主要原因。措施为:ⅰ.控制焊接规范;ⅱ.合理的焊接顺序;ⅲ.用电磁力吸紧或用机械压紧板边;ⅳ.采用弹性或弹-塑性板边反变形。

b.装配-焊接工字型构件主体　ⅰ.手工装配 有直立装法即可采用腹板在直立位置装配的方法;横卧装法即腹板较高时,要在横卧状态下进行装配,这时腹板平放在高度一致的平台上参见图2-34。ⅱ.用工艺装置装配工字型构件,用相似装置整套定位。压紧装置可以安装在一台可移动的门架上,逐步压紧腹板与翼缘板之间的空隙,并进行定位焊。工效提高30%~50%以上。ⅲ.采用埋弧自动焊焊接翼缘焊缝,最好用船形焊,应根据工件的大小、采用合适的翻转机。防止翼缘板变形的方法,可采取背靠背定位法。

c.装配焊接工字型构件加劲板　用手工焊,半自动焊或CO_2气体保护焊,通常采用从中间加劲板开始向两端同时对称焊接。

(2)H型构件的装配-焊接

①工艺流程　为了达到H型钢较高的技术要求,制定了以下工艺流程,H型钢专业化生产的装配-焊接流程是:下料→组对翼缘板及腹板→正反面定位焊接→自动焊接→矫正→端头切割打磨→打样钻孔→组装小件→检查交货。

②焊接工艺问题　由于对焊缝的要求很严格。经过焊接试验,决定对所有焊缝均采用混合气体保护焊,混合气体由20%的CO和80%的Ar组成。对H型钢4条主要焊缝,均采用了自动焊,其余端板、连接角钢和补强板采用了手工气体保护焊。生产中,焊接问题一般出在4条主焊缝上。4条主焊缝焊接顺序对构件整体变形至关重要。如果严格按图2-31所示焊接顺序进行

焊接,能最大限度地减小构件两个方向的旁弯,有利于下道工序矫正工作的进行。在自动焊接工作中,还应注意的问题是焊脚不能过大,焊脚过大,既造成了焊丝和能源的浪费,又造成了严重变形,给矫正工作带来困难。

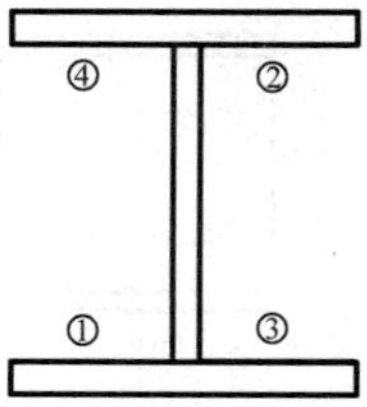

图 2-31 正确的焊接顺序

(3)翼缘板和腹板长度上余量的切割

H 型钢的材质为 16Mn 钢。在该结构中,用料最多的是翼缘板和腹板。对于长度在 3 m 以上的板材,一般采用数控切割。板料长度方向的余量,经过几次焊前焊后对比试验,从结果可以推出,长 1 m 的板料焊接收缩量为 0.15 ~0.30 mm,长 8 m 的板材,焊接收缩量约 1.6 mm。但实际工作中,除了焊接的收缩量之外,还有公差范围内的其他变形(如旁弯等) 也能引起长度的变化。经过试验得出的结论是:8 m 长的板材,如果留 6 mm 切割余量,焊完后,经过收缩等变形和矫正,H 型钢的整体长度就能满足公差小于 ±3 mm的要求,两边端头只需用砂轮打磨即可,从而在总体工艺上就可省去切头工序,减少了 H 型钢的制作成本。

(4)接头的装焊

①对焊接工字钢,工字钢接头应将腹板与盖板的对接缝错开,如图 2-32 所示。焊接时先焊盖板的对接缝,后焊腹板的对接缝,最后焊接盖板与腹板的角接缝,角接缝的焊接顺序同图 2-31。

②对型材工字钢需接长时,也应错开腹板,水平接缝应在距离盖板 20 ~30 mm 处,如图 2-33 所示。焊接顺序为先焊盖板的对接缝,后焊腹板的对接缝,且腹板拐角处应确保焊透。

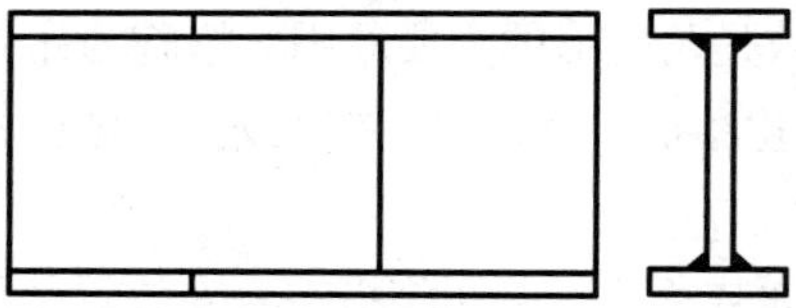
图 2-32 工字钢腹板与盖板的对接缝错开

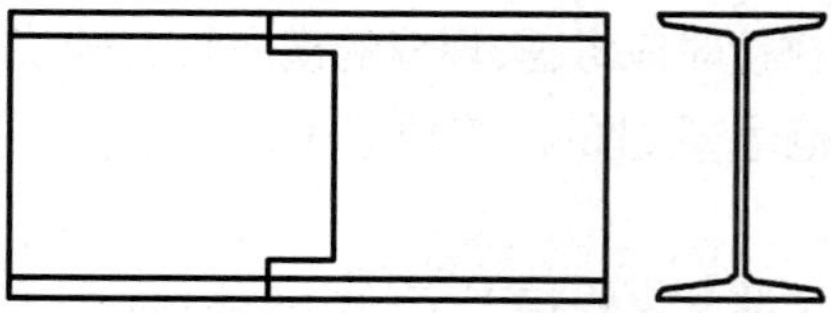
图 2-33 型材工字钢接长时的错开方式

2.2.3.3 工字结构的装焊工夹具及应用

(1)工字钢焊接工夹具及装备

H 型钢组焊工装主要有组装胎和自动焊接胎,用于钢结构的组装、定位焊及长焊缝的焊接。另外,还设有一些铁码,用于小件组装及焊接。

①组装胎 针对 H 型钢品种多、批量小,组装胎有变化的特点,设计制作的组装工装,如图2-34 所示。平台是 1 张 2 m×15 m×30 mm 的钢板,上面焊接了顶紧装置和托腹板的工字钢。为了适应钢结构尺寸多变的特点,对组装胎采取了以下措施:

a. 顶紧装置采用手动螺旋顶紧,其位置可随腹板的宽度变化而随时调整。

b. 支承工字钢高度以适应翼缘板最高高度为主,对翼缘板高度小的结构,采取在翼缘板下加垫板的办法解决。

c. 支承工字钢与平台的连接采用定位焊,不必满焊,以便能随腹板的宽度变化而移动。

②自动焊胎 长焊缝必须采用自动焊接,而且要实施船形焊。为此,采用了自动焊接系统及定位装置,如图 2-35 所示。焊机固定在一套可以走行的机架上,并可随机架一起在

轨道上作直线运动。定位装置主要由两个定位板组成,定位装置的制作要点是使定位后的工件中心线与自动焊装置轨道的中心线平行,从而保证焊缝不偏移,并减少操作者调节焊机枪头的工作量,提高长焊缝的外观质量。

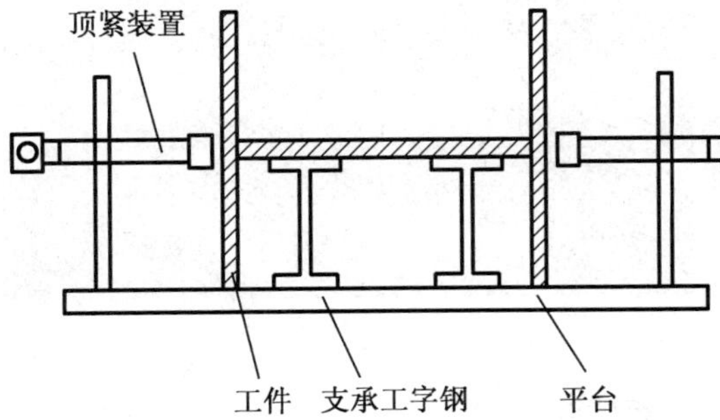

图 2-34　工字钢组装的工装

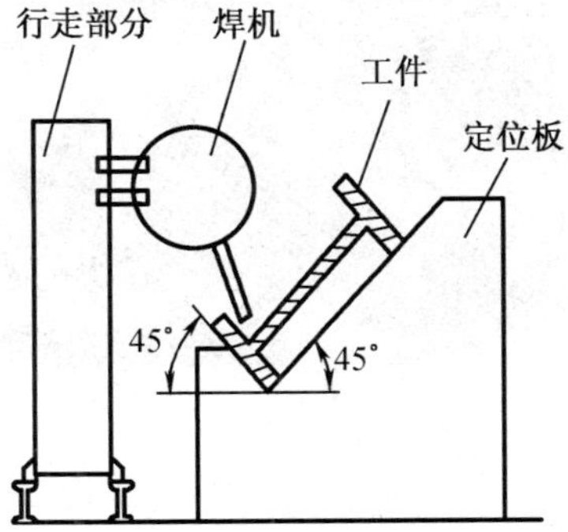

图 2-35　工字钢自动焊工装

目前在国内焊接工字钢都采用埋弧焊接,虽然是焊接厚件的一种方法,但它的缺点也很明显,热输入量太大,焊接变形量大,对电弧功率的调节不能做到精细。另外还由于电源本身的电路设计原因,在连续或高频次焊接时,对电路板和电子元件的冲击大,容易烧损电路板,只能平焊。

宝钢的 CLOOS TANDEM MIG/MAG 双丝焊系统在很多支撑承重钢结构厂中广泛应用,效果很好。焊接效率比埋弧要高。采用节能次级逆变电源,对电路冲击很少。焊接电流采用高、低双脉冲,焊接成形更好,变形更小。操作是一元化焊接专家系统,所有焊接参数自动匹配,减少了对于人员的依赖,有自动焊接和机器人接口,焊接 3 mm 左右板,焊接速度可达 6 m/min,板厚为 8 mm 以上的板熔敷效率可达 30 kg/h,可焊接各种常用材料,焊接速度快,热输入量少,线能小,焊缝的冲击性能更好。

(2)工字钢焊接矫直生产线机械设备

图 2-36(a)所示工字钢生产线采用卧式自动组装,并在线输送至自动焊接区,由两套焊接装置对 H 型钢单面两条焊缝进行平角焊接,在输送至翻转区翻转 180°,进入第二焊接区焊接 H 型钢第二面平角焊缝,然后进入卧式双翼缘同步矫正机进行两翼板变形矫正,完成整个 H 型钢的组焊生产过程。该生产线具有自动化程度高,焊接变形小,工作效率高,容易组线等优点;可适用等截面、变截面、拱形等 H 型钢自动化生产。该机的主要技术参数见表 2-3。

表 2-3　工字钢焊接矫直生产线主要技术参数

主要指标	技术参数/mm	主要指标	技术参数/mm
腹板工字钢规格	270 ~ 1 200/2 800	翼板厚度	5 ~ 50
腹板厚度	5 ~ 25	适用 H 型钢最小半径	$R = 8\ 000$
翼板宽度	100 ~ 800		

图 2-36(b)所示,为工字钢焊接生产线,适合于中型工字钢的批量生产。

(a)

(b)

图 2-36 工字钢焊接生产线机械设备

2.2.4 船用工字钢的装焊标准及质量要求

2.2.4.1 船用工字钢的装焊标准

(1)材质和规格标准

船舶上所用的工字钢主要包括型材工字钢,焊接工字钢。其要求各不相同,型材工字钢应符合国家有关标准,如热轧 H 型钢和部分 T 型钢 GB11263;热轧工字钢尺寸、外形、质量及允许偏差 GB/T 706—1988;热轧槽钢尺寸、外形、质量及允许偏差 GB/T 707—1988;热轧等边角钢尺寸、外形、质量及允许偏差 GB/T 9787—1988;热轧不等边角钢尺寸、外形、质量及允许偏差 GB/T 9788—1988。

(2)焊接制造标准

焊接工字钢则应符合钢结构建造规范的相应要求。主要标准有:《钢结构工程施工及验收规范》GB50205—2005;《钢结构工程质量检查验收一本通》秦更祥,中国建材工业出版社,2008 年 1 月。船用焊接工字钢则应符合钢质海船入级与建造规范。不同规格不同用途的工字钢可参照不同行业的标准。

2.2.4.2 船用工字钢的装焊质量要求

船用工字钢的装焊质量要求主要如下:

(1)外观尺寸

主要尺寸有长度、截面宽度、截面高度、腹板中心偏移、翼缘板垂直度、弯曲矢高、挠曲、腹板局部平面度、旁弯度等。

(2)焊缝质量

焊缝质量等级分为三级,即一级、二级、三级,一级质量最高。包括焊缝外观质量和焊缝内在质量。

①焊缝外观质量 主要有焊脚高度、焊缝凸凹度、外观成形、外部缺陷如气孔、夹杂、焊瘤等,还应符合国家标准《钢结构焊缝外形尺寸》的规定。

②焊缝内在质量 主要是用超声波或 X 射线检测结果,重点是焊接缺陷的评定等级。

2.2.5 船用工字结构焊接变形的预防和控制措施

2.2.5.1 影响工字钢焊接变形的因素

工字钢结构中产生的焊接变形是个很复杂的问题，涉及的因素甚多，也不可能针对工字钢结构各部件产生的焊接变形逐一加以讨论，而只能分析引起工字钢焊接变形的一些主要的因素。影响工字钢焊接变形的主要因素是：

(1)焊接残余应力的存在　由于焊接使工字钢局部受热，发生塑性变形导致焊接残余应力，使金属各部位受力的大小不同而发生变形。工字钢截面应力的分布如图 2-37 所示。

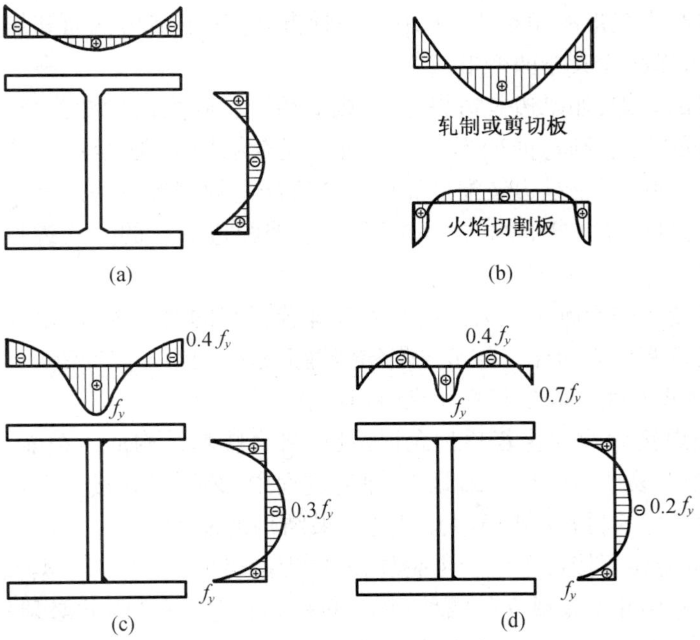

图 2-37　工字钢截面应力的分布

(a)热轧 H 型钢；(b)钢板的残余应力；
(c)焊接 H 型钢，板为轧制或剪切边；(d)焊接 H 型钢，板为焰切边

(2)金属材料的热物理性能　金属材料的热物理性能对焊接变形有一定的影响，这种影响是由材料本身特性引起的，与工艺因素有关。通常材料的膨胀系数越大，则焊接时产生的塑性变形越大，冷却后纵横向收缩也越大。

(3)施焊方法和焊接工艺参数　不同施焊方法引起的收缩量也不同。当焊件的厚度相同时，单层焊的纵向收缩量要比多层焊收缩大，这是因为多层焊时，先焊焊道冷却后阻止了后焊焊道的收缩。逐步退焊比直通焊收缩小，这是因为前者可使焊件温度比较均匀，产生压缩塑性变形比较分散的缘故。焊接工艺参数的影响主要为线能量。一般规律是随着线能量的增加，压缩塑性变形区扩大，因而收缩量增大。

(4)焊缝的长度及其截面积　焊缝的长度和截面积的大小对收缩量有很大影响。一般来说，焊缝的纵向收缩量随着焊缝长度的增加而增加，而焊缝的横向收缩量随焊缝宽度增加而增加。横向收缩量还与板厚、坡口形式及接头形式有关。手弧焊时，板厚增加，收缩量增大，自动焊时则有所不同；在同样厚度条件下，V 形坡口比 X 形坡口收缩量大；对接焊缝

的横向收缩量比角焊缝大。

(5)焊缝在结构中的位置 焊缝在结构中的布置的不对称,是造成工字钢结构焊接弯曲变形的主要因素。焊缝离中和轴越近,弯曲变形越小,焊缝离中和轴越远,弯曲变形越大。

(6)结构的刚性和几何尺寸 结构的刚性大小决定于截面形状和尺寸,截面积越大,则结构抗弯刚度越大,弯曲变形越小。在同样截面形状和大小时,结构的抗弯刚度还决定于截面的布置,亦即决定于截面惯性矩。

(7)装配和焊接程序 船体结构随着装配过程的进展,结构的整体刚性也在增大。因此就整个结构生产而言,有边装配边焊接和装配成整体后再焊接两种方式可供选择。如果仅从增加刚性以减少变形的角度看,采用后一种方式,对于结构截面和焊缝布置都对称的简单结构来说,可以减少其弯曲变形。

例如工形梁的装焊,如果边装边焊方式,则焊后产生较大的弯曲变形,而采用全部构件装配之后再焊接的方式,则弯曲变形较小。对于复杂结构来说,全部构件装配后再焊接的方式,往往是不合理的。一是边装配边焊接方式所产生的变形不一定都反映到总变形量中去;二是有些零部件因施工上的需要,只能采用边装配边焊接的方式进行。因此需根据实际情况来决定采取的装焊方式。

焊接顺序对变形的影响也很大。由于先焊焊缝引起的变形最大,后焊焊缝引起的变形逐渐减小。而最终变形方向往往与最先焊的焊缝引起的变形方向一致。

2.2.5.2 防止与减小工字钢焊接变形的措施

金属结构经焊接后的变化若超过允许范围,将会影响结构的承载能力,特别是对工字钢这样的结构,很容易产生变形。因此,在建造过程中,必须对焊接变形加以控制。而焊接应力对于焊接性良好的材料影响不大,但是如果结构的刚性很大,且焊接顺序和焊接方法不得当的话,也可能在焊接过程中产生裂纹,所以焊接时也应设法减小焊接应力。

焊接应力与变形并不是孤立的两种现象,而是同时存在的,因此必须采用合理的措施,来减小焊接应力与变形。生产中所采取的防止或减小工字钢结构焊接应力与变形的措施有两大类,一种是结构设计方面的措施;另一种是制造工艺方面的措施。

(1)设计方面 在焊接结构设计时,不仅要考虑到结构的强度、刚度、稳定性以及经济性,而且还要考虑到制造工艺和焊接的特点来进行结构设计才能减小焊接应力与变形。

①对于大型工字钢结构设计时,应考虑分段划分的可能性,以便使露天或船台的焊接工作量减至最少程度。

②分段中的焊缝应保持对称性,或者靠近结构的中心线,以防止弯曲变形。对于厚度大于 8 mm 的板,应采用 X 形坡口,而不采用 V 形坡口。

③在保证结构强度的前提下,减少焊缝的截面尺寸,以减少收缩变形。

④通过合理的结构设计尽可能减少焊缝数量。

⑤在装配焊接时,可采用简单装配焊接胎夹具。

(2)工艺措施方面

①预留收缩余量

无论采取何种措施,焊接结构的收缩变形总是要发生的。生产中为了弥补焊后尺寸的缩短,往往在备料中预先考虑加放收缩余量。由于收缩大小受许多因素的影响,所以加放余量的大小往往采用经验数据或经验公式进行近似估计,见表 2-4。

表 2-4　焊缝纵向收缩量的近似值/(mm/m)

对接焊缝	连续角焊缝	间断角焊缝
0.15~0.3	0~0.4	0~0.1

②严格对加工、装配工序的要求

所有结构不仅应注意焊接工序，而且还需要要求各工序都应按技术条件保证加工零件的尺寸和质量。坡口的装配间隙不可过大，否则不仅增多熔敷金属量，加大变形，而且在埋弧自动焊时，还有可能烧穿。

③反变形法

根据结构焊后变形情况，预先给出一个方向相反、大小相等的变形，用以抵消结构焊后产生的变形。图 2-38 为对接接头及工形梁反变形法消除焊接变形的情况。

④刚性固定法

图 2-39 为工字钢焊接时，用弓形夹固定上下盖板的情形，即所谓“背靠背”固定的方法。

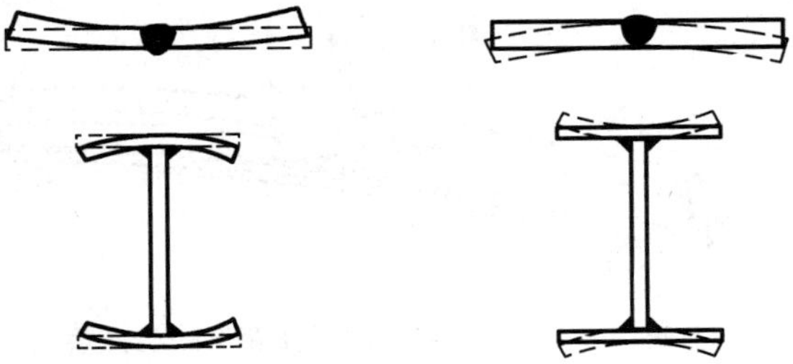

(a)　(b)

图 2-38　用反变形法减少焊接变

(a)未作反变形；(b)作反变形

(虚线为焊后形状，实线为焊前形状)

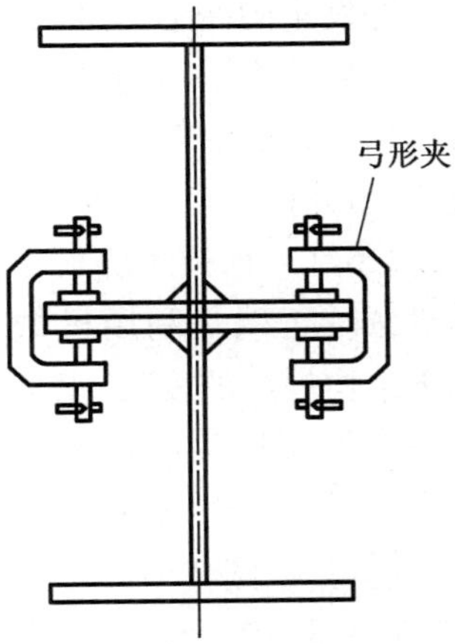

图 2-39　刚性固定法减少焊接变形

⑤合理的焊接顺序

当构件装配后，焊接顺序对焊接变形的大小和焊缝应力的分布有很大影响。因此，在施工设计时，要按照建造方法、结构特点及装配的主要顺序，预先制定出工字钢的焊接序。例如图 2-40，如果先焊焊缝 1 和 2，然后再焊焊缝 3 和 4，则焊接之后工形梁产生上挠变形；如果改变焊接顺序，先焊焊缝 1 和 4，后焊焊缝 3 和 2，焊后工形梁的挠曲则可以减小。因此，合理的焊接顺序可以减少结构的变形，消除大量的矫正工作量，有利于结构生产成本的降低。

2.2.6　船用工字结构焊接变形的矫正方法

工字钢结构焊后变形的处理，主要是进行矫正，使之符合产品质量要求。实践表明，很

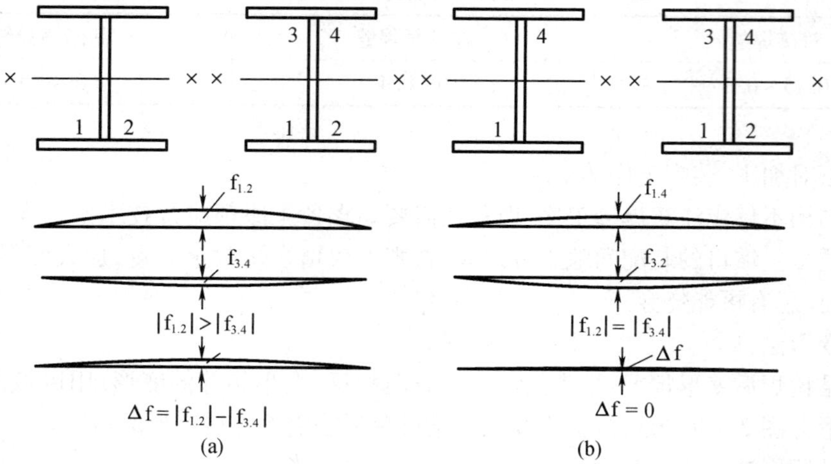

图 2-40 工形梁装焊顺序对弯曲变形的影响

多变形的结构是可以设法矫正的。各种矫正变形的方法实质上都是设法造成新的变形去抵消已经发生的变形。虽然合理的组焊工艺能减少焊接变形,但 H 型钢的焊接变形仍然存在。其主要的变形有弯曲变形、腹板的波浪变形、腹板旁弯、翼缘板旁弯和翼缘板角变形等。

2.2.6.1 机械法矫正焊接变形

机械矫正就是利用机械力的作用来矫正结构焊后的变形,其实质是利用机械力将焊接接头区域已经缩短的纤维再次拉长。一般可采用矫平机或压力机来进行,如图 2-41 所示。

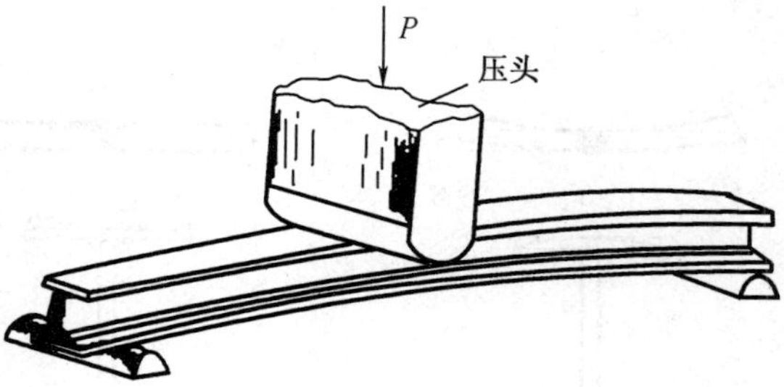

图 2-41 工字梁焊后弯曲变形的机械矫正

2.2.6.2 气体火焰加热矫正焊接变形

火焰矫正又叫"火工矫正"。它是利用氧-乙炔对金属局部加热使它产生新的变形来抵消已经产生的焊接变形。决定火焰矫正效果的因素主要是火焰加热的位置和火焰量。矫正时,加热温度约 500 ℃左右,且最好在轨道式半自动装置上带烤枪加热,可提高工作效率和矫正效果。

(1)点状加热

点状加热造成新的压缩塑性变形区,它的收缩可消除波浪变形。例如腹板变形时也可采用多点加热,加热点的分布可呈梅花形(图 2-42 所示)也可呈链式密点形。

加热点的大小,厚板应大一些,薄板小一些,一般不小于 15 mm,也可按 $d=4\delta+10$ mm(加热点直径 d、板厚 δ)计算得出。加热点之间的距离 α 由变形大小决定,变形大,α 小些,变形小,α 大些,一般在 50~100 mm 之间。为了提高矫正效果,往往加热每一点后就立刻在该点用木锤锻打,或沿加热点周围浇水冷却并锻打。

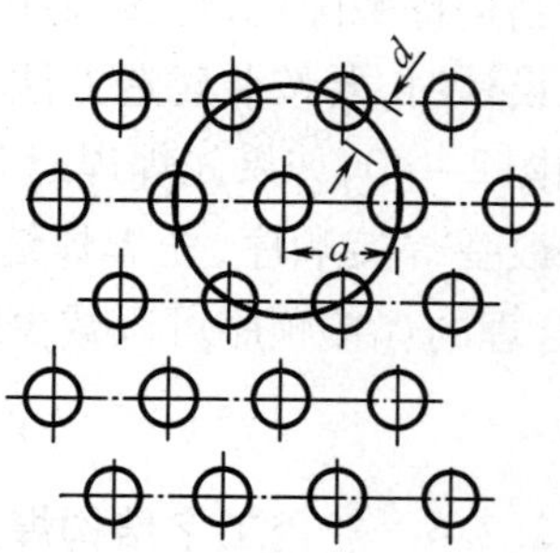

图 2-42 呈梅花状的点状加热

(2)线状(或带状)加热

火焰沿直线方向移动,为了使加热线增宽,也可以作横向摆动形成带状加热,横向收缩量随着加热线的宽度增加而增加。加热线宽度一般为钢板厚度的 0.5 ~2 倍。线状加热法多用于变形量较大或刚性较大的结构,如大型工字钢盖板的伞状变形即盖板的角变形,可在盖板的凸起处进行线装加热,如图 2 –43 (a)所示。线状加热的优点是矫正效果好,质量好。采用水火矫正时比点状加热的效果好 3 ~5 倍。

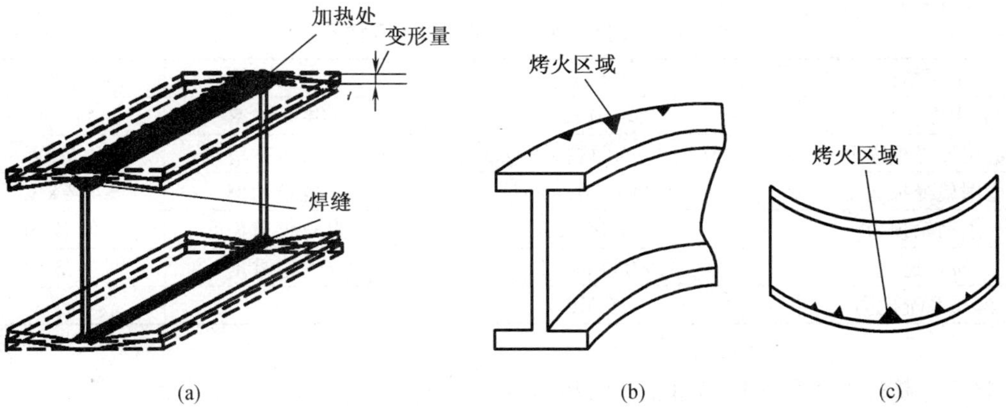

图 2 –43　工字钢加热矫正

(a)工字钢盖板的线状加热;(b)翼缘板旁弯火焰矫正;(c)工字钢弯曲火焰矫正

(3)三角形加热法

三角形加热即加热区呈三角形。加热部位是在弯曲变形构件的凸缘。由于三角形加热面积较大,所以收缩量也较大,尤其在三角形底部。这种方法常用于矫正厚度较大、刚性较强的构件的弯曲变形。大批量生产时可采用专用矫正设备进行机械矫正,旁弯采用顶弯机顶直,翼缘板角变形采用翼缘板矫平机滚平。但对于小批量生产,可以采用火焰矫正法进行矫正。对旁弯的矫正见图 2 –43(b),弯曲变形的矫正见图 2 –43(c)。加热温度可达 600 ~700 ℃ 。加热区域根据变形大小确定。

2.2.6.3　机械与火焰综合矫正法

对于大型工字钢有时同时采用机械与火焰两种方式同时矫正焊接变形可以收到更好的效果。对特大型工字钢利用自重也可以收到较好的效果,如图 2 –44 所示矫正时需将分段翻身搁置在木墩上,分段中间加重物,再在适当的位置用气焊火焰加热。这样,横向焊缝因横向收缩而产生的单值应力可在纵向焊缝纵向收缩的影响下而减弱。工字钢横向焊缝单值应力的存在,在其一旦与外载荷引起的应力叠加之后,就容易产生裂纹或断裂,这是指定焊接顺序中应该特别注意的。

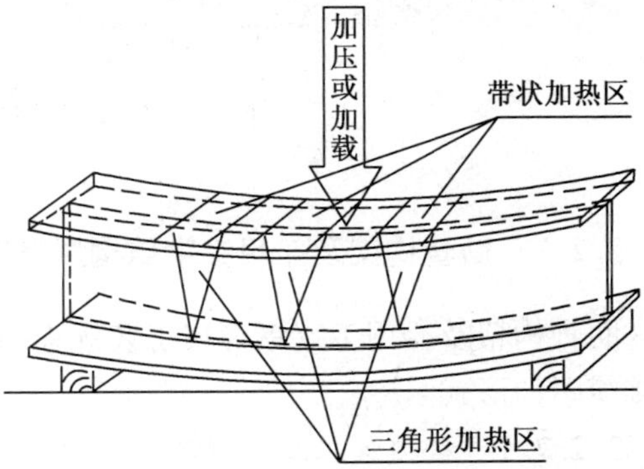

图 2 –44　大型工字钢弯曲焊接变形的综合矫正

2.2.6.4 专用机械矫正

专用矫正机,既可以矫正T型材,又可以矫正工字钢或H型钢。如YJZ－80液压矫正机是专为矫正H/T型钢而设计的,如图2－45(a)所示。与H型钢矫正机最大的不同是采用了压轮沿同一轴线伸缩,而顶轮由液压油缸控制升降的矫正模式,具有矫正受力均匀,矫正后反弹小、结构简单、操作方便等优点。配有浮动辊道架,也是生产H重型钢时的重要设备。该机的主要技术参数见表2－5。

表2－5 YJZ－80液压矫正机主要技术参数

主要指标	技术参数	主要指标	技术参数
适用腹板高度	≥450 mm;	主机功率	11 kW
适用翼缘板厚度	20～80 mm(材料为Q235)	液压功率	7.5 kW
适用翼缘板宽度	200～800 mm	辊道功率	4.4 kW
主动轮顶力	2 300 kN	升降辊道长度	各12 m
矫正速度	5 000 m/min	主机重量	6.5 t
液压系统压力	16 MPa		

图2－45(b)为另一H型钢生产线组装焊接矫直机。

(a) (b)

图2－45 H型钢生产线组装焊接矫直机

2.2.7 肋骨构架及船用工字结构焊接工艺的编制

肋骨构架及船用工字钢焊接工艺规程的编制可以采用焊接工艺卡的形式,也可以采用焊接简图的形式。

2.2.7.1 机械加工工艺规程及其种类

规定产品或零件的制造过程和操作方法等的工艺文件,称为工艺规程。生产时用来说明工艺规程的工艺文件主要有机械加工(或装配)工艺过程卡片和机械加工(或装备)工序卡片,对于自动和半自动机床上完成的工序,还要有机床调整卡片;对于检验工序,还要有检验工序卡片。

（1）机械加工（或装配）工艺过程卡，以工序为单位简要说明产品、部件的加工（或装配）过程的一种工艺文件。

（2）机械加工（或装配）工序卡，在工艺过程卡的基础上，按每道工序所编制的一种工艺文件，一般具有工艺简图，并详细说明该工序的每个工步的加工（或装配）内容，工艺参数、操作要求以及所用设备和工艺装备等。

（3）焊接结构简图，对于简单的构件，可以不制订专门的焊接工艺，但为了保证装焊质量，可以画结构简图，并在图上标出焊缝位置，焊接符号，写出焊接要求等，如图2－46所示。

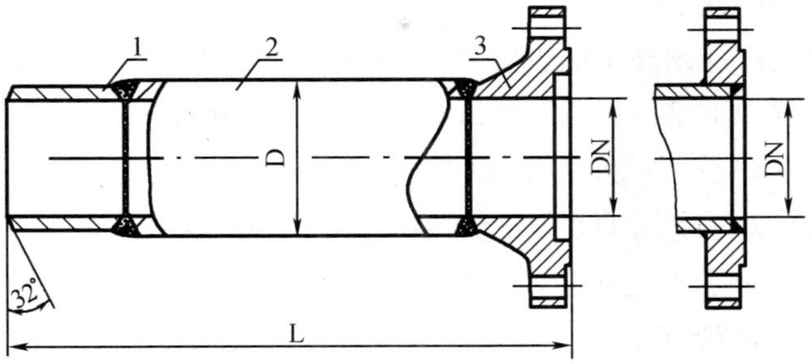

图2－46　焊接结构简图

在单件小批量生产中，通常只用比较简单的机械加工（或装配）工艺过程卡，对于大比量生产，除了有较细的工艺过程卡外，还要编制机械加工（或装配）工序卡。目前，生产中用来说明工艺规程的几种工艺文件，其包含的内容和具体格式已经标准化（见 JB/Z187·3—82）。表2－6摘录了机械加工工艺过程卡片和机械加工工序卡片的填写格式和填写内容。

表2－6　机械加工工艺过程卡片

文件编号：

25	机械加工工艺过程卡片		25	［按格式1］	10	

材料牌号	30(1)	毛坯种类	30(2)	毛坯外形尺寸	30(3)	每毛坯件数	10 (4)	每台件数	10 (5)	备注	20 (6)

工序号	工序名称	16　25　25 工序内容	车间	工段	设备	工艺装备	工时 准终	工时 单件
(7)	(8)	8　(9)	(10)	(11)	(12)	(13)	(14)	(15)
8	8	18×8=144	8	8	20	75	10	10

［按格式1］（左侧）	［按格式1］（底部）

注：表格尺寸的格式单位为mm。

2.2.7.2 机械加工工艺规程的作用及制订原则

正确的机械加工工艺规程是在总结长期的生产实践和科学实验的基础上,依据科学理论和必要的工艺实验而制订的,并通过生产实践不断得到改进和完善。因此,机械加工工艺规程是进行生产准备、计划调度和组织车间生产的主要技术文件,也是新建、扩建工厂、车间的主要依据。

制订机械加工工艺规程的原则是:在一定的生产条件下,以最少的劳动消耗和最低的费用,按计划规定的进度,可靠地加工出符合图样上所提出的各项技术要求的零件。

2.2.7.3 机械加工工艺规程的设计步骤

(1)分析被加工零件的工艺性。

(2)根据零件的生产纲领决定生产类型。

(3)选择毛坯的种类和制造方法。

(4)拟订工艺过程。

(5)工序设计。

(6)编制工艺文件。

在进行肋骨构架及船用工字钢的专门装焊时,应编制专门的焊接工艺文件,由专人负责执行,在工艺文件中除了应详细规定结构的尺寸大小和形状外,还应规定装配精度要求和焊接要求,对于关键节点的焊接质量还要求作精细检查。

在肋骨构架及船用工字钢的焊接工艺文件中应包括以下内容:

①构件代号及简图;

②构件尺寸及公差要求;

③装配地点及方法;

④焊接工艺与方法主要有:

ⅰ.焊接方法的确定;

ⅱ.焊接规范的确定;

ⅲ.焊接变形的调整。

⑤焊接检验方法;

⑥焊接质量要求;

⑦交接手续等。

2.2.7.4 工字钢焊接工艺卡实例

(1)工字钢焊接工艺卡实例一,见表2-7。

(2)工字钢焊接工艺卡实例二,见表2-8。

(3)工字钢焊接工艺卡实例三,见表2-9。

表 2－7　工字钢焊接工艺卡(一)

埋弧焊焊接工艺卡	产品	图号		构件	件号		工艺编号	HG 1－02－04
		名称			名称		工艺名称	焊接工艺

材料	Q235－B	焊材	名称	牌号	直径	坡口型式
			焊丝	H08A	ϕ4 mm	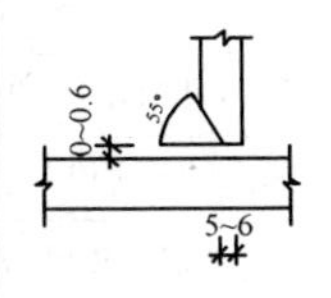
厚度	8～12 mm		焊剂	HJ431		

焊前预热					电特性	
预热温度		焊接型式	T型		电流类别	直流
预热时间					极性	反接
加热方式		焊接位置	船型		电压范围	30～32 V
层间温度	100～150 ℃				电流范围	500～540 A

技术要求

1. 焊缝不得有裂纹、夹渣、气孔、焊瘤、烧穿等缺陷;
2. 焊缝咬边深度≤0.5 mm,累计长度不得超过焊缝总长的 10%;
3. 焊缝横断面的凹凸不平度≤0.5 mm;
4. 焊缝焊角尺寸偏差 $K_0^{+1.5}$,焊缝余高偏差为 $C_0^{+1.5}$;
5. 焊缝允许内凹,允许公差≤0.5 mm,且应圆滑过渡至母材;
6. 局部焊角尺寸允许低于设计值 0.5 mm,单不得超过焊缝总长度的 10%,但在型钢两端各两倍翼缘板宽度范围内不允许;
7. 用碳弧气刨清根。

焊接位置

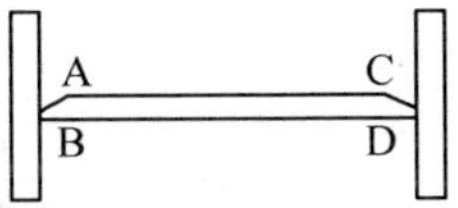

焊接层次

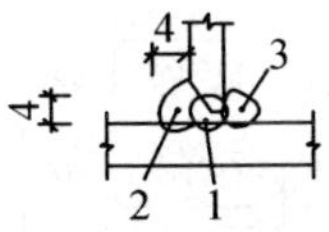

位置层次 \ 焊接参数	电压/V	电流/A	焊接速度/(cm/min)	焊接层次	备注
A1	30～32	500～520	50～55		板厚 I、V 取大值
B1	30～32	520～540	40～42		焊速取小值
A2	30～32	520～540	38～42		板薄则反之
C1	30～32	500～520	50～55		
D1	30～32	520～540	40～42		
C2	30～32	520～540	38～42		

旧底图总号						
底图总号						
通知单号						
标　记						
签　字						
标准	钢结构工程施工质量验收规范 GB50205—2001	编制		制表		第 6 页
日　期	建筑钢结构焊接技术规程 JGJ81—2002	校对		批准		共 8 页
			审核			NO

表 2-8　工字钢焊接工艺卡(二)

埋弧焊焊接工艺卡	产品	图号		构件	件号		工艺编号	HG 1-02-05
		名称			名称		工艺名称	焊接工艺

材料	Q235-B	焊材	名称	牌号	直径	坡口型式
			焊丝	H08A	ϕ4 mm	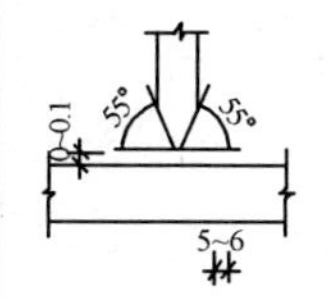
厚度	14~20 mm		焊剂	HJ431		

焊前预热		焊接型式	T型	电特性	
预热温度				电流类别	直流
预热时间				极性	反接
加热方式		焊接位置	船型	电压范围	30~32 V
层间温度	100~150 ℃			电流范围	500~540 A

技术要求：

1. 焊缝不得有裂纹、夹渣、气孔、焊瘤、烧穿等缺陷；
2. 焊缝咬边深度≤0.5 mm，累计长度不得超过焊缝总长的 10%；
3. 焊缝横断面的凹凸不平度≤0.5 mm；
4. 焊缝焊角尺寸偏差 $K_0^{+1.5}$，焊缝余高偏差为 $C_0^{+1.5}$；
5. 焊缝允许内凹，允许公差≤0.5 mm，且应圆滑过渡至母材；
6. 局部焊角尺寸允许低于设计值 0.5 mm，单不得超过焊缝总长度的 10%，但在型钢两端各两倍翼缘板宽度范围内不允许；
7. 用碳弧气刨清根。

焊接位置

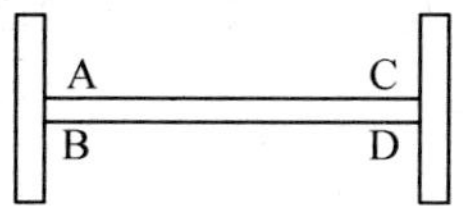

焊接层次

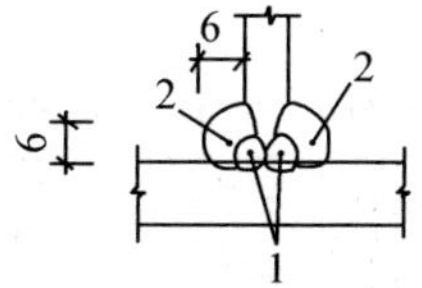

位置层次 \ 焊接参数	电压/V	电流/A	焊接速度/(cm/min)	焊接层次	备注
14 mm(A1)	30~32	500~540	40~45		板厚 I、V 取大值
14 mm(B1、B2)	30~32	520~540	40~45		焊速取小值
14 mm(A2)	32~34	540~580	35~40		板薄则反之
16 mm(A1)	30~32	500~540	38~42		
16 mm(B1、B2)	30~32	520~540	38~42		
16 mm(A2)	32~34	540~580	32~38		
20 mm(A1)	32~34	560~580	30~34		
20 mm(B1、B2)	32~34	580~600	30~34		
20 mm(A2)	34~36	620~650	30~34		

旧底图总号	
底图总号	
通知单号	
标　记	
签　字	
日　期	

标准						
钢结构工程施工质量验收规范 GB50205—2001	编制		制表		第 7 页
建筑钢结构焊接技术规程 JGJ81—2002	校对		批准		共 8 页
		审核			NO

表 2-9　工字钢焊接工艺卡(三)

埋弧焊焊接工艺卡	产品	图号		构件	件号		工艺编号	HG 1-02-06
		名称			名称		工艺名称	焊接工艺

材料	Q235-B	焊材	名称	牌号	直径	坡口型式
			焊丝	H08A	ϕ4 mm	
厚度	25~30 mm		焊剂	HJ431		

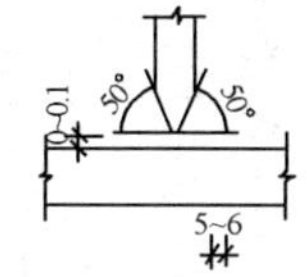

焊前预热	预热温度	100~150 ℃	焊接型式	T型	电特性	电流类别	直流
	预热时间	20 min				极性	反接
	加热方式	乙炔焰	焊接位置	船型		电压范围	30~35 V
	层间温度	100~150 ℃				电流范围	500~640 A

技术要求

1. 焊缝不得有裂纹、夹渣、气孔、焊瘤、烧穿等缺陷;
2. 焊缝咬边深度≤0.5 mm,累计长度不得超过焊缝总长的10%;
3. 焊缝横断面的凹凸不平度≤0.5 mm;
4. 焊缝焊角尺寸偏差$K_0^{+1.5}$,焊缝余高偏差为$C_0^{+1.5}$;
5. 焊缝允许内凹,允许公差≤0.5 mm,且应圆滑过渡至母材;
6. 局部焊角尺寸允许低于设计值0.5 mm,单不得超过焊缝总长度的10%,但在型钢两端各两倍翼缘板宽度范围内不允许;
7. 当所配翼缘板厚度≥34 mm时,焊前坡口各80 mm范围内预热。

焊接位置

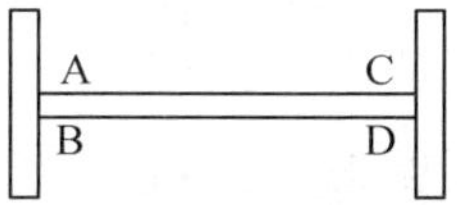

焊接层次

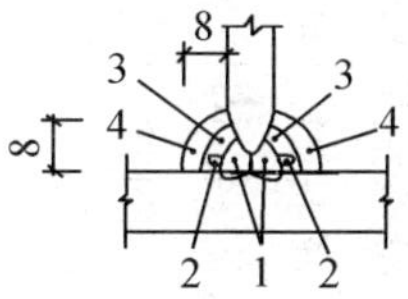

焊接参数 / 位置层次	电压/V	电流/A	焊接速度/(cm/min)	焊接层次	备注
25 mm(A1)	30~32	520~540	40~50		背面用碳弧
25 mm(B1、B2)	33~35	580~640	30~33		气刨清根
25 mm(A2、A3)	33~35	540~580	30~33		
25 mm(B3)	33~35	500~540	30~33		
30 mm(A1)	30~32	520~540	40~45		
30 mm(B1、B2)	33~35	540~580	32~35		
30 mm(A2、A3)	33~35	560~580	32~35		
30 mm(B3、B4)	33~35	580~600	32~35		
30 mm(A4)	33~35	620~650	32~35		

旧底图总号								
底图总号								
通知单号								
标　记								
签　字								
	标准	钢结构工程施工质量验收规范 GB50205—2001	编制		制表		第 7 页
日　期		建筑钢结构焊接技术规程 JGJ81—2002	校对		批准		共 8 页
				审核			NO

2.3 船用钢管结构等船舶骨架构件的装焊工艺

一、知识目标

1. 焊接钢管结构的特点和类型及生产工艺过程。
2. 常用钢管工夹具的种类及其应用。
3. 钢管焊接接头的组成和焊缝的形式及焊接工艺。
4. 薄、中厚板的管对接要求,对接的装配定位及焊接方法。
5. 钢管各种位置的接头形式。
6. 焊接工艺要点及简单工艺卡的要求。

二、能力目标

1. 能识别不同类型船用钢管,包括立柱、吊架、水管、气管、油管等。
2. 能根据工艺要求,对不同板厚进行坡口加工和处理。
3. 能识别和使用钢管的工夹具。
4. 能进行钢管的对接定位和装配。
5. 能正确应用对接焊工艺。
6. 能编制钢管装焊工艺卡。

2.3.1 焊接钢管结构概述

随着生产规模的扩大以及人类文明的进步,许多大空间、大跨度建筑如体育馆、展览馆、机场航站楼、地铁站、大型工业厂房等不断涌现出来,显然钢筋混凝土结构、木结构、砌筑结构等很难实现这种大跨度空间结构形式。由于钢材产量的快速增长以及钢结构设计、科研、施工队伍日益强大等诸多有利因素的影响,钢管结构凭借其自身优越的性能,近年来其应用得到飞速发展,应用范围几乎涉及所有结构领域,包括房屋建筑、桥梁、堤坝、海洋平台和塔桅结构等。

自然界中的许多例子显示了圆管形状在受压、受扭以及多方向受弯下的卓越的结构性能,人们正是从这些风中芦苇、雨中翠竹中受到启发,将管结构优越的结构性能与极具魅力的建筑外形相结合形成钢管结构。钢管结构的最大优点是能将人们对建筑物的功能要求、感观要求以及经济效益要求完美地结合在一起。

各类管结构在船舶工业和船舶结构中也得到广泛的应用,主要有功能性应用,如:船舶水管、气管、油管等;结构性应用,如廊道、吊艇架、起重架等;综合性应用,如:带缆桩、锚链筒等。船舶结构中的管类结构起着十分重要的作用,因此管结构的制作和焊接加工通常被认为是关键的工序。

2.3.1.1 *焊接钢管结构的特点和类型*

(1)焊管的特点和分类

焊接钢管也称焊管,是用钢板或带钢经过卷曲成型后焊接制成的钢管。焊接钢管生产工艺简单,生产效率高,品种规格多,设备耗资少,但一般强度低于无缝钢管。20 世纪 30 年代以来,随着优质带钢连轧生产的迅速发展以及焊接和检验技术的进步,焊缝质量不断提高,焊接钢管的品种规格日益增多,并在越来越多的领域代替了无缝钢管。

①焊管的分类

钢管按其制造方法分为无缝钢管和焊接钢管两种。无缝钢管用优质碳素钢或合金钢制成,有热轧、冷轧(拔)之分。

焊接钢管是由卷成管形的钢板以对缝或螺旋缝焊接而成,在制造方法上,又分为低压流体输送用焊接钢管、螺旋缝电焊钢管、直接卷焊钢管、电焊管等。无缝钢管可用于各种液体、气体管道等。焊接管道可用于输水管道、煤气管道、暖气管道等。

焊接钢管采用的坯料是钢板或带钢,因其焊接工艺不同而分为炉焊管、电焊(电阻焊)管和自动电弧焊管。

焊接钢管因其焊接形式的不同分为直缝焊管和螺旋焊管两种。因其端部形状不同又分为圆形焊管和异型(方、扁等)焊管。

②焊管的品种及特点用途

焊管因其材质和用途不同而分为如下若干品种:

GB/T 3092—1993(低压流体输送用镀锌焊接钢管)。主要用于输送水、煤气、空气、油和取暖热水或蒸汽等一般较低压力流体和其他用途管。其代表材质为:Q235A 级钢(BVA 级钢。BV 规范(2011 年)《钢制海船入级规范》中规定的 A 级钢。相当于我国 Q235 - A 级钢)。

GB/T 14291—1992(矿用流体输送焊接钢管)。主要用于矿山压风、排水、轴放瓦斯用直缝焊接钢管。其代表材质 Q235A、B 级钢。GB/T 14980—1994(低压流体输送用大直径电焊钢管)。主要用于输送水、污水、煤气、空气、采暖蒸汽等低压流体和其他用途。其代表材质 Q235A 级钢。

GB/T 12770—1991(机械结构用不锈钢焊接钢管)。主要用于机械、汽车、自行车、家具、宾馆和饭店装饰及其他机械部件与结构件。其代表材质 0CR13、1Cr17、00Cr19Ni11、1Cr18Ni9、0Cr18Ni11Nb 等。

GB/T 12771—1991(流体输送用不锈钢焊接钢管)。主要用于输送低压腐蚀性介质。代表材质为 0Cr13、0Cr19Ni9、00Cr19Ni11、00Cr17、0Cr18Ni11Nb、0017Cr17Ni14Mo2 等。

直缝焊管生产工艺简单,生产效率高,成本低,发展较快。螺旋焊管的强度一般比直缝焊管高,能用较窄的坯料生产管径较大的焊管,还可以用同样宽度的坯料生产管径不同的焊管。但是与相同长度的直缝管相比,焊缝长度增加 30% ~100%,而且生产速度较低。

(2)钢管结构的分类和特点

①钢管结构的分类　目前工程中使用的钢管结构可按截面形状、结构形式和制作方法进行分类。按构件的截面形状可将钢管结构分为三大类:即圆管结构(CHS)、方(矩)形管结构(RHS)以及其他形状。由于外表和受力性能上的优越性,圆管结构和方管结构最为常见。按结构形式管结构可分为网架(网壳)、桁架、框架和钢管混凝土结构 4 种。而通常意义上,管结构是指采用圆管和方管作构件,管与管之间通过相贯焊接连接的结构。按制作方法来分,管结构可分为热轧钢管结构、冷轧钢管结构以及焊接钢管结构。热轧钢管壁厚可以较大、制作成本高,冷轧钢管壁厚相对较薄。

②圆管和方(矩)形钢管结构的特点　钢管结构的特点,大致可归纳如下:

ⅰ. 圆管和方(矩)形截面都具有双轴对称、截面形心和剪心重合等特点;圆管和方管截面,截面惯性矩对各轴相同,作为受弯和受压构件的优势突出。

ⅱ. 截面闭合,抗扭刚度大、板件局部稳定好。尤其是圆管截面,抵抗扭转特别有效。

ⅲ. 外观简捷、平滑,杆件可直接焊接于同一点,可不用节点板,以节省钢材。

ⅳ. 相比开口截面而言，圆管和方(矩)形截面具有表面平整、无死角以及外表面积小等特点，有利于节省防腐和防火涂料，也便于除尘。

ⅴ. 钢管截面的风阻力系数小，当暴露在流体(如风、水流)中时有着显著的优点。

ⅵ. 钢管结构的内部空间可利用。钢管内填充混凝土(钢管混凝土结构)不仅能提高构件的承载力，而且还能延长构件的耐火极限(平均可达 2 h)；管内注水，可利用内部水循环进行防火；传输液体，如输油管线，排雨水管等；管内还可以放预应力索，施加体内预应力。

ⅶ. 钢管结构的材料单价较普通开口截面形式的型钢高。

ⅷ. 钢管截面与其他截面的性能比较钢管结构较其他结构的优越性，可从构件的截面特性、受力性能、经济效益等几个方面对比得出。

2. 3. 1. 2　焊接钢管结构的生产工艺过程

(1)直缝钢管生产工艺

①直缝焊接钢管的生产工艺

焊管生产工艺属于金属板加工成型领域，大直缝埋弧焊管生产工艺是将钢板放在刨边机上，对钢板两边进行刨削加工，输送到成型机，成型后的钢板管筒输送到后弯机，对管筒板边弯曲加工，然后是管筒全长预焊，在焊接前，对成型后钢板管筒的对缝边缘部位平直段进行板边弯曲加工，管筒对缝处的两板边分别在滚压成型机构的上辊压轮和下辊压轮之间移动，管筒对缝处的两板边被上辊压轮和下辊压轮滚压，钢板产生塑性变形，本发明管筒板边弯边设计合理，可以避免钢管产品的尖嘴“桃形”现象，经过后弯的钢板边缘工序尺寸稳定，回弹小，效果良好。

②直缝高频焊接钢管

直缝高频焊接钢管具有工艺相对简单，可快速连续生产的特点，在民用建筑、石化、轻工等部门有广泛用途。多用于输送低压流体或做成各种工程构件及轻工产品。

a. 直缝高频焊接钢管的生产工艺流程　直缝钢管是通过高频焊接机组将一定的规格的长条形钢带卷成圆管状并将直缝焊接而成钢管。钢管的形状可以是圆形的，也可以是方形或异形的，它取决于焊后的定径轧制。焊接钢管的材料主要是：低碳钢及 $\sigma_s \leqslant 300\ \text{N/mm}^2$、$\sigma_s \leqslant 500\ \text{N/mm}^2$ 的低合金钢或其他钢材。直缝钢管高频焊接的生产工艺流程如图 2－47 所示。

b. 高频焊接　高频焊接是根据电磁感应原理和交流电荷在导体中的趋肤效应、邻近效应和涡流热效应，使焊缝边缘的钢材局部加热到熔融状态，经滚轮的挤压，使对接焊缝实现晶间接合，从而达到焊缝焊接之目的。高频焊是一种感应焊(或压力接触焊)，它无需焊缝填充料，无焊接飞溅，焊接热影响区窄，焊接成型美观，焊接机械性能良好等优点，因此在钢管的生产中受到广泛的应用。

c. 高频焊管机组　直缝钢管的高频焊接过程是在高频焊管机组中完成的。高频焊管机组通常由滚压成型、高频焊接、挤压、冷却、定径、飞锯切断等部件组成，机组的前端配有储料活套，机组的后端配有钢管翻转机架；电气部分主要有高频发生器、直流励磁发电机和仪表自动控制装置等组成。

(2)埋弧自动焊管生产工艺和过程

埋弧自动焊管分直缝和螺旋钢管两种。

①直缝焊接钢管生产工艺流程

下料→压头→滚圆→对缝→纵缝焊接→圆筒矫正→圆筒对接装配→环缝焊接→检测→矫正同轴度→焊接检测

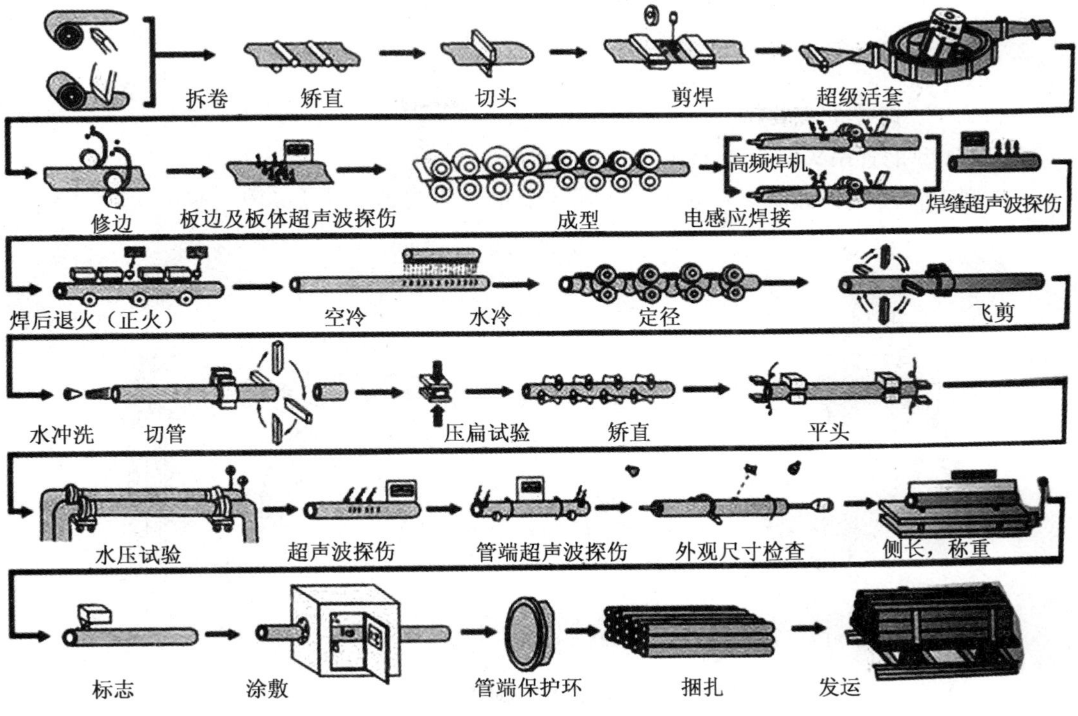

图 2-47　直缝钢管高频焊接的生产工艺流程

②螺旋钢管的生产工艺和过程

螺旋钢管是由带钢螺旋卷制成，其生产工艺是以带钢卷板为原材料，经常温挤压成型，以自动双丝双面埋弧焊工艺焊接而成的螺旋缝钢管，其工艺过程比较复杂。

a. 原材料即带钢卷、焊丝、焊剂。在投入前都要经过严格的理化检验。

b. 带钢头尾对接，采用单丝或双丝埋弧焊接，在卷成钢管后采用自动埋弧焊补焊。

c. 成型前，带钢经过矫平、剪边、刨边，表面清理输送和预弯边处理。

d. 采用电接点压力表控制输送机两边压下油缸的压力，确保了带钢的平稳输送。

e. 采用外控或内控辊式成型。

f. 采用焊缝间隙控制装置来保证焊缝间隙满足焊接要求，管径、错边量和焊缝间隙都得到严格的控制。

g. 内焊和外焊均采用美国林肯电焊机进行单丝或双丝埋弧焊接，从而获得稳定的焊接规范。

h. 采用空气等离子切割机将钢管切成单根。切成单根钢管后，每批钢管头三根要进行严格的首检制度，检查焊缝的力学性能、化学成分、溶合状况、钢管表面质量以及经过无损探伤检验，确保制管工艺合格后，才能正式投入生产。

焊完的焊缝均经过在线连续超声波自动伤仪检查，保证了100%的螺旋焊缝的无损检测覆盖率。若有缺陷，自动报警并喷涂标记，生产工人依此随时调整工艺参数，及时消除缺陷。焊缝上有连续声波探伤标记的部位，经过手动超声波和X射线复查，如确有缺陷，经过修补后，再次经过无损检验，直到确认缺陷已经消除。带钢对焊焊缝及与螺旋焊缝相交的丁型接头的所在管，全部经过X射线电视或拍片检查。每根钢管经过静水压试验，压力采用径向密封。试验压力和时间都由钢管水压微机检测装置严格控制。试验参数自动打印记录。

2.3.2 焊接钢管的焊接工夹具

2.3.2.1 钢管吊夹具

(1)YD 型钢管吊夹具

YD 型钢管吊夹具如图 2-48 所示。吊夹具的技术参数见表 2-10。使用时应注意:

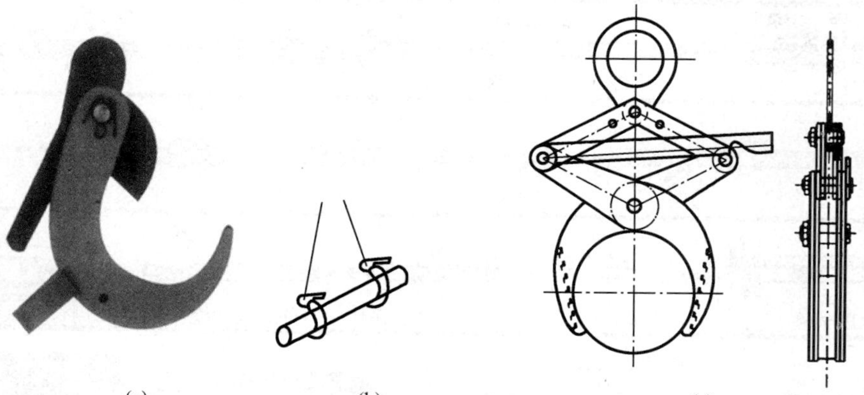

(a) (b) (c)

图 2-48 YD 型钢管吊夹具 特种吊运

(a)吊夹具;(b)特种吊运;(c)吊运夹持方式

①吊装作业两只成组使用。

②严禁超载使用。

表 2-10 吊夹具的技术参数

型号规格	额定载荷/kgf	试验载荷/kgf	开口尺寸/mm	自重/kg
YD0.4T	400	800	80~100	1.9
YD0.5T	500	1 000	100~120	2.5
YD0.75T	750	1 500	120~140	3.8
YD1T	1 000	2 000	140~160	4.8

(2)钢管用工具

钢管用工具,TRUSCO 夹具如图 2-49 所示。

(3)新型钢管夹具

①新颖钢管夹具

这是一种带有同步齿的能夹持并吊运钢管等圆柱物体的夹具,属用于起重机、绞车或滑车装卸货物的工属具或装置。其特征是:带同步齿的单板拉杆和双板拉杆的一端通过起重销与起重吊板相连,其另一端通过轴销与中心销铰接的单板夹钳、双板夹钳的一端相连,单板夹钳、双板夹钳的另一端是呈圆弧夹板;软性橡胶板贴在单板夹钳、双板夹钳的圆弧夹板的圆弧面上部,在双板夹钳上安装着夹紧限位板。这种钢管夹具提供一种带有同步齿的拉杆与起重吊板连接采用双绞点,并且呈张开的夹钳与钢管初始接触处粘有软性橡胶板,

(a)　(b)

图 2-49　TRUSCO 钢管用工具

可以使钢管夹具在整个装卸工作过程中不会发生转动现象,能提高工作效率,安全可靠。

②双钢管夹具

双钢管夹具包括有夹头横梁,横梁的上端设有与施压装置固定的连接件,夹头活动连接在所述横梁下方,所述夹头包括有固定夹板和可更换的动夹板,所述动夹板与固定夹板活动连接,液压油缸与所述的动夹板固定连接,还包括有与所述夹头配合的楔块,所述楔块嵌于内、外护壁套管形成的筒孔内。所述的楔块固定在环形顶板上,所述的环形顶板偏离夹头位置处的径向宽度略大于对应筒孔的径向宽度。本实用新型夹具与套管通过夹头连接,可在施压打桩后后卸下夹具,再将钢筋笼放置在筒孔内,避免钢筋笼在施压时受损;夹具配有嵌入筒孔内的楔块,可减小套管变形;钢筋笼直接从筒孔上端放入,无需提升套管,大大降低了施工难度。

2.3.2.2　钢管滚轮架

钢管滚轮架可参见标准《焊接滚轮架》JB/T9187—1999。

(1)固定式滚轮架　是一种基本的滚轮架,结构简单。

(2)可调式滚轮架　可调式焊接滚轮架适应大吨位筒体环缝焊接而研制的焊接辅助设备。采用双减速箱,双电机驱动。驱动力大。采用进口变频调速器,性能可靠,并可根据客户要求订制全驱动滚轮架。KZ-200T,见图 2-50,技术参数见表 2-11。

(a)　(b)

图 2-50　KZ-200T 可调式滚轮架

表 2-11 焊接滚轮架技术参数

规格型号	载重 /t	滚轮直径 /mm	滚轮宽度 /mm	焊件直径 /mm	高度 /mm	宽度 /mm	总长 /mm
KT-5	5	260	170	250~2 500	600	650	2 200
KT-10	10	310	220	300~3 000	700	800	2 600
KT-20	20	310	220	300~4 000	720	820	2 600
KT-30	30	425	220	300~4 500	750	850	2 800
KT-40	40	425	220	300~4 500	800	900	2 800
KT-60	60	425	220	500~5 000	850	1 200	3 000
KT-80	80	500	260	800~7 000	1 400	1 900	4 000
KT-100	100	500	260	800~8 000	1 450	2 100	4 200

(3)自调式滚轮架(图 2-51)

(a)

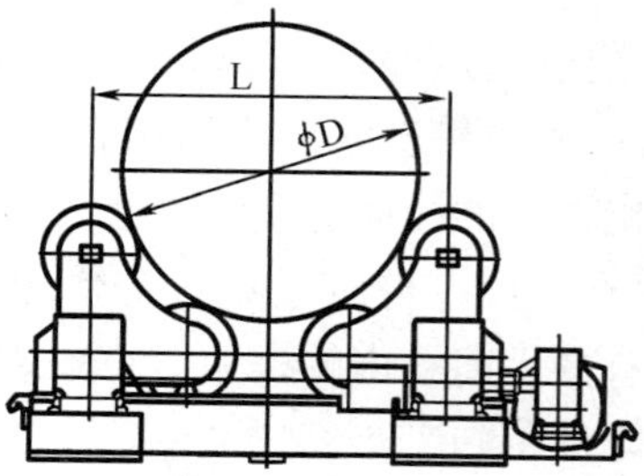

(b)

图 2-51 ZT 系列自调式滚轮架

(4)组合式滚轮架本实用新型涉及一种组合式滚轮架结构,具体地说是可广泛应用于金属圆形纵、环缝及各类压力容器的自动焊接,可与操作机和机器人组成自动焊接中心,也可用于圆形件的喷漆,属于机械设备技术领域。特征是采用第一自调架组件用螺栓固定在丝杠组件一侧的滑动板上,第二自调架组件用螺栓与丝杠组件的另一侧滑动板连接,丝杠组件通过轴承与底座组件连接成一个整体,第一自调架组件、第二自调架组件中驱动减速机用螺栓与底座组件连接,行走轮组件及锁组紧件分别用螺栓与底座组件连接成一个整体。本实用新型能将自调与可调巧妙结合,既能自调,又能可调;操作方便,适应工件直径范围大,能满足驱动工件旋转要求。

组合式滚轮架结构,包括底座组件,其特征是采用第一自调架组件,用螺栓固定在丝杠组件一侧的滑动板上,第二自调架组件用螺栓与丝杠组件的另一侧滑动板连接,丝杠组件通过轴承与底座组件连接成一个整体,第一自调架组件、第二自调架组件中驱动减速机用螺栓与底座组件连接,行走轮组件及锁紧件分别用螺栓与底座组件连接成一个整体。

2.3.3 焊接钢管接头的焊接工艺

2.3.3.1 焊接钢管接头的组成和焊缝形式

船用钢管的焊接接头主要是对接接头,也有少量的角接接头和搭接接头。其焊缝分为直线焊缝和环形焊缝以及螺纹线焊缝,如图 2-52 所示。

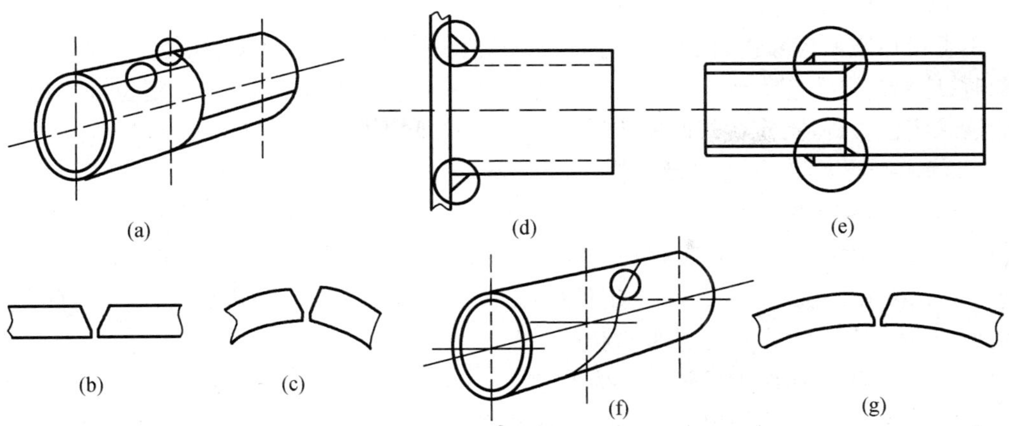

图 2-52　船用钢管的焊接接头

(a) 钢管接头；(b)钢管环缝接头；(c)钢管纵缝接头；(d)钢管角接接头；(e)钢管搭接接头；(f)螺纹钢管；(g)螺纹钢管焊接缝

2.3.3.2　焊接钢管接头的焊接规范

(1)焊接接头坡口形式

钢管焊接施工通常采用的坡口型式为 API 标准 30°V 型坡口，适合手工焊。但对于大口径、厚壁钢管来说，这样的焊接接头坡口型式填充金属量大，劳动强度高，且不适合于自动焊的焊接，通常半自动焊用 23°V 型坡口，自动焊用窄间隙复合坡口形式。

对接处的坡口形式根据板厚的不同，有 I 形、V 形、Y 形和 X 形等坡口形式。对不同的板厚连接可采用搭接，采用对接时，尽可能使板的中心线对齐，使正反焊缝对称。

(2)预热与层间温度

预热的目的是通过减缓母材的应力状态和降低根焊道的冷却速度来防止根部冷裂纹。钢管焊接施工的预热温度范围应考虑母材的强度、组织性能变化规律、管径和壁厚，以及焊接材料的含氢量等因素。对于厚壁钢管的多层焊，还要考虑控制焊道层间温度来控制近缝区的冷却速度。层间温度一般与预热温度相近。在避免近缝区过热的前提下，较高的层间温度可防止多层焊时，冷裂纹的产生。

(3)焊接线能量

焊接线能量的确定需综合考虑母材成分、焊接材料类型、对药皮(药芯、焊剂)的冶金反应和保护气体保护效果的影响、焊前预热状况、层间温度控制情况、管子规格、焊丝(条)直径、热影响区的脆化和软化倾向、所希望的组织和力学性能，以及施焊位置、焊接道次、每道焊层厚度、焊缝成型和熔滴的过渡形式等因素。

(4)后热处理及热处理

管道焊接施工一般不进行焊后的后热处理和热处理。但对于在冬季施工时，当焊前预热和层间温度控制难以起更大作用时，有必要对焊接接头采取一定的后热和热处理措施，保证焊接接头的组织和性能。

2.3.4　钢管对接焊方法及工艺

2.3.4.1　薄、中厚板的管对接要求

主要介绍船厂常用焊条电弧焊、埋弧自动焊、气体保护焊时的管对接工艺要求。

(1)焊条电弧焊时的管对接工艺

钢管接口表面应除锈,在坡口表面 25 mm 范围内应除去氧化皮、铁锈、水和其他污物。装配时,应错边量不应大于 1 mm,对接间隙为 2 mm,误差不大于 1 mm。定位焊不应过大,且应清除定位焊焊渣,定位焊间距应适中,应严格按照不同产品的工艺要求执行。

(2)埋弧自动焊时的管对接工艺

采用埋弧焊时,钢管接口表面应严格除锈,在坡口表面 50 mm 范围内应除去氧化皮、铁锈、水和其他污物,尤其注意对接口的端面,以防焊接后产生气孔。装配时,应错边量不应大于 1 mm,对接间隙为 1 ~ 2 mm。定位焊焊珠稍大,且应清除定位焊焊渣,定位焊间距应适当增大,应按照不同产品的工艺要求执行。

(3)Ar + CO_2气体保护焊管管对接工艺

采用 Ar + CO_2气体保护焊时,用 1.2 mm 焊丝焊 8 mm 管,坡口 45 度,单面焊双面成型,可全位置焊接,打底电流电压范围是 110 A 左右,打底焊可不用调换电流,在不同的位置是否要调整不同的参数,要看人员的操作技术了,第二道和第三道焊接电流参数是 130 ~ 150 A,观察焊机好不好用,填充盖面层电流稍大点,平焊时小电流怕烧不透,控制好焊枪角度和前进速度是很重要的,电压控制在 20 V 左右。

(4)氩弧焊打底,自动焊盖面的管子对接焊工艺

对于要求较高的管子,由于埋弧自动焊气孔敏感性较大,单用埋弧焊返修率较高,采用氩弧焊先前打底,在用埋弧焊盖面,一次合格率可达 100% 。

2.3.4.2 钢管的对接焊接工艺方式方法

(1)焊接方式有两种,一种是先在钢管内侧进行封底焊,再在外面采用气刨清根后焊接;另一种是先在外侧施焊,再在内侧采用气刨清根后焊接。前者内侧开较大的坡口,外侧不开坡口;后者外侧开较大的坡口,内侧不开。

(2)焊接顺序也有两种,一种是焊接层数的先后顺序,即先在内侧封底焊,再在外侧实施盖面焊;另一种是在外侧对称施焊,然后盖面焊,最后在内侧清根后焊接。

(3)焊接方法有多种,CO_2气体保护焊、焊条电弧焊、埋弧自动焊,对不锈钢钢管、铝合金管还可用钨极氩弧焊、熔化极氩弧焊等焊接方法。

(4)焊接定位要求,一是用胎夹具定位钢管,使之在焊接过程中不至于发生变形和位移;二是在装配焊接时,定位焊应牢固可靠,防止焊接过后脱落。

2.3.4.3 钢管的对接埋弧自动焊工艺

(1)埋弧自动焊工艺设备主要由埋弧自动机、自动焊机架、钢管托管架等组成。

(2)管节的加工主要需使用滚板机,其他与船板加工相同,经过钢板矫正、压头、滚圆、对接装配、焊接纵缝、制成筒体。

(3)焊接

①纵缝焊接　焊接顺序先内后外法,在内侧先进行封底焊,再在外侧用自动焊。如采用衬垫法,内侧垫衬垫(陶瓷衬垫或铜衬垫)外侧用自动焊。

②环缝焊接　用图 2 - 53 所示滚托架,接口对接后,焊接方法与纵缝大体相同,不同的是焊机不行走,而是滚托架转动,带动钢管转动,从而使焊缝移动。

此外,螺纹钢管的焊接是采用专门焊机制作的,这里不作介绍。

图 2-53 管的对接埋弧自动焊工艺

2.3.5 钢管接头的焊接规定

2.3.5.1 钢管各种位置的接头的焊接，如图 2-54 所示。

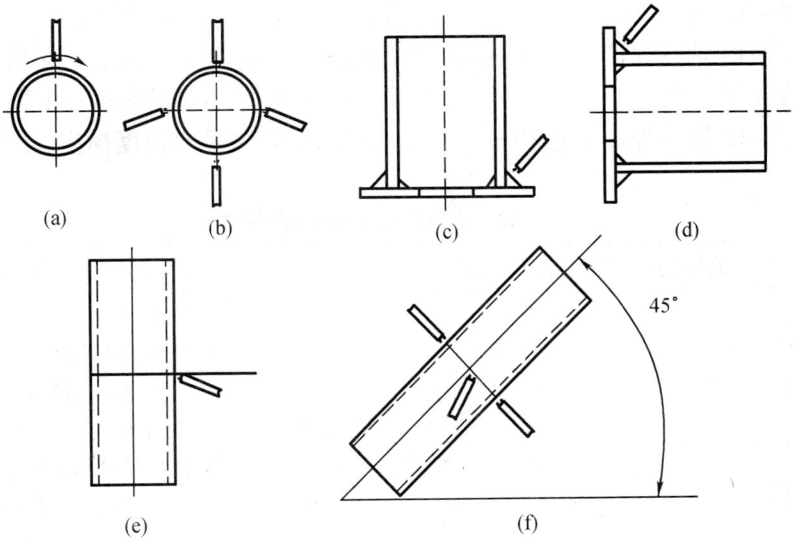

图 2-54 钢管各种位置的接头形式

(a)钢管水平转动；(b)钢管水平固定；(c)钢管垂直角焊；
(d)钢管水平角焊；(e)钢管垂直固定；(f)钢管 45 度固定

2.3.5.2 钢管接头焊缝的规定

根据国家或海洋和船舶行业标准，钢管管接头焊接标准提供了在工厂和作业现场进行钢管接头焊接规范以及焊接工艺评定、焊工技能评定、材料要求、试验要求、生产焊接及检验要求，并包括了订货建议等内容。

2.3.6 钢管的焊接工艺要点工艺卡的编写

2.3.6.1 焊接工艺要点

(1)采用正确的坡口形状和尺寸。

(2)选用合理的焊接材料(TIG焊丝和填充电焊条)。

(3)选用正确的焊接规范(包括焊丝及电焊条牌号和直径、钨极直径、焊接电流、氩气流量、电源极性、焊缝层数及道数等)。

(4)选用正确的工件预热温度、焊缝层间温度。

(5)选用合理的焊后热处理规范(包括升降温速度、回火温度及保温时间等)。

(6)坚持正确的接头装配定位焊和熟练、高超的手工操作技能等。

2.3.6.2　焊接工艺卡的要求

焊接工艺卡是焊接规程的表现形式,填写要求简明扼要,主要包括:焊接方法、坡口形式、焊前准备、焊接材料、预热制度、焊后热处理制度、焊接规范参数、操作技术、母材规格和材质等,一般以表格的形式出现,见实例一,另一种是以文件的形式出现,多用于管结构的制作工艺,如房屋、桥梁、桁架等。见实例二。

2.3.6.3　焊接工艺卡实例

(1)表格式焊接工艺卡

①竖式表格式焊接工艺卡

【实例一】

a. 见表2-12 钢管焊接工艺卡——简洁式表格形式:小直径碳钢疏水管(吊焊)

b. 见表2-13 钢管焊接工艺卡——简洁式表格形式:小直径高压合金钢管(横焊)

c. 见表2-14 钢管焊接工艺卡——简洁式表格形式:大直径合金管(吊焊)

d. 见表2-15 钢管焊接工艺卡——简洁式表格形式:主蒸汽温度插座(垂直固定俯焊)

表2-12　小直径碳钢疏水管(吊焊)

焊接方法	钨极氩弧焊手工电焊盖面	母材	钢号:20 g(δ=3.5 mm~6.0 mm)
坡口形式		焊前准备	1. 焊丝清理干净 2. 坡口及两侧各为10~15 mm的内外壁彻底清理 3. 坡口角度及装配尺寸见左图 4. 错口值≤10%δ且≤1 mm 5. 工作环境及工作位置良好 6. 不允许强行对口
焊接材料	钨极氩弧焊:TIGJ50(φ2.4)　焊条J4303或J5515(φ3.2)		
预热制度	预热温度:150~250 ℃或不预热	焊后处理制度	可不热处理
焊接规范参数	焊接电流:60~90 A(极性:电焊反接,氩弧焊正接)　焊接电流100~110 A(直流反接) 焊接电压:16~25 V 焊接层数:两层两道		
操作技术	焊接位置:全方位 焊工分布:对称焊接 焊接方式:短弧焊接 摆动方向:横向微动 层间厚度:≤3 mm	焊条角度:随位置变化而变化 接头重叠:10~15 mm 打底面形状:微凹 接头分布:尽量避免过多重复 焊接完成后氩气延时10 s左右	

表 2－13　小直径高压合金钢管(横焊)

焊接方法	钨极氩弧焊打底电焊盖面	母材	钢号:12Cr1MoV(δ =3 ~6 mm)
坡口形式		焊前准备	1. 焊丝清理干净 2. 坡口及两侧各为 10 ~15 mm 的内外壁彻底清理 3. 坡口角度及装配尺寸见左图 4. 错口值≤10% δ 且≤1 mm 5. 工作环境及工作位置良好 6. 不允许强行对口
焊接材料	焊丝 TIG－R31(φ2. 4)　　焊条　R317(φ3. 2)		
预热制度	预热温度:	焊后处理制度	
焊接规范参数	焊接电流:60 ~90 A(直流正接) 焊接电压:10 ~12 V 焊接电流:105 ~125 A(直流反接)	氩气流量:Q =6 121 min 钨极直径: φ2. 5 喷嘴至工作距离: ≤10 mm	
操作技术	焊接位置:横向焊接 焊工分布:对称焊接 摆动参数:不摆动 层间厚度:≤3 mm 接头重叠:5 ~10 mm	焊条角度:随位置变化而变化 打底面形状:微凹 接头分布:尽量避免过多重复 焊接完成后氩气延时 10 s 左右	

表 2－14　大直径合金管(吊焊)

焊接方法	手工电弧焊或氩弧焊	母材	钢号:20 g(δ =3. 5 ~6. 0 mm)
坡口形式		焊前准备	1. 焊条烘干(300 ~400 ℃) 2. 坡口及两侧各为 10 ~5 mm 的内外壁彻底清理 3. 坡口角度及装配尺寸见左图 4. 错口值≤10% δ 且≤1 mm 5. 工作环境及工作位置良好 6. 不允许强行对口
焊接材料	钨极氩弧焊(打底):TIG—R31(φ2. 4) 手工电弧焊(填充及盖面):R317(φ3. 2 或 φ4. 0)		
预热制度	预热温度:250 ℃ ~350 ℃	焊后处理制度	正火:960 ~980 ℃ 回火:740 ~760 ℃
焊接规范参数	焊接电流:90 ~110 A(氩弧焊直流正接) 105 ~125 A(φ3. 2 直流反接) 150 ~180 A(φ4. 0 直流反接) 焊接电压:16 ~25 V		

表 2－14(续)

操作技术	焊接位置:全方位　打底厚度: ≥2 mm 焊接层数:多层多道　焊条角度:随位置变化而变化 焊工分布:对称焊接　接头重叠:10 ~ 15 mm 焊接方式:短弧焊接　填充面形状:微凹 摆动方向:横向　接头分布:尽量避免过多重复 层间厚度:≤3 mm　焊缝收尾:回焊将弧坑填满

表 2－15　主蒸汽温度插座(垂直固定俯焊)

焊接方法	手工电弧焊或氩弧焊	母材	钢号:12Cr1MoV(δ =4 ~8 mm) + 12Cr1MoV(δ≥12 mm)
坡口形式		焊前准备	1. 焊条烘干(300 ~400 ℃) 2. 坡口及两侧各为 10 ~ 15 mm 的内外壁彻底清理 3. 坡口角度及装配尺寸见左图 4. 错口值≤10%δ 且≤1 mm 5. 工作环境及工作位置良好 6. 不允许强行对口
焊接材料	钨极氩弧焊:TIG—R31(φ2.4);手工电弧焊:R317(φ3.2)		
预热制度	预热温度: 250 ~350 ℃ 层间温度:≥250 ℃	焊后处理制度	正火:960 ~980 ℃ 回火:740 ~760 ℃
焊接规范参数	焊接电流:90 ~110 A(氩弧焊直流正接); 105 ~125 A(电焊直流反接) 焊接电压:16 ~25 V		
操作技术	焊接位置:垂直俯焊　打底厚度:1/3 ~1/2 焊接层数:多层多道　焊条角度:随位置变化而变化 焊工分布:对称焊接　接头重叠:10 ~15 mm 焊接方式:短弧焊接　填充面形状:微凹 摆动方向:不摆动　接头分布:尽量避免过多重复 层间厚度:≤3 mm　焊缝收尾:回焊将弧坑填满		

【实例二】

①见表 2－16 钢管焊接工艺卡——简洁式表格形式。

②见表 2－17 钢管焊接工艺卡——简洁式表格形式。

表 2－16　焊接工艺卡

单位名称：×××造船事业部	工艺卡编号：AQ－WPS－001
所依据的工艺评定报告编号：5－033－005B	批准日期：2008 年 8 月 8 日
修改文件编号：/	日　　期：/
评定项目：1. 外观检查 2. 无损探伤 3. 断口检查 4. 机械性能 5. 金相	焊接方法：Ws/Ds
产品名称：φ273×27　P91 钢大口径管焊接	自动化程度：手工施焊
接头： 接头型式　　对接 衬　　垫　　/ 衬垫材料　　/ 其　　他　　/	简图： 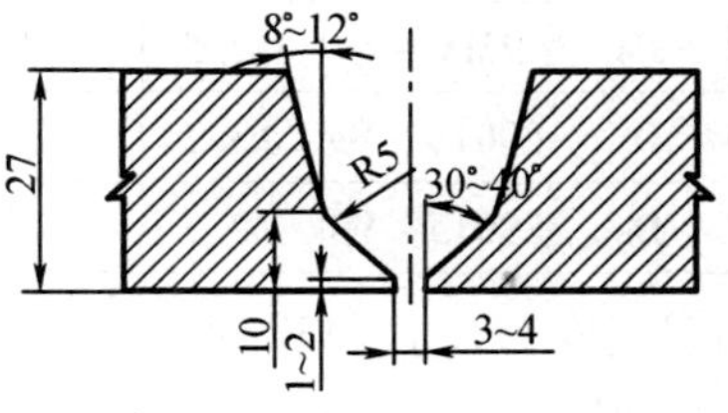 管件对接双 V 型坡口形式及尺寸

母材：类号　V　级号　/　与类号　V　级号　/
　　钢号　P91　与钢号　P91　相焊接

母材厚度范围：对接接头　27～31 mm　角接接头　/
焊缝金属厚度范围：　27～31 mm
管子直径范围：对接接头　φ273 mm　角接接头　/　其他：

填充金属	根部	填充	盖面
焊条型号	/	E9015－B9	E9015－B9
规格/mm	/	Φ2.5、Φ3.2	Φ2.5
焊丝牌号	ER505	/	/
规格/mm	Φ2.5	/	/
焊剂型号	/	/	/
其他	/	/	/

焊接位置： 对接接头焊接位置：2G、5G 焊接方向：由下至上 角接接头焊接位置：/	预热： 预热温度：200～230 ℃ 层间温度：200～250 ℃ 预热保持方式：电阻加热，持续控温

后热、焊后热处理：
温度范围：750～770 ℃
时间范围：≥3 h
其他：焊后热处理前，冷却至 80～100 ℃，恒温 1～2 h

表 2－17 焊接工艺卡

单位名称：×××造船事业部	工艺卡编号：AQ－WPS－001

电弧（火焰）特性：

焊层道号	焊接方法	焊条（丝）		电流范围（气体压力）		电压范围/V（焊炬型号、焊嘴号码）	焊接速度范围/（mm/min）	其他
		型（牌）号	直径/mm	极性［乙炔（MPa）］	电流/A［氧气（MPa）］			
1～2	Ws	ER 505	Φ2.4	直流正接	100～130	10～13	20～40	
3～4	Ds	9MV－N	Φ2.5	直流反接	80～100	21～25	190～230	
5～14	Ds	E9015－B9	Φ3.2	直流反接	90～120	22～25	140～220	
15	Ds	E9015－B9	Φ2.5	直流反接	80～100	22～25	190～230	

气体：保护气体	A37.34r	流量	8～12	L/min
背面保护气体	Ar	流量	15～30	L/min
后拖保护气体	/	流量	/	L/min

钨极型号与尺寸：Wce－20 Φ2.5
送丝速度范围：/
其他：/

施焊技术：
焊嘴尺寸：M10×L65×Φ6
无摆动或摆动焊：摆动范围小于3倍焊条直径
打底焊道和中间焊道清理方法：机械法清理
清根方法：/
导电嘴与工件距离：/
其他：/

其他：

编 制		年 月 日	（单位盖章）
审 核		年 月 日	
批 准		年 月 日	

表中填写内容，主要包括常见的焊接工艺或规范。

②横式表格式焊接工艺卡

【实例三】 钢管焊接工艺卡——横式表格的形式：

①见表2－18钢管焊接工艺卡——简洁式表格形式。

②见表2－19钢管焊接工艺卡——简洁式表格形式。

③见表2－20钢管焊接工艺卡——简洁式表格形式。

④见表2－21钢管焊接工艺卡——简洁式表格形式。

表 2－18　钢管焊接工艺卡

NO：

<table>
<tr><td>工程名称</td><td colspan="4"></td><td>工艺卡编号</td><td colspan="3"></td></tr>
<tr><td>材　质</td><td colspan="2">20</td><td>规 格</td><td>$\phi57\times3.5$</td><td>焊接方法</td><td>GTAW + SMAW</td><td>焊工资格</td><td></td></tr>
<tr><td>焊评编号</td><td colspan="4"></td><td>无损检测</td><td>RT</td><td>合格等级</td><td>Ⅲ</td></tr>
<tr><td>适用范围</td><td colspan="8">适用于水平转动和固定的同外径且管子壁厚小于 4 mm 的管子与管子相连的对接焊缝（不考虑管子外径）</td></tr>
<tr><td rowspan="3">焊接工艺参数</td><td>层数</td><td>焊接方法</td><td>焊材及规格</td><td>电源极性</td><td>焊接电流/A</td><td>焊接电压/V</td><td>焊接速度/（cm/min）</td><td>气体流量/（L/min）</td></tr>
<tr><td>1</td><td>GTAW</td><td>ER49－1　$\phi2.0$</td><td>直流正接</td><td>65 ~ 90</td><td>9 ~ 12</td><td>6 ~ 9</td><td>10 ~ 13</td></tr>
<tr><td>2</td><td>SMAW</td><td>E4303　$\phi3.2$</td><td>交流</td><td>100 ~ 120</td><td>20 ~ 22</td><td>12 ~ 14</td><td></td></tr>
<tr><td>坡口尺寸及溶敷图</td><td colspan="3">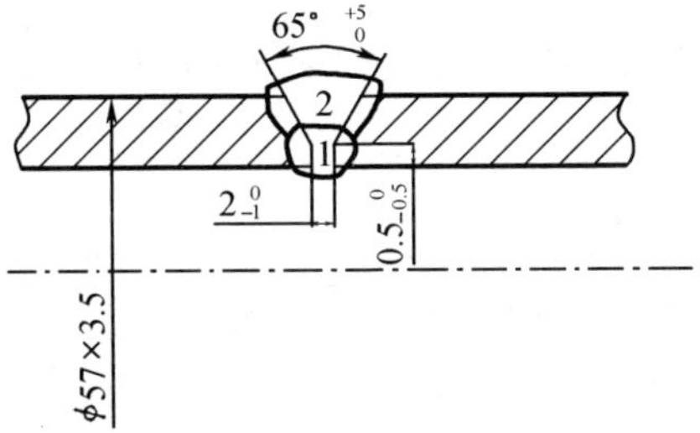
</td><td>焊接技术要求</td><td colspan="4">1. 焊前准备：a. 在坡口及坡口边缘各 20 mm 范围内，将油、污、锈、垢、氧化皮清除，直至呈现金属光泽，焊丝也要进行同样的清理。b. 定位焊缝为两条，两条定位焊缝间距为 120°，且与起始焊位置各距 120°，定位焊缝长度为 5 ~ 8 mm、厚度为 3 ~ 4 mm。
2. 焊接操作：a. 氩弧焊按上面焊接工艺参数进行焊接，焊接时，焊丝终端应始终处在氩气保护范围内；钨极端部严禁与焊丝、焊件相接触，防止造成钨夹杂；停焊后重新引弧时，焊缝应与原焊缝重叠 5 ~ 10 mm。b. 电弧焊按上面焊接工艺参数进行焊接，焊接时，焊条在坡口两侧稍作停留，并熔化两边缘各 1 ~ 2 mm，换焊条或断弧后再引弧，应在弧坑上方 10 mm 处引弧。</td></tr>
<tr><td>编制</td><td colspan="3"></td><td>审核</td><td colspan="2"></td><td>日期</td><td>年　月　日</td></tr>
</table>

表 2－19　钢管焊接工艺卡

NO：

工程名称				工艺卡编号				
材　　质	20	规 格	ϕ159×6.0	焊接方法	GTAW＋SMAW	焊工资格		
焊评编号				无损检测	RT	合格等级	Ⅲ	
适用范围	适用于水平转动和固定的同外径且管子壁厚小于 5 mm 的管子与管子相连的对接焊缝(不考虑管子外径)							
焊接工艺参数	层数	焊接方法	焊材及规格	电源极性	焊接电流/A	焊接电压/V	焊接速度/(cm/min)	气体流量/(L/min)
	1	GTAW	ER49－1　ϕ2.0	直流正接	65～90	9～12	6～9	10～13
	2	SMAW	E4303　ϕ3.2	交流	100～120	20～22	12～14	
	3	SMAW	E4303　ϕ3.2	交流	100～120	20～22	12～14	
坡口尺寸及溶敷图	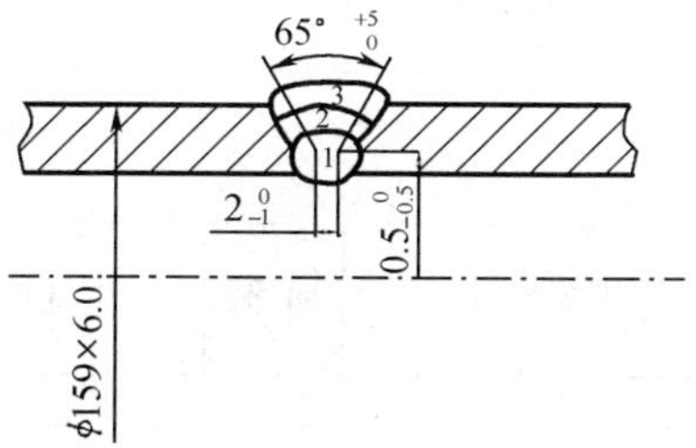			焊接技术要求	1. 焊前准备：a. 在坡口及坡口边缘各 20 mm 范围内，将油、污、锈、垢、氧化皮清除，直至呈现金属光泽，焊丝也要进行同样的清理。b. 定位焊缝为 2 条，2 条定位焊缝间距为 120°，且与起始焊位置各距 120°，定位焊缝长度为 5～8 mm、厚度为 3～4 mm。 2. 焊接操作：a. 氩弧焊按上面焊接工艺参数进行焊接，焊接时，焊丝终端应始终处在氩气保护范围内；钨极端部严禁与焊丝、焊件相接触，防止造成钨夹杂；停焊后重新引弧时，焊缝应与原焊缝重叠 5～10 mm。b. 电弧焊按上面焊接工艺参数进行焊接，焊接时，焊条在坡口两侧稍作停留，并熔化两边缘各 1～2 mm，换焊条或断弧后再引弧，应在弧坑上方 10 mm 处引弧。			
编制				审核		日期	年　　月　　日	

表 2－20 钢管焊接工艺卡

NO：

<table>
<tr><td>工程名称</td><td colspan="3"></td><td>工艺卡编号</td><td colspan="4"></td></tr>
<tr><td>材 质</td><td colspan="2">20</td><td>规 格　φ57×3.5</td><td>焊接方法</td><td>SMAW</td><td>焊工资格</td><td colspan="2"></td></tr>
<tr><td>焊评编号</td><td colspan="3"></td><td>无损检测</td><td>PT</td><td>合格等级</td><td colspan="2">Ⅱ</td></tr>
<tr><td>适用范围</td><td colspan="8">适用于管子壁厚小于 4 mm 的管子与法兰相连的角焊缝（不考虑管子外径）</td></tr>
<tr><td rowspan="4">焊接工艺参数</td><td>层数</td><td>焊接方法</td><td>焊材及规格</td><td>电源极性</td><td>焊接电流/A</td><td>焊接电压/V</td><td>焊接速度/(cm/min)</td><td>气体流量/(L/min)</td></tr>
<tr><td>1</td><td>SMAW</td><td>E4303　φ2.5</td><td>交流</td><td>50～65</td><td>18～20</td><td>14～16</td><td></td></tr>
<tr><td>2</td><td>SMAW</td><td>E4303　φ3.2</td><td>交流</td><td>100～120</td><td>20～22</td><td>12～14</td><td></td></tr>
<tr><td>3</td><td>SMAW</td><td>E4303　φ3.2</td><td>交流</td><td>100～120</td><td>20～22</td><td>12～14</td><td></td></tr>
<tr><td>坡口尺寸及溶敷图</td><td colspan="3">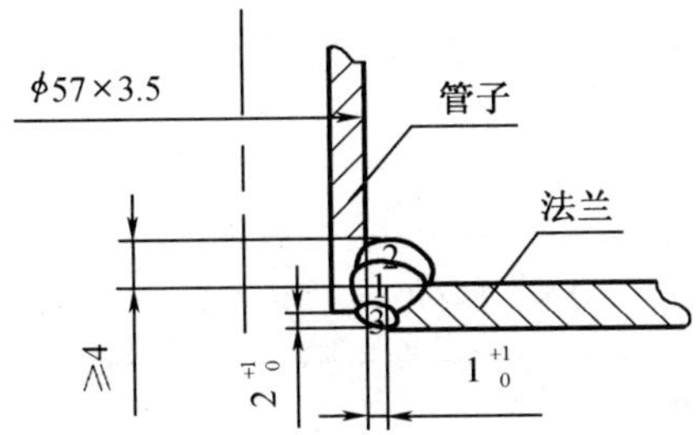
</td><td>焊接技术要求</td><td colspan="4">1. 焊前准备：a. 在坡口及坡口边缘各 20 mm 范围内，将油、污、锈、垢、氧化皮清除，直至呈现金属光泽。b. 定位焊缝为 3 条，每 2 条定位焊缝间距为 120°，定位焊缝长度为 5～8 mm、厚度为 3～4 mm。
2. 焊接操作：焊接时按上面工艺参数进行焊接，同时调整焊条角度，将电弧偏向厚的一边，使两边尽量受热均匀。</td></tr>
<tr><td>编制</td><td colspan="3"></td><td>审核</td><td colspan="2"></td><td>日期</td><td>年　月　日</td></tr>
</table>

表 2-21 焊接工艺卡

NO：

工程名称				工艺卡编号				
材　质	20	规 格	ϕ159 × 6.0	焊接方法	SMAW	焊工资格		
焊评编号				无损检测	PT	合格等级	Ⅱ	
适用范围	适用于管子壁厚大于 5 mm 的管子与法兰相连的角焊缝(不考虑管子外径)							
焊接工艺参数	层数	焊接方法	焊材及规格	电源极性	焊接电流/A	焊接电压/V	焊接速度/(cm/min)	气体流量/(L/min)
	1	SMAW	E4303　ϕ4.0	交流	160 ~ 185	22 ~ 24	12 ~ 13	
	2	SMAW	E4303　ϕ4.0	交流	160 ~ 185	20 ~ 24	12 ~ 13	
	3	SMAW	E4303　ϕ3.2	交流	100 ~ 120	20 ~ 22	12 ~ 14	
坡口尺寸及溶敷图	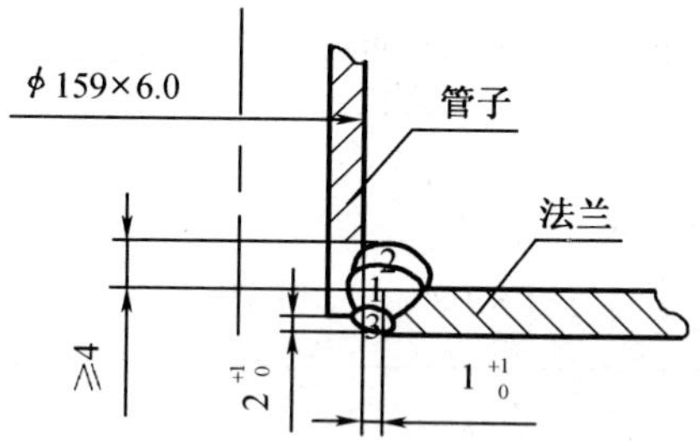			焊接技术要求	1. 准备：a. 在坡口及坡口边缘各 20 mm 范围内，将油、污、锈、垢、氧化皮清除，直至呈现金属光泽。b. 定位焊缝为 3 条，每 2 条定位焊缝间距为 120°，定位焊缝长度为 5 ~ 8 mm、厚度为 3 ~ 4 mm。 2. 操作：焊接时按上面工艺参数进行焊接，同时调整焊条角度，将电弧偏向厚的一边，使两边尽量受热均匀。			
编制				审核		日期	年　月　日	

(2)文件式焊接工艺卡

文件式焊接工艺卡主要应用于结构较为复杂的焊接钢管结构的焊接工艺,现举例如下:

【实例四】 大跨度圆管厂房屋架的制作

封面和目录(略)

1.0　工程概况

××××新建船厂大跨度车间厂房,位于厂区××××路,由马来西亚××××咨询公司进行设计及工程咨询管理。

屋面主结构为支承于砼柱上的钢管屋架,钢屋架最大跨度为37 660 mm。

钢屋架上弦为圆弧型,弦杆及腹杆均采用圆钢管,杆件规格分别为$\Phi219\times7$、$\Phi219\times6$、$\Phi165\times4.5$;节点处设节点板与弦杆焊接,腹杆开槽插入节点板并与之焊接,在檐口处设钢天沟。上下弦均设系杆及水平支撑;在檐口及跨中设垂直支撑。屋面檩条采用C20020,通过焊于屋架上弦的檩托板连接。

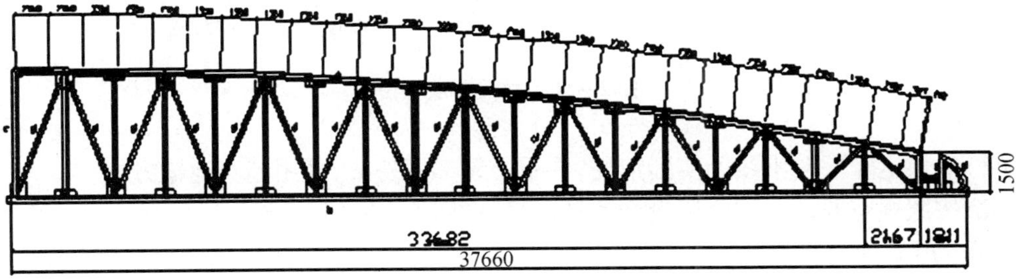

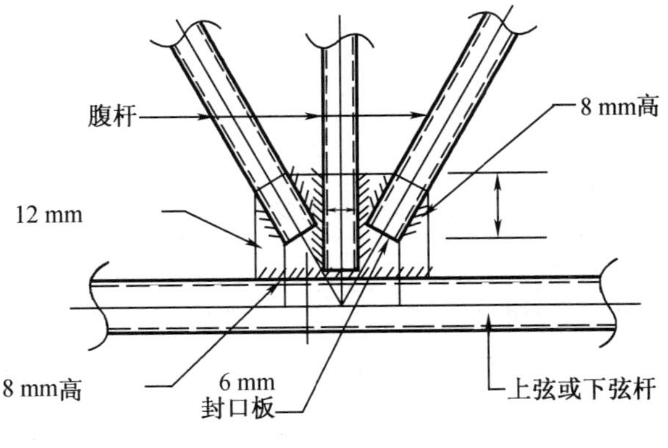

图2-55　腹杆与弦杆连接大样

2.0　加工技术难点

本工程屋架加工的难点不仅在于屋架本身跨度大(37.660 m),更在于其本身的结构形式和杆件类型:

(1)屋架上弦为圆弧型,特别是檐口搁置天沟处圆弧半径仅1.345 m,无法采用常规的机械拉弯或热弯曲方法进行加工。

(2)屋架跨度为37.660 m,需按照运输单元进行分段,考虑现场拼接节点的设置位置和做法。

(3)屋架最高端的截面高度约为5 m,会出现超宽运输。

(4)构件的焊接变形控制。

(5)屋架的起拱。

3.0 难点、对策与措施

(1)屋架上弦杆为 Φ219×7 圆钢管,其上弦中心圆弧半径为19 260 mm,采用倒链结合局部加热可进行加工;屋架檐口端部处圆弧加工,经多方联系,落实了专业厂家采用低频电流加热+机械拉弯处理,加工的成品满足设计及施工要求。

(2)按照杆件现场接头应设置在受力最小处的原则,经与原设计进行协商,屋架分成3段出厂,在现场进行拼接。接头做法分为受拉、受压、受弯3中形式,见图2-56。

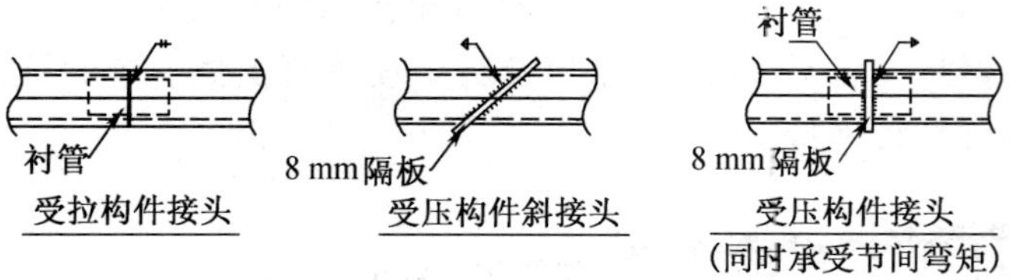

图2-56 拼接节点做法

(3)复核运输道路沿线的实际情况,并报交警部门备案,采用超宽运输方式。

(4)按照规范要求并结合原设计意见,屋架按照1/500进行起拱。

4.0 屋架加工工艺

4.1 制定钢构件的加工程序

充分考虑本工程的施工细节及难度(诸如钢屋架管结构焊接收缩余量及焊接变形的控制)制定钢构件的加工程序:

材料预处理→放样→号料→切割→制孔→组装→焊接→除锈→涂装

钢结构制作主要机械设备见下表2-22:

表2-22 钢结构制作主要机械设备

工序名称	设备名称	备注	数量
下料	多头直条切割机	用于厚钢板开料	1台
	剪板机	用于 $S=12$ 以下直线型零件剪切下料	1台
	砂轮切割机	用于钢管切割	3台
	液压弓型锯床	用于钢管切割	1台
拉弯	拉弯机	圆管弧形成形	1台
焊接	交流手工弧焊机	用于构件的手工焊接	6台
	直流手工弧焊机	用于构件的手工焊接	4台
	CO_2气体保护焊	用于构件的手工焊接	4台
	焊条烘箱	焊条烘焙	1台
碳弧气刨	ZX-500直流弧焊机空气压缩机	用于对接缝焊缝清根	1台

表 2-22(续)

工序名称	设备名称	备注	数量
钻孔	Z50 摇臂钻床	用于连接板钻孔等	1 台
	立式钻床		1 台
基准平台	5 米 * 50 米	用于主构件成形拼接	1 只
除锈	抛丸机	用于钢材除锈	1 台
涂装	空气压缩机	用于油漆喷涂	2 只 4 把
	油漆喷枪		

4.2　加工工序说明

4.2.1　放样

采用 CAD 制图将屋架大样及节点尺寸按照 1:1 进行绘制,编制车间加工图。

放实样时以 1:1 的比例在样板台上放出全样,核对各部件的尺寸;制作样板和样杆作为下料、弯制、刨、制孔等加工的依据。工件要考虑加工余量,焊接构件要按工艺要求预留焊接收缩余量。

弯曲成型的弦杆应采用弧型样板检查,当弯曲成型零件弦长小于 1.5 m 及以下时,样板弦长应于零件的弦长相等;零件弦长大于 1.5 m 及以下时,样板弦长应不小于 1.5 m。成型部位与样板间隙不得大于 2.0 mm。

4.2.2　画线和号料

(1)画线和号料前首先根据料单检查清点样板与样杆,按号料要求整理好样板。

(2)号料前必须了解原材料的钢号及规格,检查原材料的质量。

(3)需要拼接的同一构件必须同时号料,以利拼接。成对的构件画线时必须把材料摆放成对后进行画线。

(4)在材料上划出切割、刨、弯曲、钻孔等加工位置;打冲孔及标出零件编号。号料时应尽可能做到合理用材。

4.2.3　切割

(1)对零星的厚度小于 12 mm 的劲板、连接板采用剪板机剪切;对厚度大于 12 mm 的板采用多头直条切割机和半自动切割机;对于钢管则采用液压锯床锯切或砂轮切割机进行切割。

零件的切割线与号料线的允许偏差应符合如下规定:

①手工切割 ±2.0 mm;

②自动、半自动切割 ±1.5 mm。

(2)切割前应将钢材表面切割区域内的铁锈、油污等清除干净;切割后断口上不得有裂纹和大于 1.0 mm 的缺棱,并应清除边缘上的熔瘤和飞溅物等。

(3)切割截面与钢材表面不垂直度不大于钢材厚度的 10%,且不得大于 2.0 mm。

(4)机械剪切的零件,其剪切线与号料线的允许偏差不得大于 2.0 mm;断口处的截面上不得有裂纹和大于 1.0 mm 的缺棱,并应清除毛刺。机械剪切的型钢,其端部剪切斜度不得大于 2 mm。

4.2.4 钻孔

做钻模板的钢板采用10 mm Q345钢板;模板上的孔采用较高精度的设备加工。由于模板反复使用,模板的孔会被扩大和精度下降,所以使用数次后应对模板进行检查,如超出要求应停止使用。

4.2.5 校正

(1)原材料变形采用手工校正;

(2)成品的焊接变形可用火焰法校正。

火焰校正:先矫正角变形,即在两道焊缝背面用火焰沿焊缝方向加热一道,若板厚度大,则加热两道,加热线不宜太宽,应小于两焊脚的总宽度,加热深度不超过板厚,加热冷却后观测角变形矫正效果,如尚未达到要求则可按此法进行二次矫正,直至达到规定要求。

矫正上拱可在立板上用三角形加热,若一次加热后仍有上拱,再进行第二次加热,加热部位应在第一次加热部位之间,加热方向由里向外。如果弯曲不均匀,可只在弯曲部分加热,且加热位置选在最高处。

4.2.6 组装

(1)组装工艺要求

用于组装的胎膜或平台应坚固、平整,几何尺寸准确。组装的零部件在相互连接处应用夹具夹紧,方可点焊固定。

组装定位点焊所采用的焊接材料的型号应与正式焊接的材料相同,应由持合格证的工人点焊。

点焊位置应布置在焊道以内,且应在焊道对称的两面进行;点焊的高度,不宜超过设计焊缝厚度的2/3;点焊的长度不宜小于25 mm;点焊缝间距一般为300~400 mm。

(2)钢屋架组装工艺

屋架放样时应在跨中按1/500起拱,起拱时将上下弦同时起拱,其腹杆的方向不变(垂直于水平线),斜腹杆的方向以放样为准。屋架放样时尚需考虑焊接收缩余量,并应按节间分布。跨度方向焊接收缩余量参考值:$L=24\sim36$ m约为10 mm。

先在放有足尺大样的平台上制好屋架的模架,模架由搁置屋架弦杆及腹杆定位的限位装置组成。屋架组装时,先将弦杆圆管与节点板及垫板组焊好,并经矫正及制孔后,将其搁置在平台的模架上定位固定,然后将腹杆进行装配焊接,制成整榀屋架。

钢屋架的杆件轴线与设计准线应重合,其允许偏差为2 mm;其杆件轴线交点的允许偏差为3 mm。

弦杆杆件需工厂接长时,其接头可进行等强拼接,其拼接位置宜设置在受力较小部位处,上下弦的拼接位置宜相互错开。

屋架支座节点焊缝较多,宜先行拼焊好,并经矫正整平,再插入屋架组装。

由于屋架的跨度较大,根据加工和运输条件采用半榀制作,并在构件上设置拼装定位孔,在加工车间进行整榀试拼装。

4.2.7 焊接

(1)操作工艺

①焊条使用前,必须按照质量证明书的规定进行烘焙,焊条经过烘焙后,应放在保温箱内随用随取。

②首次采用的钢种和焊接材料,必须进行焊接工艺性能和物理性能试验,符合要求后

才可采用。

③多层焊接应连续施焊，其中每一层焊道焊完后应及时清理，如发现有影响焊接质量的缺陷，必须清除后再焊。

④要求焊成凹面的贴角焊缝，可采用船形焊接使焊缝金属与母材间平缓过渡。

⑤严禁在焊缝区以外的母材上打火引弧。在坡口内起弧的局部面积应熔焊一次，不得留下弧坑。

⑥要求等强度的对接焊缝，除按设计要求开坡口外，为了确保焊缝质量，在焊完坡口一面的焊缝后，反面焊接前宜采用碳弧气刨刨焊根，并清理根部氧化物后才进行焊接。

(2)焊接工艺参数见表2-23。

表2-23　焊接工艺参数

焊接方法	焊条焊丝	电流种类	焊接电流/A		电弧电压/V	焊接速度/(m/h)
手工电弧焊	E4303	直流	ϕ3.2	110~130	24~26	6.5
			ϕ4	160~180	26~28	6.5

(3)为了减少焊接变形与应力必须采用合理的焊接顺序。

屋架焊接前，应找平垫实，焊接时宜从屋架跨中间向两端对称施焊。对跨度较大的屋架，焊接时不宜采用单面一次焊接成型，宜先在屋架的一面焊接首道焊缝，翻身后对另一面施焊完成，再行翻身对原来一面施焊完成。翻身时应选择合适吊点，防止变形。

屋架节点中不得采用间断焊缝，焊接全部完成后应认真矫正屋架的弯曲变形和支座板的焊接变形。

对管结构有隐蔽焊接的部位，应在隐蔽部位焊缝质量检验合格后方可组装。组装前还应对隐蔽部位进行涂装(完全密封的内表面可不涂装)。

5.0　重点控制

在制作工程中严格按照设计要求、加工方案和钢结构施工及验收规范(GB50205—2001)的标准施工，屋架成品质量满足设计和规范要求，并在安装中得到验证。在本工程屋架的加工中，对弧型圆管屋架的加工重点如下：

(1)屋架上弦为圆弧型，当半径较大时可采用在拼装平台上用倒链结合局部加热进行加工；当圆弧半径较小，可由专业厂家采用低频电流加热+机械拉弯处理。

(2)屋架运输单元需按照道路情况并结合现场拼接节点的做法来确定分段(分几段和每段长度)。

(3)构件的焊接变形控制需采取合理的施焊顺序，同时应考虑焊接收缩余量。

(4)屋架的起拱需结合设计和规范要求。

【实例五】 316 L不锈钢管道焊接工艺

1.0　工程概况

(略。注：316 L是一种不锈钢材料牌号，AISI 316L是对应的美国标号，sus 316L是对应的日本标号。我国的标准牌号为022Cr17Ni12Mo2(新标)，旧牌号为00Cr17Ni14Mo2。)

2.0　执行标准(略)

3.0　焊接工艺

3.1 焊接方法

由于现场多数为不锈钢管道,且大小不一,根据不锈钢的焊接特点,尽可能减小热输入量,故采用手工电弧焊、氩弧焊两种方法,$d > \Phi159$ mm 的采用氩弧焊打底,手工电弧焊盖面。$d \leqq \Phi159$ mm 的全用氩弧焊。焊机采用手工电弧焊/氩弧焊两用的 WS7—400 逆变式弧焊机。

3.2 焊接材料

奥氏体不锈钢是特殊性能用钢,为满足接头具有相同的性能,应遵循"等成分"原则选择焊接材料,同时为增强接头抗热裂纹和晶间腐蚀能力,使接头中出现少量铁素体,选择 HooCr19Ni12Mo2 氩弧焊用焊丝,手弧焊用焊条 CHSO22(CHSO22 是钛钙型药皮的超低碳不锈钢焊条,相当于 GB E316L-16 或 AWS E316L-16)作为填充材料,其成分见表 2-24 和表 2-25。

表 2-24 焊丝 HOOCr19Ni12Mo2 化学成分(%)

C	Si	Mn	P	S	Ni	Cr	Mo
0.012	0.13	1.70	0.019	0.007	13.23	18.72	2.38

表 2-25 焊条 CHS022 化学成分(%)

C	Cu	Si	Mn	P	S	Ni	Cr	Mo
0.03	0.20	0.64	0.75	0.02	0.007	11.77	19.66	2.05

3.3 焊接参数

奥氏体不锈钢的突出特点是对过热敏感,故采用小电流、快速焊,多层焊时要严格控制层间温度,使层间温度小于 60 ℃ 。

具体参数见表 2-26 。

表 2-26 焊接参数

接头形式	焊缝层次	焊接方法	焊接材料		焊接电流 I /A	电弧电压 U /V	焊接速度 v/(cm·min)
			牌号	直径 d/mm			
管对接	一层	手工钨极氩弧焊	HOOCr19Ni12Mo2	2.5	75~80	10~11	6~8
				3.2	83~90	11~13	6~8
	二层	手工钨极氩弧焊	HOOCr19Ni12Mo2	2.5	75~80	10~11	6~8
				3.2	85~93	12~13	6~8

3.4 焊接方式

坡口形式及装配定位焊。坡口形式采用 V 形坡口,由于采用了较小的焊接电流,熔深小,因而坡口的钝边比碳钢小,约为 0~0.5 mm,坡口角度比碳钢大,约为 65°~700°,其形式见图 2-57。

因不锈钢热膨胀系数较大,焊接时产生较大的焊接应力,要求采用严格的定位焊。对于 $d \leqq \Phi89$ mm 的管采用两点定位,$d = \Phi89 \sim \Phi219$ mm 的管采用三点定位,$d \geqq 219$ mm 的管采用四点定位；定位焊缝长度为 6 ~ 8 mm。

3.5　焊接技术要求

(1) 手工电弧焊时焊机采用直流反接，氩弧焊时采用直流正接；

(2) 焊前应将焊丝用不锈钢丝刷刷掉表面的氧化皮，并用丙酮清洗；焊条应在 200 ~ 250 ℃ 烘干 1 h，随取随用；

(3) 焊前将工件坡口两侧 25 mm 范围内的油污等清理干净，并用丙酮清洗坡口两侧25 mm范围；

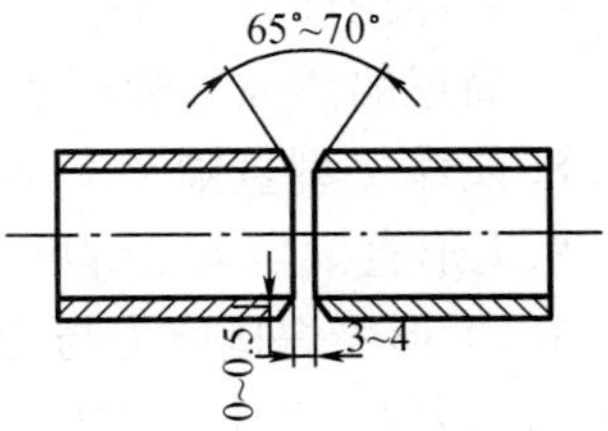

图 2 – 57　坡口形式

(4) 氩弧焊时，喷嘴直径 Φ2 mm，钨极为钵钨极，规格 Φ2.5 mm；

(5) 氩弧焊焊接不锈钢时，背面必须充氩气保护，才能保证背面成形。采用在管道内局部充氩的方法，流量为 5 ~ 14 L/min，正面氩气流量为 12 ~ 13 L/min。

(6) 打底焊时焊缝厚度应尽量薄，与根部熔合良好，收弧时要成缓坡形，如有收弧缩孔，应用磨光机磨掉。必须在坡口内引弧熄弧，熄弧时应填满弧坑，防止弧坑裂纹。

(7) 由于该不锈钢为奥氏体不锈钢，为防止碳化物析出敏化及晶间腐蚀，应严格控制层间温度和焊后冷却速度，要求焊接时层间温度控制在 60 ℃ 以下，焊后必须立即水冷，同时采用分段焊接。具体分段方法见图 2 – 58。这种对称分散的焊接顺序，既可增大接头的冷却速度，又可减小焊接应力。

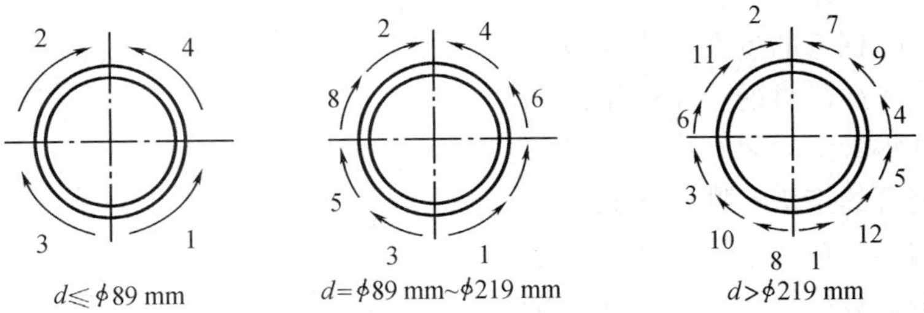

图 2 – 58　不同管径分段焊接示意图

4.0　焊接质量检查

(1) 外观检查无气孔、焊瘤、凹陷及咬边等缺陷，成形良好。

(2) 对试件进行拉伸、弯曲试验，各项力学性能指标应满足要求，无未熔合和裂纹等缺陷。

(3) 宏观金相检验，焊道熔合良好，熔深为 1 ~ 1.5 mm。微观金相检验，其母材及热影响区都是全奥氏体组织，焊缝金属为奥氏体 + 铁素体（4%）组织，应满足抗晶间腐蚀和抗脆化的要求，经公司现场施工，保证焊接工程质量。

【思考与练习】

1. 什么是船体构件？T 型材用作船体哪些构件？
2. T 型材的装配定位基准是如何确定的？
3. T 型材的装配定位夹具有哪些？
4. 船体构件装配焊接车间平面布置的要求是什么？
5. 船体构件下料画线应注意哪些问题？

6. 船体构件装配焊接时,如何应用夹紧机构?
7. 简述船体强肋骨框架装焊的工艺要点。
8. 船体T型直梁及T型弯梁的装配焊接工艺要点是什么、
9. T形直梁自动装焊的步骤是什么?
10. T形梁焊接应力与变形的特点什么?
11. 装焊工艺卡是做什么用的?
12. 肋骨构架的焊接要求是什么?
13. 工字钢的特点是什么,如何应用?
14. H型钢的特点是什么,如何应用?
15. 试简述工字钢的装焊工艺流程。
16. 说明工字钢的接头焊接工艺。
17. 图示说明焊接工字钢的自动焊工艺。
18. 影响工字钢焊接变形的因素有哪些?
19. 防止和减少工字钢焊接变形的措施有哪些?
20. 工字钢焊接变形的矫正方法有哪些?
21. 工字钢焊接工艺的编制可以采用哪些形式?
22. 焊接钢管有哪几类,其特点是什么?
23. 简述埋弧自动焊钢管的工艺过程。
24. 简述螺旋钢管的生产工艺过程。
25. 钢管夹具或吊具的特点是什么?
26. 常用的钢管滚轮架有哪几种?
27. 焊接钢管的接头有哪几种形式?
28. 钢管的焊接规范指的是哪些内容?
29. 简述钢管对接的焊接工艺方式方法。
30. 简述钢管对接的埋弧焊工艺。
31. 钢管焊接工艺要点是什么?
32. 编制钢管焊接工艺卡应注意什么?
33. 举例说明钢管结构的焊接工艺。

【作业与任务】

1. 编制船体T型材的焊接工艺规程。
2. 编制船用工字钢的焊接工艺规程。
3. 编制船用钢管的焊接工艺规程。

项目三　船体分段装焊工艺编制

【职业能力目标】

1. 能够识读典型船舶分段装焊图并能对其进行焊接工艺分析。
2. 能提出船舶分段矫正焊接变形的方法。
3. 能够编制船舶分段的装焊工艺规程。
4. 学会船舶分段焊接工艺分析的方法。
5. 掌握船舶分段构架装焊的工艺要求及防止变形的措施。
6. 掌握船舶分段焊接工艺规程的编写方法。

【工作任务项目】

1. 能够找出船体分段所有焊缝，并根据其特点进行分类，并能区分不同焊缝的工作特点。
2. 能够根据船体分段特点提出船体分段的装焊方案。
3. 编写船体分段装焊工艺规程。

【教学目标要求】

一、知识目标
1. 学会船舶各种分段焊接工艺分析的方法。
2. 掌握船舶分段构架装焊的工艺要求及防止变形的措施。
3. 掌握船舶分段焊接工艺规程的编写方法。
二、能力目标
1. 能够识读典型船舶分段装焊图并能对其进行焊接工艺分析。
2. 能提出船舶分段矫正焊接变形的方法。
3. 能够编制船舶分段的装焊工艺规程。

【教学内容导航】

1. 船舶的结构焊接要求
(1)船舶结构焊接的基本原则
(2)船舶焊缝的基本要求
2. 平面分段的焊接工艺要求
3. 构架装焊的工艺要求
4. 船体平面分段防止焊接变形的措施
5. 船舶分段焊接工艺规程的编写方法
6. 新型船舶的结构焊接要求
7. 船体立体分段的构架装焊的工艺要求
8. 船体立体分段防止焊接变形的措施

3.1 船舶分段装焊工艺概述

一、知识目标

1. 掌握船厂平面分段装焊的建造意义；

2. 掌握平面分段的种类、原则和内容；

3. 了解平面分段的关键技术问题；

二、能力目标

1. 能确立船舶分段的部位；

2. 能选择或划分船舶分段；

3. 能确定船舶分段结构的特征。

在造船实践中，作为生产一线的技术工人，首先要读懂各种分段图，分段图一般有三个部分：a. 本分段建造工艺；b. 本分段构件清单；c. 本分段施工结构图。看图应注意：熟读本分段建造工艺，确定其建造方式，如是采用正造法还是反造法等。确定以什么基面建造后就找出该基面结构图，看其上纵横结构由哪些构件组成，并找出构件的尺寸、数量，也可查看构件清单表。根据建造工艺或实际应先安装什么构件，后安装什么构件。比如说该分段是一个带线型舷侧分段，是以甲板为基面反造，这时我们应根建造工艺考虑垂向构件，也就说找出纵舱壁结构图以及其纵横构件，找出舷侧外板结构图及其纵横构件，还有平台板的结构等。总而言之，按照实物，对照图纸，按照实际施工工序开展，这样该分段图就容易看得懂，干起活来就会事半功倍。

船体装焊就是将加工合格的船体零件组合成部件、分段、总段，直至船体的工艺全过程。在这一过程中，船体装配分为船体结构预装焊和船台装焊两大部分，其中船体结构预装焊又可以分为部件装焊、分段装焊和总组装装焊三道大工序。

3.1.1 船舶分段的种类

船体建造的中间产品分解，主要是分段，如图 3－1 所示，分段是由零、部件组装而成的船体结构，是船体装配焊接工作中的重要组成部分。分段建造周期的长短、质量的好坏对船舶整体的建造周期和建造质量有很大的影响。

分段的种类很多，常见的分段如图 3－2 所示，按外形特征大致可以分为：

(1)平面分段　油船上甲板分段、船中部的舷侧分段、上层建筑的甲板分段，纵、横舱壁分段等；

(2)曲面分段　艏、艉部舷侧分段、艉部后侧分段、上层建筑首部分段等；

(3)半立体分段　机舱外板 L 形分段、船体舭部分段等；

(4)立体分段　它是船体中间产品，它是包括或不包括船体外板的立体段；

(5)总段　包括船体外板的整个船体分段。

3.1.2 选择分段建造方法的原则

正确选择分段建造方法，对于改善分段装配、焊接和安全操作的条件，方便分段对接，减少胎架材料消耗，提高生产场地利用率，都有极大的作用。

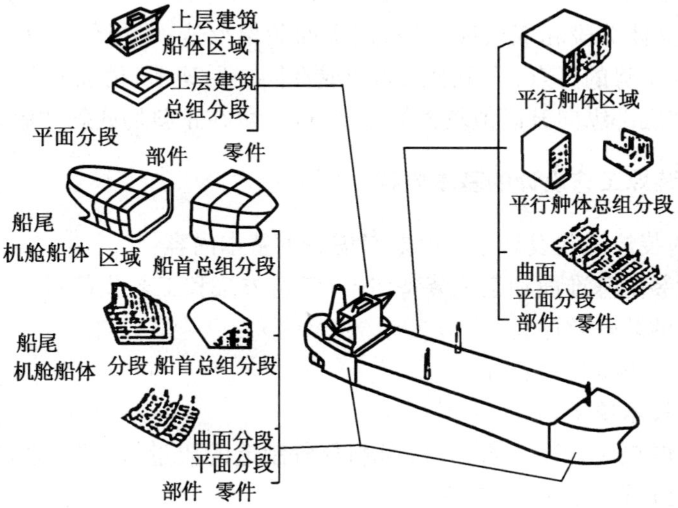

图 3－1　船体建造的中间产品分解

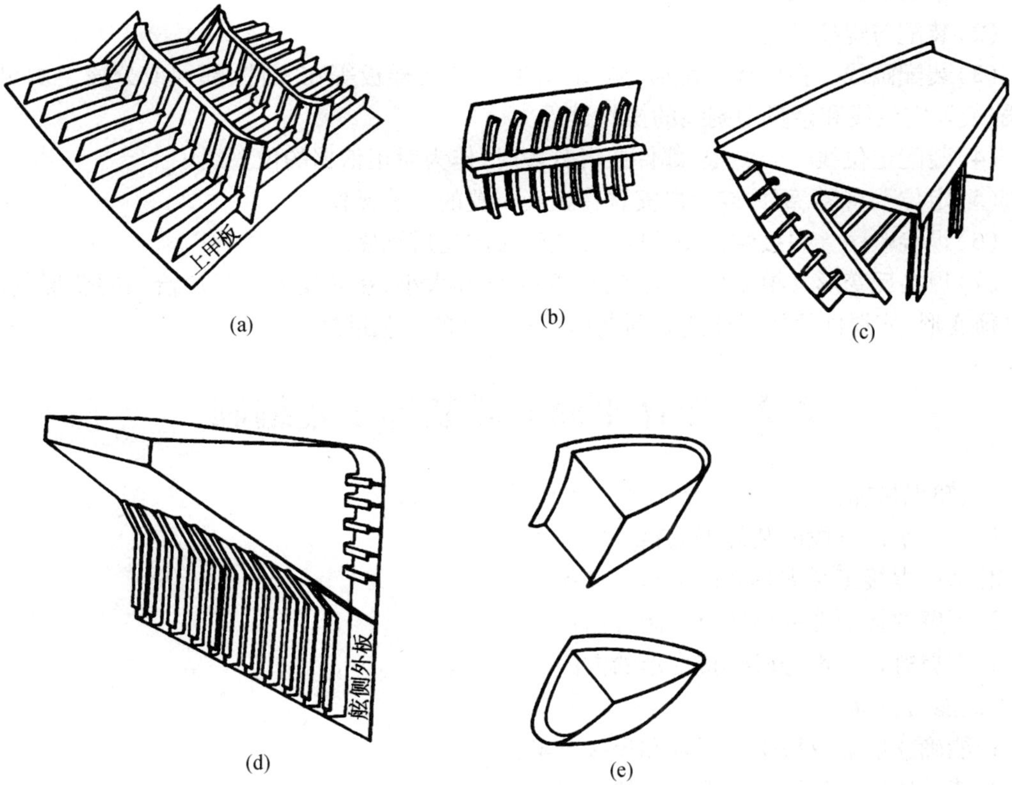

图 3－2　常见的船舶分段

(a)平面分段(油船上甲板分段);(b)曲面分段;(c)半立体分段(机舱外板 L 型分段);(d)立体分段;(e)总段

(1)同一类型的分段,应尽可能选择相同的建造方法;如一条船的所有双层底分段,要么都采用正装法,要么都采用倒装法。这样可使分段的变形一致,便于加工处理。

(2)根据各种类型分段的特点,尽可能选用少的几种类型的胎架来建造分段。如平面分段、带平台的半立体分段和双层底分段,用平面胎架反造;甲板分段和上层建筑分段,可根据它们具有相同抛势的特点,采用通用胎架或在同一胎架上,稍加修改后合造;曲度变化较大的舷侧分段和底部纵向升高值较大的底部分段,可在正斜切或斜切胎架上建造。

3.1.3 分段装焊工艺设计的基本内容

船厂在分段的装焊工艺设计上一般要考虑一下基本内容:

(1)选择分段装配基准面和工艺装备(选择建造方法和工艺装备);

(2)决定合理的装焊顺序;

(3)决定合理的焊接程序;

(4)提出施工技术要求。

其中,分段装焊顺序合理与否,直接影响分段制造的质量、装焊作业的难易程度、辅助材料的消耗量以及分段制造的周期等。

3.1.4 分段装焊的关键技术问题

(1)胎架设计与制造。

(2)装配与焊接顺序。

(3)装配画线　在船体装配时,依据草图、样条或样板等在零件、部件或分段上画出轮廓线、装配定位线和余量切割线的操作过程。

(4)装配定位线　装配零、部件或者分段时,作为对正依据的位置线。

(5)定位　将零、部件或分段安置在正确位置的工艺操作。

(6)焊接顺序　焊接结构施焊时,焊缝焊接的先后顺序。

(7)焊接反变形　根据焊件焊接变形的方向和大小,在其反方向留放恰当的变形量,或予以预变形,使焊件焊接后能达到预期形状和尺寸的工艺措施。

3.2 船体平面分段装焊工艺编制

一、知识目标

1. 掌握平面分段的装焊工艺;
2. 掌握焊接工装夹具和简单施工设备;
3. 了解焊接变形的预防及控制方法;
4. 掌握矫正平面分段焊接变形的方法。

二、能力目标

1. 能确立船舶分段工艺要求和焊接方案;
2. 能选用胎夹具进行平面分段的装焊;
3. 能确定平面分段结构连接定位和装配;
4. 能编制平面分段的装焊工艺卡。

3.2.1 平面分段的装焊工艺

平面分段就是平直板列上装有骨材的单层平面板架,如舱壁分段、舱口围壁分段、平台甲板分段、平行中体处的舷侧翻等。平面分段可占船体总重的50%以上。

3.2.1.1　甲板分段的装焊工艺

甲板分段由甲板板、横梁、强横梁、甲板纵桁、舱口围板等组成,甲板分段的型线虽是双曲度的但较平坦,因此甲板分段的装配工作比其他分段简单些。

(1)制造胎架

胎架采取平切基准面,可用简便的支柱式胎架,而钢板较薄的甲板分段以采用框架式胎架为宜。甲板分段胎架是取甲板的梁拱和脊弧形状而制成的。甲板分段采用倒装法制造。

(2)拼甲板板

甲板分段的甲板板拼装有两种方法:一种是较薄的钢板在平台上先行拼妥或部分拼妥,焊接采用单面焊双面成型的自动焊,然后再吊上甲板胎架;另一种是将较厚的钢板吊在胎架上进行甲板板的拼接,其方法与前述拼板相似。

(3)纵横骨架画线与安装

甲板分段的画线与底部分段相同。因甲板分段是倒装,故需注意骨架的左右位置应与图中相反。纵横骨架的安装可采用分离装配法。若分段是纵骨架式结构,可先装纵向构件,焊接后再装焊横向构件;若分段是横骨架式结构,则先装横向构件,焊接后再装焊纵向构件,如图3-3(a)所示。分段钢板较薄时(6 mm 以下),宜采用放射装配法,即纵横骨架的装配交叉进行,待全部骨架装配完成后,再进行焊接。因为钢板较薄,若主向构件装妥即焊,则薄板的焊接变形较大,给后面装配交叉构件带来一定的困难。

在装配过程中,甲板舱口处的肘板应在舱口围板插入前先装,否则安装较困难,如图3-3(b)所示。另外,舷边的梁肘板如果在甲板分段上安装时,不应焊接,仅做临时定位,只要吊装翻身阶段不致跌落即可,如图3-3(c)所示,因为船台装配时,如果梁肘板与舷侧分段的肋骨无法对齐,还可略为借对,方便调节。

(4)分段焊接

将焊后的甲板吊放在胎架上,为了保证甲板分段的梁拱和减小焊接变形,将甲板与胎架之间应间隔一定距离进行定位焊固定。按构件位置先画好线,再将全部构件(横梁、桁材、纵骨)用定位焊装配在甲板上,并用支撑加强,以防构件焊后产生角变形。焊接顺序应按下列原则进行。

①先焊构架的对接缝,然后焊构件的角焊缝(立角焊缝)及构件上的肘板,最后焊接构架与甲板的平角焊缝。甲板分段焊接时,应由双数焊工从分段中央开始,逐步向左右及前后方向对称进行焊接。带舱口甲板分段的焊接顺序,如图3-4所示。图中数字表示区域,圈点表示桁材立角焊缝,实心点表示肘板立角焊缝,箭头表示焊接方向。

按区域焊接,区域焊接顺序是:2-6区,2-7区,1-6区,3-6区,1-5区,3-5区,1-7区,3-7区,1-4区,3-4区。

每个区域的焊接顺序是:先焊立焊缝,后焊平角焊缝。先焊立角焊缝时,应先焊纵横桁材的立角焊缝,再焊肘板的立角焊缝,焊平角焊缝时,也应先焊纵桁材的平角焊缝,再焊横桁材(横梁或半梁)的平角焊缝,然后焊接纵骨的平角焊缝,最后焊接横骨的平角焊缝。

②为了总段或立体分段装配方便,在分段两端的纵桁应有一挡约300 mm 暂不焊,待总段装配好后再按装配的实际情况进行焊接。横梁两端应为双面焊,其焊缝长度相当于肘板长度或横梁的高度。

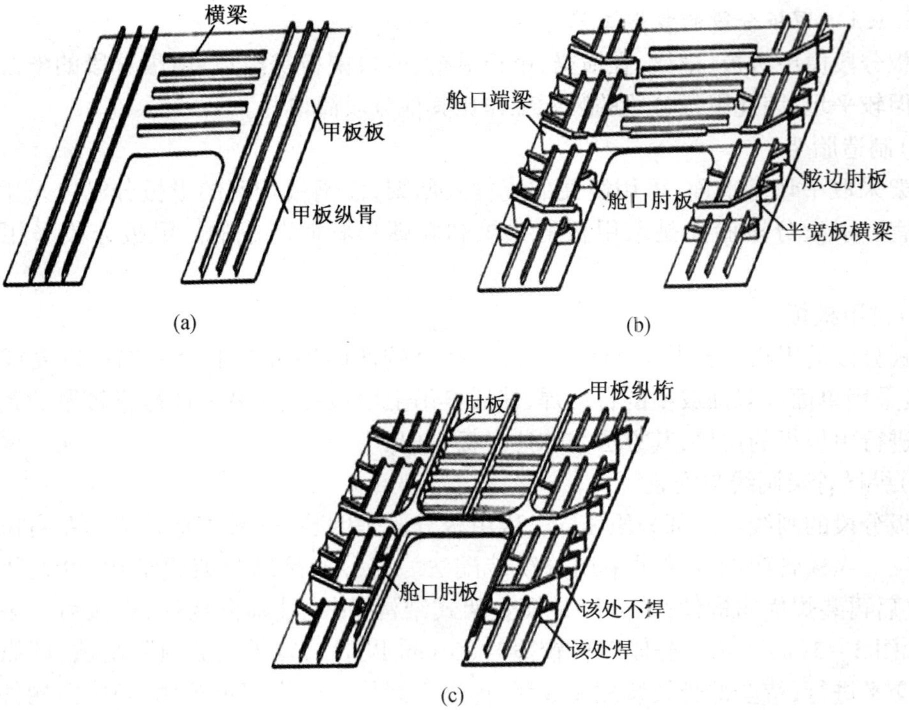

图 3-3　甲板分段的安装

(a)安装横梁与甲板纵骨；(b)安装舱口端梁与半宽板横梁；(c)安装舱口围板与甲板纵桁

③在焊接大型船舶时，为了采用 CO_2 自动角焊机或重力焊(铁粉焊条)，缩短分段建造周期，提高生产率，可采用分离装配的焊接方法。分段为横向结构时，先装横梁，进行焊接，焊完后再装纵桁，然后再进行全部焊接工作，但对纵向结构设计的分段则与横向结构相反。也可以采用纵横构架单独装焊成一个整体，然后再和甲板合龙焊接平角焊的方法。

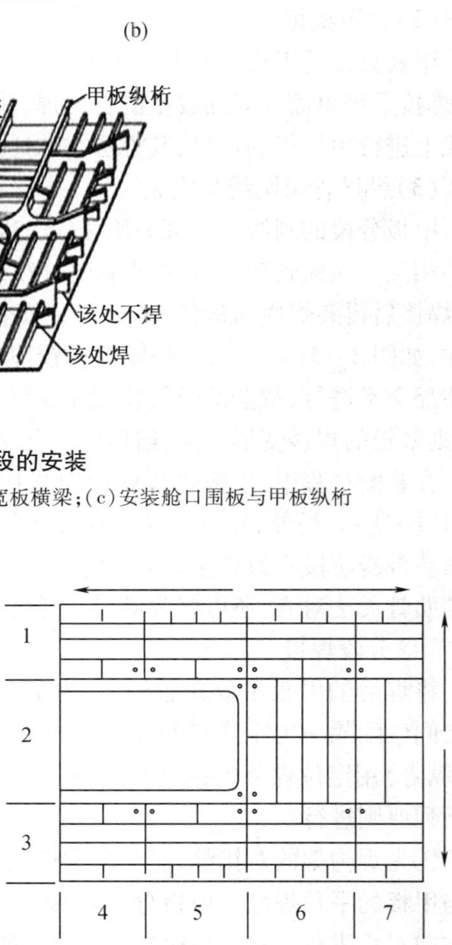

图 3-4　舱口甲板的焊接顺序

④焊接小型船舶时，宜采用混合装配法，即纵横构架的装配可以交叉进行，待全部构件装配完成后，再进行焊接，这可减少分段焊后变形。

总的原则顺序是：先焊接骨架间的立角缝，再焊接骨架与板列间的平角缝，焊接立角缝时，先焊接中心部分的立角缝，再焊接周围的立角缝，即从中心向四周焊接；在焊接平角缝时，也是如此，焊接方向是从中心向四周围焊接，焊接实况如图 3-5 所示。

(5)装焊吊环、临时加强

单只吊环或吊耳应装焊在分段的重心线上，两只吊环或吊耳应装焊在分段的两端，且与重心呈三角形分布，四只吊环或吊耳应对称分布在分段上。吊耳的焊接质量应特别引起注意，如有疏忽就会导致在吊运或翻身的过程中发生事故，因此焊接时应注意：

图3－5　平面分段的焊接

①焊接时应使焊缝尺寸不低于被焊母材厚度的70%，且表面成型良好。

②引弧时应在起焊处不远的焊道上点火，然后再回到起焊点正式焊接。

③所有的焊缝应确保各端口焊缝完整，为此应避免在端口引弧起焊，以防焊接缺陷的产生。

④对临时吊耳要求不高时，可减少焊缝中间段的长度，以便之后的拆除。

⑤对重量级高的分段，其吊耳板的端部应装焊加强板，以防吊耳在吊运过程中脱落。

常见的吊耳板的焊接如图3－6所示。

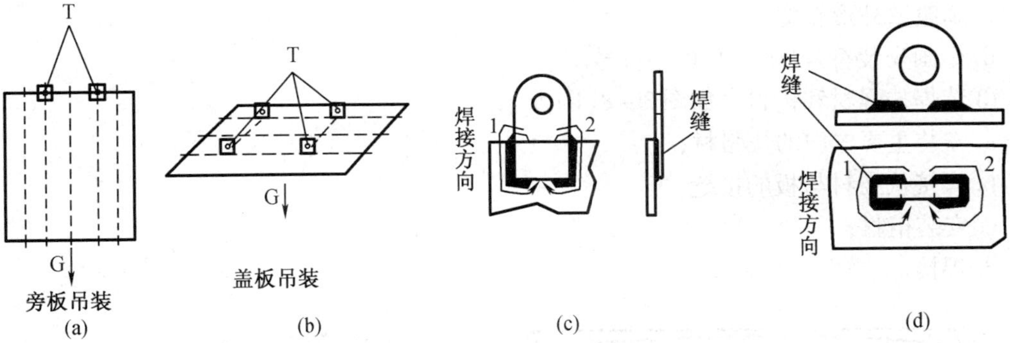

图3－6　吊耳板的焊接

对分段易于变形或分段刚性不足的，特别是板材较薄，且桁材（T型材）腹板较高的分段，应采取临时加强措施，主要是采用临时加强材，一般采用具有一定刚性的角钢来连接桁材，以增加分段的整体刚性，从而达到防止变形的目的。

根据分段大小和结构特点，在甲板分段吊离胎架之前，一般在舱口处必须加强，在舱口围壁间断区域的纵桁应做临时连接。

（6）拆除马板、吊起翻身

（7）清根、封底焊

对部分尚未焊完的焊缝应用碳弧气刨清根见白，除去铁渣后，再进行封底焊，注意封底焊一定要填满焊道，且超出母材表面。

(8)测量、矫正变形、验收

分段焊接完成后，测量该分段的外形尺寸，分段外侧的钢板的平面度，对超出公差许可的范围应及时矫正其变形，直至符合规定的要求，方可验收。

3.2.1.2　平面舱壁分段的装焊工艺

(1) 装配程序

平面分段装配的一般程序：舱壁板的拼装与焊接→画线→安装扶强材→焊接→安装桁材→焊接→第二次画线→余量切割→安装加强材和吊环→翻身封底焊→矫正→测量验收。

(2) 具体装焊步骤

①舱壁板的拼装与焊接　铺板→拼装→焊接，装焊引弧板和定位马板，如图3－7所示。

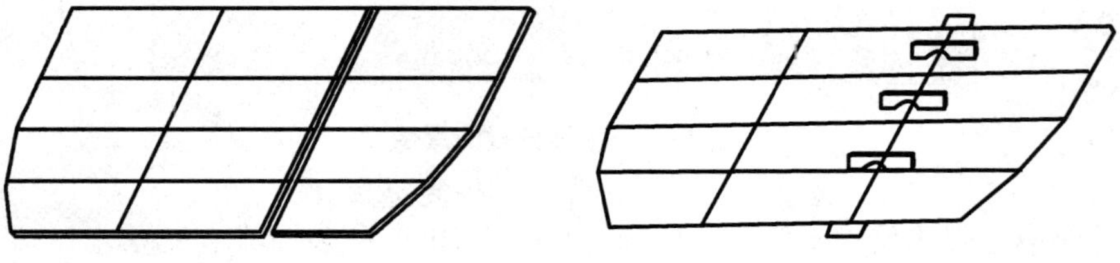

(a)　　(b)

图3－7　舱壁板的拼接

②画线　如图3－8(a)所示。

a. 画舱壁中心线和角尺线；

b. 画扶强材和桁材安装位置线；

c. 画舱壁外形轮廓线；

d. 标画安装符号、余量和焊接符号。

③装焊扶强材和桁材　如图3－8(b)所示。

a. 安装主要方向的扶强材；

b. 焊接扶强材与板的接缝；

c. 安装桁材；

d. 焊接。

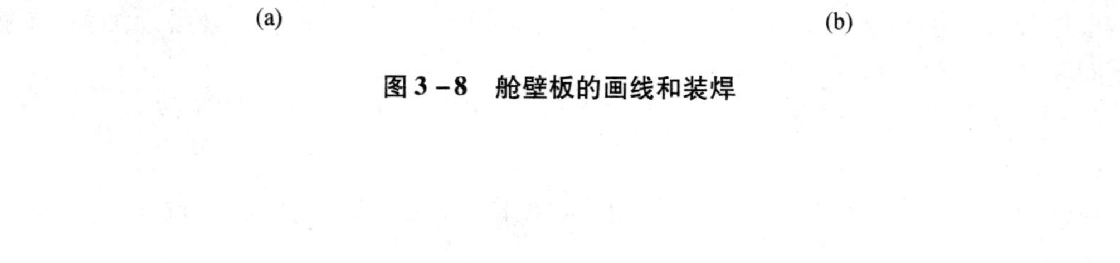

(a)　　(b)

图3－8　舱壁板的画线和装焊

④第二次画线。

a. 对船型要求较高、舱壁板较薄、扶强材装焊后变形较大的舱壁，应进行第二次画线。

b. 根据中心线和角尺线，按宽度尺寸再次画出舱壁外形轮廓线。

⑤余量切割，如图 3－9 所示。

a. 在总段上安装时，将四周余量切割掉，或为保证线型能连接光顺，在舷顶列板处留一段余量，其余部分切割，不留余量。

b. 在船台上安装时，与内底板连接的下部余量不切割，其余上、左、右三边余量切割，不留余量。

c. 舷侧上有舱壁带板时，只切割上部余量，其余下、左、右余量均不切割。

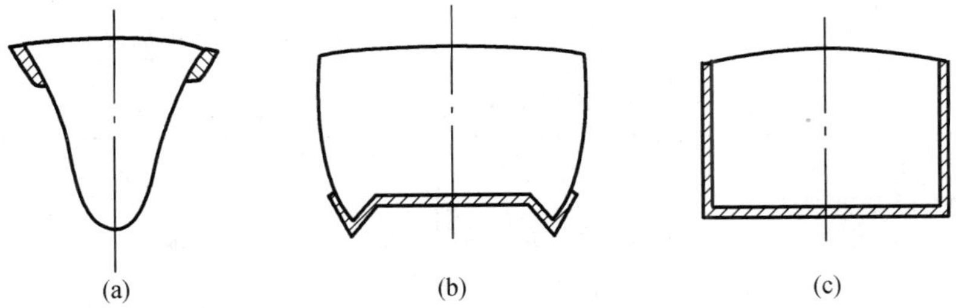

图 3－9　舱壁板余料的处理

⑥安装加强材和吊环　对分段易于变形或分段刚性不足的，特别是板材较薄，且桁材（T 型材）腹板较高的分段，应采取临时加强措施，主要是采用临时加强材，如图 3－10 所示。

一般采用具有一定刚性的角钢来连接桁材，以增加分段的整体刚性，从而达到防止变形的目的。

⑦翻身封底焊。

⑧矫正与测量验收。

此外，在大型船舶上使用的舱壁还有槽形舱壁，如图 3－11 所示，它具有焊接量少，结构刚性大而焊接变形小的特点。

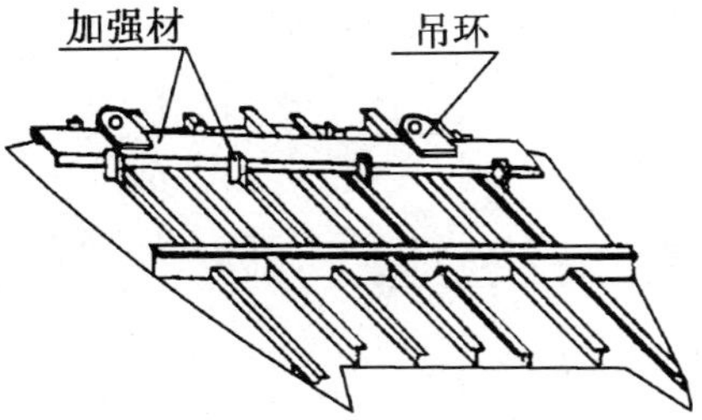

图 3－10　舱壁板安装加强材和吊环

图 3－11　槽形舱壁

3.2.1.3 甲板分段工程装配焊接工艺案例

【工程案例】 某船有一甲板分段如图3－12所示。它是曲面分段,没有平面可作基准面,但甲板梁拱和脊弧曲线变化都比较和缓,可在插座式(支柱式)通用胎架上用倒装法制造。此甲板分段是横骨架式结构,由甲板板列、普通横梁、强横梁和甲板纵桁组成。依此可以列出表3－1中四种不同的装焊工艺方案,以供选择。

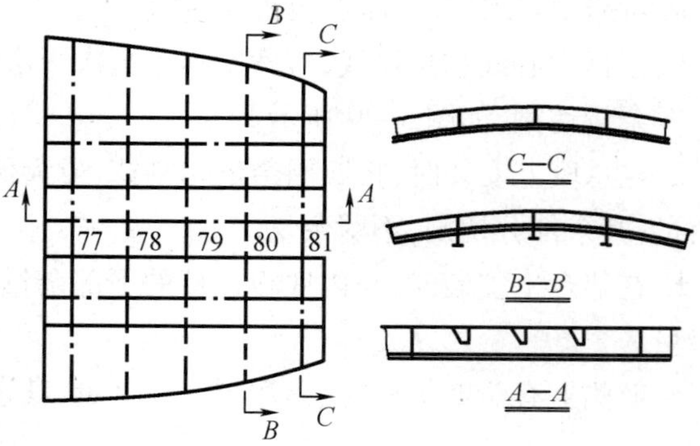

图3－12 某甲板分段

表3－1 甲板分段装配焊接工艺方案

<table>
<tr><th>第一方案</th><th>第二方案</th><th>第三方案</th><th>第四方案</th></tr>
<tr><td>胎架准备工作(胎架制造与检验)</td><td>同第一方案</td><td>同第一方案</td><td>同第一方案</td></tr>
<tr><td rowspan="2">将预制好的甲板板列吊到胎架上定位并与胎架固定</td><td rowspan="2">同第一方案</td><td rowspan="2">同第一方案</td><td>吊装甲板铺扳(从中间向两侧)、定位、割余量、固定</td></tr>
<tr><td>甲板板列焊接</td></tr>
<tr><td>画线(横骨架安装线)</td><td>同第一方案</td><td>同第一方案</td><td>同第一方案</td></tr>
<tr><td>安装#78～80普通横梁</td><td>同第一方案</td><td>安装横骨架</td><td>同第一方案</td></tr>
<tr><td rowspan="2">安装77～81强横梁</td><td>安装纵桁材</td><td rowspan="2">安装纵骨架</td><td rowspan="2">同第一方案</td></tr>
<tr><td>安装77、81强横梁</td></tr>
<tr><td>进行骨架之间的焊接和骨架与板列之间的焊接</td><td>进行其余的骨架与骨架及骨架与板列之间的焊接</td><td>同第一方案</td><td>同第一方案</td></tr>
<tr><td rowspan="4">拆除分段与胎架之间的拉马,矫正变形</td><td rowspan="4">同第一方案</td><td rowspan="4">同第一方案</td><td>分段舾装拆出分段与胎架之间的拉马</td></tr>
<tr><td>分段临时加强及吊运翻身</td></tr>
<tr><td>甲板板列封底焊</td></tr>
<tr><td>矫正变形</td></tr>
<tr><td>焊缝和结构性检验</td><td>同第一方案</td><td>同第一方案</td><td>同第一方案</td></tr>
<tr><td>划出分段轮廓线、装配检验线,割除分段余量</td><td>同第一方案</td><td>同第一方案</td><td>同第一方案</td></tr>
<tr><td>分段舾装</td><td>同第一方案</td><td>同第一方案</td><td></td></tr>
<tr><td>分段完工检验</td><td>同第一方案</td><td>同第一方案</td><td>同第一方案</td></tr>
<tr><td>分段临时加强和吊运</td><td>同第一方案</td><td>同第一方案</td><td>分段吊运</td></tr>
</table>

注:如果分段内的舾装件,装在甲板正面时.则第四方案的分段舾装应改在割除分段余量之后,第一、二、三方案的分段舾装应在分段吊运翻身之后。

以下对四种方案进行分析讨论：

①对于横骨架式分段，一般都是采用先装横骨架，后装纵骨架的装配顺序。但是此甲板分段两端的横骨架，是剖面尺寸和纵桁材相同的强横梁（T型部件），如果采用第三方案，把强横梁和普通横梁一起先装好，然后安装甲板纵桁，则甲板纵桁必须用插入法进行安装。由于强横梁面板和甲板纵桁腹板上的开口位置等因素的影响，插入装配较困难。这种影响装配效率和质量的方案是不可取的。

②第四方案与第一方案的差别，在于第四方案是直接在胎架上装焊甲板板列，这种方法既延长了分段制造周期，又增加了分段焊接变形。由于甲板的梁拱和脊弧都很小，所以当板列厚度较小时，即使将装焊好的整块平直板列吊到胎架上定位，依靠甲板板列的自重作用或稍加拉力，也完全能够获得甲板所要求的曲型，在这种条件下，显然第一方案比第四方案优越。但是当甲板板列的厚度较大时，仍应采用第四方案。

③第一方案和第二方案的区别，仅在于第二方案采用了分离装配法，就是在普通横梁全部装配完毕后，立即予以施焊，然后再安装甲板纵桁和强横梁。这种方法可对普通横梁与甲板板之间的角焊缝，进行半自动或自动焊接。所以对大、中型船舶的甲板分段，因其钢板较厚，采用分离装配法较合理。但是对于钢板较薄的甲板分段，还是选用第一方案较好，因为该方案是在全部骨架装配结束后进行焊接的，有利于控制焊接变形。

如设计的甲板分段的钢板厚度较小，以采用第一方案为最佳。

3.2.2　平面分段焊接胎架和及其施工设备

3.2.2.1　胎架及其分类、特点

(1)胎架的作用

胎架是船体分段装配中的重要专用工艺装备，在船体制造时作为分段外模用。它的表面线型与分段的外表面相吻合。胎架的作用是：

①保证分段获得正确的线型并控制其焊接变形　分段装配时，要使分段外板与胎架曲面紧密贴合，即可得到正确而光顺的分段线型；分段外板采用连接板定位焊接在胎架模板上，分段和胎架连成一个大的刚体，可减小分段焊接后对线型变形的影响。

②改善施工条件，提高装配质量　胎架有牢固的基础，模板按分段肋骨号设置，标有分段中心线、接缝线和水平检验线；装配施工时以胎架为依据，便于正确安装各种构架；同时施工者可在胎架上平稳地进行操作，减少了爬高作业。

③改善焊接条件，提高焊接质量　胎架在选取基准面时，能改变分段的空间位置，使分段的焊缝坡度尽可能变得较平缓，因此，能减少仰焊，增多平焊，扩大自动焊半自动焊的应用范围。

(2)胎架的组成

胎架是装配焊接曲面分段和带曲面的立体分段及总段的工作台。它的曲形工作面应与分段和总段外形曲面相符合，其作用是保证分段或总段的型线和尺度，并使分段和总段装配焊接时具有良好的工作条件。为了防止胎架在使用过程中产生变形而影响施工质量，胎架的制作除应保证其工作曲面的型线正确外，还应保证有足够的结构刚性。此外，必须对胎架作定期的检查和矫正。

胎架是船体预装配工作重要的工艺装备，下面以平切基准面支点角钢式胎架（图3－13）为例介绍胎架的组成：

模(胎)板　由横向布置的多根(图中为7根)角钢组成;为了防止胎架在使用过程中产生变形而影响施工质量,必须使其具有足够的刚性。

胎架基准面　就是用来确定胎架工作曲面的基准面,由胎板底线组成,基面形式应使分段和总段装配焊接时具有良好的工作条件。

胎架工作曲面　由胎板上缘工作曲线组成,曲形工作面应与分段和总段外形曲面相符合,其作用是保证分段或总段的型线和尺度。

纵(横)向连接构件　有纵(横)向牵条、边缘角钢等,其作用是使胎板和胎架成为一个整体。

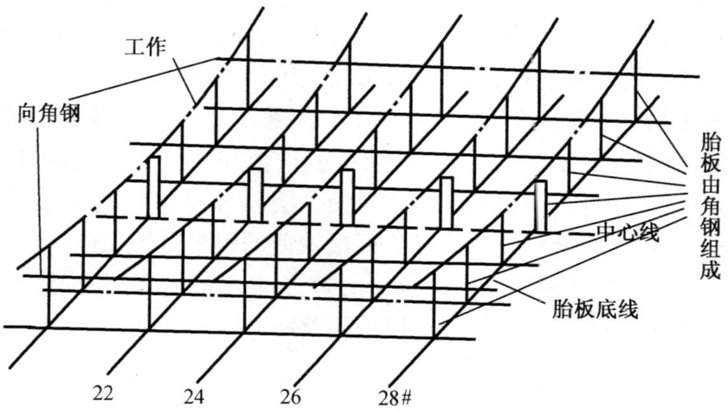

图3-13　胎架的组成

(3)胎架结构

胎架结构通常由坚固的基础、各种形式的胎架模板(简称模板)、拉马角钢、纵向牵条组成。

①胎架基础

在分段的装配过程中,胎架一方面承受分段的质量,另一方面要保证分段的线型和控制分段的焊接变形,所以,模板必须坐落在有足够承载能力而不下沉变形的基础上。基础上表面力求保持在一个水平面上。目前经常采用的胎架基础有水泥墩基础、条形基础和水泥平台基础。

a. 水泥墩基础　在平地上,按一定间距排列浇筑水泥墩座。在水泥墩座上沿纵向铺设22-24号槽钢(或工字钢),模板可直接竖立于槽钢上定位。

b. 条形基础　在平台上,横向按一定间距排列设置连接T形钢筋混凝土条,T形混凝土条下部与钢筋混凝土连成一体。T形条上部沿平台纵向布置有槽钢(或工字钢),上表面基本保持水平。胎架模板可在槽钢上定位。

c. 水泥平台基础　在平面上,用钢筋混凝土浇筑成有一定厚度的平台,平台表面按一定间距排列布置有T形钢质埋件,埋件下部通过钢筋为一体,浇筑后,T形埋件上表面与平台上表面位于同一水平面上。模板可直接竖立与平台上与T形埋件定位焊固定,它既可作为胎架基础又可以作为平台使用,结构较强,控制分段焊接变形的作用大,工作场地也大,画线方便。

②模板

模板经常采用的形式有单板式、框架式、支柱式三种。

a. 单板式　由整块钢板割制而成，如图 3－14(a)所示。为了减轻模板与分段的接触面，有利于分段和胎架贴紧，使分段在焊接时有自由收缩的可能，模板的表面通常做成齿形。

b. 框架式　由线型板、支撑材、底桁材与马角钢组装而成，如图 3－14(b)所示。

c. 支柱式　采用许多单根型钢(支柱)，按胎架图所示位置竖立在平台上制造而成，如图 3－14(c)所示。

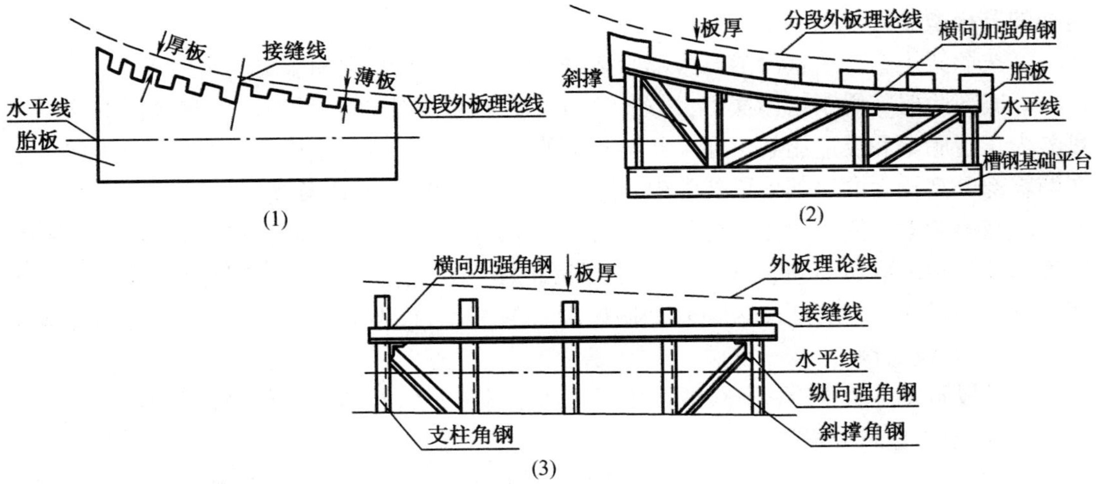

图 3－14　模板结构形式

(a)单板式;(b)框架式;(c)支柱式

模板，即胎板一般设置在肋位上，一组模板上缘线型构成胎架工作曲面。模板上缘＋外板厚度＝所在肋位肋骨型线。

③拉马角钢

拉马角钢设置在模板上部，与模板上标明基本平行。拉马角钢除增加模板的刚性外，还可以借助于弓形马、螺丝马使分段外板贴紧胎架模板。

④纵向牵条

纵向牵条通常采用角钢制成，在模板之间纵向连接。纵向牵条除了固定模板纵向间距、加强胎架刚度、作拉马装置外，也是胎架纵向线型的模板，因此牵条上缘应与分段纵向线型吻合。纵向牵条的位置常设在分段纵向的相应构架处。为了保证边接缝处的线型，在离边接缝 150 mm 左右处看增设纵向牵条。如果分段纵向强度很大，或对纵向线型要求不高，在胎架上可以不设纵向牵条。此时在模板的一面设斜支撑，以增加模板的强度。纵向牵条间距一般为 1 500 mm 左右。

(4)胎架分类

①按结构形式分有框架式、单板式和立柱式胎架。

a. 框架式胎架　胎架模板采用框架式模板，与拉马角钢、纵向牵条装成胎架。

b. 单板式胎架　采用单板式模板组装成的胎架。

c. 支柱式胎架 根据支柱高度能否调节，支柱式胎架又可以分为固定型和升降型两种。

ⅰ. 固定型 这种胎架是在需设置胎架模板的肋位上，竖起若干根角钢，用角钢做横向连接，角钢上端按型值画线，切割成型。一般用于甲板、上层建筑及刚性墙的舷侧分段。这种胎架用料少，制造方便，但在保证分段线型方面较差一些。

ⅱ. 坐标套管升降型 胎架支柱由可以调节高度的支柱组成。胎架表面曲型根据分段线型的型值在高度方向上进行调节而成。支柱由内外两根不同口径的管子套接组成，在内外管上各按不同高度钻有数排销孔，当内外管按胎架型值调节高度后，有销插入相应的销孔加以固定。这种胎架可用于各种甲板分段、舷侧分段以及曲型较小的立体分段。随着电子技术在造船工业上的广泛应用，可通过数控液压装置，根据型值表来自动调节胎架高度。这样的升级型胎架使用起来方便，具有较高的经济效益。

②按胎架用途分 常用的有底部胎架、舷侧胎架、甲板胎架和艏艉柱胎架等。

a. 底部胎架 用于船体底部分段的装配。根据船体底部分段的结构和分段的曲型又可分为正造胎架和反造胎架。通常此类胎架的基准面与船体基线面是平行的（即正切），但在艏艉部升高较大的底部分段装配中，胎架基线面可选用正斜切形式。

b. 舷侧胎架 用于船体侧分段的装配。由于舷侧分段的线型在全长范围内变化较大，胎架基准面的切取也有可能不同。位于平行中体部位的舷侧分段，其胎架基准面可取正切；在艏艉部位的舷侧分段，为了降低胎架模板的高度，根据分段曲型，胎架基准面可取正斜切、单斜切或斜切。

c. 甲板胎架 用于甲板分段或以甲板为施工基面进行反造的立体分段的装配，如艏艉立体分段、上层建筑分段等。

d. 艏艉柱胎架 用于艏艉柱装配。胎架基准面通常采用平行纵中剖面的正切基准面（侧装法）和垂直于纵中剖面的正斜切基准面（正造法）。

③按使用范围的大小和次数的多少又可分为有通用胎架和专用胎架。

各种胎架如图 3－15 所示。

a. 通用胎架 由升降型坐标支柱组成的胎架，平行中体部位和底部反造胎架和舷侧胎架，都可称为通用胎架，它占全船胎架总数的 70% 左右。通用胎架特点是：

ⅰ. 框架式活络模板胎架：由角度框架、活络模板、调节杆和连接角钢等组成。一般有板有 30°，40°，50°，60°四种固定角度框架。

ⅱ. 套管式胎架：由内外两根不同直径的钢管套接而成，使用时可按胎架型值调节支柱高度。

b. 专用胎架 专用胎架是为某种船体结构或分段设计的，是制造该结构或分段的辅助装置。专用胎架特点：

ⅰ. 单板式胎架：采用单板式模板，胎板型线通常制成锯齿状。优点：刚性好，有利于控制焊接变形。缺点：模板需以整块钢板割出，耗费材料较多。适用范围：军品；技术要求高的批量生产的分段。

ⅱ. 桁架式胎架：由桁架和型线模板组成。优点：节省材料。缺点：刚性较弱。适用范围：一般船舶；尤其是单船或小批量生产的分段。

ⅲ. 支柱式胎架：在需要设置胎架模板的肋位上竖立若干根角钢，其上端按胎架样板割成线型。优点：结构简单、制作方便、用料节省。缺点：刚性差。适用范围：单件或小批量生产的分段；甲板、上层建筑及刚性强的舷侧分段。

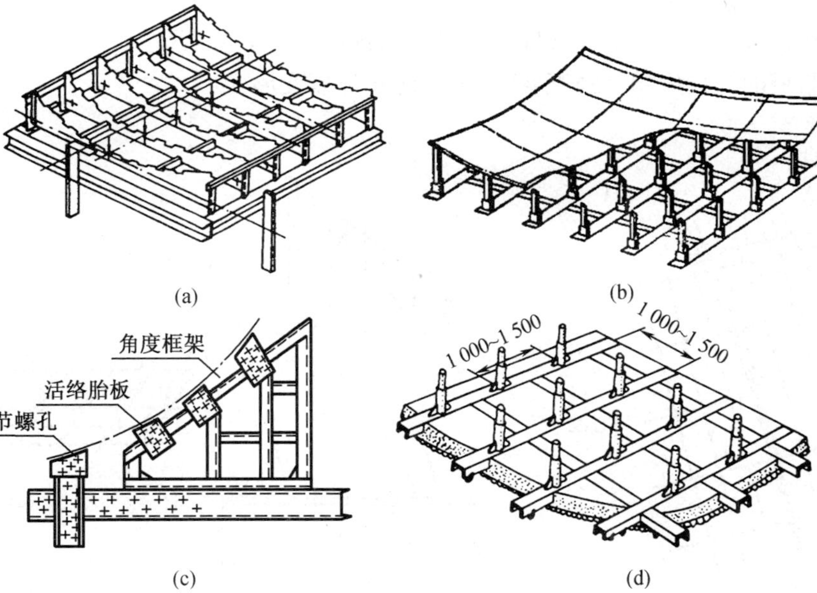

图 3-15　各种胎架

(a)专用胎架;(b)通用胎架;(c)曲面胎架;(d)浮升式胎架

3.2.2.2　胎架设计与制造

(1)胎架设计与制造考虑的因素

胎架设计与制造主要考虑下面几个方面:

①胎架基准面的选择　胎架基准面的选择,主要根据型线及其在肋骨型线图上的位置、施工条件、胎架用料等因素,经过综合分析后确定。

平切、正切和单斜切基准面都是其基准面垂直于肋骨剖面的,所以在肋骨型线图上呈一根直线。这类胎架的基准面无纵向斜升,故胎架模板(又称胎板)与胎架基准面垂直,如图 3-16 所示。

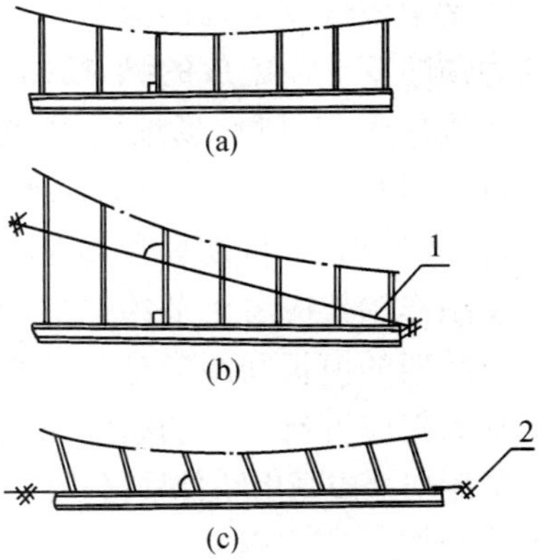

图 3-16　胎架基准面比较

1—胎架基线;2—胎架基线

α——胎架基准面与胎板的夹角

平斜切、正斜切和双斜切基准面的共同点是基准面与肋骨剖面不垂直。沿纵向有一个倾斜角度,所以,胎架模板与基准面不垂直。

胎架制作与分段安装是一体的。因此,必须对斜升基准面胎架进行改造,使胎架制作简化、分段构件安装方便。

【工程实例】　某舷侧分段如图 3-16(a)所示,分段的胎架为双斜切基准面支点角钢式,它的设计大致步骤如下:

a. 在肋骨型线图上画出分段胎架基面线;

b. 求胎架基面斜升角,改造胎板型值(需作 5 个纵剖面);

c. 绘制型值表(扣掉板厚);

d. 绘制生产(施工)设计图,如图 3-17 所示。

②胎架结构焊接要求

a. 胎架基础应设有焊接垫板，以便与胎架牢固焊接；

b. 胎架胎板的焊接应满足强度要求，但要防止焊接变形。

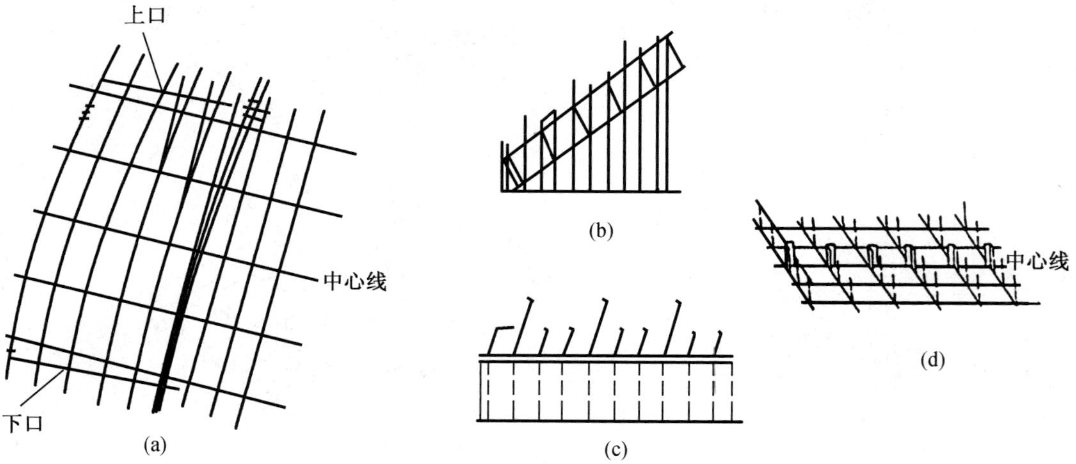

图 3－17 胎架设计草图

（2）胎架设计与制造的原则与要求

①胎架结构具有足够的强度和刚性。

②胎架模板或支柱顶点型值，其所形成的工作曲面应与分段的外形相贴合。同时，应计及为预防变形而施放的纵、横向反变形数值和外板的厚度差。

③根据生产批量、场地面积、劳动力分配、分段制造周期等因素，选择适当的胎架形式和数量，并根据船体型线决定合理的胎架基面切取方法，以满足生产计划的要求，改善施工条件，扩大自动、半自动焊和其他高效焊接方法的应用范围。

④制作胎架应考虑节约钢材，节省工时，降低成本。

⑤胎架的模板间距应是肋骨间距的倍数。

⑥胎架应具有一定的高度和孔度。

⑦胎架上应画出肋骨号、分段中心（假定中心线），接缝线，水平线，检验线等必要的标记。

⑧胎架的焊接要求：

a. 所有角焊缝应采用连续焊缝，并填满弧坑；

b. 所有拐角处应实施包角焊；

c. 所有焊脚尺寸应不低于母材板厚的 70%；

d. 所有受力构件采用低氢型焊条焊接或 CO_2 气体保护焊。

3.2.2.3 胎架上施工用设备

（1）起吊设备 包括所需的行车，轮胎吊等。

（2）焊割设备 交、直流电焊机，气割机、多头切割机、等离子切割机等。

（3）供气设备 压缩空气设备，氧气瓶或输氧管道，乙炔瓶或乙炔输送管道等。

（4）施工工具

①度量、画线工具：木尺、卷尺、钢直尺、角尺、圆规、卡钳、粉线团、鸭嘴笔、圆冲等。

②加工装配工具：铁锤、羊角、铁马、风动砂轮、C 型轧头、油泵、花篮螺丝、拉撑螺丝、撬

棒、铁楔等。

③测量工具:线锤、水平尺、水平软管、激光经纬仪、全站仪等。

(5)用于防止焊接变形的压铁及其他支撑件。

3.2.2.4　平面分段用平台

平面分段的制造都是在事先制作的平台上进行,用于船体装配的平台通常有钢板平台(属于实心平台)、型钢平台(属于空心平台)、水泥平台、钢板蜂窝平台、滚柱式输送平台、圆盘式输送平台等6种,如图3-18所示。这些平台分布在船体车间或造船事业部、内业或外业场,或加工场地或在流水线上,多为固定式结构,但在外场作业时,多设置临时性平台,一般是图3-18的(1)和(2)两种。

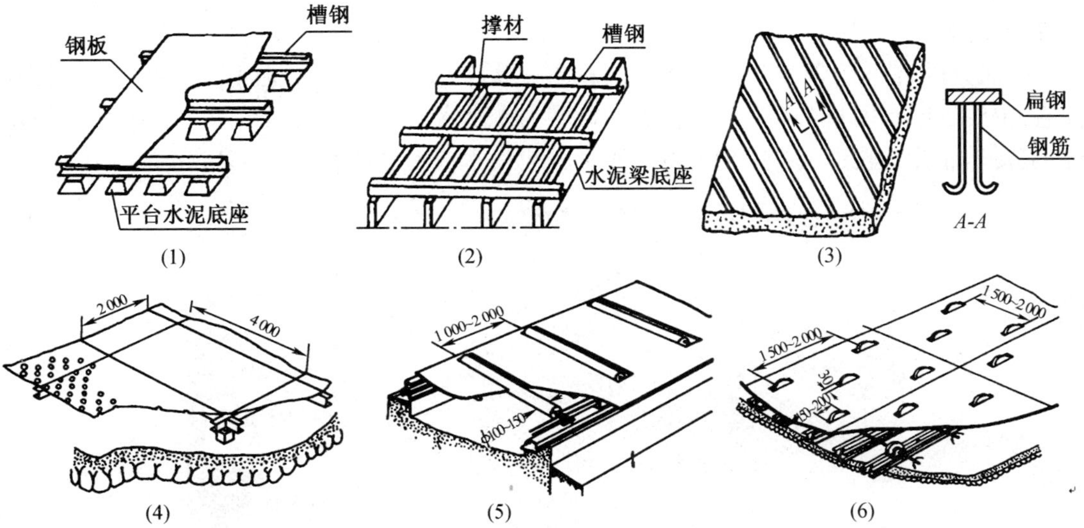

图3-18　船厂常见的平台

1—钢板平台(即实心平台);2—型钢平台(即空心平台);3—水泥平台;4—钢板蜂窝平台;5—辊柱式输送平台;6—圆盘式输送平台

3.2.2.5　造船平面分段流水线

平面分段装焊流水线包括各种专用装配焊接设备，它利用输送装置连续进行进料，拼板焊接以及装焊骨架等作业，能显著地提高分段装配的机械化程度，成为现代造船厂技术改造的主要内容之一。平面分段生产流水线、立体分段和总装流水线都是船体结构装焊工作机械化和自动化的一个组成部分。

建立平面分段生产流水线的前提是:应使平面分段质量占船体总质量有一定比例,并尽可能增多平面分段的数量。一般来说,平面分段所占的百分比至少要在20%以上,建立平面分段生产流水线才有实际价值。在船舶品种复杂和单船建造的情况下,建立平面分段生产流水线并无明显的优越性。从20世纪60年代以来,经过使用与发展,国外已形成了几条比较典型的,且具有代表性的平面分段流水线。如瑞典的伊莎平面分段流水线和日本的平面分段流水线。

(1) 船体分段制造机械化的功能或意义

由于生产流水线经济效果甚为显著,因而各船厂还是尽量组建平面分段流水线,其意义有下面几点:

①提高生产效率,使单位时间内能生产较多的分段。

②由于在车间内场生产,改善了作业环境,定位配置合理,实现了自动化、机械化操作,提高了单位面积产量。

③采用辊道传送,提高了运输效率,从而节省了运输费用及工时。

④由于实现了专业化施工,因而提高了平面分段的精度与装配焊接质量,有利于船台总装。

⑤由于生产集中,管理方便、有效,而且消除了手工焊时的定位焊、清渣等工作,可节约人工与材料。

⑥生产是按工序、按区域组织的,就能按顺序而有规律地进行,效率高,质量好,符合现代化的管理方式。

根据统计,瑞典的阿伦达尔船厂在采用平面分段流水线后,节约了大量工时,所需劳动力仅为以前的1/3左右。

平面分段生产流水线的工位,各船厂都不一致,根据具体情况,通常以8~10个工位较普遍,主要工序有钢材准备、板列拼焊、画线切割、骨架装焊、分段运出等。流水线上的传送,主要是靠传送轨道或托架辊轮等。平面分段流水线的生产如图3-19所示。

图3-19 平面分段流水线上构件的装焊

(2)建立平面分段生产流水线的措施

①改进设计和工艺,提高平面分段的百分比。例如,简化船型、扩大平行小体长度、取消甲板的曲型梁拱和脊弧等,都能增加平面分段的百分比。又如,将内底板等作成平面分段后安装,也能大大增加平面分段的百分比。7 500 t客货船如取消甲板曲型梁拱和脊弧,将内底板作成平面分段,就能使平面分段的百分比从5%提高到30%~40%。

②船舶定型和标准化能使船厂成批建造同一品种的船舶,这就为船厂建立平面分段生产流水线创造了良好条件。

③应用成组技术的原理设计分段和组织生产,也能扩大平面分段的比例,提高平面分段生产流水线的效益。

④合理设置工位,提高工效。例如:3 000吨级船舶平面分段流水线,全线长126 m,宽22.5 m,共分4个工位:一工位,板缝除锈,拼板焊接,形成板列;二工位,焊缝修补,对焊,画线与切割;三工位,主向构件装焊;四工位,交叉构件装焊。与国内外同类型平面分段流水

线相比具有适应性强,占地少,投资省等特点。经多方论证和设计要求将每船划分为单个分段质量不超过10吨的38个平面分段，这些平面分段中板与板的对接缝可全部采用埋弧自动焊，构件与板、板与板及构件与构件之间的角接缝采用手工电弧焊，而且这些焊接工作绝大部分可以在平面进行施工,达到提高工效的目的。

国内迄今配置最先进、规模较大的平面分段流水线落户中船龙穴造船基地。平面分段流水线是中船龙穴造船基地最关键的作业设备,也是龙穴基地单套采购金额最高的设备。据介绍,该流水线具有国际一流先进水准,长约280 m辊道输送流水线,制造最大平面分段为21 m×21 m×8 m,按设计要求,该流水线可年产1 506片平面分段。

3.2.3　平面分段焊接变形的预防、控制方法及矫正方法

3.2.3.1　影响平面分段焊接变形的因素

分段在装配焊接后,往往会产生纵向及横向的收缩和翘曲变形,主要原因是:

(1)因为焊缝位置不对称于中和轴,因此焊缝冷却收缩量不一致;

(2)在装配焊接过程中的工艺措施不当;

(3)由于分段的结构形式与建造方法各不相同,其变形也不一样,例如:正装的双层底分段,与倒装的双层底分段的变形就不同;

(4)不同的焊接方法的应用导致焊接变形量不同;

(5)焊接环境的不同,温度、室内外、堆放、起吊、运输等因素所造成分段变形。

3.2.3.2　分段焊接变形的预防

一般分段变形的预防措施有以下几种。

(1)反变形法

事先根据分段变形的趋势,将胎架模板放出一定数值方向相反大小相等的反变形量,用以补偿由于焊接所引起的变形,舷侧分段一般都不放反变形,而底部分段反变形量可以根据过去所制造的分段变形情况和经验判断来确定。

(2)刚性固定法

当分段胎架型线复杂,不适于采用反变形法或由于其他情况而无法采用时,可采取临时增强分段刚性的方法,即将分段四周和中部用马板与胎架固定,以此来强制减少分段的焊接变形。

(3)改进装焊工艺

广泛采用分离装配法、箱形框架装焊法,扩大自动焊与半自动焊的使用范围,可同时达到提高焊缝强度及减少变形的目的。

(4)制订并严格遵守工艺规程

采用合理的焊接程序能使焊接热量分布均匀,减少分段的变形。一般多采用从分段中间向前后左右同时施焊的方法,并且对长焊缝采取逐步退焊、跳跃焊等焊法。

(5)掌握正确的焊接规范

焊接规范与焊接变形有很大关系。所谓焊接规范,在手工电弧焊中主要是指焊接的电流强度、焊条直径与牌号、焊波层数、电弧电压、电流种类、焊接速度、直流电焊中的极性等方面的选择。

(6)正确的装配间隙与坡口角度

应按国家标准设计焊接接头的坡口形式,严格控制装配间隙。

3.2.3.3 平面分段焊接变形矫正的处理方法

分段完工后，由于各种因素的影响，即使焊前采取了各种措施，往往也难免有一定的变形。因此，矫正变形也就成为必要的工序了。矫正方法如下：

(1)火工矫正法 应用钢材热胀冷缩的原理，对伸长部分使其收缩，压缩部分使其伸长，达到恢复分段的尺寸，施工中需要反复加热，辅之加水急冷，往往收到较好效果。

(2)机械加压法

①利用千斤顶，在辅助胎具的作用下，对变形部分施力，使其恢复尺寸和外形。

②利用紧涨器，牵引变形部分，使其恢复尺寸和外形。

③利用自重力有时也可获得较好的效果。

④利用分段反变形叠压。

⑤利用枕铁等重件施压。

3.2.4 平面分段的装焊工艺卡的编制

平面分段由于结构比较简单，可以采用工艺卡形式。

3.2.4.1 分段的装焊工艺卡的内容

平面分段的装焊工艺卡主要包括以下内容：

(1)分段的编号；

(2)分段结构简图；

(3)分段装焊工艺流程；

(4)分段焊接方法；

(5)分段焊接程序；

(6)分段质量要求。

3.2.4.2 平面分段的装焊工艺卡的形式

平面分段的装焊工艺卡的形式，见表 3－2。

表 3－2 平面分段的装焊工艺卡

___× × ×___装焊工艺卡

<table>
<tr><td colspan="2">船舶产品编号</td><td colspan="2"></td><td>施工单位</td><td colspan="4"></td></tr>
<tr><td colspan="2">分段图号</td><td colspan="2"></td><td>焊接方法</td><td colspan="4"></td></tr>
<tr><td colspan="2">部件图号</td><td colspan="2"></td><td>焊接材料</td><td colspan="4"></td></tr>
<tr><td colspan="4" rowspan="2">分段结构图</td><td colspan="2">焊接程序</td><td rowspan="2">施工人员</td><td colspan="2" rowspan="2">装配工
点焊工
电焊工</td></tr>
<tr><td colspan="2"></td></tr>
<tr><td rowspan="2">施工技术要点</td><td colspan="3" rowspan="2"></td><td>焊接设备</td><td colspan="4"></td></tr>
<tr><td>辅助工装</td><td colspan="4"></td></tr>
<tr><td colspan="2">验收质量标准</td><td colspan="3"></td><td colspan="2">施工时限</td><td colspan="2"></td></tr>
<tr><td colspan="2">审批</td><td></td><td colspan="2">主管</td><td></td><td colspan="2">编制</td><td></td></tr>
</table>

3.3　船体立体分段装焊工艺编制

一、知识目标

1. 掌握底部分段，舷侧分段等立体分段的装焊要求；
2. 掌握焊接工装夹具和简单施工设备；
3. 了解立体分段焊接变形的预防及控制方法；
4. 掌握矫正立体分段焊接变形的方法。

二、能力目标

1. 能确立船舶立体分段工艺要求和焊接方案；
2. 能选用工夹具进行立体分段的装焊；
3. 能进行立体分段结构连接定位和装配；
4. 能编制立体分段的装焊工艺卡。

船体立体分段一般有舯部分段（包括双层底分段，集装箱船的船侧分段等）、艏部分段（包括球鼻分段，艏柱分段等）、艉部分段以及舭部半立体分段等。这里只介绍底部分段和舷侧分段等的装焊工艺。

3.3.1　底部立体分段的装焊

3.3.1.1　底部分段结构

底部分段从结构形式上分为双底和单底两大类。内底边板又可分为平直的、向下折角的、向上折角的、阶梯型的等4种形式，如图3－20所示。由于底部分段的结构及钢板的厚度不同，因此装配方法有正装和倒装两种。正装法是以外底板为基准面，一般在胎架上装焊，因此能够保证底部的正确型线。对于单底结构或壳板较薄的底部分段，特别是成批生产这类结构的产品，多采用正装法。但正装法所用的胎架需耗费较多的辅助钢材和一定的工时，增加建造成本。倒装法是以内底板为基准面，在型钢平台或墩木上进行装焊的，它是利用肋板、龙骨等纵横骨架来保证底部型线的，其正确性比正装法要差些，但可省去胎架，故大多用于双底结构或单船生产。

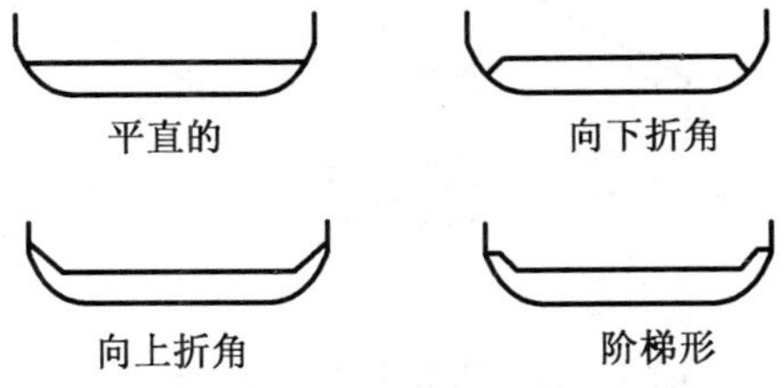

图3－20　双层底形式

3.3.1.2　单底的装焊工艺

（1）制造胎架

制造胎架的原理及方法见3.2.2。

（2）底板装焊

从K形板开始，依次将平直部分和曲形部分的外底板吊上胎架，并将接缝边的铁锈用砂轮清除干净。当K形板吊上胎架后，应使其中心线对准胎架中心线；其纵向位置以K形板伸出端部胎架的长度来确定（当分段长度为一张钢板长度时），如图3－21所示。

在平直部分和曲形部分的对接口应点焊定位，待肋板装好后再施焊。焊接时，应先焊内侧，再焊外侧。

(3) 在底板上画纵横骨架线

根据胎架中心线在分段的两端标出中心点，连接该两点即得分段中心线。然后画出肋骨线，肋骨线的画法有下列几种。

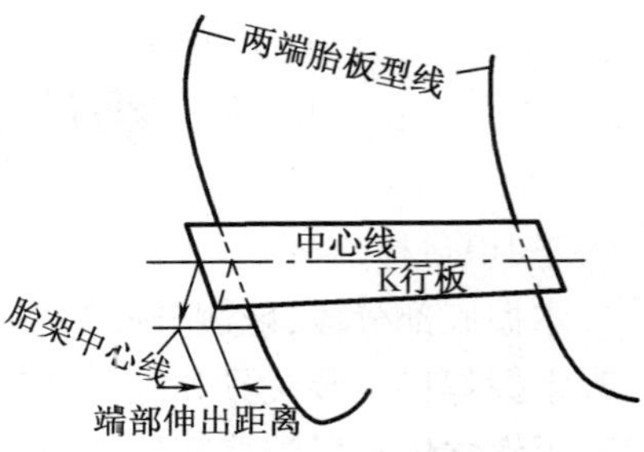

图 3-21　底板装配中的定位

第一种是激光经纬仪法，即把胎架中心线复画到底板上后，用样棒或根据草图用钢卷尺在分段中心线上标出每挡肋骨点后，过每一肋骨点架好激光经纬仪，校好水平，对准分段中心线，读取水平度盘角度 α，然后旋转 90°，固定水平度盘，发射激光束，转动竖直度盘求得许多激光点，如图 3-22 所示。

第二种是拉线架吊线锤法，即从胎架拉线架上的已知肋位处拉根钢丝，在钢丝上吊线锤以找出若干底板上的点，再用样条将这些点连接起来即得到肋骨线，如图 3-23 所示。

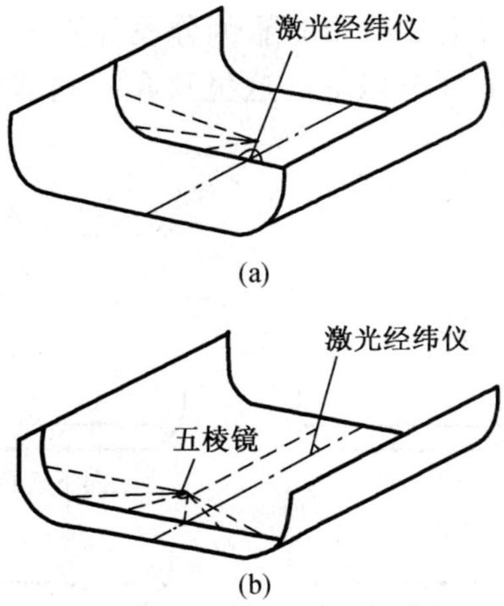

图 3-22　用激光经纬仪划构架线

(a) 激光经纬仪画线；

(b) 激光经纬仪和五棱镜画线

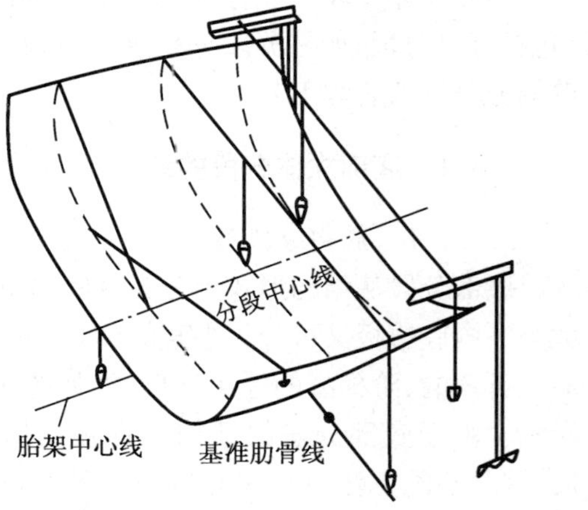

图 3-23　板纵横构架画线法

第三种是基准线对线法，即将胎架基准面上标出的基准肋骨线用线锤复到底板上口边，以该点为准，用肋骨间距在上口线的展开样棒来画出上口线上的各肋骨点，打上标记，然后沿对应点子拉出钢丝，用吊线锤的方法找出若干点子，即可画出肋骨线了。

第四种是拉线交面法，即利用肋骨平面画出肋骨线的方法。

(4) 纵横骨架的安装

纵横骨架的安装有三种方法。

①分离装配法　一般是将外底纵骨、旁桁材、中桁材等纵向构件分别对准外底板上相应的骨架线，用马板和铁楔将其压紧在底板上，随即定位焊固定，并用临时撑材来保持其垂直度。接着使用自动焊或半自动焊将其角接缝焊妥。

②放射装配法　其装配顺序是：先装外底纵骨，接着安装中间肋板，并将邻近该肋板的旁桁材靠上，使之就位，然后再安装相邻的肋板及其邻接的旁桁材，最后插入中桁材即完成

整个骨架的安装工作。这种装配法是从中央向四周扩展的,故名放射装配法。

③插入装配法　其装配顺序是:先安装连续的外板纵骨和间断的旁桁材,然后将肋板插入其间,最后再将中桁材插入肋板之间。这种装配法是步步插入,故名插入装配法。

(5)焊接

当采用分离装配法安装纵横骨架时,纵向(主向)构件边装边焊,多为单面连续焊,且中桁材、旁桁材、船底纵骨与船底外板的角接焊缝用自动角焊机或半自动角焊机施焊,其焊接程序如图3-24所示。在外底板上安装肋板(交叉构件)后,则先焊肋板与中桁材、旁桁材、船底纵骨间的连续立角焊缝,其焊接程序如图3-25所示。然后再焊接肋板与船底外板的单面连续平角焊缝,其焊接程序如图3-26所示。

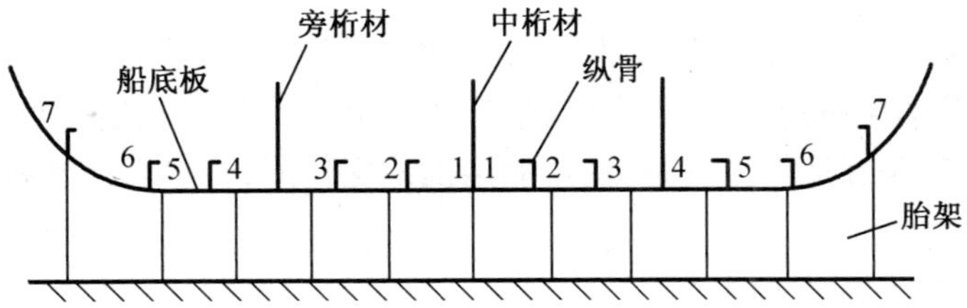

图3-24　船底外板与纵向构件角焊缝的焊接

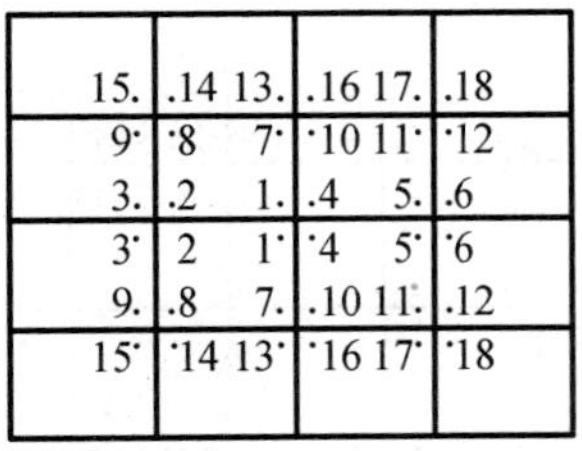

图3-25　肋板与纵向构件的立角焊缝的焊接程序

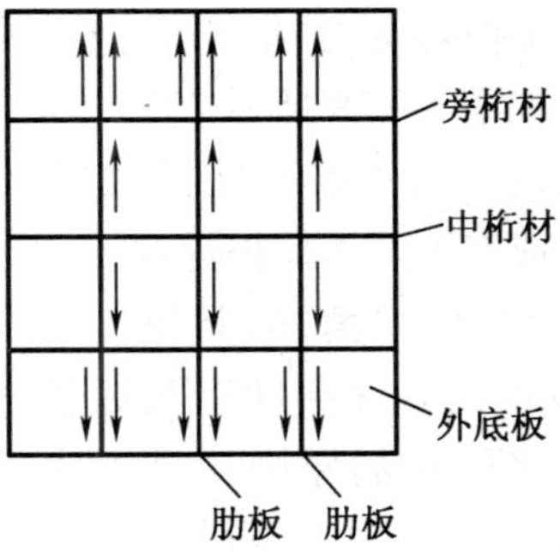

图3-26　板与外底板平角焊缝的焊接程序

为了减少焊接变形,施焊时要求双数焊工对称施焊,并严格按照焊接规范和焊接程序施工,还要采取预防焊接变形的有效措施,以保证分段的制造质量,因为分段焊接变形较难矫正。

(6)分段舾装

将预先经过模型放样并加工结束的双层底分段内的管系及其附件等也安装妥,至于安装在内底板上的舾装件,则在内底板装焊结束并待分段整个矫正完毕后再进行。这种在分段建造中将该分段内的舾装件也一起装焊妥的工艺,叫做分段舾装。

(7)内底板装焊

在平台上拼装内底板。根据内底板厚度,不开坡口或预先开坡口,定位焊后,采用埋弧自动焊焊接内底板对接焊缝。焊完正面焊缝后翻板,并进行反面焊缝的焊接。焊接程序如

图 3－27 所示。

（8）分段翻身

将纵中心线、基准肋骨线、水平检验线等定位线，复绘到双底分段外表面上，且作好标记，供船台装配时定位用。然后安装吊环，并割胎，即割除底板与胎架相连的“马”板。

（9）检验并涂装

双层底分段的检验分为装配和焊接两方面的检验，实际上贯穿于制造的全过程。装配质量指分段的外形尺寸和型线情况，以及焊接变形的火工矫正。焊接质量指焊缝的外部与内部没有缺陷，密性试验好。

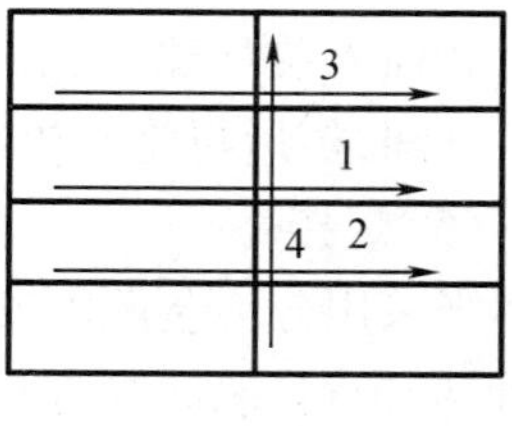

图 3－27 内地板拼焊程序示意图

3.3.1.3 双层底分段的焊接工艺

根据双层底分段结构和钢板厚度不同，有两种建造方法：一种是以内底板为基面的“倒装法”，对于结构强，板厚的或单一生产的船舶，多采用“倒装法”建造；另一种是以船底板为基面的“顺装法”，它是在胎架上建造，由于胎架的固定作用，“顺装法”更能保证分段外板的正确线型。

（1）“倒装法”的装配焊接工艺

①在装配平台上铺设已拼好的内底板。

②在内底板上装配中桁材、旁桁材和纵骨。定位焊后，用重力焊、自动角焊机或 CO_2 气体保护焊等方法，对称进行平角焊。焊接顺序如图 3－28 所示。

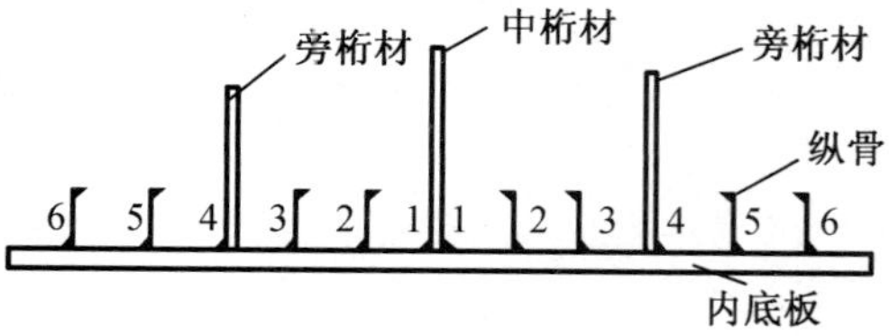

图 3－28 内底板与纵向构件的焊接程序

③在内底板上装配肋板，定位焊后，手工电弧焊或 CO_2 气体保护焊焊接肋板与中桁材、旁桁材的立角焊，其焊接顺序如图 3－29 所示。然后焊接肋板与纵骨的立角焊缝。焊接顺序的原则就是由中间向四周；并由双数焊工对称进行；立角焊长度大于 1 m 时，要分段退焊即先从中间往上焊，再从底向中间进行立角焊焊接。

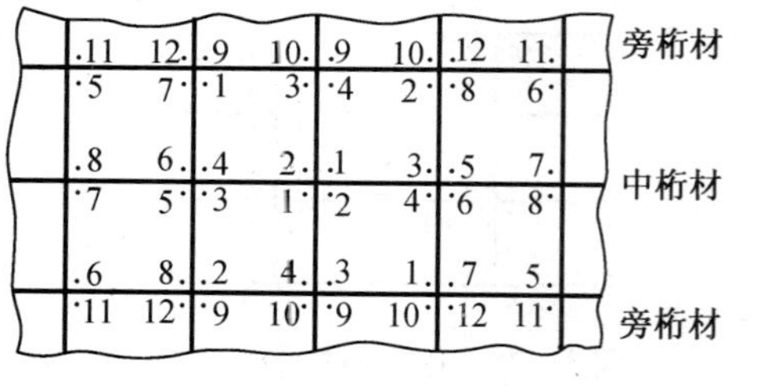

图 3－29 内底分段立角焊焊接顺序

④焊接肋板与内底板的平角焊，焊接顺序是由双数焊工从分段中间向四周对称焊接。

⑤有的船厂是把纵、横构件装好后，再进行先立角焊、后平角焊的焊接。焊接顺序相同。主要原则是从中间往四周逐格焊接。

⑥在内底构架上装配船底板，定位焊后，焊接船底板对接内缝（仰焊）内缝焊毕，外缝碳刨清根封底焊（尽可能采用埋弧焊）。这种方法适合于外板曲度大的分段如艏、艉部分。对于平直分段可以先拼好，再上分段或分几块板上分段用 CO_2 陶质衬垫焊焊接。焊接顺序如图 3－30 所示。

⑦为了总段装配方便，只焊船底外板与内底板的内侧角焊缝，外侧角焊缝待总段总装后再焊。

⑧将双层底分段翻身，焊接船底外板的内缝封底焊（翻身前焊的外缝），然后焊接船底外板与肋板、中桁材、旁桁材、纵骨的角焊缝，其焊接顺序如图 3－31 所示。

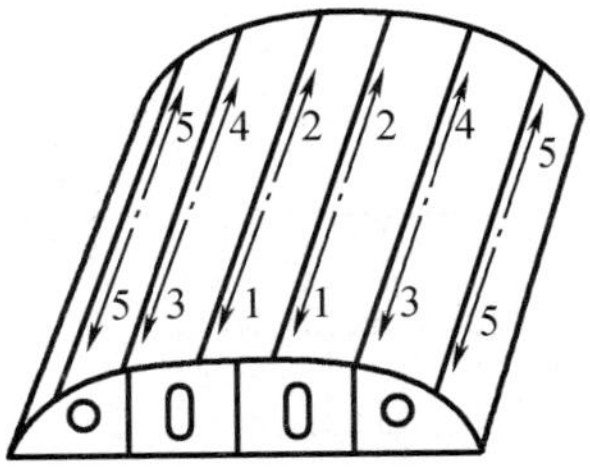

图 3 – 30　船底外板对接焊的焊接顺序

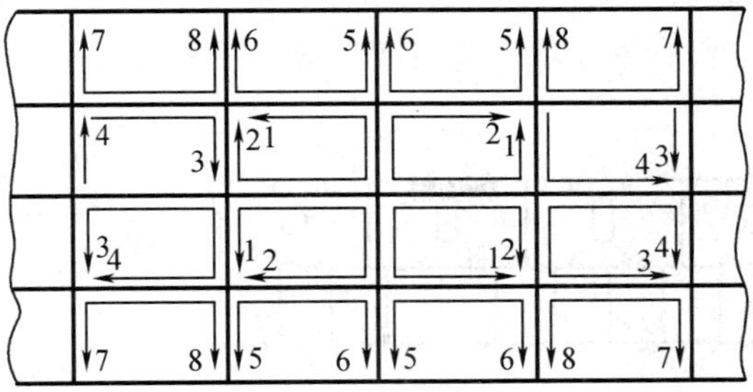

图 3 – 31　内底分段平角焊的焊接顺序

(2)“顺装法”的装配焊接工艺

①在胎架上装配船底板，并用定位焊将它与胎架焊牢固定，然后用碳弧气刨焊接坡口，用 CO_2 气体保护焊或手工电弧焊焊接船底外板内侧对接焊缝。如果船底外板比较平直，也可先用 CO_2 气体保护焊或手工电弧焊焊两道打底，上面用埋弧自动焊盖面的办法，如图 3 – 32 所示。

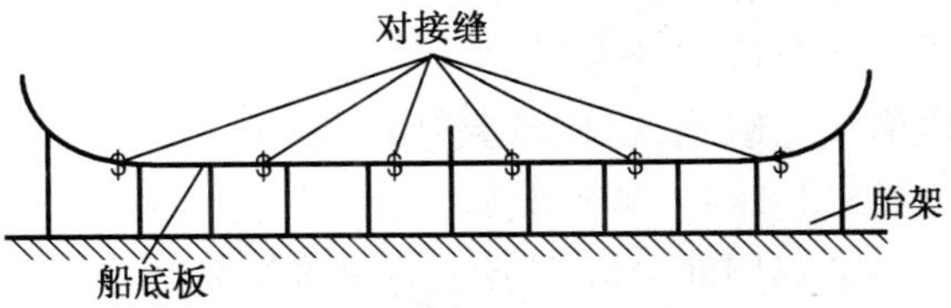

图 3 – 32　船底外板在胎架上对接图

②在船底外板上装配中桁材、旁桁材、船底纵骨，定位焊后，用自动角焊机或重力焊、CO_2 气体保护焊等方法进行船底外板与纵向构件的角焊缝焊接，如图 3 – 33 所示。焊接原则还是由双数焊工从分段中间向两边进行对称焊接。

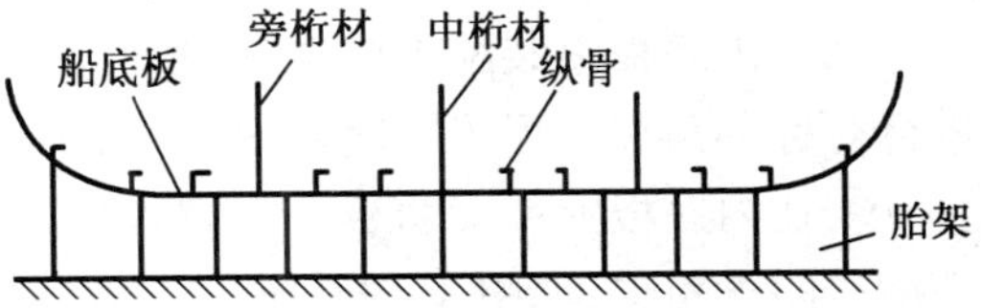

图 3 – 33　船底外板与纵向构件角焊缝的焊接

③在船底外板上装配肋板，定位焊后，先焊肋板与中桁板、旁桁板、船底纵骨的立角焊，然后再焊接肋板与船底外板的平角焊缝，如图 3 – 34 所示。焊接顺序同“倒装法”焊接顺序。

④在平台上装配焊接内底板，对接焊缝采用埋弧自动焊。焊完正面焊缝后翻身，并进行反面焊缝的焊接。反面焊接前要用碳弧气刨清根，再焊。若板不厚也可直接进行焊接。

⑤在内底板上装配纵骨，并用自动角焊机或重力焊进行纵骨与内底板的平角焊缝的焊接。

⑥将内底板平面分段吊装到船底构架上，并用定位焊将它与船底构架、船底板固定，如图 3 – 35 所示。

⑦将双层底分段吊离胎架，并翻身，然后用 CO_2 气体保护焊或手工电弧焊焊接内底板与中桁材、旁桁材的平角焊缝，还要焊内底板与外板的内侧角焊缝（外侧角焊缝要在船台合龙后再焊）以及焊接船底板对接焊缝的封底焊。

(3)“顺装法”和“倒装法”的比较

“顺装法”的优点是安装方便，变形小，能保证底板有正确的外部线型。缺点是在胎架上安装，成本高，不经济。

“倒装法”的优点是工作比较简便，直接可铺在平台上，减少胎架的制作与安装，节省胎架的材料和缩短分段建造周期。缺点是变形较大，船体线型较差。

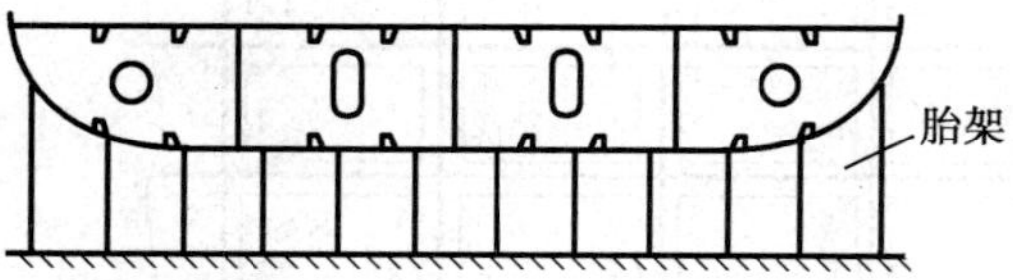

图 3-34 船底外板与肋板的焊接

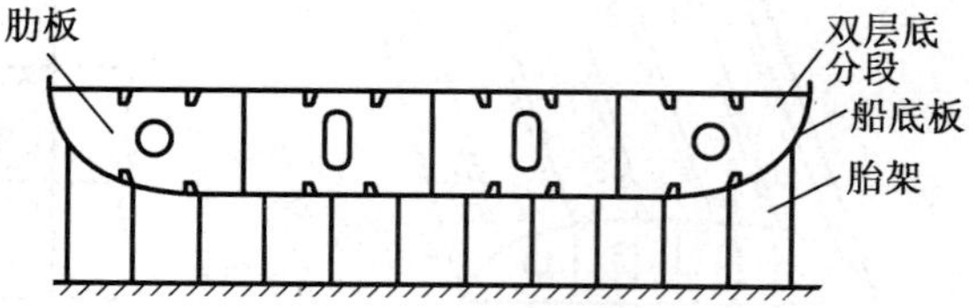

图 3-35 将内底板平面分段吊装到船底构架上的情况

(4) 检验并涂装

双层底分段的检验分为装配和焊接两方面的检验，实际上贯穿于制造的全过程。装配质量指分段的外形尺寸和型线情况，以及焊接变形的火工矫正。焊接质量指焊缝的外部与内部没有缺陷，密性试验好。

3.3.1.4 工程案例

某双层底分段倒装法的焊接工艺

(1) 倒装法的装焊顺序

①在装配平台上铺设内底板，进行装配定位焊。

②内底板的对接焊缝采用埋弧焊进行。

③在内底板上装配中桁材、旁桁材及纵骨。定位焊后，用自动角焊机或重力焊等方法，进行对称平角焊。焊接顺序如图 3-36 所示。

④在内底板上装配肋板。定位焊后，用手弧焊或细丝二氧化碳焊焊接肋板与中桁材、旁桁材的立角焊，如图 3-37 所示。然后焊肋板与纵骨的立角焊，焊接顺序与前相似。

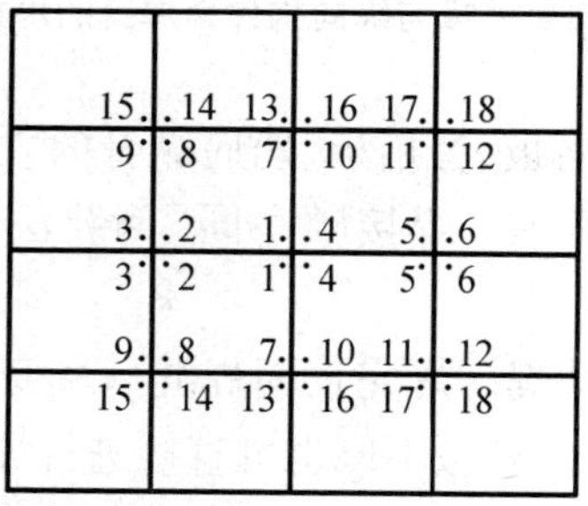

图 3-36 内底板与纵向构件角焊接顺序图

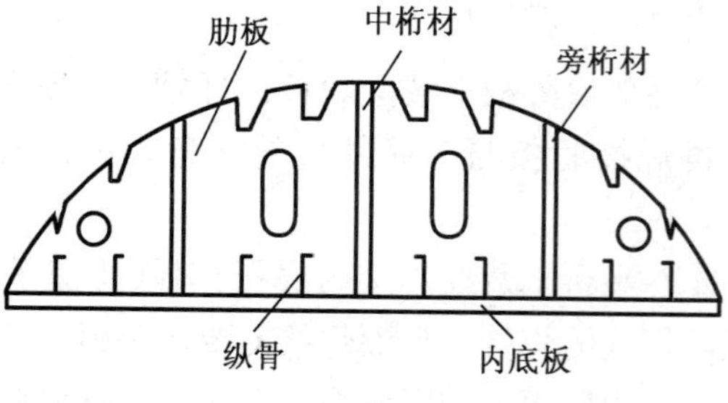

图 3-37 肋板与构架角焊缝次序

⑤焊接肋板与内底板的平角焊。焊接顺序主要掌握由中间向左右、由中间向前后及对称的原则。

⑥在肋板上装配纵骨构架，并做好铺设船底板的一切准备工作。

⑦在双底构架上装配船底板，定位焊后，焊接船底板对接内缝（仰焊），内缝焊毕，外缝刨槽封底焊（尽可能采用埋弧焊）。但有时为了减轻劳动强度，也可采用先焊外缝，翻身刨槽再焊内缝。

⑧焊接船底板与内底板的角焊缝，只焊内缝，外缝待上下合龙后再焊，这样可使合龙装配时，减少变形。

⑨将分段翻身，焊接船底板与肋板、中桁材、旁桁材、船底纵骨的角焊缝。焊接顺序如图3－38所示。

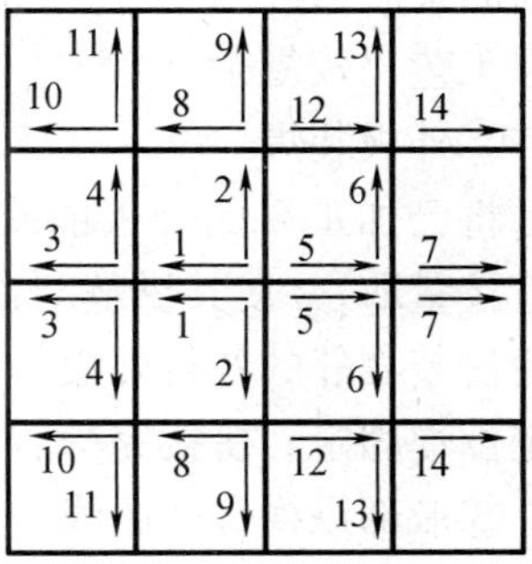

图3－38　船底板与构架角焊缝次序

(2)变形及防止方法

由于双层底分段的结构复杂，焊接工作量大，所以双层底分段在焊后会产生较大的焊接变形。焊后底板或内底板的纵横对接焊缝引起纵横方向收缩以及横向平角焊缝等引起纵向收缩和纵向平角焊缝引起横向收缩，最后都将在双层底分段中引起变形。特别是对于中小型船体的薄板结构，焊接变形更为突出。防止变形最有效的方法，目前一般采用反变形、提高切割精度、减少间隙和合理选择焊接顺序。

(3)分段吊环的焊接工艺

此双层底分段选用D型吊环，参见图6－33，这种吊环的特点是有肘板并有腹板，结构形式合理，在两个方向的刚性均较好。

分段吊环的焊接工艺如下：

①根据分段左右前后力的平衡，合理确定吊环安装部位，但一定要安装在强度高的骨架处的外板外表面。

②在吊环焊接前，应先焊吊环设置处外板内面的构架与板的加强角焊缝。根据吊环大小的不同，在吊环处内面四周构架各延伸500～1 000 mm的范围内进行双面连续角焊。

③大型吊环应开坡口，小型吊环可不开坡口。焊脚高度一般应大于吊环竖板的1/2板厚。

④吊环的焊接顺序，应先焊吊环竖板与分段之间的角焊缝，然后焊吊环的加强三角板与分段的角焊缝。

⑤焊接吊环应选相应强度等级的低氢型焊条，并用直径为4 mm的焊条进行打底焊。要求焊透根部，然后进行多层多道焊，直到达到规定的焊脚尺寸，并应保持等边。

⑥焊接时，应严格注意吊环的包角焊，其包脚焊的焊脚尺寸一般应为吊环焊脚的1.2倍，并由合格焊工进行操作。

⑦焊接结束后应清除焊渣，并检查焊缝质量，做到外形美观、饱满、无咬边、无夹渣气孔、无裂纹等焊接缺陷。

⑧如外板为普通低合金钢等材料，气温较低时，则应采取预热等措施。

3.3.2　舷侧分段的装焊

3.3.2.1　舷侧曲面分段的装焊

(1)舷侧曲面分段特点

平行中体部分的舷侧分段因是平直的，可直接在平台上进行装焊，其装焊工艺也较简单；近艏艉处的舷侧分段，沿纵横方向都有曲度，因而需要在胎架上进行装焊。

(2)舷侧曲面分段的装焊工艺

①制造胎架

舷侧分段所采用的胎架有正切、单斜切、正斜切和双斜切几种。采用正切和单斜切基准面胎架时,其装焊工艺与正装法的底部分段类似;采用正斜切和双斜切基准面胎架时,其装焊工艺比较复杂。

②外板装焊

将已加工妥的外板铺放在胎架上,先将中间一行外板的前后位置对准,可根据端部胎板直接量取,并使其纵缝对准胎架上的边接缝线,这时可用马板使之与胎架贴紧并固定。然后拼装相邻的各行外板,对准其位置并配合恰当后,也用马板固定之。板缝余量套割后用定位焊固定。拼接完毕后即可进行焊接工作。

③舷部纵横骨架画线

④横骨架装焊

先将各肋骨对准相应位置,并在其一端用定位焊初步固定,然后用通用角度样板校正其与外板之间的夹角,方法如前所述,将通用角度样板调至 θ 角, 横骨架外立面靠紧通用角度样板立杆面, 通用角度样板水平杆水平,并用马板和铁楔将肋骨逐段与外板贴紧,同时用定位焊将肋骨固定如图 3 - 39(a)和 A 向放大图。横骨架的安装也可用样板校正其与外板之间的夹角,采用哪种样板,视使用情况定,如图 3 - 39(b)所示。

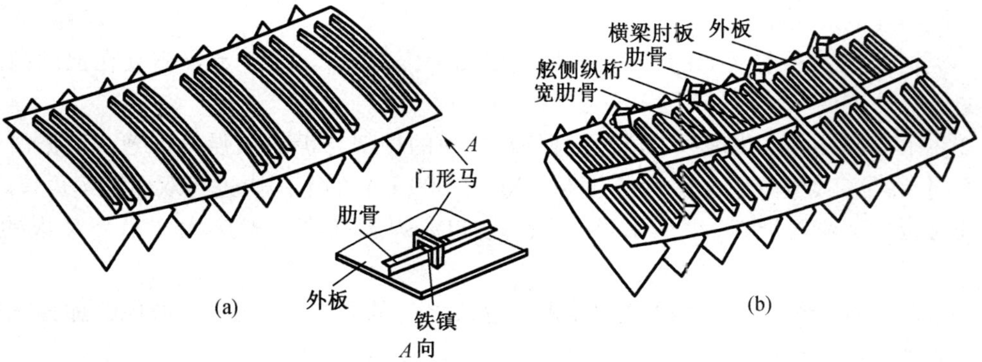

图 3 - 39 纵横构架的装焊

⑤焊接

舷侧分段外板的对接焊已在前面完成,这时先进行构件之间的对接缝焊接,再进行构件之间的立角缝焊接,最后焊接构件与外板的角接焊缝。构件间的立角焊缝和构件与外板的角接焊缝的焊接程序如图 3 - 40 和图 3 - 41 所示。

⑥分段舾装

将预先放样加工好的管系及其附件、辅机基座等舾装件在相应位置安装完毕,同时将临时加强材也安装妥。

⑦分段翻身焊接

当舷侧分段纵横骨架和舾装件装焊结束后,应将胎架中心线、基准肋骨线、水平检验线等复绘到舷侧分段外表面上,并作出标记。然后,将吊环安装好,即可拆去舷侧分段与胎架连接的马板,把舷侧分段吊离胎架,翻身后进行外板外表面接缝碳刨开槽后的封底焊,密性试验后进行分段涂装,再提交船台合龙。

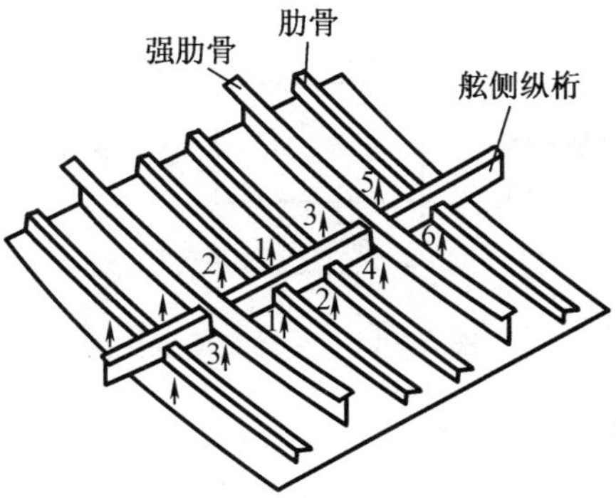

图 3－40　舷侧分段立角缝焊接程序

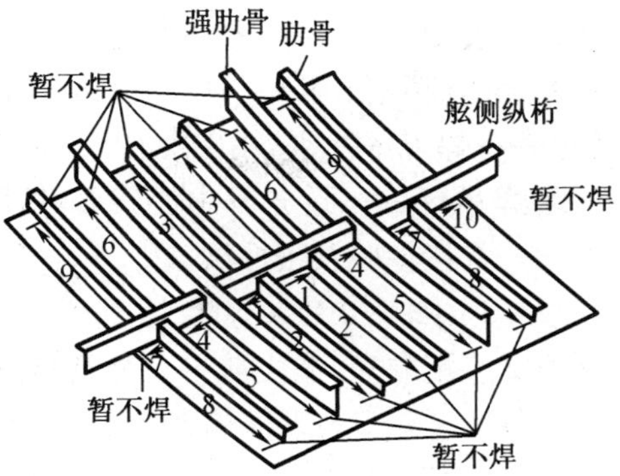

图 3－41　舷侧分段构件与外板的角接焊缝焊接程序

3.3.2.2　双层舷侧分段的装焊

双层舷侧分段常见于集装箱船，如图 3－42 所示，双层舷侧分段的建造，其焊接工艺与船舶双层底焊接工艺相似，这里不再赘述。

(a)　(b)

图 3－42　1574TEU 型集装箱船剖面图

(a)实景图；(b)结构图

3.3.3　艏部立体分段的装焊

根据结构将艏段立体分段划分成四段，如图 3－43 所示，然后再合龙成。分段的线型变化比较大，底部又较瘦削，一般都采用以甲板为基准面的反造法制造。托底分段先在胎架上制造后，再吊上立体分段安装。舷侧肋骨和横梁组成肋骨框安装。

各立体分段的焊接，应先焊构架之间的连接缝，从中间向边缘焊，从下往上焊，从里向外焊；焊外板焊缝时，先横向焊缝，后纵向焊缝，先里面焊缝，后外面焊缝，当焊不到里面焊缝时，在外开深坡口，一次焊透。

3.3.3.1 艏段①的装焊

艏段①装配建造顺序：平台板定位——画构架线吊装肋板和中底桁（图3-44）——吊装艏柱板（图3-45）——焊接——装外板（图3-46）——焊接——装焊吊环——画分段中心线及水平线——吊离胎架——焊接检验及密性试验。

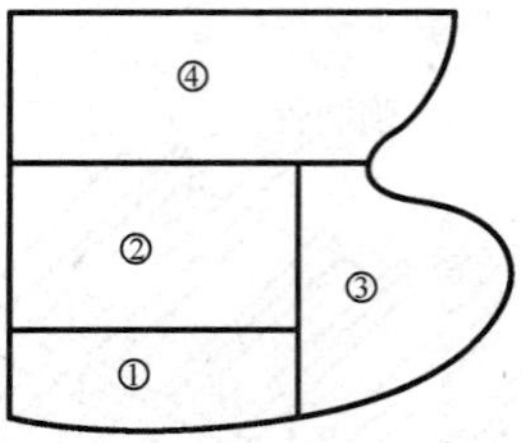

图3-43 船段立体分段的划分

3.3.3.2 艏段②的装焊

艏段②装配顺序：艏尖舱平台板定位——画构架线（图3-47）——安装纵横构架（图3-48）——装各层平台（图3-49）——嵌入肋骨（图3-50）——安装外板（图3-51）——焊接——装焊吊环、画肋骨线、分段中心线——吊离胎架翻身进行分段检验。

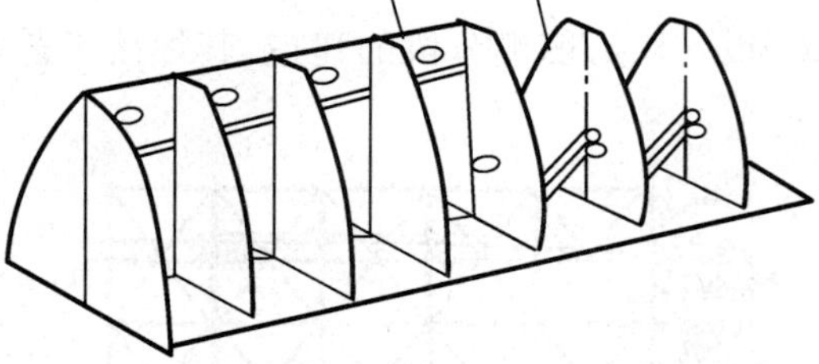

图3-44 装焊肋板和中桁材示意图

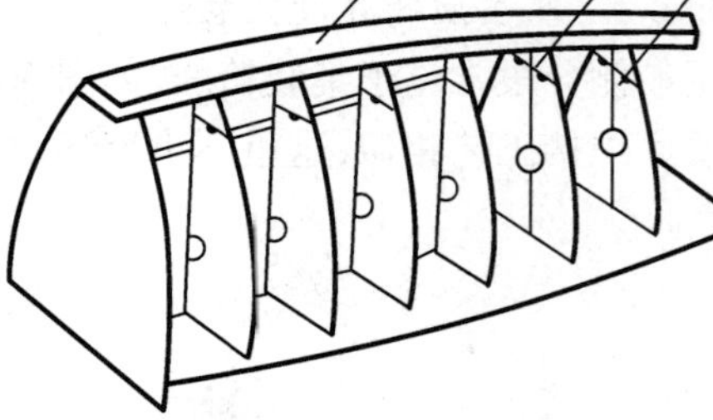

图3-45 装焊艏柱示意图

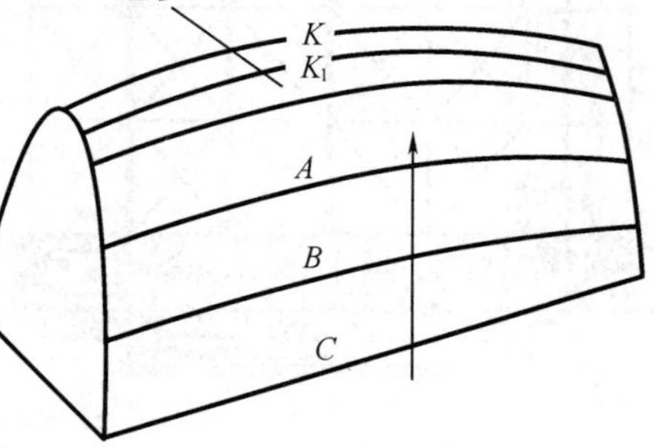

图3-46 装焊外板示意图

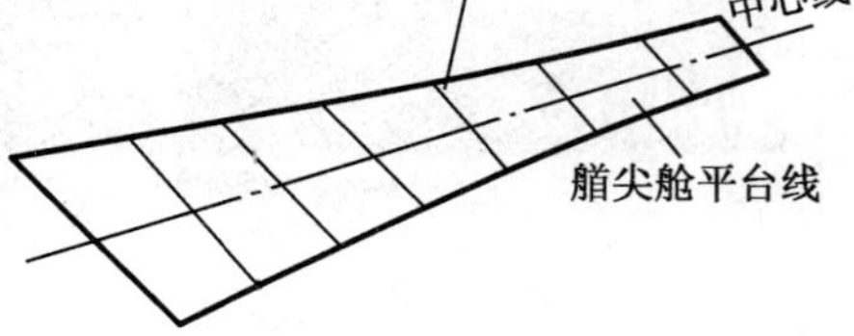

图3-47 艏尖舱平台定位及构架线

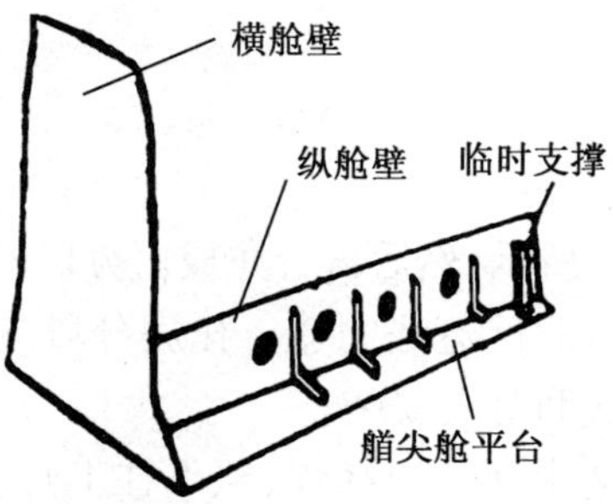

图3-48 纵横构架装焊示意图

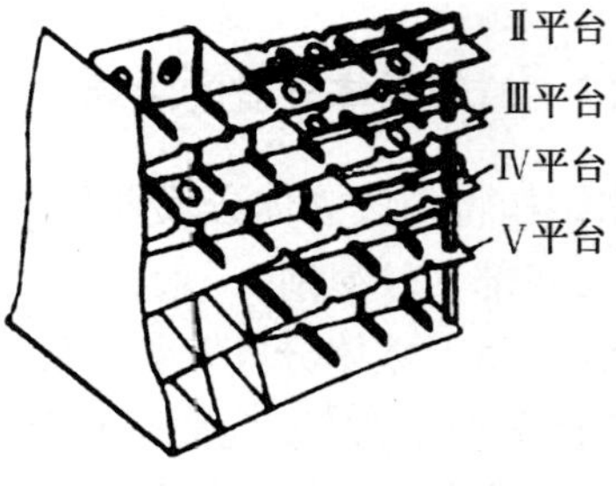

图3-49 装焊平台示意图

3.3.3.3　艏段③装焊

分段一肋板为基面进行建造，其装配顺序：肋板定位及画构架线（图3－52）——装纵横构架（图3－53）——装艏柱（图3－54）——焊接——装艏柱包板——焊接——装外板（图3－55）——焊接——装焊吊环、画线——吊离胎架翻身——焊接、进行分段检验。

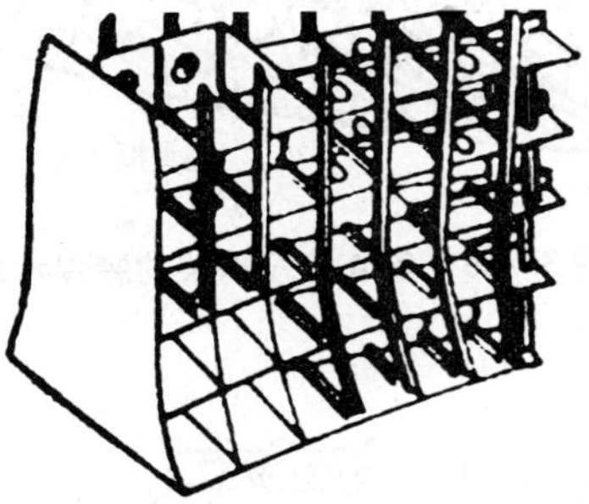

图3－50　肋骨装焊示意图

图3－51　外板装焊示意图

3.3.3.4　艏④段的装焊

艏④段的建造是以甲板为基准面在胎架上才采用反造法，其过程和要求与艏②段相同。其中艏柱纵桁吊上甲板后应用角度样板检查艏柱纵桁与甲板纵桁的夹角，正确后用角钢临时撑牢如图3－56所示，外板的安装如图3－57所示。

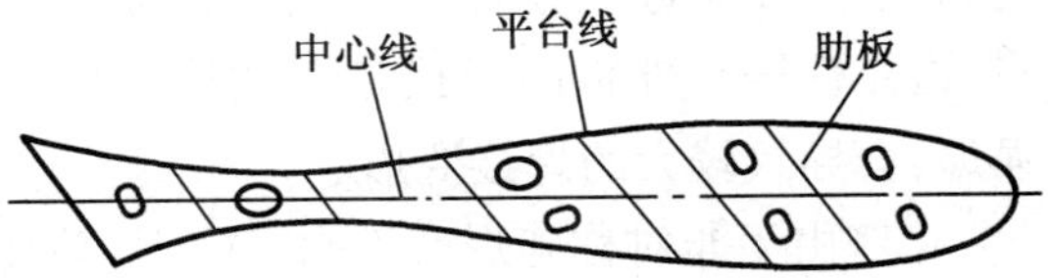

图3－52　工肋板定位及构架线

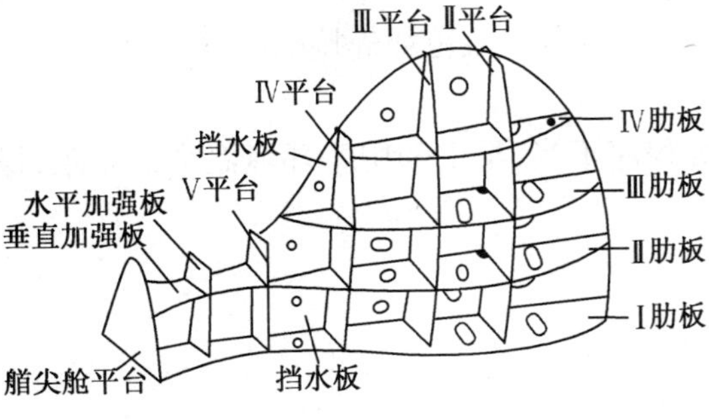

图3－53　装焊纵横构架

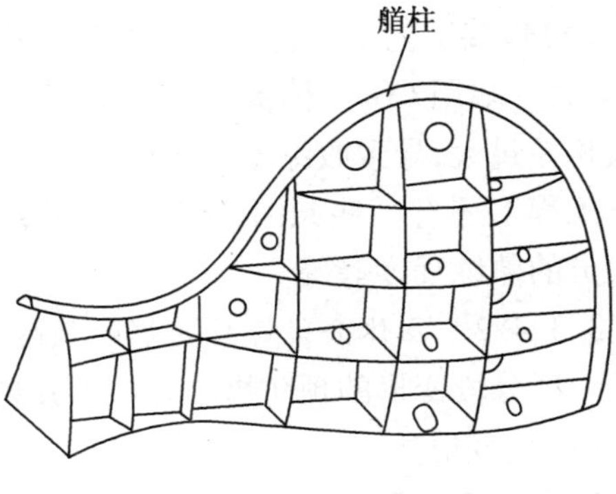

图3－54　艏柱的装焊

各立体段制作好后，再在船台或船坞，总组装成总段，按照①～④的顺序装焊。

3.3.4　立体分段焊接变形的预防及其矫正方法

3.3.4.1　立体分段变形的原因

分段在装配焊接后，往往会产生纵向及横向的收缩和翘曲变形，主要原因是因为焊缝位置不对称于中和轴，因此焊缝冷却收缩量不一致，以及在装配焊接过程中的工艺措施不当等因素所造成。由于分段的结构形式与建造方法各不相同，其变形也不一样，例如：正装的双层底分段，和倒装的双层底变形是不同的，立体段的变形主要原因是：

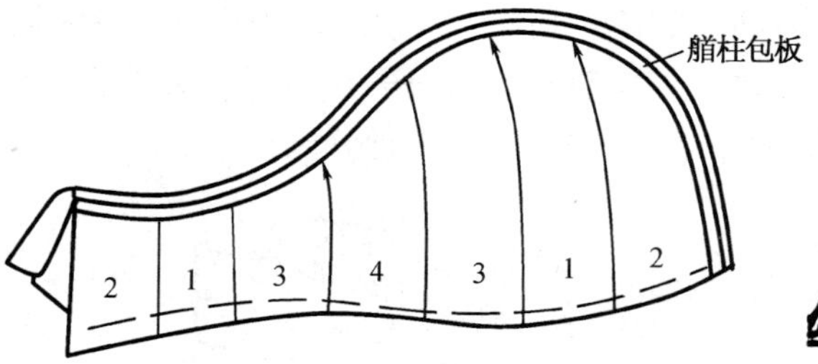

图 3－55　艏③外板的装焊示意图

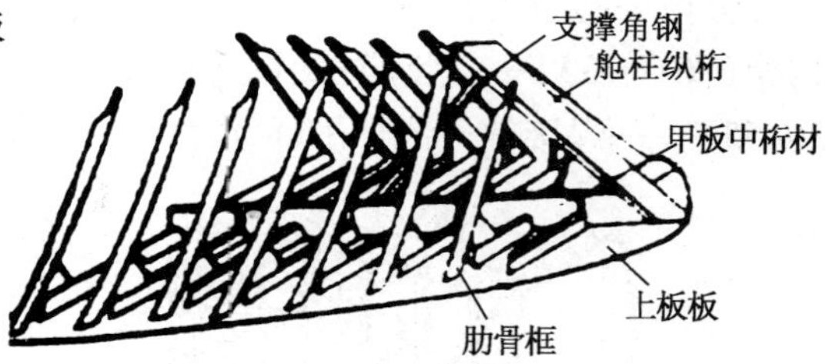

图 3－56　艏④分段构架的装焊示意图

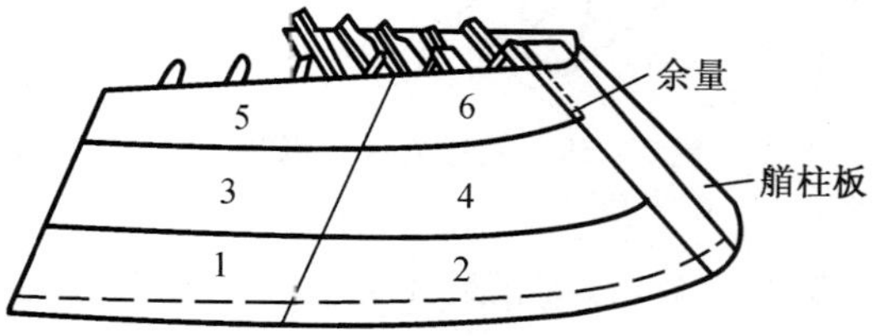

图 3－57　船④分段外板的装焊

（1）无胎架由于焊接引起立体分段自由收缩而引起的变形，尤其是长宽比大的立体段，在长度方向上变形尤为明显。

（2）在立体分段中由于焊缝分布不均匀，导致分段不同方向的收缩不一致而引起的变形，如靠近机舱的焊缝较密集，强横梁、边立柱等与外板的焊接是连续焊或加强焊，会导致较大的焊接变形。

（3）由于非对称施焊或不同时施焊，都会导致焊接变形的不同时性，先变形的始终占优势，后变形占弱势，即使是对称构件的施焊，后焊的引起的变形也无法抵消先焊接的变形。

（4）有胎架时如没有足够的刚度，也会引起焊接变形，最终因焊接变形会导致胎架发生位移。如刚度足够，因过早把立体分段从胎架上取下，因应力松弛，也会发生新的变形。

（5）焊接工艺不当也会增加焊接变形量，如同一分段用不同的焊接方法，一端用焊条电弧焊，另一端用 CO_2 气体保护焊或其他焊接方法。又如焊接规范如焊接电流，焊接速度等不同或相差过大，导致收缩不一致而引发变形。

工程上还有一些原因，装配间隙不均，施焊程序不当，早上和中午环境温度的差距，操作人员的熟练程度等等。

3.3.4.2　立体分段焊接变形的预防

一般分段变形的预防措施有以下几种：

（1）反变形法

事先根据分段变形的趋势，将胎架模板放出一定数值方向相反大小相等的反变形量，用以补偿由于焊接所引起的变形，舷侧分段一般都不放反变形，而底部分段反变形量可以根据过去所制造的分段变形情况和经验判断来确定。

（2）刚性固定法

当分段胎架型线复杂，不适于采用反变形法或由于其他情况而无法采用时，可采取临时增强分段刚性的方法，即将分段四周和中部用马板与胎架固定，以此来强制减少分段的焊接变形。

（3）改进装焊工艺

广泛采用分离装配法、箱形框架装焊法，扩大自动焊与半自动焊的使用范围，可同时达到提高焊缝强度及减少变形的目的。

(4)制订并严格遵守工艺规程

采用合理的焊接程序能使焊接热量分布均匀,减少分段的变形。一般多采用从分段中间向前后左右同时施焊的方法,并且对长焊缝采取逐步退焊、跳跃焊等焊法。

(5)掌握正确的焊接规范

焊接规范与焊接变形有很大关系。所谓焊接规范,在手工电弧焊中主要是指焊接的电流强度、焊条直径与牌号、焊波层数、电弧电压、电流种类、焊接速度、直流电焊中的极性等方面的选择。

(6)正确的装配间隙与坡口角度

装配间隙对焊接变形影响较大,尤其是火焰加工的钢板边缘,其精度不稳定,对装配间隙影响较大;装配顺序也对装配间隙有一定影响;坡口角度的大小也直接影响焊接变形的大小。

3.3.4.3　立体分段焊接变形的矫正与处理

(1)立体分段成形后的变形

立体分段成形后主要有分段接口的扭曲变形,分段接口的钢板的波浪变形,分段的翘曲变形等。

(2)针对立体分段变形采取的措施

分段完工后,由于各种因素的影响,即使焊前采取了各种措施,往往也难免有一定的变形。因此,矫正变形也就成为必要的工序了。矫正方法如下:

①利用拉紧器对分段接口的对角线进行拉伸调整,以消除分段接口的扭曲变形;

②利用火工矫正分段接口钢板的波浪变形;

③利用压铁或其他重物在枕木的支撑下,矫正分段的翘曲变形,如图3-58所示。

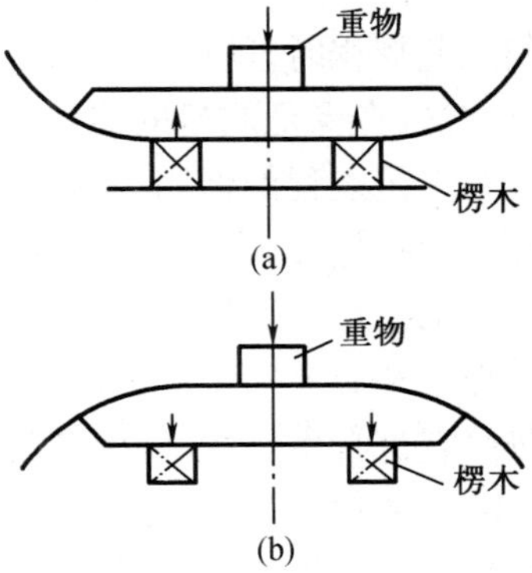

图3-58　双层底分段变形后的矫正

3.3.5　立体分段的装焊工艺规程的编制

立体分段结构及半立体分段结构较为复杂,应以采用焊接工艺规程的形式为好。

3.3.5.1　船体结构焊接工艺规程

(1)工艺规程的概念

“工艺规程”是工厂中生产产品的科学程序和方法;是产品零部件加工、装配焊接、工时定额、材料消耗定额、计划调度、质量管理以及设备选购等生产活动的技术依据。工艺规程本身在技术上的先进性和经济上的合理性,决定着产品的质量与成本,决定着产品的竞争能力,决定着工厂的生存与发展。因此,工艺规程是工厂工艺文件中的指导性技术文件,也是工厂工艺工作的核心。

①生产过程　将原材料或半成品转变为产品的全部过程称为生产过程。其中包括直接改变零件形状、尺寸和材料性能或将零、部件进行装配焊接等所进行的加工过程,如画线下料、成形加工、装配焊接及热处理等;同时也包括各种辅助生产过程,如材料供应、零部件的运输保管、质量检验、技术准备等。前者称为工艺过程,后者称为辅助生产过程。

产品的工艺过程是由不同的工人,运用不同的设备,在不同的工作地完成对产品的不同加工。这里,由一个(或一组)工人,在一台设备(或一个工作地)对一个(或同时几个)焊件所连续完成的那部分工艺过程,称为工序。工序是工艺过程的最基本组成部分,是生产计划的基本单元。

在工厂生产过程中产品由原材料或半成品所经过的毛坯制造、机械加工、装配焊接、油漆涂装等加工所通过的路线叫工艺路线(或工艺流程),它实际上是产品制造过程中各种加工工序的顺序和总和。

工艺规程就是将工艺路线中的各项内容,以工序为单位,按照一定格式写成的技术文件。在焊接结构生产中,工艺规程由两部分组成:一部分是原材料经画线、下料及成形加工成零件的工艺过程;另一部分是由零件装配焊接成部件或由零、部件装配焊接成产品的工艺规程。

工艺规程需保证四个方面的要求:安全、质量、成本、生产率。它是产品工艺的四大支柱,即先进的工艺技术是在保证安全生产的条件下,用最低的成本,高效率地生产出质量优良具有竞争力的产品。工艺过程的灵活性较大,对不同的零件和产品,在这方面的具体要求有所不同,达到和满足这些要求的方法和条件也不一样,但都存在着一定的规律性。在编制工艺规程时,就应深入研究各种典型零件与产品在这方面的规律性,寻求一种科学的解决方法,在保证质量的前提下可以用最经济的办法制造出零件与产品。

②工艺规程的作用　编制工艺规程就是根据产品的技术要求和工厂的生产条件,以科学理论为指导,结合生产实际拟订加工程序和加工方法。科学的工艺规程具有如下作用。

a. 工艺规程是指导生产的主要技术文件　由于工艺规程是在结合一定生产条件,依据科学理论和必要的工艺试验数据,并结合群众实践经验的基础上分析总结制定出来的。只有按照它进行生产,才能使产品符合全部要求,并实现高生产率和高效益。

b. 工艺规程是生产组织和生产管理的基础依据　从工艺规程所涉及的内容可知,它为组织生产和科学管理提供基础素材。在新产品投产前,应根据工艺规程进行全面的生产技术准备工作,如原材料、毛坯的准备、工作场地的调整与布置,工艺装配的设计与制造等。其次,工厂的计划、调度部门,是根据生产计划和工艺规程来安排生产,使全厂各部门紧密地配合,均衡地完成生产计划。

c. 工艺规程是设计新厂或扩建、改建旧厂的基础技术依据　在新建和扩建工厂、车间时,只有根据工艺规程和生产纲领才能确定生产所需的设备种类和数量,设备布置,车间面积,生产工人的工种、等级、人数以及辅助部门的安排等。

d. 工艺规程是交流先进经验的桥梁　先进的工艺规程还能起到交流和推广先进经验的作用,使工厂之间能相互协作,加速国民经济发展的作用。

e. 工艺规程是企业的技术资料,作为技术档案,传承企业的技术,服务生产一线,为生产经营服务。

(2)编制工艺规程的步骤

工艺规程编制的质量高低,决定着产品的质量和经济效益。工艺规程编制的质量决定于三个方面:工艺技术人员的科技素质;工艺技术人员的生产实际经验;编制工艺文件所需各种技术基础资料的完备情况及对其消化理解的程度。工艺技术人员缺少其中任何一条,都会给工艺规程的编制质量带来不好的影响。

①技术准备　工艺规程编制前的准备工作越仔细,它的质量也越高,执行起来越容易被工人接受,工艺纪律也会越好,因此,在编制工艺规程之前,必须全面掌握和熟悉产品的主要结构、性能、技术参数和技术标准等,这样才能在工艺方法和措施以及工艺参数的决策

上得心应手,从而保证使产品质量达到既定的要求。在进行技术准备工作时应做好以下几项工作。

a. 对船舶产品所执行的标准要消化理解,并在熟悉的基础上掌握这些标准。要了解和研究船舶产品各项技术条件的制订依据,以便根据这些依据在工艺上采取不同的措施,找出船舶产品的主要技术要求和关键技术问题,以便采用合适的工艺方法,采取稳妥可靠的措施。

b. 对经过工艺性审查的图纸,再进行一次分析。其作用是通过再消化,可以及时发现遗漏,尽量把问题和不足暴露在生产前,使生产少受损失。

c. 熟悉船舶产品验收的质量标准,它是工艺技术、工艺方法及工艺措施等决策的依据。

d. 要掌握船厂的生产条件,这是编制切实可行工艺规程的核心问题。要深入现场了解设备的规格与性能,工装的使用情况及制作能力,工人的技术素质,起重设备的起吊能力等。

②船舶产品的工艺过程分析　在技术准备的基础上,根据图纸深入研究船舶产品结构及备料、成形加工、装配及焊接工艺的特点,对关键零部件或工序应进行深入的分析研究。考虑生产条件、生产类型,通过调查研究从保证产品技术条件出发,在尽可能采用先进技术的条件下,可提出几个可行的工艺方案,然后经过全面的分析、比较或经过试验,最后选出一个最好的工艺路线方案。

③拟定工艺路线　工艺路线的拟定是编制工艺规程的总体布局,是对工程技术,尤其是对工艺技术的具体运用,也是船厂提高质量、水平和提高经济效益的重要步骤。拟定工艺路线要完成以下几个内容。

a. 加工方法的选择　选择加工方法要考虑各工序的加工要求、材料性质、生产类型以及本厂现有的设备条件等。

b. 加工顺序的安排　根据产品结构特点,考虑到加工方便,焊接应力与变形以及质量检验等方面问题,合理安排加工顺序。

c. 确定各工序所使用的设备　设备选用正确与否会直接涉及产品质量、生产率和经济效益。应根据已确定的备料、成形加工、装配和焊接等工序的加工方法,选用设备的种类和型号。

④编写工艺流程　在拟定了工艺路线并经过审核、批准后,就可着手编写工艺规程。这一步的工作是把工艺路线中每一个工序的内容,按照一定的规则填写在工艺卡上。

编写工艺规程时,语言要简明易懂,工艺术语要统一,符号和计量单位应符合有关标准,对于一些难以用文字说明的内容应绘制必要的简图加以说明。

⑤审核、批准　工艺规程编写后,应报上级主管技术的领导批准方能实施,重大工程船舶或新型船舶的焊接工艺规程还应组织有关专家会审,最后报总工程师批准。

(3)船体结构焊接工艺规程的主要内容

在船舶开工建造前,工厂应结合本厂的技术条件和生产经验,制定产品建造焊接工艺计划表交验船师认可。计划表中应针对建造中的焊缝出现于重要结构与结点的不同位置、形式和尺寸,列出拟使用的焊接工艺规程的名称和编号。

焊接工艺规程应提交船级社批准后方可采用。

对于未曾批准过的工艺,工厂应制订详细的工艺规程并提交船级社认可。经工艺认可试验合格后方可使用。提交认可的焊接工艺规程应包括下列内容:

①母材的牌号、级别、厚度和交货状态；

②焊接材料（焊条、焊丝、焊剂和保护气体）的型号等级和规格；

③焊接设备的型号和主要性能参数；

④坡口设计和加工要求；

⑤焊道的布置和焊接的顺序；

⑥焊接位置（平、立、横、仰焊等）；

⑦焊接规范参数（电源极性、焊接电流、电弧电压、焊接速度和保护气体流量）；

⑧焊前预热和道间温度、焊后热处理及焊后消除应力的措施等；

⑨施焊环境；现场施焊或车间施焊。

⑩其他有关的特殊要求。

3.3.5.2 立体分段的装焊工艺规程的编制

（1）编制立体分段的装焊工艺规程的意义

①分段装焊工艺规程是生产船舶中间产品的重要施工工艺文件之一，是指导现场施工的技术文件；

②编制分段装焊工艺规程是贯彻有关规范的重要手段，是执行造船标准的凭证，是技术交底的依据；

③分段装焊工艺规程是造船技术的重要信息，是现场生产的第一手资料，是先进造船焊接技术交流的桥梁；

④分段装焊工艺规程也是船舶建造技术的重要档案，是造船焊接技术的历史记录。

（2）立体分段的装焊工艺规程的编写程序

①熟读船舶结构总图或分段图，明确相关焊接要求；

②明确分段建造方案，制定相应焊接工艺方案；

③由主管焊接工艺技术的人员草拟焊接工艺规程；

④审议焊接工艺规程，经主任工程师批准，报总工室备案；

⑤对施工单位进行技术交底，征求或收集有关意见，以便改进和完善工艺规程。

（3）立体分段的装焊工艺规程的内容

立体分段的装焊工艺规程主要包括以下内容：

①分段的图纸、符号及编号；

②分段结构简图；

③分段装焊施工工艺流程；

④分段焊接方法；

⑤分段焊接施工程序；

⑥分段质量要求。

【工程实例】 立体分段的装焊工艺规程实例。

荷兰某多用途货船双层底分段装焊工艺规程如下：

工程编号： 文件号：

一、生产设计图纸中符号含义及说明：

1. 符号含义：BL—基线，¢—中心线，▽—正作边，▼—余量边，---—板缝线，—⌒—大接缝线，┼—连续，⊣⊢—断开，S——端部削斜，FS——面板端部向两边削斜，W—焊接。

2. 除特别标明外，侧视图从右视，横面剖图从尾向首视，平面图为俯视。

3. 货舱分段肋距除 FR86～87，135～136，184～185 为 341 mm 其余为 512 mm。

4. 底部分段材料为 BVA 级钢。（VA 级钢。BV 规范（2011 年）《钢制海船入级规范》中规定的 A 级钢。相当于我国 Q235－A 级钢）

二、主要施工工艺及要求

1. 双层底分段以外板为基面在水平胎架上正造。

2. 分段纵向对合线为船体中心线，分段肋骨对合线为分段端部肋位线。

3. 双层底分段在通用胎架上制造，胎架基面水平度≤1.5 mm。

4. 胎架上应用洋冲标出中心线和中心垂直线。

5. 胎架报验合格后，方可吊装外底板。

6. 外底板，内底板拼板，正面缝隙≥2 mm 时，先用手工焊打底，后用自动焊焊接，反面气刨清根后，自动焊焊接。

7. 画线，外底板肋位线每档加放 1 mm 收缩余量。

8. 部件与分段的焊接均用分中退焊法，以减少焊接变形，各部位的焊脚高度，按焊接规格表执行。

9. 对水密肋板与外底板间的角焊逢，应开单面坡口焊后施焊，以保证水密。

10. 内底板上塞焊孔特别多，塞焊孔的焊接要引起高度重视，要挑优秀的焊工认真仔细地施焊，以免增加密性试验时的负担。

11. 箱角加强肘板，在盖内底板前要按图装焊接完。

12. 纵桁与肋板，在盖内底板前必须校正平直。

13. 内底板吊装前应按图开好塞焊孔并涂装完。

14. 合龙口部位内底板垫板应先在分段对应部位装好。

15. 吊装内底板前，应对底部进行装配，焊接报检，合格后进行二次清锈与涂装，涂装报检合格后方可吊装内底板，涂装前自动焊缝要贴胶带纸。

三、施工程序

1. 外底板，内底板拼板，烧自动焊（含正反两面）。

2. 外底板上胎，定位，画出结构安装理论线，标明板厚方向，画线报检。

3. 在外底板上安装结构，先装球扁钢，再用混合式装配法安装纵桁与肋板。

4，焊接，焊前报检，大合龙接头处的角焊缝留 100～150 mm 不焊，待大合龙时焊接。

5. 装焊放水塞。

6. 校正。

7. 装配，焊接报检。

8. 二次清锈，涂装报检。

9. 吊装内底板。

10. 焊接。

11. 对分段主尺度进行测量和纪录，在内底板上划出分段中心线，肋骨对合线，大接头处划出分段正作线，用洋冲标记，并按要求割除分段余量。

12. 安装吊环，割胎，下胎，批磨外底板码脚。

13. 分段完工报检。

【思考与练习】

1. 船舶分段建造对船舶建设有何意义？
2. 船舶分段建造的关键技术什么？
3. 船体平面分段的焊接特点是什么？
4. 简述甲板分段的焊接程序。
5. 平面分段的吊环焊接应注意什么？
6. 简述舱壁分段的装焊程序。
7. 船体装焊胎架有什么作用？
8. 钢模板胎架按结构形式分有几种常见形式？
9. 船体胎架按用途分有哪几种？
10. 船体胎架按适用范围和次数分有哪几种形式，各有何特点？
11. 胎架焊接应注意什么要点？
12. 船体分段建造机械化的意义是什么？
13. 平面分段建造时影响焊接变形的因素是什么？
14. 预防和控制平面分段焊接变形的措施有哪些？
15. 矫正平面分段焊接变形的方法有哪些？
16. 平面分段焊接工艺卡包括哪些内容？
17. 船体立体分段的焊接特点是什么？
18. 举例说明为什么立体分段建造对焊接的要求更高？
19. 底部分段构架的装配方法有哪几种，与焊接有什么关系？
20. 双层底分段的装焊工艺有哪几种？
21. 什么是倒装法工艺，什么是顺装法工艺，二者有何特点或区别？
22. 举例说明倒装法工艺的焊接程序。
23. 举例说明顺装法工艺的焊接程序。
24. 说明舷侧曲面分段的焊接工艺要点。
25. 双层舷侧分段的焊接程序是如何制定的？
26. 大型船舶的首部装焊是怎样进行的？
27. 立体分段的焊接变形的原因有哪些？如何预控？
28. 如何矫正立体分段的焊接变形？
29. 什么是焊接工艺规程，其作用如何？
30. 对立体分段的焊接工艺规程有何要求？

【作业与任务】

1. 编制船体平面分段的焊接工艺规程。
2. 编制船体立体分段的焊接工艺规程。

项目四　船舶舾装件装焊工艺编制

【职业能力目标】

1. 掌握船舶舾装的焊接工艺要求。
2. 简单工夹具的设计和计算。
3. 了解焊接接头的工作应力及其应力集中和预防措施。
4. 掌握常见舾装件的焊接工艺编写方法。
5. 能根据图纸说明舾装结构特点和加工工艺要点。
6. 编写典型船舶舾装装焊工艺要点。

【工作任务项目】

1. 能够找出船体舾装件所有焊缝，并根据其特点进行分类，并能区分不同焊缝的工作特点。
2. 能够根据船体舾装件特点提出船体舾装的装焊方案。
3. 编写船体舾装件装焊工艺要点。

【教学目标要求】

一、知识目标

1. 掌握常见舾装件的焊接工艺要求。
2. 学会常见舾装件的焊接工艺分析。
3. 掌握常见舾装件的焊接工艺编写方法。

二、能力目标

1. 能够读识船舶舾装件焊接施工图并能进行船舶舾装件的焊接工艺分析。
2. 能够设计或选择简单工夹具。
3. 能编制典型舾装件焊接工艺并提出相关技术措施。

【教学内容导航】

1. 船舶舾装件的焊接工艺要求

(1)船舶舾装件的焊接工艺原则；

(2)船舶舾装件的焊接工艺质量要求。

2. 简单工夹具的设计和计算

(1)简单工夹具的设计要求；

(2)简单工夹具的设计步骤；

(3)简单工夹具的设计计算。

3. 焊接接头的工作应力及其应力集中和预防措施

(1)焊接接头的工作应力特点；

(2)焊接接头的工作应力分布；

(3)焊接接头的应力集中现象；

(4)预防焊接接头应力集中的措施。

4. 常见舾装件的焊接工艺编写方法

(1)舾装件的焊接工艺编写形式；

(2)舾装件的焊接工艺编写内容。

船舶舾装所包含的范围很广，本教材主要指船舶结构舾装件，如主机基座、艉柱和艉轴架、艏柱、舵以及系揽桩、锚链筒、桅杆等零星构件。

4.1 主机机座装焊工艺编制

一、知识目标

1. 了解主机机座的制造要求和安装要求。
2. 了解主机机座焊接变形的预防及控制方法。

二、能力目标

1. 能识读主机机座的结构与安装图。
2. 能进行主机机座的定位和装配。
3. 能编写主机机座的焊接工艺并组织实施。

4.1.1 主机基座结构特点

主机基座是专为船舶上动力设备主机设置的一个底座。根据不同类型的主机，主机基座的结构也有所不同，中小型船舶的主机基座是由两列箱形纵向桁材、多个横向隔板和加强肋板组成，称为纵向桁材式主机座，如图 4－1 所示。而大型船舶的主机基座是由两列箱形纵桁。多个横向隔板、加强肋板和主机润滑油舱等组成，称为箱形桁材式主机座。纵向桁材式主机座和箱形桁材式主机座装焊时大都均采用倒装法。本节以纵向桁材式主机座为例说明其装焊工艺。

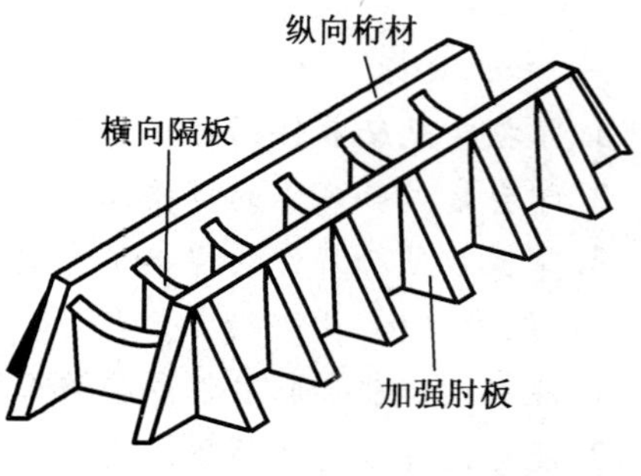

图 4－1 主机基座结构示意图

4.1.2 简要装焊步骤

装焊步骤：纵向桁材、横向隔板、加强肋板小部件的装焊→胎架准备→吊装主机座纵桁定位→横向隔板定位→加强肋板定位→焊接→检验、测量。

4.1.2.1 小部件装焊

小部件装焊如图 4－2 所示。

主机基座的纵向桁材、横向隔板及加强肘板都是 T 型小部件，它的装配方法与前面介绍的 T 型梁的装配方法相似，但作为主机基座又有它的特殊要求。

(1)纵桁、横隔板、加强肘板按 T 型部件装配。

(2)纵桁装配的特殊要求：

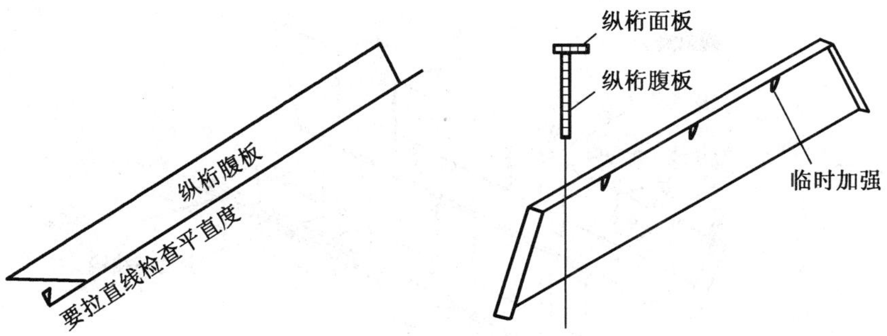

图 4－2　小部件装焊

①纵桁在装成 T 型部件后要拉线检查腹板上口的平直度。

②腹板不在面板分中线上，拼装时注意左右纵桁对称，不能装成一样。

焊接面板与腹板的角焊缝之前应采取加强措施。

(3)将横向隔板的宽度修割正确。

(4)部件焊接以后要火工矫正，纵桁的矫正要求高。

4.1.2.2　画线

(1) 在纵桁腹板上，按草图或样板画出横隔板和加强肘板的安装线、水平检验线、余量线，如图 4－3 所示。

(2) 在横向隔板上画水平检验线和余量线。

4.1.2.3　安装加强肘板

安装加强肘板如图 4－4 所示。

(1)安装在双层底内底板上的基座，下口在同一平面内，加强肘板可预先安装到纵桁上。

(2)基座下口有线型，不在同一平面内时，加强肘板暂时不装。

4.1.2.4　整个基座的合龙

基座表面的平整度要求很高，特别是基座上表面的平整度。应在胎架上进行合龙。

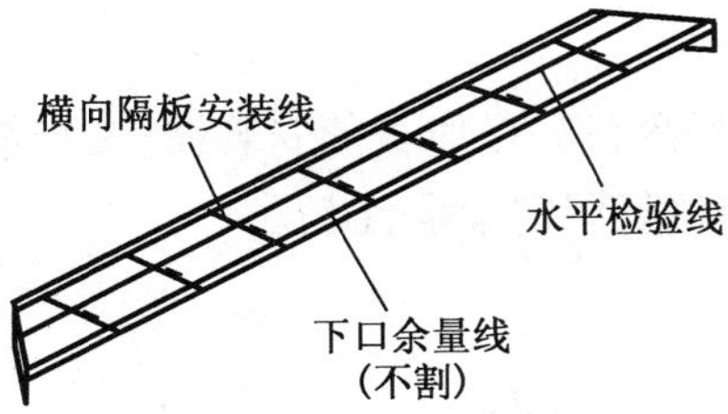

图 4－3　横向隔板上的画线

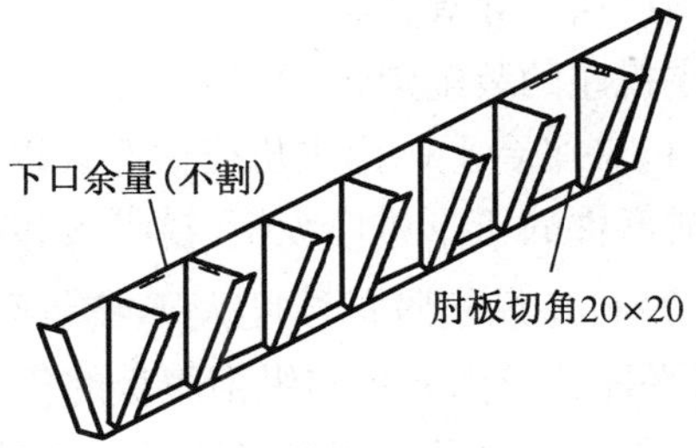

图 4－4　基座加强肘板

(1)制作胎架(图 4－5)

(2)吊装一侧纵桁

①使纵桁的投影与平台上的理论线吻合；

②对准平台上基座端线；

③与胎架固定。

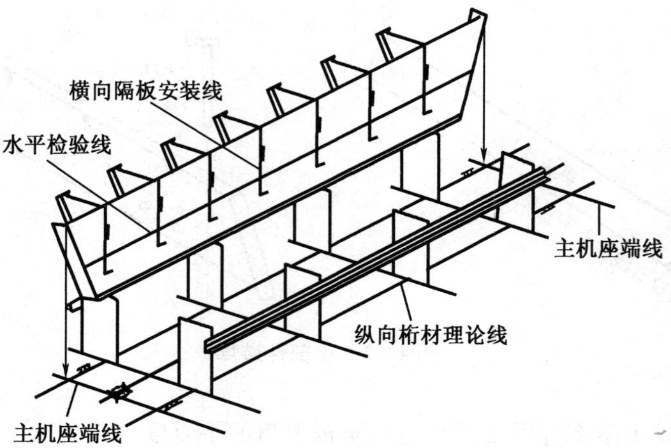

图 4-5　基座胎架

(3)吊装另一侧纵桁

①定位方法同上；

②仅用临时支撑固定，使之在宽度方向稍可松动。

(4)安装横向隔板

①先安装艏艉两块横隔板；

②要对准纵桁上的横隔板安装线；

③使横隔板上的水平检验线与纵桁的水平检验线对齐；

④复测两列纵桁间距，符合要求后施定位焊；

⑤嵌入中间的横隔板。

4.1.3　基座焊接

装配完毕后，即可进行焊接工作。由于主机机基座的制造精度要求较高，因此在焊接时必须严格遵守焊接程序。

主机座的装配焊接工艺如下：

(1)在平台上画出主机座中心线以及机座纵桁、横隔板和横肘板的安装线，按线铺装已经装成部件的T形机座纵桁、横隔板和横肘板并用定位焊固定于平台上。

(2)机座纵桁腹板厚度大于或等于14 mm时，水平面板及内底板与纵桁腹板的角接缝，焊前应在腹板边缘开不留根的坡口。腹板开坡口的起始板厚以船级社最新规范为准。

(3)焊接前清理焊缝坡口边缘，做好必需的清洁工作。

(4)用 CO_2 气体保护焊或采用碱性焊条焊接机座纵桁与横隔板及横肘板的角接缝，其焊接顺序一般从中间向两端逐格间跳进行。每条焊缝采用自上而下的逐步退焊法，如图4-6所

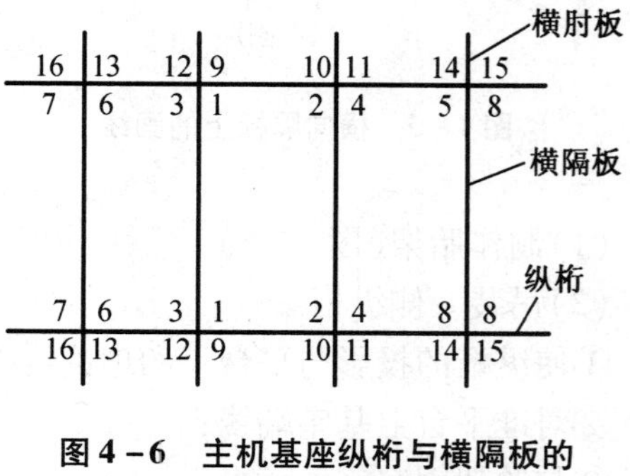

图 4-6　主机基座纵桁与横隔板的角焊缝焊接顺序

示。然后焊接机座纵桁水平面板与横隔板及横肘板间的平角焊。

(5)焊接时,应随时测量机座的变形情况,及时调整焊接顺序,以控制焊接变形。

(6)主机座焊后拆除与平台的定位焊,翻身校正变形,然后上船安装并与内底板焊接。它与内底板的连接采用双面连续手工角焊或 CO_2 气体保护焊。由双数焊工从中间向两端进行对称焊接,其焊接顺序和方向如图4-7所示。

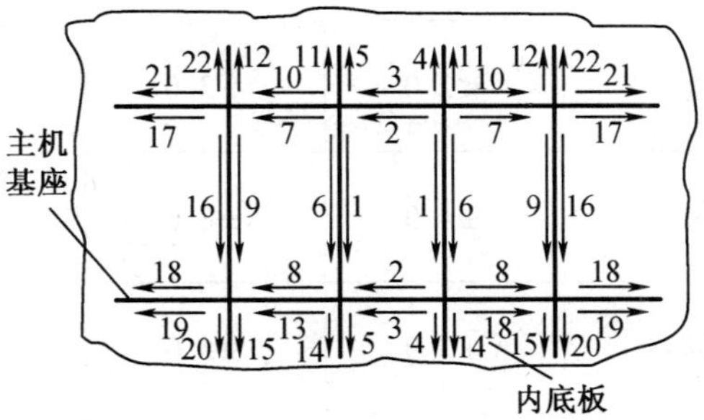

图4-7　主机座与内底板的焊接顺序

在焊接主机座时要注意的问题:

(1)由于有动载荷必须提高角焊缝的疲劳强度。因此一般而言:机座纵桁面板与腹板要开坡口焊透肘板、隔板与纵材面板腹板也要开坡口焊接,机座纵桁与内底板要开坡口焊接。

(2)为控制主机座焊接变形最好使用 CO_2 气体保护焊。而且,焊接前要用定位焊把主机座与平台点牢,以控制变形,焊接时还要注意用正确的焊接顺序焊接。

4.1.4　主机基座检测、矫正及质量标准

(1)检测　如图4-8所示。

(2)矫正　矫正后,复测至符合要求。

(3)质量标准　见表4-1。

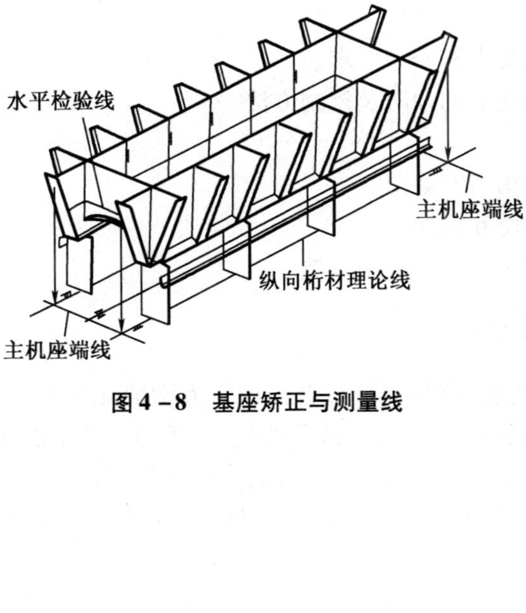

图4-8　基座矫正与测量线

表 4-1 主机基座装配质量评级标准

序号	检验内容	一级范围	合格界限	图示说明
1	基座半宽 B/2 偏差值	+2.0	+3.0	
2	四角水平	±2.0	±4.0	
3	面板纵向挠度	≤2.0	±3.0	
4	面板长度值的偏差	±4.0	±8.0	
5	面板宽度值的偏差	±3.0	±5.0	
6	面板与腹板垂直度偏差	≤3.0		

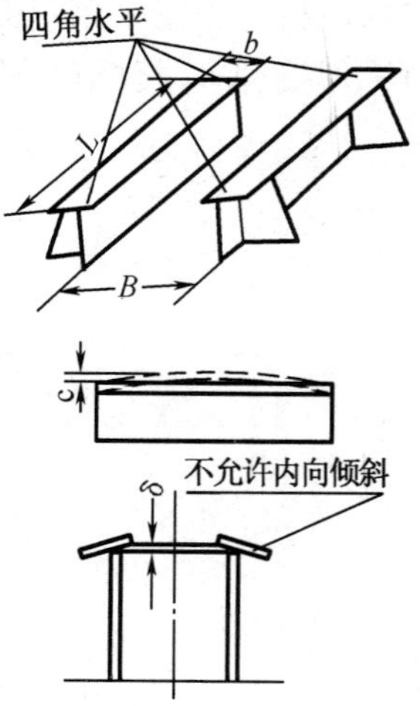

4.1.5 辅机基座的装配

辅机基座的装配步骤与主机基座基本相似。

(1)装配 T 型小部件,焊后并予矫正。

(2)在平台上画出辅机基座的理论线。

(3)取辅机基座的底面或顶面作为基准面,在平台上正装或倒装,为了防止焊接变形,应作必要的加强。

(4)装焊结束后要进行复测并矫正变形。

4.2 艉柱的装焊工艺编制

一、知识目标

1. 了解艉柱的制造要求和安装要求。
2. 了解主艉柱焊接变形的预防及控制方法。

二、能力目标

1. 能读识艉柱的结构与安装图。
2. 能进行艉柱的定位和装配。
3. 能编写艉柱的焊接工艺并组织实施。

4.2.1 艉柱的装焊概述

艉柱由铸钢、锻钢制成,或与钢板组合而成。大型船舶一般采用铸钢结构。艉柱的形式复杂且受铸造设备的限制,所以要分成几段浇铸,再经过装配焊接成为一个整体。

艉柱焊接采用电渣焊,焊时热量很大,容易产生变形。而艉柱又是舵和螺旋桨的支承,既需要有足够的强度,又要求外形正确,因此对艉柱的质量要求很高。为了保证装配质量和便于施工，一般艉柱装配都是在胎架上采用卧式装配法进行的，胎架设在平台上。下面介绍铸钢艉柱的装配方法。

1. 简要装焊步骤

平台上画出艉柱轮廓线、轴线、舵杆中心线、水线、肋骨线→竖立艉柱安装模板→吊装艉柱零件→开准对接坡口→吊对艉柱型线、艉轴与舵轴中心→装配定位→加强→焊接→拆除模板定位焊→矫正变形→（焊缝热处理）→修顺与外板的搭接边缘→测量。

2. 装焊步骤说明

（1）接头端面的准备

以（图 4－9）为例，该艉柱共分 6 段，有 5 个接头，采用电渣焊焊接。

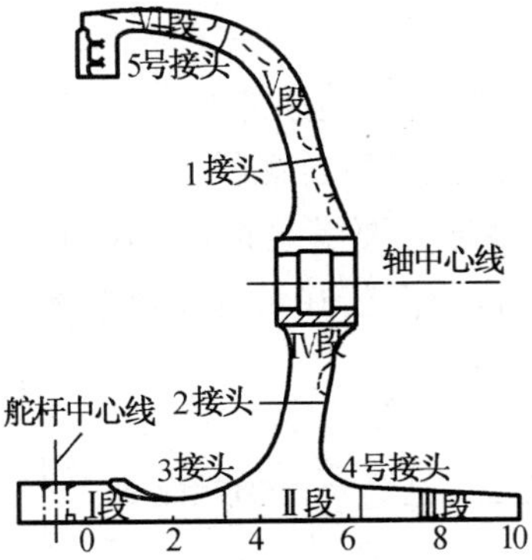

图 4－9　艉柱分段示意图

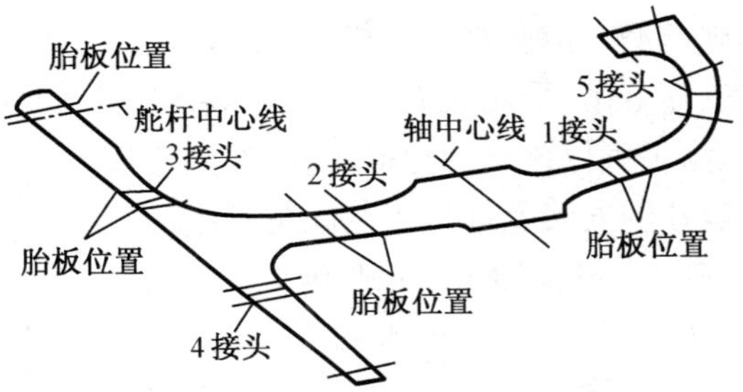

图 4－10　绘制艉柱轮廓线

（2）平台上画线和制造胎架

（3）装焊艉柱

艉柱的装焊是将已分段的各部再连接起来，如图 4－10 所示。并做好接头定位，调整好间隙，采用合理的焊接程序。

（4）电渣焊焊接方法

电渣焊也是金属熔焊的一种方法，它是利用电流通过液态的熔渣，发生大量的电阻热来熔化填充金属和焊件，并在冷却滑块作用下强制形成焊缝的。熔渣还对熔池起保护和净化的作用。电渣焊一般是垂直向上施焊。填充金属有单焊丝、多焊丝、焊丝加熔嘴和金属板等形式。焊丝连续送进，如图 4－11（a）所示。

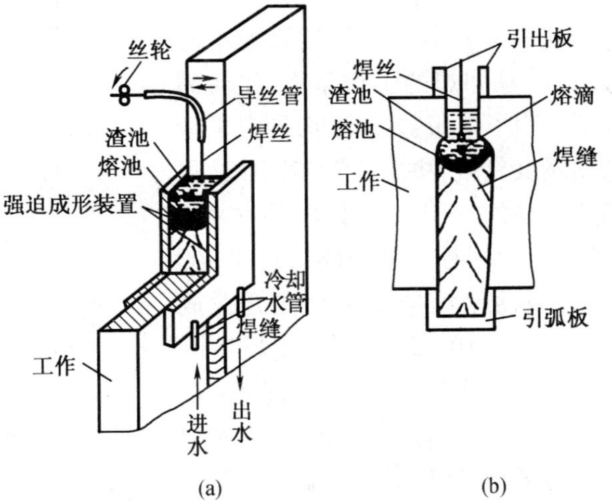

图 4－11　电渣焊过程

（a）立体示意图；（b）断面图

电渣焊是利用电流通过熔渣所产生的电阻热作为热源，将填充金属和母材熔化，凝固后形成金属原子间牢固连接。在开始焊接时，使焊丝与起焊槽短路起弧，不断加入少量固体焊剂，利用电弧的热量使之熔化,形成液态熔渣,待熔渣达到一定深度时,增加焊丝的送进速度,并降低电压,使焊丝插入渣池,电弧熄灭,从而转入电渣焊焊接过程,如图4-11(b)所示。

电渣焊适于焊接20 mm以上厚大截面的工件。它主要用于焊接厚壁压力容器、大型铸-焊结构、锻-焊结构或厚板拼焊,还可用于堆焊轧辊、高炉料钟等大型工件。电渣焊可焊接低碳钢、低合金钢、中碳钢、某些不锈钢和纯铝等。电渣焊生产效率高,焊缝金属缺陷少,劳动卫生条件好,是重型机械制造中重要的焊接方法之一。它的缺点是输入的热量大,接头在高温下停留时间长、焊缝附近容易过热,焊缝金属呈粗大结晶的铸态组织,冲击韧性低,焊件在焊后一般需要进行正火和回火热处理。

艉柱的分段接口处底部应设置垫板,两边应设置滑块或挡板,然后再进行电渣焊。

4.2.2 艉柱的安装

【工程案例】 某厂为德国船东建造的502/275TEU集装箱多用途船是单甲板、双底双壳、球鼻艏、方艉、尾机型机动船。此船配单机单浆、带轴带发电机、首侧推、贝克舵、液压舱口盖、克令吊、采用无人机舱。该船入级为GL级,并且许多地方要满足德国SBG的严格要求。为了确保该船的建造质量,在建造过程中采用了许多新的工艺并设立多项技术攻关项目,艉柱的安装及焊接工艺就是其中的一项。

该船艉柱高约4.4 m,长为1.816 m,最宽处约为1.2 m,自重约11 kg。结构复杂、尺度大、质量大。对整体浇铸的艉柱安装,传统的工艺方法是在总装线船台上待分段合龙后再拉主机轴线采用正造的方法定位安装艉柱,此工艺方法容易控制主机轴线及舵中心线偏差,但是仰焊的工作量大,船台周期较长。为了缩短造船周期,同时保证建造质量及精度,决定502/275 TEU集装箱船艉柱的安装分两步进行:先将7 100平台—上甲板及基线(8 L)~7 100平台上、下两个反造的小分段合龙成总段,然后在A02总段上采用反造的方法安装整体浇铸的艉柱,如图4-12所示。据此法建造,主机轴线及舵中心线在分段建造时要准确定位,艉部分段在建造及运输翻身时应严格控制变形,并确保艉柱轴线,舵中心线在分段合龙后不超差。其安装及焊接工艺如下:

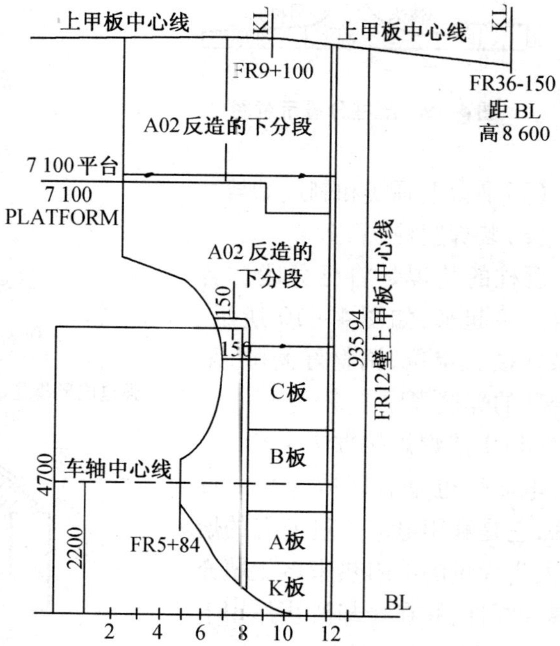

图4-12 艉柱在A02分段上的相对位置图

1. 艉柱安装的精度要求

(1)艉柱采用整体浇铸而成,艉柱的轴毂孔在车间或内场加工,艉柱上船安装后,船台或外场不镗孔,轴毂与艉轴管采用浇铸环氧树脂胶合,并且要求轴毂孔与艉轴管间隙为18 mm(单边)。

(2)艉柱安装时除了要保证与船壳光顺对接外,必须保证轴毂孔中心线与轴线相对偏

差在 ±2 mm 范围内。

2. 艉柱的定位及安装

（1）定位基准面的选取　如图 4 – 12，A02 所示分段上甲板#2 $^{+150}$ ~ #9 $^{+100}$，横向左右舷距舯5 100的范围内为一水平面，因此选择此水平面作为 A02 上下两个小分段合龙及艉柱轴中心线定位的基准面。

（2）基准面定位方法

①用激光经纬仪选取上甲板#2 $^{+150}$肋位上中点，左、右两边距舯 5 100 两点，上甲板#5、#7、#9 $^{+150}$肋位上中点，左、右两边距舯 5 100 两点检测，取所测的上述 12 点的平均值作为基准面值。

②用经纬仪将基准面值过到#12 舱壁的中点及舷边两点上，并在#3 肋位舷边两点也过上基准面值。

③为了保证总装顺利，用经纬仪检测环缝处（#2 $^{+150}$及#12 $^{+150}$）在上甲板上的中点及两舷边型值与样台实际型值偏差，与基准面值的偏差及 12 壁与基准面的垂直度。

④用经纬仪将#2 $^{+150}$卯及#12 壁的甲板中点垂直过到#12 壁与外板相接处，并将上、下两中点连成一根垂直于基准面的直线，轴线在#12 壁及#2 $^{+150}$上的点应在此直线上。

⑤在平台上固定好经纬仪，按基准面高度值测定轴线在#12 壁上的点，然后用激光经纬仪将此点射向#11、#10、#9 肋板上，并在上述肋板上以射线为中心划直径约为 350 mm 的圆线，并割孔（便于轴线钢丝通过）和在#12 壁上安装“A”靶架及#3 外板上装“B”临时靶架，并找出前靶点“a”及尾靶点“b”，在以上靶点锯出钢丝线口，并拉好轴系中心钢丝线，如图 4 – 13和图 4 – 14 所示。

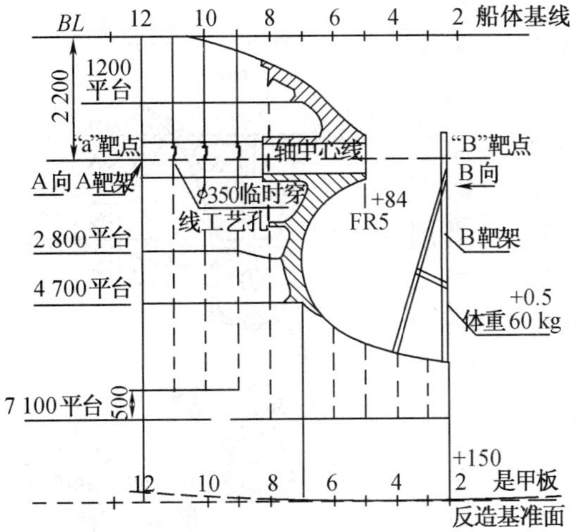

图 4 – 13　靶架和靶点定位图

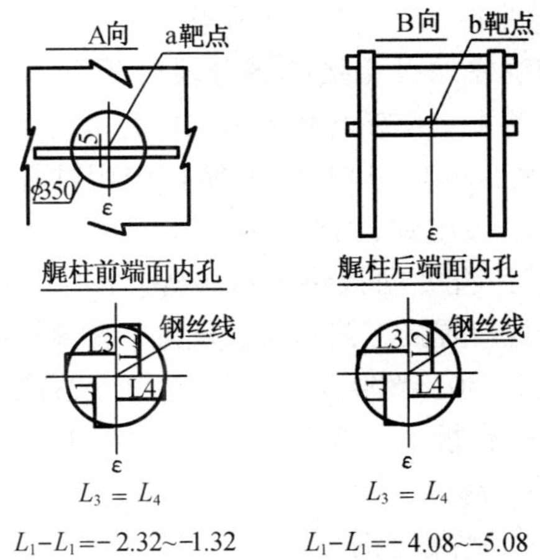

图 4 – 14　把点处偏差精度示意图

（3）艉柱的安装步骤

①艉柱安装前，A02 分段的 7 100 平台上、下两个小分段应在反造胎架上合龙完毕。另外，船壳外板仅留下图 4 – 12 所示的 A 板不装，待艉柱装好后再装。

②将已加工好并交验合格的艉柱放置于车间预制平台上，在上面安装起吊吊环，吊环装在艉柱底部#6、#8 肋位中纵处，确保艉柱处于较直的位置。

③将艉柱吊上已经合龙好的 A02 总段上，按轴中心线的高度尺寸初步定位，然后分别通过靶点“a”及“b”拉好轴心钢丝线(钢丝线直径为 0.8 mm)，吊坠重 $60^{+0.5}$ kg，并用经纬仪复核一次轴线钢丝首尾靶架的高度，最后通过调整轴孔前后端面距钢丝线的距离将艉柱准确定位，并施定位焊。

④定位后重复一次检测轴线和艉柱的定位情况，经确认后进行正式焊接。焊接时，钳工应随时测量艉轴管内孔与轴心钢丝线的变化情况，其值控制在图 4－14 所示的范围内。艉柱前端内孔水平方向 $L_3 = L_4$；垂直方向 $L_1 - L_2 = -2.32 \sim -1.32$ mm；艉柱后端内孔水平方向 $L_3 = L_4$；垂直方向 $L_1 - L_2 = -4.08 \sim -5.08$ mm。由于艉柱柱体在轴线上的焊接量要大于轴线下的焊接量(轴线上有 4 700、3 800 两个平台，一道纵向筋板及铸体对接缝)，焊接后，轴毂孔前后将产生向上的位移，对此采取反变形措施，将轴毂孔前后中心与轴线有意向下形成 2～3 mm 偏差。

3. 艉柱的焊接

由于艉柱的板较厚，与 A02 总段的焊接量较大，焊接的顺序及方法对控制艉柱的安装精度非常关键。

(1)焊接方法

采用手工电弧焊打底，然后用 CO_2 气体保护半自动焊的方法分多层封盖。CO_2 气体保护焊焊丝为 H08Mn2SiA，焊丝直径为 1.2，焊接电流应控制在 100～120 A。由于铸钢件的厚度较大、形状复杂、含碳量高，手工焊条应采用抗裂性较好且较小直径(一般选 3.2)的低氢焊条，焊接电流控制在 140～160 A。焊前铸钢件焊缝边应采用预热措施，预热温度一般为 120～200 ℃。

(2)焊缝坡口设计

图 4－15 节点 A 表示艉柱外板开单边过渡坡口与艉柱外板相接的艉分段外板开 K 型双边坡口。图 4－16 节点 B 表示艉柱壳板与#8 肋板单面 T 型角接的坡口型式，#8 肋板与艉柱壳板角接缝只能单边施焊，因此，在一边先焊一 5 × 40 的垫板，然后将#8 肋板装上再施焊。图 4－14 艉柱#8 肋合龙口焊接工艺示意图图焊。图 4－16 表示与尾柱 1 250、3 800、4 700 平台板及纵隔板相接的尾分段平台板开 K 型双边坡口，艉柱 1 250、3 800、4 700 平台板及纵隔板开单边或双边过渡坡口。

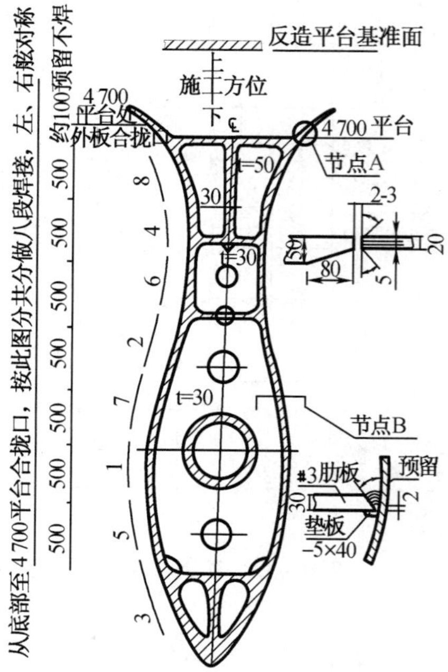

图 4－15 艉柱#8 肋板拢口焊接工艺示意图

(3)焊接程序

为了控制变形，焊接过程中应由两人对称等速施焊，上一道焊冷却后才能施下一道焊，而且采用跳焊的方法。将从底部至 4 700 平台合龙口共分成左右对称的八段焊接，将 4 700 平台处的水平环形合龙缝共分成左右对称的三段，按图 4－17 所示的方向及顺序焊接，并随时测量轴管中心线是否在要求的精度范围内，若有偏离，应及时处理。处理的方法主要是通过分析偏离的方向，用调整焊接部位及焊接量的方法来修正

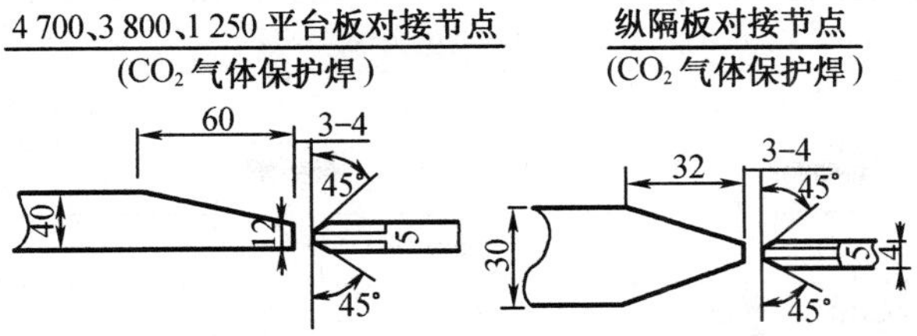

图 4－16　平台、隔板焊接坡口示意图

偏差。

实践证明，采用此种方法来定位安装尾柱，使得原来需要在总装船台安装尾柱提前到分段上安装，既可以改善施工条件、减轻劳动强度，又可以保证安装精度、提高安装效率、缩短安装的时间，大型铸钢尾柱的安装应推广此种方法。

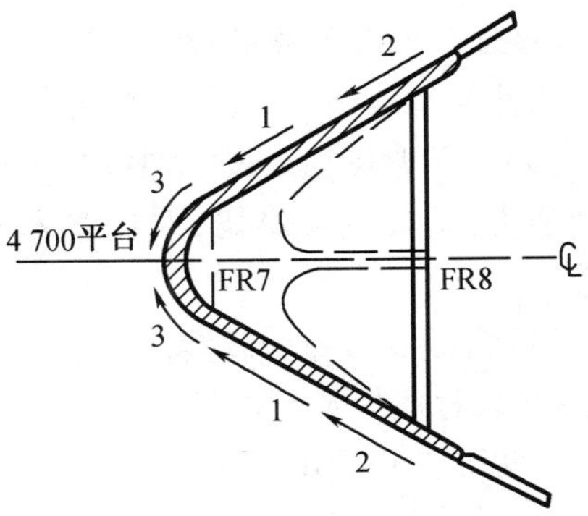

图 4－17　艉柱 4 700 平台水平环形合龙焊接顺序示意图

4.2.3　艉轴支架焊接工艺

【工程案例】　某型船后艉轴架采用双臂支架，由于两支撑臂间距及轴毂下端到支臂顶端的几何尺寸较大，如图 4－18(a)所示。整体浇注困难，浇注时的扭曲变形难以控制，综合考虑工件尺寸、浇注质量、经济性等因素，笔者将支撑臂在近毂端断开，分段浇注，焊接组合成形。艉轴架的化学成分及力学性能见表 4－2。

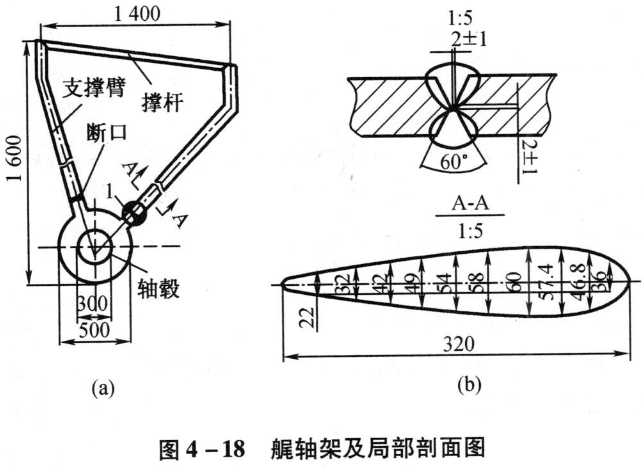

图 4－18　艉轴架及局部剖面图

表 4-2 ZG230—450C 的化学成分及力学性能

元素含量(质量分数)/%									
C	Si	Mn	S	P	残余元素				
					Ni	Cr	Cu	Mo	总含量

力学性能				
屈服点 σ_s/MPa	抗拉强度 σ_b/MPa	伸长率 δ_s/%	断面收缩率 ψ/%	冲击吸收功 A_k/J
≥230	≥450	≥22	≥32	≥27

(2)艉轴架支撑臂剖面呈机翼型如图 4-17(b)所示,最大厚度 60 mm。随着板厚的增加,焊接接头的冷却速度加快,促使焊缝金属硬化,接头内残余应力增大,需要选用抗裂性能好的低氢型焊条,焊接坡口要避免设计成窄而深的形状,防止产生焊接热裂纹。

(3)由于含碳量较高,焊接时需注意减少氢的来源。焊前彻底清除待焊部位及其附近各种杂质,焊条必须烘焙,对已溶入焊缝和热影响区的氢,需要采取后热措施使之向外扩散。

(4)为减少母材金属溶入焊缝中的比例,影响焊缝的力学性能,焊接接头需做成 U 形或 V 形坡口,打底焊及与母材接触面焊接时应选用小直径焊条、小焊接电流,以减少熔深。

2. 实际工程应用

(1)组合艉轴支架

组合前,应仔细检查艉轴架的表面及内部质量,铸件应无浇、冒El 残根,无粘沙、氧化皮、气孔、缩孔、裂缝和结疤等缺陷,内部经超声波探伤符合 GB/F 7233—1987 铸钢件超声探伤及质量评级方法Ⅱ级要求。后将支撑臂、轴毂焊接部位机械加工成图示坡口(图 4-19),拉好艉轴中心线,定位轴毂,调整支撑臂角度、间距,用马板固定支撑臂与轴毂连接处,不得在焊缝中进行定位焊,为防止焊接时有较大扭曲变形,在支撑臂顶端用撑杆拉牢。

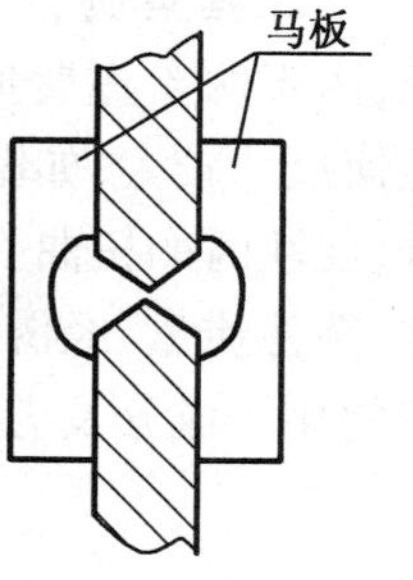

图 4-19 马板固定支撑臂图

(2)焊前准备

彻底清除坡口及坡口边缘 100 mm 范围内油污、铁锈、水分等杂质,焊条选用 J507 低氢型焊条,并经 350 ~ 400 ℃,烘焙 2 h,打底及与母材接触面焊选用西 2.5 mm 焊条,直流反接小参数施焊,其余各道选用 3.2 mm 焊条,焊接方式均采用分段退焊法。

(3)焊前预热

用绳式加热器对焊缝两侧各 300 mm 范围进行预热,加热至 90 ~ 100 ℃时,停止加热,待热量向母材内部充分传导,用测温计测量各点温度基本一致后,继续加热至 120 ~ 150 ℃,达到预热温度后,可立即进行焊接。

(4)焊接过程控制

为减小焊接变形,平焊至单面坡口处,将艉轴架翻转放平,碳弧气刨清根后,用扁砂轮打磨清除渗碳层与熔渣,直至露出金属光泽后焊接该面坡口,焊满为止,再将艉轴架翻转,将未焊满部分焊完。焊接结束,立即用石棉布包裹缓冷,并加热至 200℃ ,保温 2 h,使已溶入焊缝和热影响区的氢向外扩散。

3. 焊接中应注意的几个问题

(1)为保证焊接质量,各层各道焊的引弧、熄弧点要错开。

(2)施焊时,应派专人清理道与道、层与层间的氧化物,对局部出现的咬边、夹渣及引、熄弧段均用扁砂轮机彻底打磨出白,然后施焊。

(3)碳弧气刨产生的高碳晶粒是产生焊接裂纹的致命原因,所以必须彻底打磨干净。

(4)焊接道间温度控制不得低于预热温度。

(5)焊接过程中需锤击热态焊缝金属,以减小焊接应力。

4. 焊后热处理

焊接结束后,用退火架适当加强艉轴架,整体入炉加热至 600 ℃保温 4 h 后,随炉缓慢冷却,以消除内应力,如图 4-20 所示。

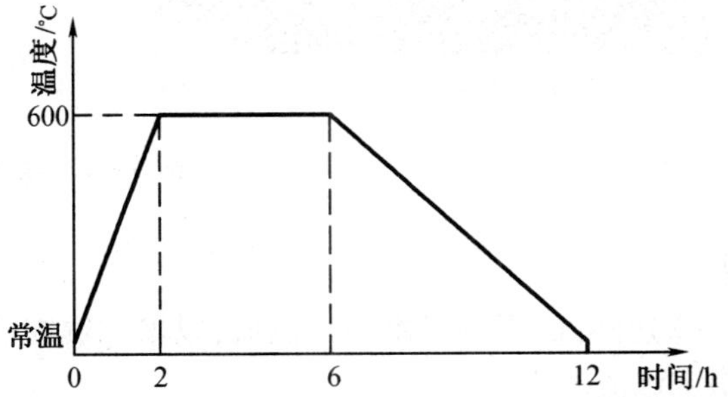

图 4-20　焊后热处理曲线

按以上工艺施焊组合的艉轴架,焊接部位经受了多次来自螺旋桨区域的强烈振动及主机启动时带动螺旋桨的冲击载荷,未出现任何异常现象,证明该工艺是可行的。

【思考】　艏柱的装焊工艺分析。

提要:根据制造方式,艏柱可分为锻造艏柱、铸造艏柱、钢板焊接艏柱和由铸钢加钢板焊接混合组成的艏柱等几种形式。

艏柱装配在胎架上进行,有正装和侧装两种。所谓正装,它的胎架基面垂直于中纵剖面。这种方法适用于较平直的艏柱。而侧装(卧式装配法)胎架的基面平行于中纵剖面。

试分析艏柱的装焊工艺。

4.3　舵叶的装焊工艺编制

一、知识目标

1. 了解舵叶的制造要求和安装要求。

2. 了解舵叶焊接变形的预防及控制方法。

二、能力目标

1. 能读识舵叶的结构与安装图。

2. 能进行舵叶的定位和装配。

3. 能编写舵叶的焊接工艺并组织实施。

舵按剖面形状分有平板型舵和流线型舵两种。平板舵目前已较少采用。流线型舵的阻力小,水压力大,得到广泛应用。本节主要介绍流线型舵的装配方法。

4.3.1　舵的结构组成

从图 4-21 所示的舵叶结构可以看出:舵叶截面呈流线型,是根据实践经验和模型试验而确定的。

(1)舵板的一侧与水平隔板、垂直隔板以塞焊相连。所以,水平隔板与垂直隔板都装有

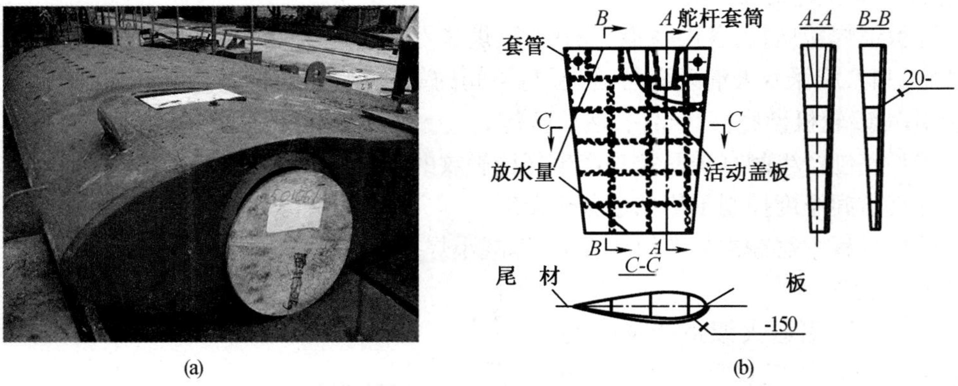

图 4 – 21　舵叶结构

面板。

(2)舵叶的艉端材由扁钢制成,以增加艉端的刚性,又起连接作用,使横截面逐渐减少,有稳定水流的作用。

(3)在艏端舵板相接处,有一弧形的前端衬板。

(4)舵叶与舵杆是通过舵杆套筒(铸钢)相连接,连接处有活动盖板,四周的纵横隔板要求水密。

(5)顶板与下底板上有放水塞,供注水或充气试验其密性之用,或灌注防锈漆及灌油等用。另外还有吊索套管,供起吊舵叶用。

4.3.2　舵的质量要求

舵叶的质量要求是:舵叶的横剖面必须与中心面对称,否则,左右两侧的水流压力就不相等,会产生一个附加力矩,直接影响对舵的操作;舵叶表面必须光顺,无局部凸出或凹陷;整个舵叶中心面无扭曲,即四角平整,保持同一平面;舵叶应具有致密性,所以对焊接质量要求较高。

4.3.3　舵叶装焊步骤

舵叶的装焊步骤如图 4 – 22,图 4 – 23,图 4 – 24 所示。舵叶的水平隔板和垂直隔板的预装→胎架准备→舵叶包板定位→上下铸钢定位→隔板定位→前端包板、艉端扁钢定位→焊接→另一侧舵叶包板定位→焊接→翻身封底焊→检验。

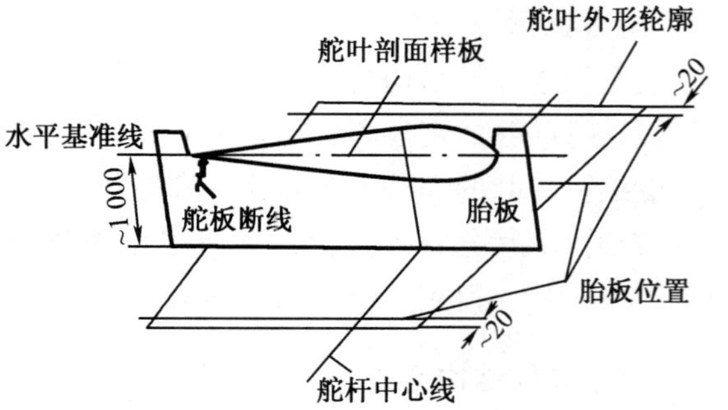

图 4 – 22　舵的胎架

安装构架时的注意点:

(1)装水平及垂直隔板时,必须用水平尺将其中心线对成直角,而两种隔板与舵叶板是不垂直的。

(2)上顶板与下底板上的放水塞,需预先装焊好,并经过矫正。

(3)舵杆套筒的中心线及端面的垂直度要仔细检查和复验,并注意艏艉方向。

(4)水平隔板与垂直隔板面板的连接要光顺,不能有局部凸起或凹陷。

(5)艉端材扁钢的安装位置,以保证舵叶的宽度要求为主,它与舵叶板的相对位置可以稍作修改。

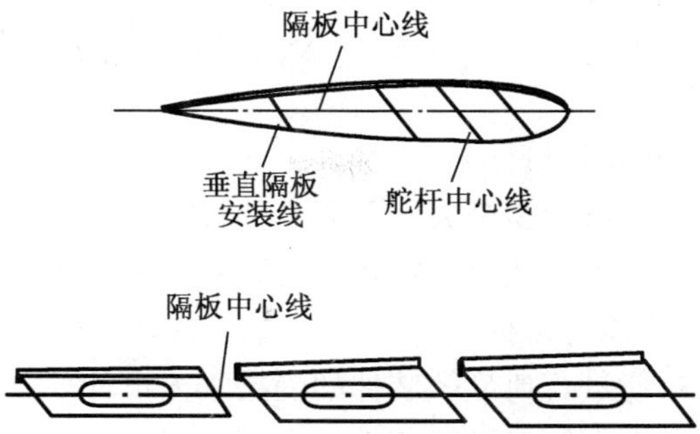

图 4－23　隔板装焊

4.3.4　舵叶装配焊接工艺

4.3.4.1　做好零部件的焊接加工

(1)分别焊接好两侧板,按照拼板的焊接工艺流程执行。

(2)舵叶内隔板的下料与焊接加工,特别是带 T 形接头的隔板上盖板是作为另一侧舵叶板的焊接垫板,应采用连续焊,不能点焊定位而结束。

(3)舵叶包板的成形加工。

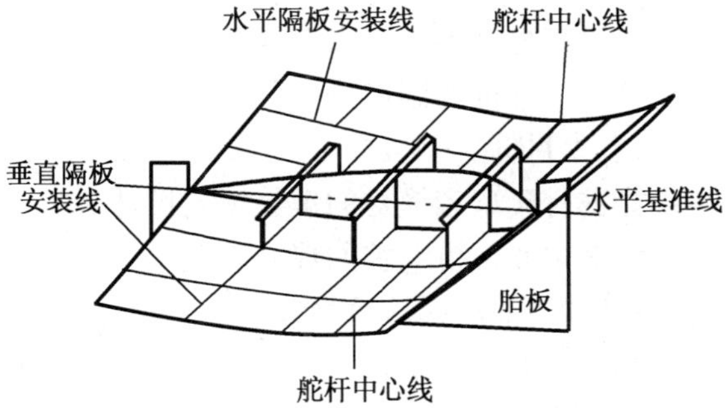

图 4－24　舵隔板的安装

4.3.4.2　舵叶胎架焊接定位

4.3.4.3　装配焊接一侧舵叶板(即下面的舵叶板),并装焊舵叶前包板及尾端扁钢,按照常规程序焊接舵叶内侧。

4.3.4.4　装配焊接舵叶隔板

(1)先装焊长隔板,与下面的舵叶板定位,再装焊短隔板并定位。

(2)先焊接隔板之间的角接缝(立角焊),从中间向四周焊接;再焊接隔板与舵叶板的角焊缝(平角焊),同样从中间向四周焊。

(3)焊接隔板与舵叶包板和艉端扁钢的连接缝。

(4)最后焊接隔板上的 T 形盖板的连接缝。

4.3.4.5　舵叶焊接顺序

装配焊接另一侧舵叶板(即上面的舵叶板),先调整定位,再点焊固定,尤其注意上面的舵叶板的塞焊孔与下面的 T 形隔板的盖板即垫板是否吻合,如不吻合,可采用加压点焊定位或采用马板定位的方法解决。再焊接上面的塞焊孔,如图 4－25 所示,并填平打磨光顺。最后焊接上面舵叶板的周边焊缝。

图 4－25　舵叶的塞焊孔

4.4　其他典型舾装件装焊工艺编制

一、知识目标

1. 了解典型舾装件工艺文件要求。

2. 掌握舾装件的焊接制造特点及要求。

二、能力目标

1. 能进行典型舾装件的焊接工艺设计。

2. 能编制典型舾装件的焊接工艺。

4.4.1　带缆桩装焊工艺编制

一、知识目标

1. 了解带缆桩等工艺文件要求。

2. 掌握带缆桩的制造特点及要求。

二、能力目标

1. 能进行典型带缆桩的焊接工艺设计。

2. 能编制典型带缆桩的焊接工艺。

4.4.1.1　带缆桩的结构特点

(1)带缆桩的结构图

带缆桩又称系缆桩,常见的是双柱系缆桩（ DOUBLE BITTS BOLLARDS),如图 4 –26 所示。

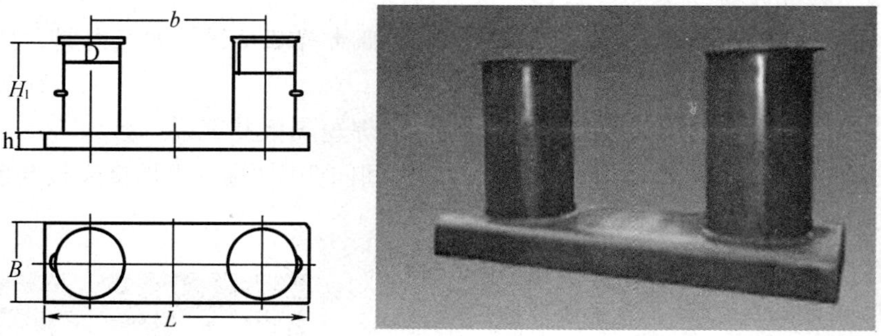

(a)　　(b)

图 4 –25　带缆桩结构图

根据 GB/T 554—1996 有表 4 –3 和表 4 –4 的各种规格的带缆桩。

表 4 –3　各种规格的带缆桩(一)

规格 Type	D	HI	A	B	L	h	
	/mm						
100	114	150	250	165	445	50	
125	140	190	315	195	540	60	
160	168	250	400	225	670	70	

表 4－3(续)

规格 Type	D	HI	A	B	L	h	
	/mm						
200	219	300	500	290	860	85	
250	273	380	630	360	1 065	100	
315	325	480	800	430	1 300	125	
355	351	530	890	480	1 475	145	
400	402	600	1 000	550	1 630	160	
450	450	680	1 130	620	1 840	170	
500	508	750	1 250	690	2 040	190	
560	560	830	1 380	750	2 240	210	
630	610	940	1 570	820	2 510	225	
710	712	1 050	1 750	960	2 840	260	
800	813	1 200	2 000	1 100	3 240	295	

表 4－4　各种规格的带缆桩(二)

规格 Type	D1	LI	L	h1	h2
	/mm				
125	140	315	455	170	80
160	168	400	568	210	90
200	219	500	719	300	100
250	273	630	903	375	125
315	324	800	1 124	450	150
400	406	1 000	1 406	525	175
500	508	1 250	1 758	630	200
630	610	1 070	2 180	775	225
710	711	1 750	2 461	850	250

(2)带缆桩的主要焊缝

带缆桩是系船用的桩柱,固定在甲板上。安装带缆桩于甲板时,主要有两部分焊缝:一个是带缆桩下部的加强板与甲板的塞焊缝和角焊缝;另一个是带缆桩与加强板之间的角焊缝,如图 4－27 所示。

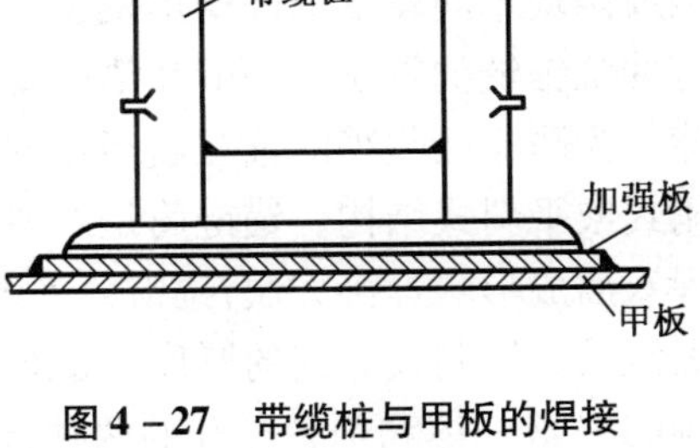

图 4－27　带缆桩与甲板的焊接

4.4.1.2　带缆桩的装焊工艺

带缆桩的焊接顺序是先焊塞焊缝,再焊加强板与甲板的角焊缝,如图 4－28 所示。最后焊接带缆桩与加强板的角焊缝。

焊接塞焊缝时，应先焊内圈四周，然后逐层堆焊，如图4－29所示。否则易形成假焊，即未熔合，采用CO_2气体保护焊焊接时，由于熔深比手工焊深、熔敷效率高，效果更好。在焊塞焊前，加强板与甲板之间必须有足够数量的定位焊，以保证塞焊时定位焊缝不致裂开。塞焊缝的表面应与加强板表面一样平。焊接加强板的角焊缝时，注意对称、分段焊接，先焊直边的角焊缝，对称进行；再焊四周的角焊缝，也要对称进行。

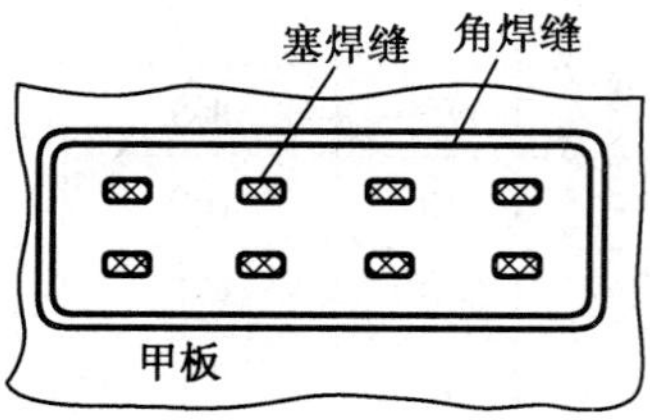

图4－28 带缆桩加强板的焊接

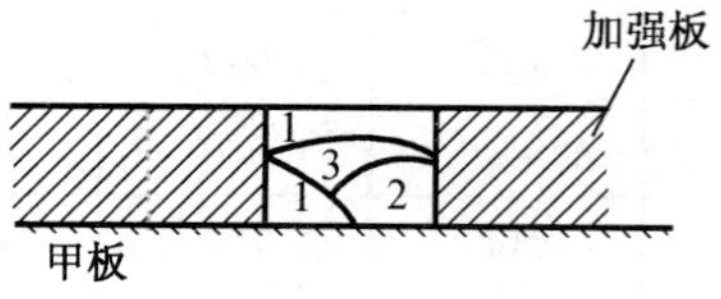

图4－29 加强板塞焊示意图

在有些船上还有一种结构较强的带缆桩，其结构特点是立桩穿过甲板并与甲板焊牢；如图4－30所示。焊接时，先焊甲板上面的焊缝，然后焊接立桩与甲板的角焊缝(仰焊)，再焊接立桩与甲板间的肘板角焊缝。焊接时也要注意分段，对称焊接，必要时锤击焊缝，尽量不要预热。

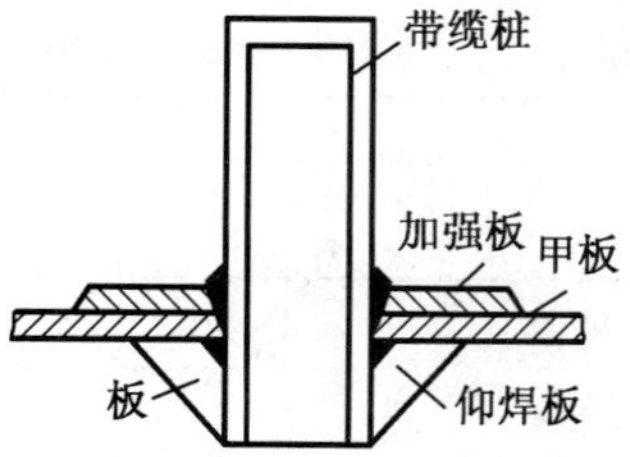

图4－30 主桩焊接示意图

4.4.2 锚链筒装焊工艺编制

一、知识目标

1. 锚链筒安装图的读识技巧。
2. 掌握常用锚链筒结构的装焊要求。
3. 锚链筒结构的焊接方法的应用。

二、能力目标

1. 能读识锚链筒结构与安装图。
2. 能选择锚链筒结构的安装工具。
3. 能选择锚链筒结构的焊接方法。

4.4.2.1 锚链筒结构特点

锚链筒在船首两侧，穿过甲板与外板，供锚链通过和收藏无杆锚锚干的管筒。由铸铁、铸钢或两块不同厚度的圆槽形钢板焊接而成，目前多采用后一种型式。现代船舶的锚链筒装有冲洗锚链的管系。一般在锚链筒上口装有滑槽或导链滑轮，用以减少锚链和锚链筒的摩擦。为防止已收妥的锚在航行中接触水面而增加阻力，锚链筒下口不宜过低，故多采用陡峭式或平斜式结构。锚链筒是由整体圆管或由两个半圆拼接而成，拼接焊缝一般是用单面焊双面成形的焊接方法，锚链筒安装到船上在端部还带有锚眼圈。锚眼(锚眼圈)一般是以锻钢或铸钢制成。它的厚度一般较大，而且其结构形式很多，应用较多的是锚眼与锚链筒铸(锻)成一体和两者分开的两种，现在有些船舶为了防止锈蚀，影响美观，也有用不锈钢做锚链筒的。

4.4.2.2　锚链筒结构的装焊工艺

现介绍在中型船舶应用较多的，而焊接又比较复杂的锚眼圈与锚链筒两者分开的单独式锚眼圈焊接工艺。由于锚眼圈的焊缝位置有平、立、仰焊三种是全方位的，而焊接电源又远离工作场所，所以焊接电流的大小不能随时调整。另外，由于装配及制造上的原因，锚眼圈接缝的间隙一般较大，同时铸钢中又常夹有砂眼等缺陷，这都增加了焊接上的困难。为了获得理想的焊缝成形和质量，在焊接时应采取以下措施。

(1)应选用直径为4 mm的焊条，将焊接电流调整到比平焊时小，而比立焊时大的数值上，这样就能较顺利地运用一种焊接电流来焊接三种位置的焊缝，就保证了焊接质量。

(2)采用短弧焊接，操作时应根据焊缝位置的变化，来调整焊条与锚眼圈的相对角度。焊接顺序是先焊内环缝，后焊外环缝，由下往上。

(3)如果铸钢上有砂眼，应清除干净后才能焊接。

(4)如果间隙过大，可采用分段焊接法进行焊接，即先焊完一段后再焊下一段焊缝，每段焊缝长度为50 mm左右。

(5)由于锚眼圈厚度大，焊接时锚眼圈不易熔化，运条时应使电弧在锚眼圈一边多停留一些时间，使其有充分的热量来熔化铸钢金属，达到锚眼圈和船壳板热量均匀的目的。

(6)锚眼圈内圈焊缝的外形必须与锚链筒及锚眼圈边缘成光顺过渡的曲线，以利于锚链上下滑动。

锚链筒钢制件的对接焊缝应平整光顺，锚链筒与外板、甲板间的焊接应牢固、水密。焊缝应光顺，不得有夹渣、飞溅、凹陷、气孔、裂缝和焊瘤等缺陷。

4.4.3　管子的焊接工艺编制

一、知识目标

1. 了解管子等工艺文件要求。

2. 掌握管子的制造特点及要求。

二、能力目标

1. 能进行典型管子的焊接工艺设计。

2. 能编制典型管子的焊接工艺。

4.4.3.1　管子的焊接特点

管子焊接在整个舾装件焊接中占很大的比重，如船舶主辅机管子的连接，各种输油、水、气管之间的连接等，一般都采用CO_2气体保护焊来焊接。也可用手工电弧焊来焊接，管子的焊接质量直接影响到船舶建造质量和使用性能。由于管子处于空间的位置不同，有垂直位置和水平位置两种。管子状态也不同，又可分为可转动和不可转动两种，因此，对管子的焊接方法就有很多形式，对于它们的工艺特点及操作要点，前面章节已作详细介绍。

4.4.3.2　管子的焊接工艺要点

下面仅对几种应用面较广的焊接工艺方法作原则性介绍。

(1)管子转动焊接　焊接时，管子按焊接速度的要求进行旋转，旋转可采用手工转动和自动转动两种。水平位置转动管子的焊接一般有两种焊接位置。

①对于不带垫板的管子的转动焊接，为了保证根部熔透，一般在半立焊部位焊接。

②对于带垫板的管子的转动焊接，一般比较容易焊透，为了操作方便，一般选择直平焊部位焊接，相当于上坡焊，如图4－31所示。

(2)管子不转动的焊接　当管子处于水平位置固定,如上船安装就需要围绕管子的对接缝进行焊接。焊接时应注意仰焊起弧点及平焊熄弧点的接头位置需离垂直中心线10~20 mm,这样有利于把接头接好。焊接过程中应正确掌握仰、立和平焊的操作技术,并尽量采用短弧焊。

当管子处于垂直位置固定,就需要围绕管子的对接缝进行焊接时,这时应采用横焊方法。一般根据管子直径的大小可分为两半焊接法(直径小于200 mm)或分段焊接法(直径大于200 mm)进行焊接。

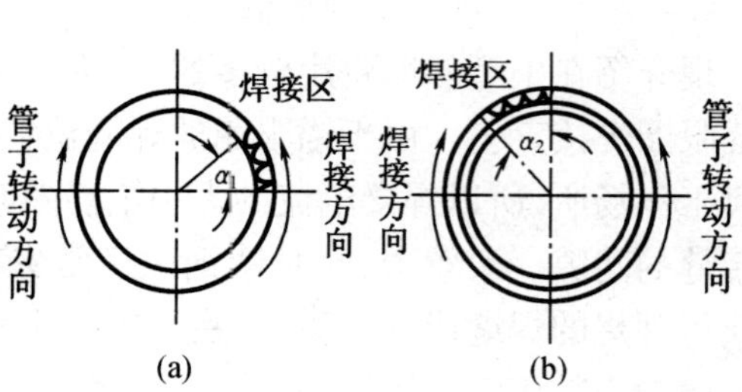

图4-31　水平管的转动焊接

(a)不带垫板的管子的转动焊接;
(b)带垫板的管子的转动焊接

当管子进行多层焊时,各层焊缝接头应互相错开,一般应错开20~30 mm以上。如果由于结构原因,焊缝局部遇到障碍时,可采用弯曲焊条的方法进行焊接。弯曲时,焊条的药皮不可弄掉。

(3)管子纵向对接焊和焊接钢管的对接焊　焊接纵向对接缝的管子,其焊接顺序可采用逐步退焊法或分段跳焊法等。当两根焊接钢管需对接焊时,装配时要注意把相邻两管接头的纵向焊缝错开一定的距离,这个距离应大于200 mm。

(4)套管的焊接　为了方便管系的安装,目前在船上较多采用套管焊接来取代管子的对接,尤其在加热管系上应用得更多。套管的焊接就是在两根管子的外部套上一小段管子,将套管两端与管子焊接在一起。套管的焊接与管子的对接焊相似,它的主要困难是如果操作过程中运条方法和焊条角度不当时,易在套管边缘产生咬边或焊偏现象。因此,在焊接时应注意焊接操作手法,尤其在立焊和仰焊时更应注意。如果管子可移动,最好将管子放在垂直位置进行平角焊。

(5)管子与法兰焊接　管子与法兰焊接接头形式比较多。焊接方法可采用手弧焊或CO_2气体保护焊,焊接电流的选择和焊脚尺寸大小,主要根据管壁厚度来决定。具体的焊接方法与管子对接焊相似,但因管壁厚度比法兰薄,为了防止管壁形成咬边或焊穿,电弧需适当偏向于法兰,使管壁与法兰均匀受热,改善焊缝成形。

4.4.4　其他舾装件的焊接

一、知识目标

1. 了解水密门及门框、艉轴筒等工艺文件要求。
2. 掌握水密门及门框、艉轴筒的制造特点及要求。

二、能力目标

1. 能进行水密门及门框、艉轴筒的焊接工艺设计。
2. 能编制水密门及门框、艉轴筒的焊接工艺。

4.4.4.1　水密门的焊接

为了增强水密门的刚性,水密门闩板都压制成凹槽,或在门上焊两条加强筋,同时还要焊上一圈扁铁制成的用来安装橡皮的槽,为了减少焊后变形,这些焊缝均采用小电流细焊条和间断角焊或使用CO_2气体保护焊。焊接前用马板将水密门固定在平台上,等焊好冷却后,再拆除马板。

4.4.4.2　水密门框的焊接

水密门框有两种制造方法：一种是直接在隔舱壁门的开口边上装焊一圈扁铁圈，即门框；另一种是将门框与其四周部分的隔舱壁预先在平台上焊成部件，并与门合成一体，然后再上船平贴在隔舱壁的开口处。焊接时，外侧为搭接连续角焊缝，内侧为搭接间断角焊缝。

焊接水密门框的主要问题是防止变形，如果焊接工艺不当，就可能发生挠曲变形。为了减小焊接变形，焊接时先焊间断角焊缝，后焊连续角焊缝并采用 CO_2气体保护焊，若用手工电弧焊，则要用细直径焊条，长焊缝用分段跳焊法，另外还应将门框固定。对前一种制造方法的门框焊接，可在定位焊后将水密门扣紧在门框上，以增加门框的刚性。对于后一种在平台上焊制的水密门框，可以用马板将水密门框固定在平台上再焊接，这样就可以减小焊接变形。

4.4.4.3　艉轴筒的焊接

中型和大型船舶的艉轴筒，是由材料为 ZG200—400C ~ ZG230—450(ZG15—25)的铸钢浇铸成数节，然后由环缝对接而成一个整体。

艉轴筒的装配焊接主要应保证各艉轴筒同心，不能有变形，焊接时多层焊缝中无缺陷，其焊接工艺如下：

(1)坡口准备　内径大于 600 mm 的艉轴筒，其内壁的接缝处开深为 3 ~ 4 mm 的 60°坡口，用 CO_2气体保护焊打底，外面气刨清根后焊接。内径小于 600 mm 的艉轴筒，其内壁因要加工，故不必焊接。由于艉轴筒壁厚较厚，所以外壁一般都开成 U 形坡口，如图 4 – 32 所示，并采用 CO_2气体保护焊打底，再用埋弧自动焊填充和盖面。若能保证艉轴筒焊接后的直线度(如加马材，在特有的工装上装配等)也可以采用衬垫焊焊接。

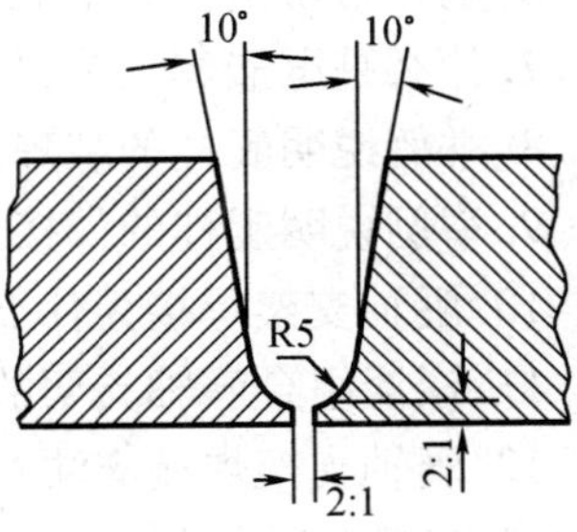

图 4 – 32　艉轴筒的对接坡口

(2)马板的安装　用马板在艉轴筒内壁进行定位，马板至少应有 4 块，马板尺寸为 20 mm × 250 mm × 600 mm，分别与内壁成 90 度，马板与艉轴筒用双面角焊缝焊接。

(3)焊接大直径的艉轴筒先进行内壁封底焊，碳弧气刨清根后，正面焊缝的打底焊采用 CO_2气体保护焊，要确保根部焊透，以后各层可采用 CO_2气体保护焊或埋弧自动焊进行。小直径艉轴筒的打底焊采用 CO_2气体保护焊，进行单面焊双面成形焊接，要使焊缝背面成形。然后再焊 1 ~ 2 层，方可进行埋弧自动焊。

(4)各层焊接均由两名焊工同时对称进行。打底焊采取立焊分段跳焊法，每段焊缝长 200 ~ 250 mm，每段焊缝起焊处，应在轴中心线下方开始，焊完一段转动一个角度，使要焊接的焊缝总处于立焊位置。以后各层同样采用分段焊法，焊完一段转动一个角度。两人的焊接速度要基本相同，但焊接方向应相反。左右两边的焊接层数应相同，每层焊缝的接头要错开 20 mm 以上。

(5)回火处理　艉轴筒焊后需进行回火处理。

4.5 舾装件的装焊工艺文件编制

舾装件的装焊工艺文件属于专项的工艺文件,根据焊接工艺的复杂程度,可以采用焊接工艺卡的形式。对于大型船舶由于结构舾装件较大,属于钢结构范畴,也可以采用说明书的形式。

编制内容包括:舾装件编号、结构简图、焊接方法、焊接材料、焊接规范、焊接程序、焊接技术措施、焊接质量要求和检测手段等。

【思考与练习】

1. 船舶舾装件的特点是什么?
2. 船舶结构舾装件指的是什么结构件?
3. 说明主机基座结构特点对焊接有什么要求?
4. 为什么主机基座采用倒装法工艺?
5. 说明主机基座的焊接工艺要点。
6. 艉柱常常由什么组成,为什么需要焊接连接?
7. 什么是电渣焊工艺,如何用它来焊接艉柱?
8. 举例说明艉柱的装焊步骤。
9. 举例说明艉柱的焊接工艺(铸钢与船板的焊接)。
10. 艉轴支架焊接为什么要用低氢型焊条?
11. 谈谈组合艉轴支架的焊接工艺。
12. 艉轴支架焊接应注意哪些问题?
13. 舵叶的结构特点是什么?
14. 舵叶对焊接的主要要求是什么?
15. 简要说明舵叶的装焊步骤。
16. 安装舵叶构架时应注意什么?
17. 舵叶焊接为什么要采用塞焊工艺,其工艺要点是什么?
18. 系缆桩是什么构件? 主要有哪两部分焊缝?
19. 简要说明系缆桩的焊接工艺。
20. 系缆桩的加强版为什么需要采用塞焊?
21. 对立桩穿过甲板的系缆桩,为什么说甲板上面的焊接和甲板下面的焊接同样重要?
22. 锚链筒的结构特点和焊接工艺要求是什么?
23. 简要说明锚链筒的焊接工艺。
24. 船舶管子焊接有哪几种位置? 管子状态有几种?
25. 如何进行可转动管子的焊接?
26. 如何进行不可转动管子的焊接?
27. 简要说明焊接钢管的焊接工艺。
28. 为什么可用套管焊接来代替管子对接? 最佳焊接位置是什么?
29. 管子法兰的焊接要点是什么?
30. 水密门框有哪几种制造方法?

31. 如何防止水密门框的焊接变形?
32. 大型船舶的艉轴筒由什么组成,对焊接有什么要求?
33. 试述艉轴筒的焊接工艺。
34. 为什么说在船舶舾装件的焊接中马板和吊耳起着很重要的作用?
35. 船舶舾装件安装时,马板和吊耳的焊接应注意什么?
36. 船舶舾装件的焊接工艺采用什么形式编制?

【作业与任务】

1. 编写船舶舾装件——主机基座的焊接工艺和装焊工艺。
2. 编写船舶舾装件——艉柱的焊接工艺和装焊工艺。
3. 编写船舶舾装件——艏柱的焊接工艺和装焊工艺。
4. 编写船舶舾装件——舵叶的焊接工艺和装焊工艺。
5. 编写船舶舾装件——系缆桩的焊接工艺和装焊工艺。
6. 编写船舶舾装件——锚链筒的焊接工艺和装焊工艺。
7. 编写船舶舾装件——管系的焊接工艺和装焊工艺。
8. 编写船舶舾装件——水密门的焊接工艺和装焊工艺。
9. 编写船舶舾装件——艉轴筒的焊接工艺和装焊工艺。

项目五　上层建筑及其钢结构焊接工艺规程编制

【职业能力目标】

1. 掌握上层建筑的装焊的工艺要求。
2. 防止上层建筑薄板焊接变形的措施。
3. 掌握船舶上层建筑焊接工艺的编写方法。
4. 能根据图纸说明上层建筑结构特点。
5. 制订上层建筑装焊工艺方案。

【工作任务项目】

1. 能够找出上层建筑所有焊缝，并根据其特点进行分类，并能区分不同焊缝的工作特点。
2. 能够根据上层建筑特点提出上层建筑的装焊方案。
3. 编写上层建筑装焊工艺方案。

【教学目标要求】

一、知识目标
1. 掌握上层建筑的装焊的工艺要求。
2. 掌握上层建筑防止焊接变形的措施。
3. 掌握船舶上层建筑焊接工艺的编写方法。
二、能力目标
1. 能识读船舶上层建筑装焊图并能分析上层建筑的焊接特征。
2. 能提出上层建筑防止焊接变形的措施。
3. 能编制典型上层建筑的焊接工艺。

【教学内容导航】

1. 船舶上层建筑的装焊的工艺要求
(1) 上层建筑的装焊的工艺特点。
(2) 上层建筑的装焊的工艺程序。
2. 防止薄板焊接变形的措施及矫正焊接变形的方法
(1) 薄板焊接变形的特点。
(2) 防止薄板焊接变形的措施。
(3) 矫正焊接变形的方法。
3. 船舶上层建筑焊接工艺的编写方法

5.1　上层建筑的装焊工艺编制

一、知识目标

1. 掌握上层建筑的装焊的工艺要求。

2. 掌握上层建筑防止焊接变形的措施。

3. 掌握船舶上层建筑焊接工艺的编写方法。

二、能力目标

1. 能识读船舶上层建筑装焊图并能分析上层建筑的焊接特征。

2. 能提出上层建筑防止焊接变形的措施。

3. 能编制典型上层建筑的焊接工艺。

上层建筑是指位于上甲板以上的各种围壁建筑物，主要包括船楼和甲板室。船楼又包括艏楼、桥楼和艉楼。在船舶的建造过程中，一般以艏楼和艉楼作为艏、艉段的一部分，与艏、艉段一起建造。而现代造船中，桥楼或甲板室往往作为一个独立的区域总段进行建造，然后在与主船体连接，它们与主船体的连接形式有两种，一个是围壁与船舷外板的对接；另一个只是围壁与甲板的角接。在现代的船型中，除军用船外，大多采用的是甲板室的形式，与主船体采用的是角接的形式。上层建筑的焊接对船体结构的影响是很大的，采用科学合理的焊接工艺，对保证上层建筑的整体建造质量具有十分重要的意义。

5.1.1　上层建筑特点及装焊工艺要求

5.1.1.1　上层建筑特点

上层建筑大多是采用薄壁的轻型结构，相对主船体强度相对较弱，所以在建造中为防止其变形，常常要进行临时加强。

现代船舶的上层建筑一般都是有几层组成的，每一层甲板都具有和上甲板一样的梁拱线性，图 5－1 为建造中的上层建筑。上层建筑的内部划分了若干的舱室，各个舱室也因作用和功能的不同，安装各种仪器、设备和舾装件。在现代区域造船中，这些结构往往都是单元、托盘的形式参加上层建筑总段的建造。

上层建筑的建造一般有两种形式，一是上层建筑的每一层作为一个立体（或半立体）分段在胎架上反造后，顺次吊上主船体进行合龙，如图 5－1（a）所示；二是上层建筑的每一层做每一个立体（或半立体）分段在胎架上反造后，先合龙成上层建筑总段，在吊上主船体对接，如图5－1（b）所示。但无论哪一种形式，都应考虑船厂的生产能力和工艺的合理性。

机舱棚的作用是采光、通风，因为不承受其他外力，一般也采用薄壁型结构，它的围壁在主船体和上层建筑建造过程中安装，而机舱的舱口围板与其他舱口相同，在主船体建造时直接装焊完成。而它的顶盖可在厂内装焊后，再吊上船体，与机舱口围板用螺栓连接。

烟囱作为一个独立的结构，不仅要求结构合理，而且要其外型美观。由于其外部线性复杂，施工麻烦，所以只作简单介绍。

舱口盖是甲板以上的钢结构，也是由薄板结构组成的，在开启过程中要求较高的刚性，即较强的抗变形能力，目前舱口盖的种类也较多，工艺复杂，防止焊接变形的措施更加严谨，需要更合理的焊接工艺。

(a) (b)

图 5-1 建造中的上层建筑

上层建筑的其他构件也很重要,如桅杆,吊杆等,都是重要的抗腐蚀,受力构件,对焊接质量的要求特别高,需要引起高度重视。

5.1.1.2 上层建筑装焊工艺要求

(1)制造胎架

上层建筑分段的胎架形式与甲板胎架相同,可采用支柱式或框架式。由于上层建筑的甲板薄,采用支柱式胎架时,胎架支柱的布置应注意以下几点:

①在甲板的主要纵向、横向连续围壁处应设置支柱,以确保甲板梁拱和脊弧的正确性。

②在顶甲板的周围应向内约 100 mm 处和甲板较大开孔的周边也应设置支柱,防止顶甲板边缘下垂。

③支柱的间距沿船长方向不得大于 1 600 mm(纵向设固定角钢),沿船宽方向不得大于 1 000 mm。

④如果上层建筑的顶甲板周边带有檐板,则支柱的设置不可妨碍檐板的安装。

(2)顶甲板定位与画线

将拼焊矫正好的顶甲板吊上胎架定位、固定画线(方法与内地板在胎架上定位、固定的相同)。如顶甲板由多块钢板拼成,则在顶甲板接缝焊后并进行矫正才可画线。

根据画线图在甲板上画出外形轮廓线、纵横构架线、围壁安装线和扶梯口开孔,如图 5-2(a)所示,并割余量、开孔。画线、切割时应注意以下几点。

①因为分段是采用反造法,所以顶甲板画线时各围壁、构架的左右位置与图示方向相反。

②如果分段肋距加放有焊接收缩余量,画线时应考虑此处收缩余量值。

③顶甲板画线结束时,应用色漆标明围壁、零件号、肋位的编号,标明构架型材规格和厚度位置等,以利于安装工作的进行。

④扶梯口开孔切割时,沿其周边均留 3~6 小段,每段长 30~50 mm,暂不切割,使要被切割的钢板仍留在原位,以防工作人员踏空,待上层建筑分段调离胎架翻身后再割去。

(3)安装纵横构架和围壁

①安装纵横构架 如图 5-2(b)所示,先安装顶甲板的横梁与纵桁。横梁与纵桁安装的先后次序视分段的结构形式而定。横骨架式先装横梁,后装纵桁;纵骨架式先装纵桁,后

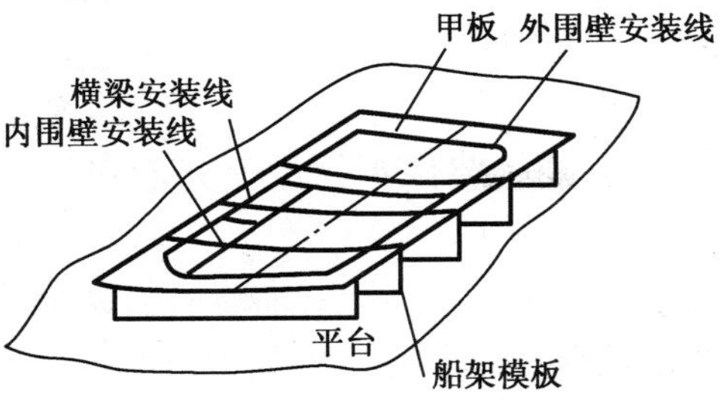

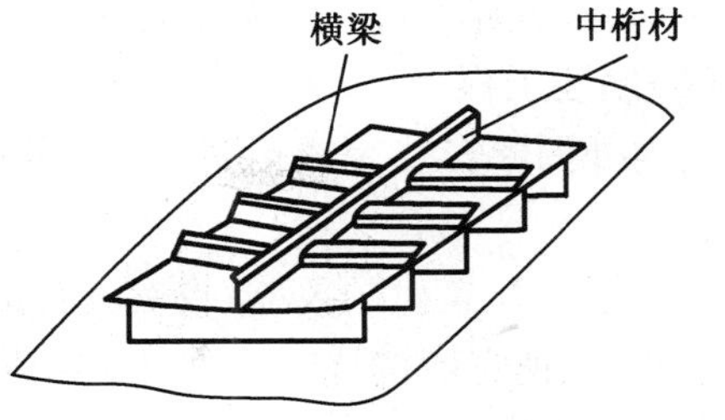

图 5-2　纵横构架的画线、定位与安装

装横梁。甲板中桁材一般最后安装。

②吊装内围壁　顶甲板纵横构架装好后开始吊装围壁。吊装顺序一般是先装内围壁，后装外围壁；先装横向围壁，后装纵向围壁。

横向围壁吊上顶甲板的安装位置后，将围壁的中心线对准顶甲板的中心线。在围壁板左、右两边的上边缘处吊线锤，使其与顶甲板上所画的围壁安装线对准，使围壁垂直于基面。

纵向围壁吊到顶甲板相应的安装位置线后，在围壁板首尾两边的上端处吊线锤，使围壁垂直于基面。为了减少围壁插入的困难，纵横围壁也可以交叉吊装。在围壁的水平检验线上用水平软管校正其高度方向上的位置，使前后围壁上的检验线位于同一水平面上。当围壁安装好后，必须用角钢撑牢。

③吊装外围壁　用与上述相同的方法吊装外围壁。

④在吊装外围壁的同时，可进行的甲板四周檐板、上层建筑分段内的各边连肘板及围壁上横梁过处的切口补板的安装工作。

⑤对分段进行临时加强即可按工艺进行焊接工作。

(4)安装过程共中应注意以下几点：

①由于上层建筑焊接后变形，故安装围板门框下部的一块围板时，一端定位准备，另外一端采用搭接形式临时连接，待上层建筑在船台总装定位后，割除余量进行正式定位，焊接。

②横向与纵向外围壁，用圆弧过度连接时，为了保证外围壁在甲板连接处外形光顺和便于上船台安装，圆弧板下部的接缝余量暂时不割。所以，待在船台上装配时再切割。

③纵横围壁必须垂直于甲板，高度一致；外围壁的安装线必须符合图纸要求，以确保上层建筑各分段在船台上安装后其外围壁上下一致。

④上层建筑的钢板较薄，围壁的焊接不能装一部分焊一部分，应等全部安装工作结束，分段临时加强完成后，按规定工艺顺序进行焊接。

(5)上层建筑分段的装焊

上层建筑分段一般有顶甲板、围壁板和扶强材等组成，采用以顶甲板为基准面翻身的方法(反造法)进行建造。这种方法使围壁与顶甲板接缝的焊接位置变为俯位焊，施工方便，保证了焊接质量，装配工作也较方便，其装配顺序如下：

在胎架上吊装顶甲板→焊接→矫正→画构架和围壁安装线→切割→安装纵横构架→

焊接→吊装内围壁→吊装外围壁→焊接→舾装→画分段中心线、肋骨检验线及定位水平线→临时加强、装焊吊环→调离胎架、翻身、焊接。

(6)舾装工程

当内外围壁安装完成后,便可把可以提前安装的舾装件单元吊上分段定位后,完成预装。

由于上层建筑内的仪器、仪表及设施多,所以为提高生产效率,缩短船舶建筑周期,在现代造船中,把它们按特定的要求集配成套,并以托盘的形式完成分段的舾装工作。

分段装焊完毕,如果局部变形较大,则必须用火工进行初步矫正。一般上层建筑分段都在分段焊接工作全部结束后进行火工矫正。按精度要求测量验收。

5.1.1.3 上层建筑焊接工艺要点

焊接工作应遵循上层建筑的建造方案,但建造方案也不能忽略焊接问题,尤其是焊接变形的问题。在制订上层建筑的建造方案时,必须严格控制焊接变形。工艺措施有:

(1)采用临时扶强材,用角钢,槽钢等支撑结构易变形处,使结构形成足够的刚性,增强结构抵抗变形的能力。

(2)采用对称焊工艺,在上层建筑中,寻找对称体,包括上下对称,左右对称,焊接时应由双数焊工对称施焊,解决同步收缩和变形问题。

(3)采用小电流,连续焊工艺,避免大电流焊接,在设计允许的情况下,尽可能减少焊缝尺寸,变间断焊的大焊缝为连续焊的小焊缝,也可在远离焊缝处采用辅助加热,减少因焊接应力而引起的变形。

(4)采用焊接变形小的焊接方法,目前广泛采用的 CO_2气体保护焊,对减少焊接变形十分有利,但焊接时也要注意规范的选择。否则,不但有变形,而且有飞溅物,严重影响外观质量。

(5)合理确定焊接顺序,能自由收缩的焊接,尽可能先焊,等焊接收缩完毕后再和其他结构焊接,就不会把变形带到结构中去。此外,还要考虑装配顺序,确定结构能够顺利装配和保证装配的尺寸精度。

5.1.2 上层建筑防止焊接变形的措施及变形的矫正

5.1.2.1 上层建筑变形特点

由于上层建筑的结构都是由薄板和骨材组成,变形主要表现为波浪变形,上层建筑波浪变形有如下几种形式。

(1)构架的波浪变形　如图 1 - 43(b)它是由于骨材与薄板的角焊缝引起的角变形而产生的,它是根据骨材的间距呈周期性的变化,影响板面的美观,同时在变形的端部的直线度较差,使焊接质量难以保证。

(2)开口的波浪变形　如人孔,舱口盖等,其加强圈与开口的焊接为角焊缝,由于焊缝处于板中心,使板的周边出现波浪变形。影响周边的板装配,同时,焊接受装配质量的影响,也难以保证焊接质量。

(3)长焊缝的焊接导致的波浪边形,由于钢板较薄,焊缝的长度与厚度比相对较大,焊缝的纵向上存在较大的收缩量,导致薄板失稳,一方面使焊缝在长度上出现波浪变形,另一方面,在远离焊缝(一般 300 ~500 mm)处的钢板边缘也出现波浪边形,即焊缝两侧呈现波浪变形,这是对接缝引起的波浪边形。它严重影响外观质量。

（4）另一种是由角焊缝引起的波浪变形，在上层建筑与上下甲板装焊时，由于舱壁内外焊缝不是同时进行的，其焊缝的收缩也不是同时进行的，故易引起壁板向内倾或向外倾的波浪变形，它既会影响外观美观，同时也影响窗口、门等的安装质量。

（5）某些薄板的波浪变形还会引起骨材或上层建筑结构整体的变形，现在上层建筑的形态是多种多样，薄板的变形会使之失去直线度、平面度、圆度、椭圆度、锥度、菱形度等，严重地影响外观审美。

5.1.2.2　上层建筑分段防止焊接及其他变形的措施

上层建筑防止焊接变形的措施主要是通过加强上层建筑的刚性的办法来实施的。

（1）上层建筑构件的焊接变形预防可以通过采用卡具或利用装用胎具来实施，效果较好。

（2）对上层建筑立体分段，可以采用临时扶强材。当分段装配工作全部结束后，必须进行临时加强，以防焊接及吊运、翻身引起的分段的形变。一般用槽钢在纵向或横向围壁间断处的下方作临时加强，如图 5－3 所示。

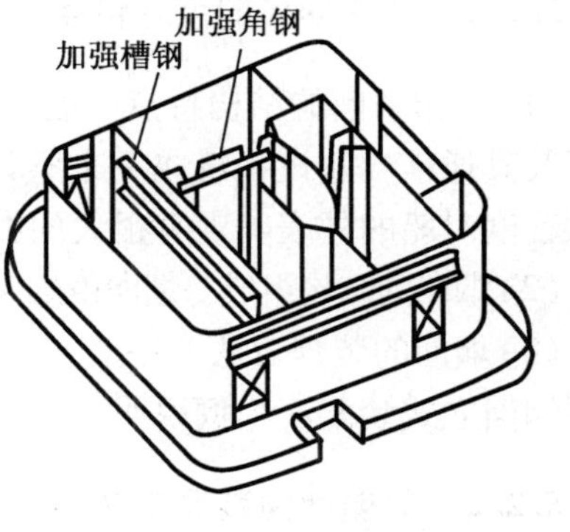

图 5－3　上层建筑分段的临时加强

（3）临时加强的焊缝不易过大，以防引起新的变形，但接缝必须具有相当的强度。

此时，可进行吊环的装焊工作。在分段上画出分段中心线、定位水平线。

（4）上层建筑在吊装中应制定防变形的措施，确保上层建筑在起吊中均匀受力，必要时在上层建筑中增设刚性梁，防止吊运过程中的变形，或设计专用吊具，使之均匀受力，以减少变形。

（5）上层建筑与甲板或舷侧板的焊接前，应制定焊接工艺，采取分中对称施焊法，焊接时应清根，确保焊缝熔透，并按要求及时做焊接检验或探伤。

5.1.2.3　上层建筑变形的矫正

上层建筑在建造过程中，由于钢板相对较薄会随时出现变形，必须及时矫正，实践中可以采取分阶段矫正的办法。

（1）零部件的矫正，按常规工艺进行。

（2）上层建筑立体段的矫正，往往会出现局部变形，根据变形特点，制定矫正方法，一般分段装焊完毕后，如果局部变形较大，则必须用火工进行初步矫正，因上层建筑钢板较薄，加热温度不宜过高，并在必要时采取临时加强的措施，以提高立体段的刚性。

（3）上层建筑整体的变形矫正，多为修补型的矫正，是确保上层建筑结构的尺寸精度的矫正。一般应在上层建筑焊接工作全部结束后在进行火工矫正，火工矫正可采用点状方式的局部加热方法，如图 5－4 所示。点状加热主要用于薄板波浪变形的矫正，上层建筑的焊接变形常用此法矫正。并按照精度要求进行中间产品验收。

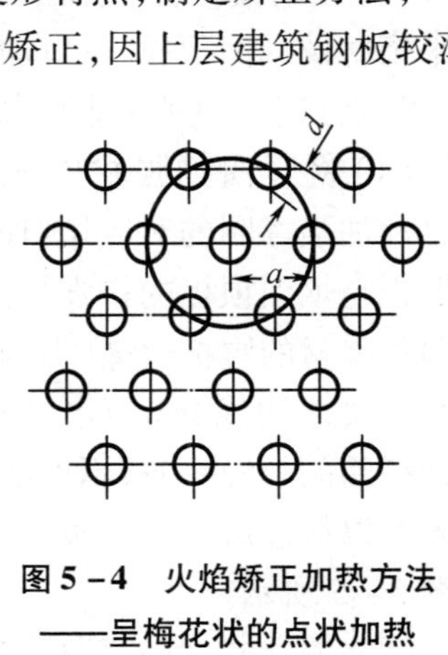

图 5－4　火焰矫正加热方法
——呈梅花状的点状加热

5.1.3 上层建筑装焊工艺方案的编制

上层建筑可以编制专门的焊接工艺方案或焊接工艺规程，试样参照前述。

主要编写内容包括：是上层建筑名称，编号，结构简图，装配及焊接坡口要求，焊接方法，焊接质量要求，检测方法等。

5.2 烟囱的装焊工艺编制

5.2.1 船舶烟囱的装焊特点

（1）船舶烟囱的结构特点　船上的烟囱一般安装于驾驶甲板的机舱棚顶上，与驾驶室、灯杆及其通信导航设备组成一个整体，位于船体最高部位，因此烟囱的外部形状和围板的光顺程度对船的外表美观有很大的影响，其形状有流线型和四方锥体型等。

（2）烟囱的结构组成　烟囱由烟囱围板、烟囱顶盖板、水平桁材、垂直扶强材、顶圈板等组成。

（3）烟囱的装焊方法　一般有立式装配法和卧式装配法（侧式装配法）两种。本节以流线型烟囱立式装配法为例说明。

5.2.2 船舶烟囱装焊工艺

5.2.2.1 简要装焊步骤

简要装焊步骤：胎架准备→烟囱顶板、水平桁材和下口加强撑圈的预装→在胎架上作出内胎架的投影线→水平桁材、烟囱顶板、下口撑圈定位→竖向加强材定位→烟囱围板定位→焊接→检验。

5.2.2.2 装焊工艺要求

（1）胎架准备

立式烟囱的胎架有三道内胎板：烟囱顶板、水平桁材和烟囱下口加强撑圈。这三道内胎板按脊弧（仰视）和水平投影进行定位，用加强材支撑牢固。

（2）烟囱顶板、水平桁材和下口加强撑圈预先按样板拼接妥，作为烟囱胎架的三道内胎板。对竖向加强材穿过处的切口都需切割正确。

（3）在钢板平台上作出三道内胎板的水平投影线，并在适当位置竖起临时支撑材，根据水平桁材及烟囱顶板、下口加强撑圈的高度与脊弧情况在临时支撑材上画线并安装马板，然后分别将下口加强撑圈、水平桁材和烟囱顶板与临时支撑材固定，并挂线锤检验。

（4）将竖向加强材嵌入水平桁材和加强撑圈的对应切口间，并用肘板与烟囱顶板的扶强材连接。竖向加强材的腹板边缘（即与烟囱板相连接之边缘）应与水平桁材、加强撑圈的外缘平齐，不可凸出或凹入。以保证烟囱外壁板的光顺，如图 5－5 所示。

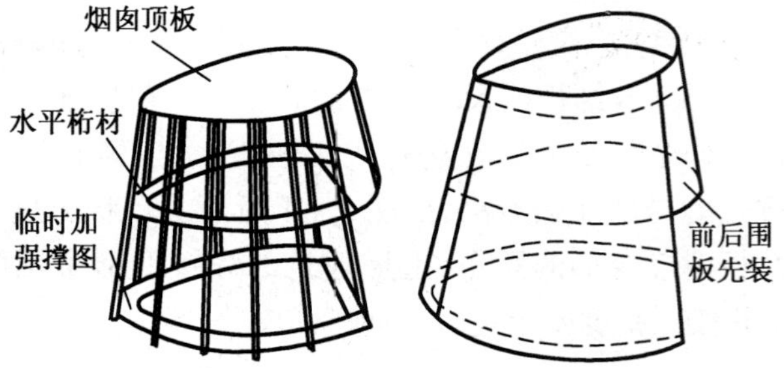

图 5－5　烟囱装配

烟囱的立式、卧式两种装配方

法各有特色。一般烟囱制造采用立式装配法较多。

5.2.2.3　烟囱的焊接工艺

(1)焊接方法和焊接材料的选择　选择焊接变形小的焊接方法,选择抗裂性较好的焊接材料。

(2)焊接程序的确定　焊接时,先焊骨架的对接缝,然后焊骨架间的角接缝,再焊外板的对接缝,最后焊接骨架与烟囱外板的角接缝。

(3)尽可能采用分段焊、对称焊的方法,以减少焊接变形。

5.2.3　船舶烟囱的装焊工艺编制

可采用表格式或说明书等形式,试样参照前述。

编写内容主要有:是烟囱名称和类型,编号,结构简图,装配及焊接坡口要求,焊接方法,焊接质量要求,检测方法等。

5.3　舱口及舱口盖的装焊工艺编制

一、知识目标

1. 舱口盖安装图的识读技巧。
2. 掌握常用舱口盖结构的装焊要求。
3. 舱口盖结构的焊接方法的应用。

二、能力目标

1. 能识读舱口盖结构与安装图。
2. 能选择舱口盖结构的安装工具。
3. 能选择舱口盖结构的焊接方法。

5.3.1　舱口结构的焊接

5.3.1.1　舱口结构特点

主要由舱口围板以及肘板等组成。舱口围板在船体总纵强度计算中虽不作为强度构件,但因与甲板焊接,实际上仍然承受着相当大的应力,这一点在设计和焊接施工时,应加以充分注意。

如图5-6所示为60 000 t级散货船的舱口围板结构,它是内倾式的,围板下端折角后与上甲板连接,同时两端需用大肘板,并逐渐减低肘板的高度使之平顺地过渡至甲板,以缓和应力集中。

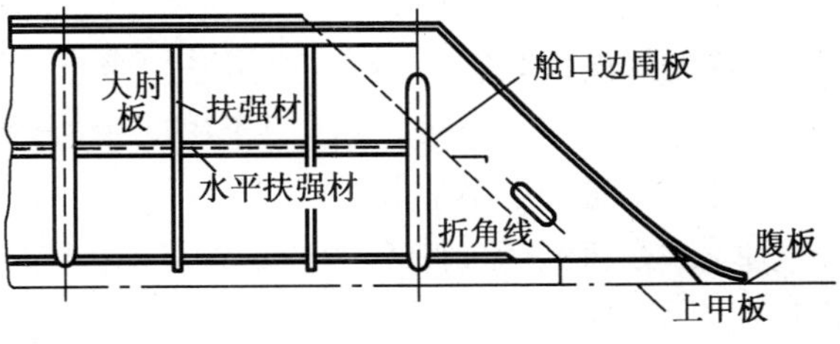

图5-6　60 000T级的散货船舱口围结构

5.3.1.2　舱口结构的焊接

甲板舱口是一个长方形开口,舱口围板一般先预制4块平面部分和4块圆弧部分,在甲板开孔上将它装配合龙成一个整体。

(1)将预制好的4块平面舱口围板和4块圆弧形舱口围板装配到甲板舱口处,并用定位焊固定。然后再装上、下肘板,同样用定位焊固定。

(2)焊接舱口围板的对接焊缝(立焊),再碳弧气刨清根,并进行封底焊,由双数焊工对称焊接。为降低焊接应力和变形,避免一些劳动环境恶劣的工序,在进行围板的对接缝焊接时,最好用 CO_2 气体保护焊衬垫焊。

(3)焊接舱口围壁与甲板的角焊缝,由双数焊工如图 5－7 所示,顺序对称焊接,先焊接平直的 4 条焊缝,再焊 4 条圆角焊缝。

(4)焊接肘板与围壁板和甲板的角焊缝及其他焊缝。

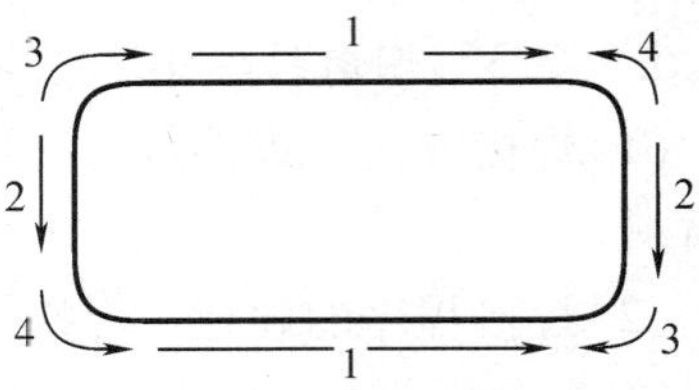

图 5－7　舱口围板与甲板的角焊缝焊接顺序

5.3.1.3　焊接时要注意的问题

(1)CO_2 气体保护焊的使用　为了减小焊接残余应力及变形,舱口围板焊接时应尽量采用 CO_2 气体保护焊,不仅效率高,还好控制焊接变形,为舱口盖的安装打下好的基础。

具体而言,对于舱口围板对接,围板面板对接应采用 CO_2 气体保护焊＋陶质衬垫焊工艺。舱口围板与甲板的角接缝应采用 CO_2 气体保护焊进行焊接。

(2)舱口围板与甲板的角焊缝由于承受的应力比较大(前面已作叙述),围板还起到补强的作用,所以该焊缝一般是要开坡口进行焊接的。

5.3.2　舱口盖的焊接

5.3.2.1　舱口盖特点和类型

(1)舱口盖特点

大型船舶主要指海船,在散装货船上舱口盖是常见的舾装件,舱口盖具有以下特点:

①舱口盖由薄板加桁架构成,要求质量轻,刚性大,强度好;

②由于是薄板,在焊接时易出现焊接变形;

③舱口盖可在车间加工,现场装配;

④舱口盖多有铰接部分,对装配焊接要求较高,应防止焊接变形造成的尺寸误差;

⑤在加工制作,堆放和吊运等过程复杂,可能出现新的变形。

(2)舱口盖类型

舱口盖主要有折叠式舱口盖、吊离式舱口盖、侧移式舱口盖、翻滚式舱口盖。各种类型的结构特点如下:

①折叠式舱口盖(图 5－8)盖板尺寸大,强度好、附件少,不易损坏;横接缝无需设压紧器,滚轮无需设顶升装置,起闭操作采用全自动液压原理,简单可靠,收藏长度及高度适应性大,既适用于露天甲板,也适用于中间甲板,故广泛应用于普通干货船、多用途船、冷藏船、木材运输船及中小型散货船。

②吊离式舱口盖(图 5－9)简单可靠,无需配置驱动装置,操作简单,维修方便。因盖板块数不受限制,适合于各种长度的舱口,也适合于各层甲板舱口。

较多应用于全集装箱船露天甲板,多用途船中间甲板及长舱口舱口盖。也常与折叠式组合在一起,作为长舱口的组合舱口盖。

③侧移式舱口盖(图 5－10)　它的特点之一是为盖板水平滚动,每次驱动一、二块盖板。开启力小,故盖板可设计的很大;特点之二是盖板能在货船开口内外滚移,根据使用要求布置,既可堆放在舱口范围之内,也可以堆放在舱口之外的侧部或端部,甚至可滚移至相邻舱口上方。

(a)

(b)

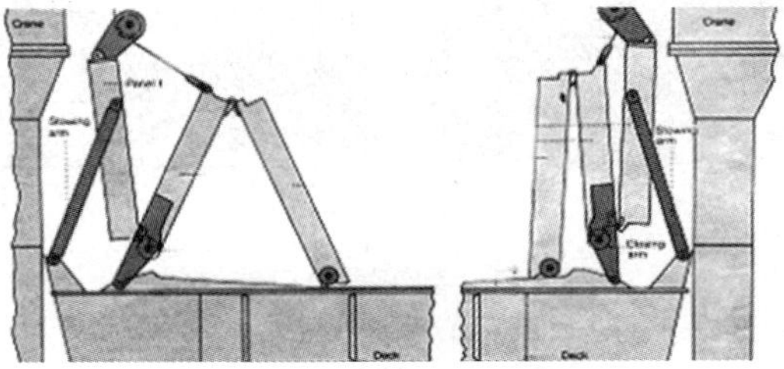

(c)

图 5－8　折叠式盖板结构

(a)盖板实图;(b)盖板堆放图;(c)盖板原理图

(a)

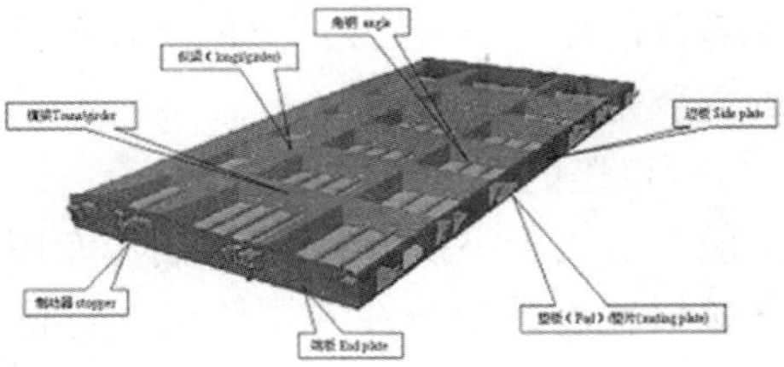

(b)

图 5－9　吊离式舱口盖结构

(a) 盖板实图;(b)盖板结构原理图

(a)

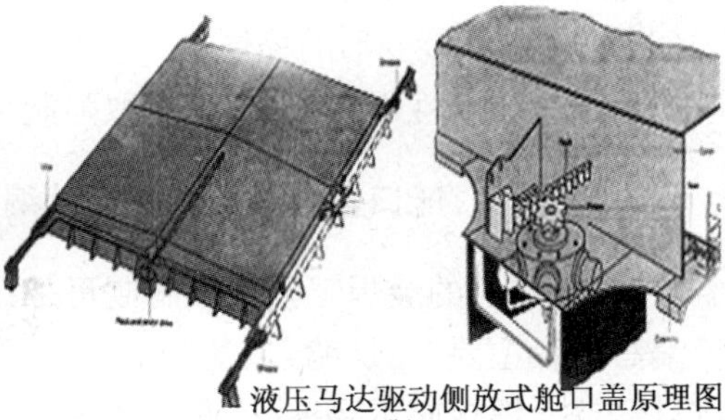

(b)

图 5－10　侧移式舱口盖结构

(a) 盖板实图;(b) 盖板结构原理图

④翻滚式舱口盖　如图5-11所示，属于低收藏舱口盖，开启省力，操作方式多样，盖板可多可少，布置上适应性较强，通常收藏地位长度大于收藏地位高度，盖板可以藏于舱口周围的前后端，起货平台下方，收藏地位较经济，故曾广泛地应用在舱口宽度小，甲板货物载荷小的中、小型干货船上，例如杂货船，散货船，木材运输船，多用途船。

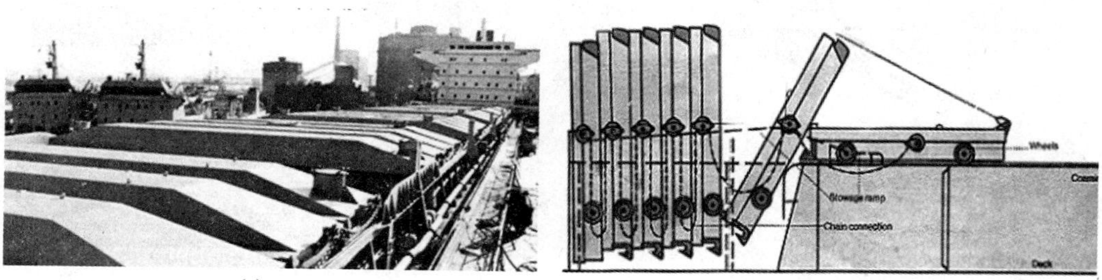

(a)　(b)

图5-11　翻滚式舱口盖结构

(a)盖板实图；(b)盖板结构原理图

5.3.2.2　舱口盖的装焊工艺

(1)舱口盖的零部件下料与加工

①舱口盖的零部件下料应采用机械剪切加工，以防止热切割而产生的变形，特别是薄板的下料，如采用热加工下料的方法，下料后应及时矫正变形。

②零件的加工，如铰接部分的钻孔及其装焊，应严格执行图纸的工艺技术要求，这对于后面的安装是极为重要的。

(2)舱口盖的组装与焊接

①舱口盖属于小批量生产，可制作专用组装胎架，以提高生产效率和装焊质量。

②舱口盖的装配可在专用胎架上进行，胎架定位应牢固可靠，专用胎架可与夹紧器具并用，以提高装配精度。

③舱口盖的焊接可采用焊接变形小的CO_2气体保护焊，大型舱口盖焊接程序可参照甲板分段的焊接程序，采用分中对称焊接的方式进行，焊后待温度降为室温后在将舱口盖从胎架上取下来。

④舱口盖应编号后放置水平地面上，其堆层不宜过多，以防引起新的变形。

(3)舱口盖焊接变形的控制

舱口盖应在刚性平台上施工，采取强制变形的措施，以减少焊接应力和变形。

5.3.3　舱口、舱口盖的装焊工艺文件编制

舱口、舱口盖的装焊工艺文件编制可采用表格式或说明书等形式，试样参照前述。

编写内容主要有：是舱口、舱口盖的名称和类型，编号，结构简图，装配及焊接坡口要求，焊接方法，焊接质量要求，检测方法等。

5.4　起重柱、桅、吊杆的焊接工艺编制

5.4.1　起重柱、桅、吊杆的特点

起重柱，桅，吊杆等是船舶起重设备的重要构件之一，起重柱，桅，吊杆焊接后要求焊缝内、外部无缺陷，同时圆度和轴向直线度要保证。

这里主要介绍吊杆的焊接工艺。

5.4.2　起重吊杆的焊接工艺

起重吊杆多为圆柱型结构，其焊接工艺是：

(1) 圆柱筒纵向接缝的焊接

使用陶质衬垫 CO_2 气体保护焊单面焊。先按要求开好坡口，打磨干净。然后进行装配，贴好衬垫。使用 CO_2 气体保护焊焊接，先用 CO_2 气体保护焊焊两道，再用埋弧自动焊盖面。焊接工艺要求同船台焊接工艺。如果由于加工设备的原因而使装配有困难，对于大圆杆，也可先开好坡口（坡口在里面），然后不留坡口间隙装配好，先焊里面，外面用碳弧气刨清根再焊接。对于小圆杆，可在里面装永久垫板，然后焊接。

(2) 圆柱筒间环缝的焊接

圆柱筒间的环缝装配是在转动胎架上进行，为了保证焊透，环缝采用陶质衬垫 + CO_2 气体保护焊的方法焊接，不好贴衬垫的环缝就要用带钢垫板的单面 CO_2 气保焊焊接。装垫板的方法是先在等截面圆柱筒内将垫板定位焊固定，然后装两端带锥形的圆柱筒，符合间隙要求后即可进行焊接。

焊接前，应拉好全长的钢丝线，以便随时测量在焊接过程中的变形情况，并根据变形情况及时调整焊接顺序来控制吊杆的变形。环形焊接时，电弧保持在圆柱筒水平中心的垂直面上（即立焊和平焊中间的位置），圆柱筒按焊接速度均匀地转动。

5.4.3　起重柱，桅等上船安装焊接的注意事项

起重柱，桅等上船安装焊接时要注意：

(1) 当端部固定在强力甲板上时，其根部边缘应开单面坡口与甲板焊接；

(2) 当穿过强力甲板固定在下层甲板时，则强力甲板应开双面坡口焊接，根部应开单面坡口与下层甲板焊接。

5.4.4　起重吊杆的焊接工艺编制

起重吊杆的焊接工艺文件可采用专门文件，如焊接工艺说明书等形式，试样参照前述。

编写内容主要有：是起重桅杆、吊杆的名称和类型，编号，结构简图，装配及焊接坡口要求，焊接方法，焊接质量要求，检测方法等。

【思考与练习】

1. 船舶上层建筑的装焊的工艺特点是什么？
2. 船舶上层建筑的装焊的工艺要求是什么？

3. 上层建筑焊接工艺要点是什么？
4. 上层建筑防止焊接变形的措施是什么？
5. 上层建筑的焊接变形是如何矫正的？
6. 上层建筑装焊工艺编制的内容有哪些？
7. 船舶烟囱的装焊的工艺特点是什么？
8. 船舶烟囱的装焊工艺步骤是什么？
9. 船舶烟囱的装焊工艺要求有哪些？
10. 船舶烟囱的装焊工艺要点是什么？
11. 舱口的类型和特点有哪些？
12. 舱口的焊接工艺要点是什么？
13. 舱口盖的类型和特点有哪些？
14. 船舶仓口盖的焊接工艺特点是什么？
15. 为什么说起重柱、桅、吊杆是船舶的重要构件？
16. 起重吊杆的焊接工艺特点是什么？
17. 起重柱，桅等上船安装焊接的注意事项是什么？
18. 如何编制船舶钢结构的焊接工艺？

【作业与任务】

1. 编写船舶上层建筑焊接工艺规程。
2. 编写船舶烟囱的焊接工艺规程。
3. 编写船舶舱口盖的焊接工艺规程。

项目六　船舶总装、合龙焊接工艺编制

【职业能力目标】

1. 掌握船舶总装、合龙的焊接工艺要求。
2. 能根据图纸说明船舶总装、合龙结构特点。
3. 熟悉各种总装、合龙焊接工艺的要点。
4. 了解焊工变位机的应用和船体建造精度控制技术。
5. 能够制定分段的船台总组,合龙的吊装焊接工艺。
6. 掌握总装、合龙的装焊工艺方案的编制方法。

【工作任务项目】

1. 能熟练指出车间总装、露天总装、船台总装或合龙、船坞总装和合龙的各种焊接设备和焊缝位置,并根据其特点进行分类,并能区分不同焊缝的工作特点。

2. 能够根据车间总装、露天总装、船台总装或合龙、船坞总装和合龙的特点提出其装焊工艺方案。

3. 编写船舶总装、合龙的装焊工艺方案。

【教学目标要求】

一、知识目标

1. 掌握分段总段、船台大合龙的装焊工艺要求。

2. 掌握分段总段、船台大合龙装焊焊接变形的预防与控制及其装焊工艺方案的编制方法。

3. 了解船体建造精度控制技术。

二、能力目标

1. 能提出总装,大合龙现场的装焊工艺装备。

2. 能编制船坞总装的焊接工艺方案。

3. 能编制船台大合龙的焊接工艺方案。

【主要教学内容】

1. 船舶总装、合龙的焊接工艺要求

(1)船舶总装、合龙的焊接工艺特点。

(2)船舶总装、合龙的焊接准备。

(3)船舶总装、合龙的焊接质量要求。

2. 各种总装、合龙焊接工艺过程及方案

(1)船舶总装、合龙的焊接工艺流程。

(2)船舶总装、合龙的焊接辅助设备。

(3)船舶总装、合龙的焊接工艺规程。

3. 焊工变位机的应用

(1)船舶总装、合龙的焊接设备。

(2)船用焊接变位机的种类及应用。

4. 总装、合龙的装焊工艺方案的编制方法。

6.1 船体总装焊方式的确定

一、知识目标

1. 掌握船台与船坞的类型及其工艺装备、船体总装方式、总装设施种类和用途。

2. 掌握船体总装的准备工作、船台装焊工艺方法。

3. 掌握船体焊接变形预防及控制方法。

二、能力目标

1. 能提出总装,大合龙现场的使用方案。

2. 能编制船坞总装的焊接工艺方案。

3. 能编制船台大合龙的焊接工艺方案。

船体总装焊是在部件装焊、分段或总段装焊的基础上,最后完成船壳整体装配焊接的工艺阶段。它对保证船体建造质量,缩短船舶建造周期有着直接的关系。而确定船台或船坞总装与焊接方案是焊接技术人员与船体及其他技术人员共同参与研究制订的,焊接技术人员了解和参与制订船台或船坞总装方案,对于制订相关的焊接工艺方案是至关重要的。

6.1.1 总装焊设施——船台和船坞的选用或布置

船台和船坞是将各个零件、部件、分段或总段组装成整个船体的场所,常见其位于船体装焊车间附近,同时又濒临水域,但也有相距较远的,如长江沿线船厂往往船台或船坞在堤外,而制造船体零件、部件或分段的却在堤内,需要通过运输工具抵达船台或船坞安装。

6.1.1.1 船台选用与布置

船台是陆地上船舶建造的场所,又是依靠下水装置将船舶移至水域的场所,一般可分为倾斜船台和水平船台两类。

(1)纵向倾斜船台

纵向倾斜船台如图6-1所示,是目前船体建造和下水采用最普遍的一种形式,船台平面具有一定的倾斜度(即船台坡度),通常取1/24~1/14。为便于分段在船台上总装,船台上通常配备有下列工艺装备。

①船台中心线槽钢——位于船台中心线上,槽钢上画有中心线及肋骨线等标志,作为分段或总段定位的依据。

②高度标杆——设置在船台的两侧,其上标有基线、水线、甲板边线及其他有关高度的检验线,作为分段安装高度的基准。

③船台拉桩——埋置在船台地面上,供分段定位时拉曳用。

④脚手架——设置于舷外和舱内,如图6-2所示。

⑤墩木——供搁置船体用,常见的有木墩、水泥墩和铁墩。还有可调节式,如图6-3所

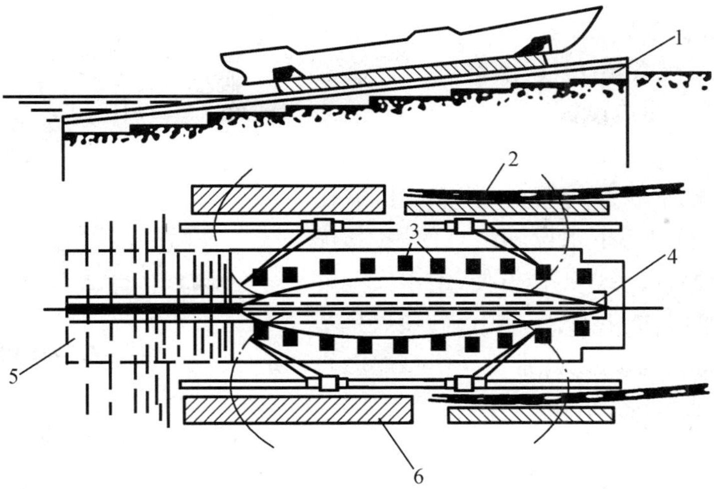

图 6－1　纵向倾斜船台

1—船台;2—起重机;3—脚手架;4—滑道;5—浮台;6—配套场地

示。铁墩,如图 6－4 所示,其中(a)是一种活动升降钢墩木,图中右半边表示升高时的情形;左半边表示降低时的情形;(b)是一种机械调整式墩木,通过液压千斤顶带动下斜楔平移,使上斜楔作升降移动,以调节墩木的高度;(c)是一种船底千斤顶。但是使用这些装置时,在分段定位和纵横焊缝焊好后,必须加上普通墩木支顶船舶,以免千斤顶产生集中

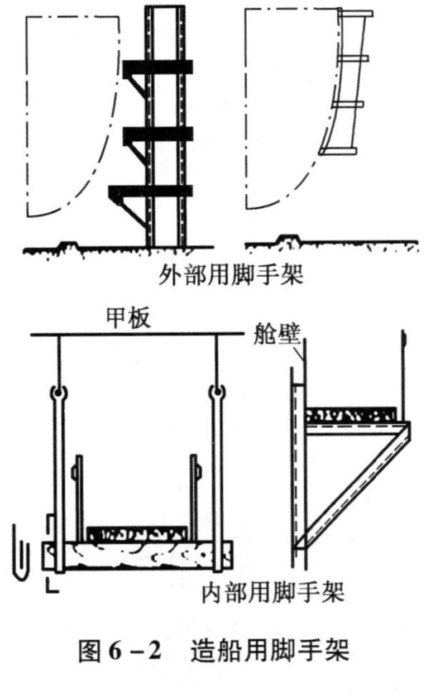

图 6－2　造船用脚手架

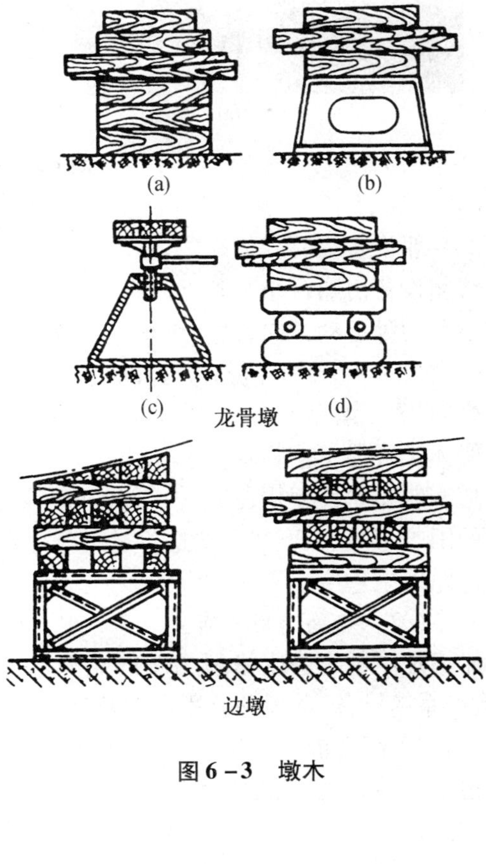

图 6－3　墩木

负荷。

船台上除了配置高架吊车和轨道及其主要工艺装备外，还必须配置电力、压缩空气、氧气、乙炔、水及蒸汽等动力供应设施。

(2)水平船台

船台表面呈水平状态的船台，通常与机械化滑道、升船机、浮船坞等下水设施结合使用，其优点是能排列多个船台，装焊工作方便，下水安全可靠，并可以双向使用，能下水，也能上排；缺点是基建投资大，占地面积也多，因此常见于中型船舶修造厂，如图6-5所示。

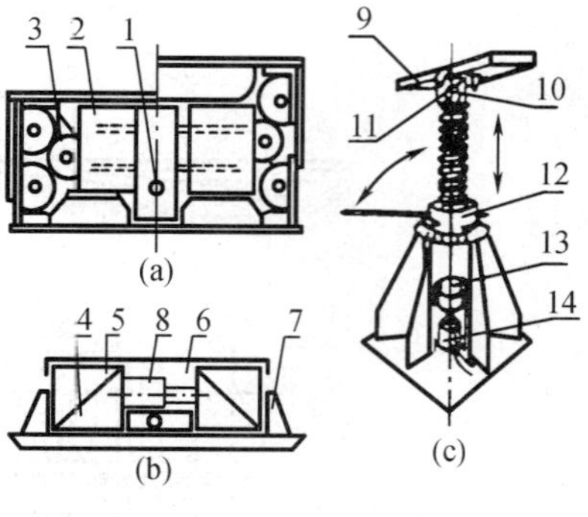

图6-4 可调墩木

水平船台除了应具有倾斜船台的工艺装备外，还须有以下两种工艺装备。

①船台肋骨线槽钢

它是沿全船的基准肋骨线处，横向嵌埋在船台两侧的槽钢，作为分段或总段安装定位时，决定纵向位置用。

图6-5 船台总装

②移船设备

移船设备由船台小车和钢轨组成(有的采用钢柱滚道代替船台小车)。船台小车有纵移和横移两种运动方向，是利用小车本身的液压千斤顶来实行不卸载将轮子自动或手动转向90°，如图6-6所示，它又分自动小车和非自动小车两种。

必须指出，在纵向倾斜船台或造船坞内采用串联建造法时，还必须配置相应的移动和控制船体艉段的工艺装备。

随着船舶向大型化发展，采用纵向倾斜船台造船不但在船体装配和下水工艺方面带来很大的困难，并且大型船台的造价也十分昂贵。故目前排水量在10万吨级以上的船舶大多采用造船坞来建造。

6.1.1.2 船坞选用与布置

船坞是用于建造或修理船舶的大型水工建筑物。船坞由坞首、坞门、坞室、注泄水系统、拖曳系缆设备、动力和公用设施及其他设备构成。船坞的特点是低于水面、端部设有闸门、在闸门关闭后能将水排干，它具有水平船台的一些优点；同时由于坞面低于地面，可降低坞边吊车的高度；且能大大简化船舶下水工艺。新塑现代化船坞还有自动化的设施，如自动化坞墩、坞壁作业车和起重设施等。船坞的种类按用途分为造船坞和修船坞；按构造分为干船坞、浮船坞和注水式船坞。目前干船坞、浮船坞应用较为广泛。

(1)造船坞

造船坞是专门用于建造新船的干船坞，坞深较浅，可浮起建成的船体空壳，所以又称为浅坞。如图 6-7(a)所示。造船需要较大的起重能力，故造船坞均配有大型门式起重设备。为便于同时建造几条船或超大型船舶，并可分期出坞，船坞又有单坞室、双坞室、多坞室和分室隔腐等不同结构。目前我国已有 20 万吨容积的造船坞，可建造 30 万吨级超大型船舶。

(2)修船坞

修船坞是专门用于修理和改装船舶的干船坞。船坞较深，具有曳船、疏水等设施，不需较大的起重能力。如图 6-7(b)所示。修船坞主要用于船体水线以下部位的检验和修理，如船体除锈和涂装，艉轴和螺旋桨修理等。

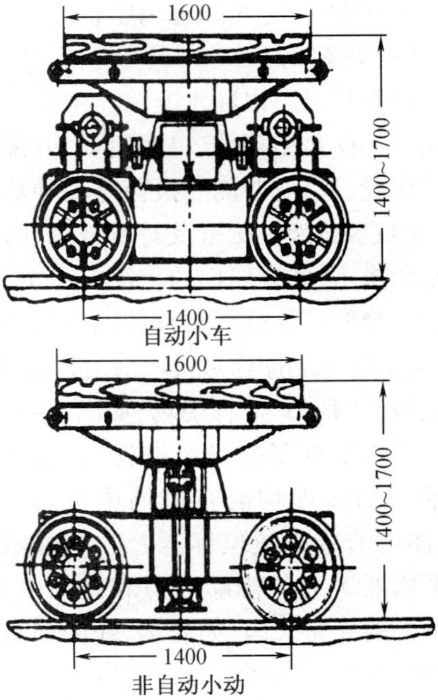

图 6-6　船台小车

(3)干船坞

干船坞是建于水域边缘的池形水工建筑物。坞底低于水面，三面是坚固的坞壁，临水一面安装活动的坞门。坞底设置支撑船舶的坞墩，船坞两侧布置引船进出坞的曳船装置，坞壁上部地面安装起重设施。坞口附近设水泵站和泄水系统，并配置修造船用的动力管系。坞门开启，船坞与水域相通，船舶进或出坞；坞门关闭，泵站排水，船舶坐墩，进行修船作业。干船坞分为造船坞和修船坞。

(a)　(b)

图 6-7　船坞造船

坞墩有木结构和铁木混合结构。在坞底随分布的位置不同有龙滑墩、中墩和左、右边墩，目前有较先进的液压坞墩，可以液压调节坞墩的高度和进行遥控。

此外,有的船坞还在坞壁安装坞壁牵引车,是牵引船舶进、出坞的设施。坞壁脚手架或称坞壁作业车,是可以在坞壁轨道上行走的机械化工作台。

(4)浮船坞

浮船坞是可以在水上沉浮和移动的船坞,是艏、艉两端可以敞开,横截面呈槽形的箱式结构。坞体是由坞墙、坞底组成,并配备必要的修船和造船的设施。浮船坞中央监控装置具有测量、遥控、监测和报警等多种功能,如对浮船坞挠度变形监测、四角吃水和纵横倾监测、压载水舱液位测量及对压载阀和排水泵的遥控等。此外,通过对浮船坞的各水密舱的充水和排水,实现船坞的上浮与下沉,从而将修理船舶托出水面或沉入水中。浮船坞一般常泊于修船厂附近码头,也可拖至需要修船的地点。浮船坞不仅用于修造船也可以打捞沉船、运送深水船舶通过浅水航道以及战时作为流动修船基地。我国建有很多浮船坞出口10万吨级的“衡山号”浮船坞,如图6-8所示。

船坞是重要的修船设施,船体外部和轴系的修理均需在船坞中进行。因此,船坞的容积吨位标志着一个国家或一个修船企业的修船能力和修船水平。国际上的修船大国,如日本、韩国和新加坡等国的坞容均达数百万吨以上。近年来,我国的修船业发展很快,万吨级以上的大坞已有30余座,总坞容已达200多万吨。当前,修大船、修高附加值的船已是国际修船业的发展趋势,欲参与国际修船竞争、发展我国的修船业,就必须具有各种现代化的修船坞。

图6-8 浮船坞外形

6.1.2 船体总装焊方式的确定

船体建造方式的确定取决于船舶类型,船厂生产场地,船台或船坞生产能力,现场起吊设备能力以及船厂生产管理模式或船舶生产建模方式等因素,总装方式的确定对于采用先进的焊接方法,提高船舶焊接质量具有十分重要的意义。

6.1.2.1 单艘船建造

(1)水平建造法:在船台上先将船底分段装焊完毕,再向上逐层装焊直至形成船体的造船方法,如图6-9所示。

(2)塔式建造法:在船台上以某一底部分段为基准分段,由此向前后左右,由下而上的进行装焊,在建造过程中始终保持下面宽上面窄的宝塔形状,如图6-10所示。与水平建造法相比,其作业面较宽广,刚性也稍好,但焊接变形仍较大。

(3)岛式建造法:有两个或两个以上基准分段同时进行船体总装的建造方法。它由塔式建造法发展而来。岛与岛之间用一个嵌补分段连接。这种方法有两个或3个建造中心,可分别称为二岛式或三岛式(图6-11),它比塔式建造法作业面更广,焊接变形较小,适宜于造大船。但嵌补分段的安装难度较大。

(4)总段建造法:以总段作为船体总装单元的建造方法。由于总段较大、刚性好,并有较完整的空间,因此能减少船台工作量和焊接变形,提高总段内预舾装程度。但受船台起重能力的限制较大,一般只用于建造中小型船舶,如图6-12所示。

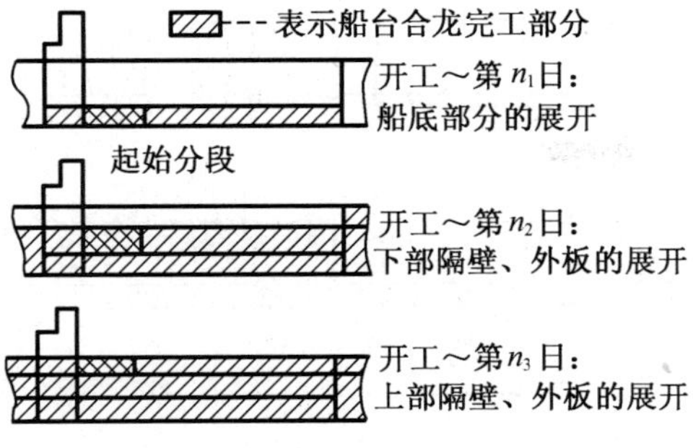

图6-9　水平建造法

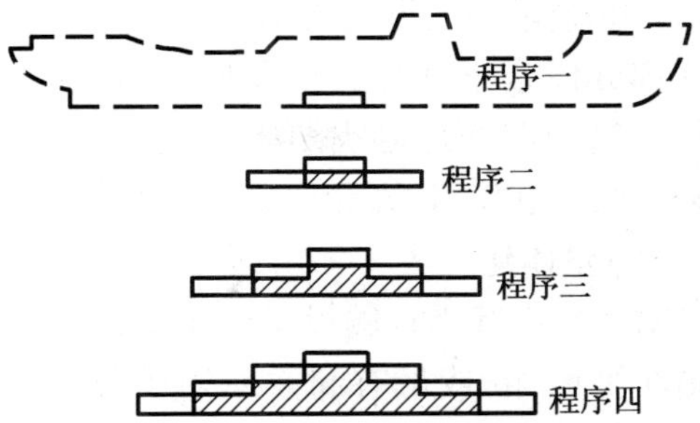

图6-10　塔式建造法

(5)两段建造法：也称两段建造水上合龙法或坞内合龙法。它是将整艘船划分为艏艉两大段，并分别在船台(船坞)上建造，竣工后下水，然后再在水上对接成整艘船，如图6-13所示。

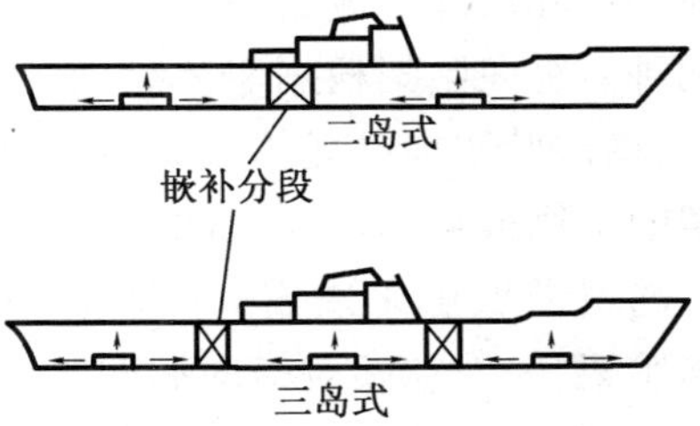

图6-11　岛式建造法

工艺特点：

①环形大接缝面的公差应严格控制，接头边缘修割正确，艏艉两段浮力相等；

②艏、艉两段分别下水；

③水上大合龙时，接头处需密封装置；

④拉拢装配时，要用特制拉紧定位装置。

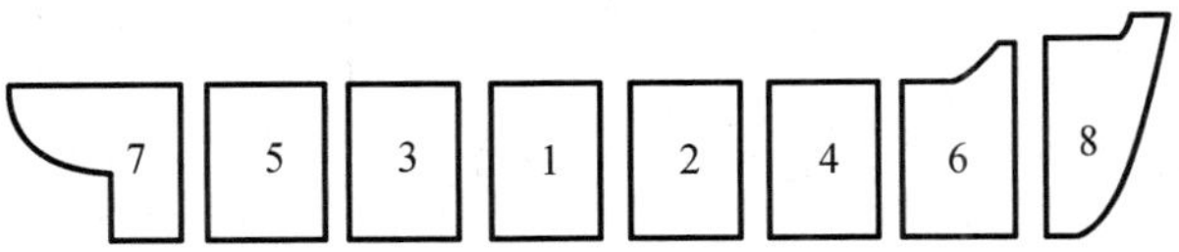

图6-12　总段建造法

6.1.2.2　批量船建造

(1)串联建造法：当第一艘船在船台末端建造时，第二艘船的艉部在船台前端同时施工；待第一艘船下水后，便将第二艘船的艉部移至末端，继续安装其他分段，形成整个船体。与此同时，可在船台前端开始第三艘船艉部的施工，如图6-14所示。

(2)并联建造法：当船舶批量成偶数时，在大型船台或船坞可以两条或四条船同时建造，这样可以实现零部件，分段的批量加工制造，特别是立体分段，实现“壳舾涂”一体化，也便于生产组织和劳动竞赛，以提高生产效率。

6.1.2.3　中小船厂建造法

下面分别介绍一下我国各中小船厂较常采用的总段建造法和整体建造法。

(1)总段建造法

总段建造法在船台上常从船中总段开始，依次向艏艉方向进行总装。一般应使艉部装配工作先于艏部完成，以便提早进行机舱和轴系等的安装工作。

当奠基总段的位置检验合格后即可固定，其余总段依次向艏艉方向吊装，同样要保证各方向位置的正确性。各总段余量的画线切割和余量加放原则与塔式法装配时的底部分段余量处理方法相同，不过在总段上船台前亦可割去装配余量，仅留有焊缝收缩补偿量，即无余量总装。

(2)整体建造法

对于没有起重运输设备的小型船厂建造小型船舶，或虽有起重运输设备但采用分(总)段建造法不能明显收益的小型船舶，可采用整体建造法制造。

整体建造法要求用船台胎架来保证船体型线和尺寸。船台胎架有纵向和横向两种。纵向胎架根据船体纵剖型线来制造，横向胎架根据船体肋骨线来制造。胎架的选用根据船体型线的复杂程度和船厂的习惯做法来决定，一般采用船台纵向胎架，因为它相对横向胎架来说，可节省辅助材料和减少生产工时。

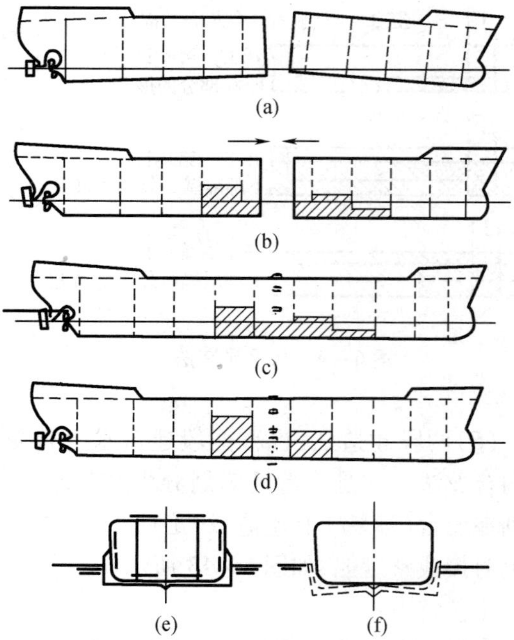

图 6-13　两段建造法

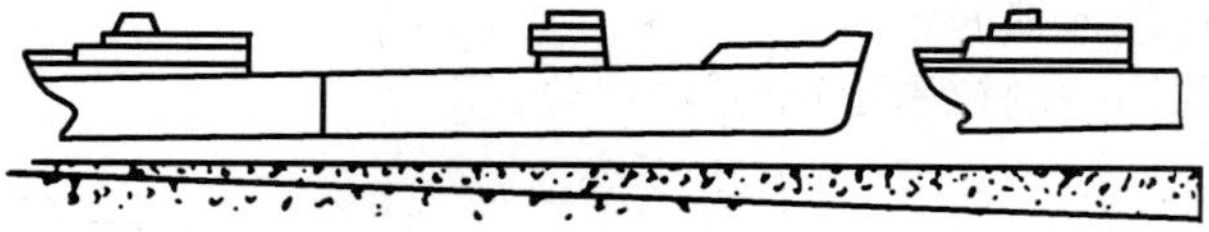

图 6-14　串联建造法

①整体建造法的船台装配焊接工艺

a. 铺底板　先铺 K 行底板(平板龙骨)，由中部向前后至艏艉柱，并向左右并向前后铺其他各行底板。

b. 在底板上画出纵横骨架位置线。

c. 安装纵横舱壁。

d. 安装肋骨框架和纵向桁材。

e. 安装左右舷侧顶板。

f. 安装甲板边板和其他各行外板(但每舱均留一块舢部满挡板不装，以作为舱内外的通道，这样便于施工)。

g. 安装其余甲板板。

h. 进行船体的舱内焊接。

i. 安装舢部挡板。进行船体外板及甲板接缝的封底焊。

j. 进行船体的密性试验。

安装上层建筑(或甲板室)并焊接。再进行船台舾装工作和船舶涂装工作。

②整体建造法应注意的几个问题

a. 纵向胎架一般采用三道简单的框架式结构，是为了省工省料。但仅仅靠这三道框架组成的纵向胎架是不可能保证船体型线的，可是由于依靠横舱壁、肋骨框架和纵向桁材组成的内部骨架作为内胎架，这样就能保证船体型线，这就是整体建造法采用相当简化的船台纵向胎架仍能满足施工质量要求的原因。

b. 外板安装并不是从底板到舭板再到舷板。而是当内部骨架装好后，立即把舷侧顶板装上。因为它离船体中和轴较远，安装后能加强由横舱壁、肋骨框架和纵向桁材所组成的内胎架的纵向坚固性。

c. 外板及甲板的余量均用套割法切割。一般平板龙骨和舷侧顶板、甲板边板的纵向边缘都是标准边，与之相邻或朝向它们的外板及甲板纵边留余量，另一边不留余量，因此舭部外板的两条纵边均应留余量。而外板及甲板的横向边缘是那一列板第一个上船台，其两端均为标准边，其余的板凡与之相邻或朝向它们的这一端留余量，另一端不留余量。

不论采用何种建造法造船，在船台装配焊接妥后，都需要进行完工测量并绘制竣工图纸，留作资料保存。完工测量主要测定实船的主尺度。测定船体中心线时，最好在夜晚进行，因为白天阳光照射角度不同，船体的甲板与船底、左舷与右舷受热情况不同，膨胀伸长也不同，所以测定的中心线与实际的中心线会因船长较大而偏离较多，发生向左、向右或向上弯曲及扭曲的现象，影响测量精度。

6.1.3　船体总装焊接方案

船舶总装焊接包括在船台或船坞将制造船舶的各分段、部件及舾装件等吊装定位而进行的装配定位焊，各种外板和舱壁连接的对接缝，桁材和骨材的对接缝以及外板和桁材及骨材相连的角接缝，确立这些焊缝的焊接方法和焊接工艺和质检手段。

所谓船舶总装焊接方案，就是根据产品的要求（建造批量、交船时间、技术要求）和特点，结合船厂的生产能力制造出最佳船舶焊接的方案。因此，它不是一般焊接生产工艺的罗列，而是选择船舶焊接方法、焊接工艺措施及其对施工中的主要的特殊的技术方面问题的处理手段。

6.1.3.1　影响船体总装焊接方案选择的因素

对于不同产品，建造方案的内容范围也不相同。影响船体总装焊接方案的主要因素是船舶产品的特点和船厂的生产条件两个方面。

(1)船舶产品的特点

①船舶主尺度及船型特点的影响

在船台（船坞）起重能力已定的情况下，船舶主尺度和船型特点是影响船体总装方法的重要因素。小型船舶一般可选用总段建造法或整体建造法，船长在120 m以内的中型船舶，以采用塔式建造法为宜，当船长超过120 m时，因分段数量多，采用岛式建造法能充分利用船台（船坞）面积，扩大施工面，缩短船台（船坞）周期。尾机型船舶宜采用串联建造法，它既有利于提高船台（船坞）周转率，也有利于提前舾装，缩短建造周期。

②产品批量的影响

定型和批量建造的产品，其船体在船台（船坞）上的建造法，只要船台（船坞）长度允许，应尽量采用串联建造法，以利于提高船台（船坞）周转率，缩短造船周期。对分（总）段的装配，应尽可能采用零部件→分段→总段的装配方法，尽可能扩大分段舾装和单元舾装的范围，提高分段制造的完整性。对于上层建筑，则应采用上层建筑整体（已预舾装）吊装新工艺。

对生产场地应进行细致的规划，按照分（总）段类型，组织专业生产线或作业区，使工艺流程尽量合理化。还可以适当增加胎架等专用工艺装备，以改善施工条件和提高生产效率。有时为了适应选定的造船方法和批量造船的需要，还应提出改变生产体制的组织措施。对于单个建造的船舶，采用首先形成机舱部分或上层建筑集中部位（非机动船舶）的船体段，以提前吊装上层建筑分（总）段的建造法。对分（总）段装配方法的选择应尽量减少胎架等专用工艺装备的数量，减少辅助材料和工时的消耗。生产场地的布置应从船厂当时的生产实际出发，适当地作出合理的布置，使之能满足造船工艺流程的基本要求。

（2）船厂生产条件

①船厂起重运输能力

船体装焊车间、船台（船坞）和舾装码头的起重运输能力是直接影响船体建造方案的重要因素。船体建造法的选择，取决于船台（船坞）起重能力，例如，即使船舶主尺度较小，因受船台（船坞）起重能力的限制，有时也不可能采用船台（船坞）装焊工作量最少的总段建造法，即使在用水平船台造船的船厂中，可以利用船台小车使船舶主体采用总段建造法，但是，欲采用上层建筑整体吊装及主机整体吊装的建造法时，却完全取决于船台（船坞）起重能力能否满足要求了。

船体装焊车间的起重能力及其与船台（船坞）之间的运输能力，对船体分段装焊场地的布置影响很大。若船体装焊车间的起重能力较船台（船坞）起重能力小得多时，不仅应采用零部件——分段——总段的装配方法，还应采用零部件——分段——大型分段的装配方法，以便将一些质量超过车间起重能力的大型分段划分成较小的分段，安排在车间内制造，然后运送至船台（船坞）周围的分段装焊区，进行第二次组装完成所需要的大型分段或总段。

②生产场地

船台（船坞）的类型、大小等直接影响到对船台（船坞）船体建造法的选择，例如用水平船台造船时，可以利用船台小车作为总段的移运工具而选用总段建造法。对于艉机型船舶，还可以采用首先形成艉部船体的总段纵移式建造法。对于倾斜船台，若船台长度与建造的船舶长度差不多时，即使是批量建造艉机形船舶，也无法采用串联建造法。

分（总）段装焊场地是影响生产线布置的重要因素。在场地面积充足时，应考虑组织多工位的船体分段专业生产线或作业区，同时还应设置专用的分段舾装作业区，发展专业化流水生产。以便于通过专设的舾装工位或舾装专业组（采用流水定位生产时）的方法，来扩大分（总）段舾装范围和完善分段舾装工艺。当分（总）段装焊场地不够充裕时，则应适当改变某些分段的装配方法，并根据分段划分情况和船台（船坞）装配的分段吊装顺序，按照分（总）段装。

③焊接装备

船舶总装焊接装置包括现场焊接机械设备，焊接辅助装置，焊工脚手架等。

焊接机械设备主要指现场各种焊机，包括埋弧自动焊、CO_2气体保护焊、气电立焊等先进的焊接设备。

焊接辅助装置主要指现场协助焊接过程的完成的自动控制与装置，如焊接柔性轨道、焊缝跟踪系统、升降机、焊剂自动回收系统等。

焊工脚手架主要是指现场的焊接变位机，焊工升降机等。

船舶总装焊接装备的配备直接影响船舶总装的进程和质量。

6.1.3.2　船体总装焊接方案的要求

船体总装焊接方案，就是根据产品的要求和特点，结合船厂的生产能力制订出优质船舶的最佳焊接方案。它包括船体建造阶段的具体划分，船体分（总）段的装配方法，船体总装的建造方法和船舶舾装的阶段（分段舾装、单元舾装、船台舾装、码头舾装等）与内容以及为实现上述内容而采取的各项技术组织措施等。

因此，船体总装焊接方案是船厂进行生产设计和工艺准备，制订生产计划和指导生产过程的依据。同时，在进行船厂现代化技术改造时，典型产品的焊接方案还是制订技术改造规划的重要依据。所以，选择船体的焊接方案是一项极为重要的任务，一般应满足以下要求：

（1）从船厂的实际生产条件出发，充分利用现有焊接设备和辅助设备及其工装夹具，并进行船体结构预装配焊接场地的布置，包括平台和胎架的数量、胎架的结构形式、胎架场地的合理布置及分段的堆放场地等。

（2）能保证船厂建造此种船舶的年度计划的完成，应进行船舶建造总顺序及进度安排，使焊接周期满足船舶建造总周期、船台（船坞）周期，并能获得最好的技术经济指标，其中包括提高焊接质量、降低成本、降低材料消耗、缩短造船周期、提高生产效率等。

（3）确定船体焊接方法，能满足船舶结构及工艺上的合理性要求，同时便于施焊。

（4）有利于合理组织劳动力和均衡生产节拍。有利于扩大机械化、自动化生产，改善施工条件，减轻劳动强度。

（5）解决产品特点及船厂条件所带来的焊接施工难题。

6.1.3.3　船体总装焊接方案的编写

船体总装焊接方案应包括：主要焊接设备，焊接工装，焊接方式，焊接材料，现场焊接组织以及焊接检测方法等。

6.2　船台总装焊的准备工作

一、知识目标

1. 掌握船台的装焊的准备要求。
2. 掌握船体的总装前的准备要求。
3. 掌握船台上临时设施的准备。
4. 掌握船体小、中组的装焊工艺。

二、能力目标

1. 能提出船台的装焊的准备要求。
2. 能编制船体的总装前的准备要求。
3. 能编制船台上临时设施使用方案。
4. 能编制船体小、中组装焊工艺方案。

我国绝大多数船厂均在船台上进行船体总装。船台装配的准备工作是指船体焊接前的各种准备工作，是保证船体总装的施工质量和进度的重要措施，必须切实做好，图 6 - 15 是已预制好的船舶被吊运到船台，准备船台总组装焊。这一阶段大约历时三个月至半年，根据船型、尺度、批量和船厂具体情况而定。该准备工作分为船台上的和船体上的两部分。

图 6-15 船台上待装的分段

6.2.1 船台上的准备工作

6.2.1.1 船台上的画线工作

（1）船台中心线 通常可用激光经纬仪在船台中心线槽钢上画出船台中心线，如图 6-16 所示。操作时，将激光经纬仪安置在船台中心线的端点 B，对中整平后，发射激光点到槽钢上（应超越船的尾端），每隔 1.5 ~ 2 m 画出一点，然后将所有点子连成直线，即为船台中心线。

在没有激光经纬仪的船厂中，则可用拉钢丝吊线锤的传统方法来画出船台中心线。

（2）船台肋骨线 在倾斜船台上一般不设船台肋骨线槽钢，只在船台中心线槽钢上逐挡或间隔 5 挡画出肋骨位置线，并用色漆标上肋骨号码。在水平船台上先在船台中心线上画出基准肋骨线的位置，然后用激光经纬仪（及五棱镜）在船台肋骨线槽钢上作出基准肋骨线。没有激光经纬仪时，可用几何学中作垂线的方法作出基准肋骨线（如图 6-17）。当船体基线倾斜时，因为它与船台中心线不平行，必须注意所画的肋骨间距不应等于理论肋骨间距值。

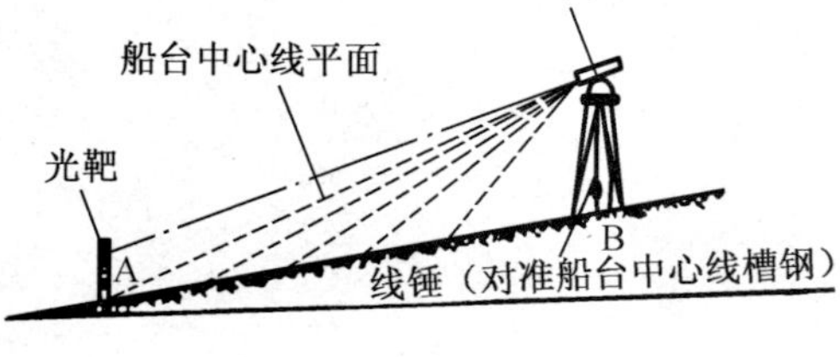

图 6-16 画船台中心线

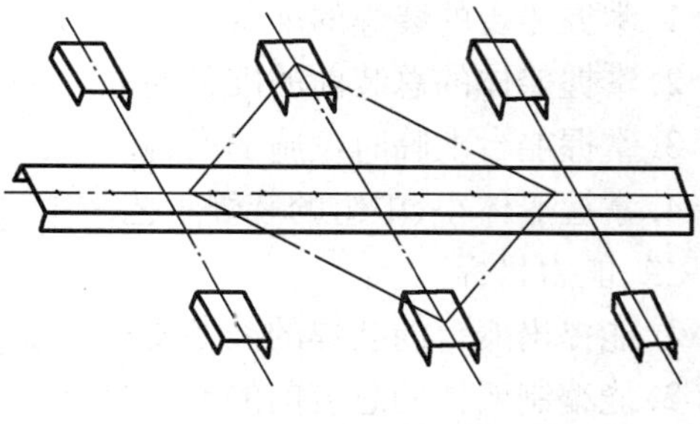

图 6-17 作基准肋骨线

（3）绘制高度标杆上的高度线 根据放样间提供的高度样棒，在船台的高度标杆上画出基线、水线、甲板边线等全部理论高度线，作为水平软管、激光水平仪或激光经纬仪进行船台铺墩，分段吊装定位和检验的基础。

6.2.1.2　船台上的设备检查

(1)检查船台设备的完好性　包括船台滑道,小车,卷扬机等。

(2)检查船台辅助设施　包括船体起升设备,墩木和其他相关工具和器具。

(3)核查焊接设备品种和数量　根据船舶的大小和数量确定焊接设备的需要量,大型船厂的船台焊接设备都是相对固定的,一般都布置在船台周围,一些焊接常用的气体,也是通过管道布置在船台周围,并设置若干个接口。

6.2.2　船体上的准备工作

6.2.2.1　船体上的画线工作

画出分(总)段的船台定位线和对合线,这项工作是属于船体结构预装配的任务,用来确定分段或总段在船台上的位置,保证船体尺度的正确性。

(1)画出分(总)段的船台定位线

在船台装配前必须检查是否已画出各分段或总段的船台安装定位线。

现将各种分段的定位线列述如下:

①船底分段:分段中心线、分段基准肋骨线、分段水平检验线、内底板上舱壁位置线。

②舷侧分段:水线1~2根(高的舷侧分段上下边各画一根)、甲板边线、分段基准肋骨线(与船底同号)、舱壁位置线。

③甲板分段:分段中心线、分段基准肋骨线(与舷侧同号)、舱壁位置线。

④舱壁分段:分段中心线、水线1~2根。

(2)画出分(总)段的船台对合线

分段对合线是作为分段与分段对接时对准用的。通常在分段左右或上下各画一根与分段大接缝线垂直的短直线。对接的两个分段之对合线的位置应统一,如图6-18所示,以便对准定位,否则失去对合线的意义。

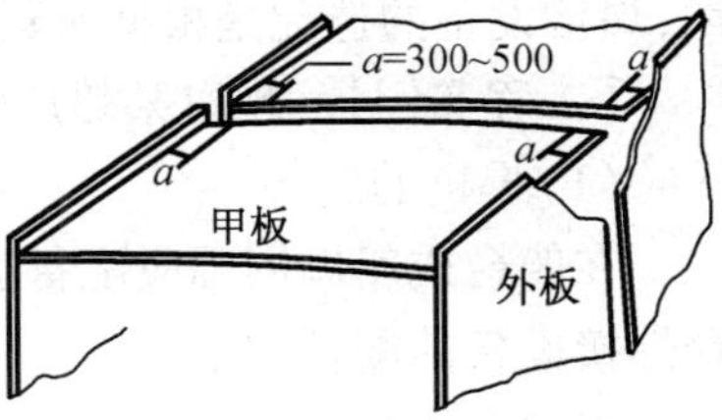

图6-18　甲板分段对合线

6.2.2.2　船体分段临时支撑的设置

船台装配临时,临时支撑的作用在于保证分段在船台装配时的位置和型线,并作为分段和总段的支承装置。例如,当舷侧分段未跨及舱壁时,则需要安装1~2道部分假舱壁,作为吊装舷侧分段的依靠。在安装甲板分段时,如果甲板分段没有适当的支撑结构(支柱、舱壁或甲板边板等),则需设置适当数量的临时支柱,作为吊装甲板分段时的依靠。

采用总段建造法时,如果总段端部无舱壁或强肋骨框架,便要设置假舱壁以增强总段吊运时的刚性,保证总段大接缝处的正确型线。

因此,临时支撑的安装,有些是在船体结构预装配中进行的,有些是在船台装配时进行的,属于船台装配的准备工作。

假舱壁不论部分的或整体的,临时支撑不管长的还是短的,都是用废旧钢板、钢管、型钢等制成。它们的制造和安装都要花费一定的材料和工时,应尽可能少用或不用。如果建造一艘船舶需要花费大量的临时支撑材,这在一定程度上反映了分段划分和船台装配方式存在某些问题,需要加以改进。

6.2.2.3　支撑点和安装吊环的选择

在底部分段上应选择支撑点,支撑点应在强力构件上,并用垫片支撑力,如图6-19所示,底部分段上布置和装焊好起重吊环,如图6-20所示。

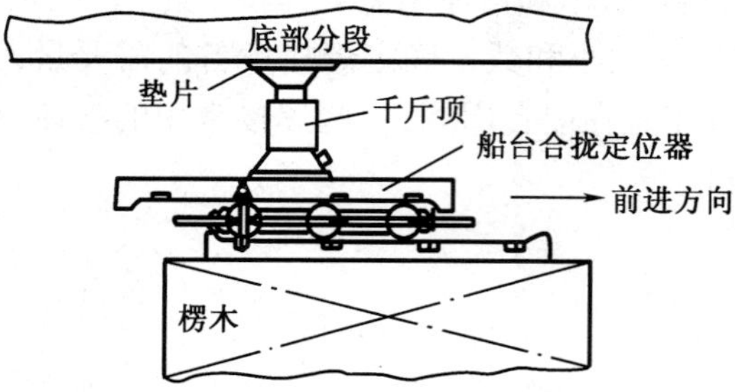

图6-19 弹子盘油压千斤顶

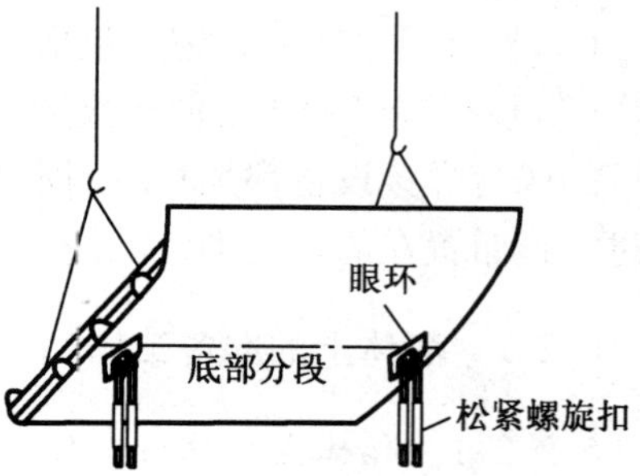

图6-20 前后松紧螺丝的位置

6.2.2.4 在船体上增添必要的焊接设备

对大型船舶的焊接由于距离太远,焊接电缆超过30 m,线耗过大,应减少距离,此时焊接设备可直接放在船体上,但应满足绝缘要求。

6.2.3 焊接设备的准备工作

6.2.3.1 焊接设备的选配

船台焊接设备的选配不仅直接影响到船台的焊接效率,而且直接影响到船台的建造周期,焊接设备的选配是根据所建造船舶的类型和数量来进行的。

【工程实例】 现以某船厂的船台焊接设备配置为例来说明船台设备的选配。

(1)焊机的配备

在船台或船坞周围应配备适量的合格焊机数量,保证船舶装焊合龙的需要。某船厂船台焊接设备的配备如下:

①船台一车间

a.交流焊机型号 BX1-500上海沪通、武汉大众、南通三九、联合汇力、上海金沪、上海东升、上海山亚;BX3-500天津。

b.交直流焊机型号 ZXE1-500南通三九、上海沪通、东海、上海沪工;ZXG-800南通三九;逆变ZX7-400南通三九、成都熊谷。

c. CO_2焊机型号 KR-500松下,KRⅡ-500松下,NBC-500-1南通三九,NBC-350南通三九,NB-500成都熊谷、北京时代。

②船台二车间

a.交流焊机型号 BX3-500天津,BX1-500上海沪通、武汉大众、南通三九、上海通用。

b.交直流焊机型号 ZXE1-500南通三九、上海沪通、成都宏达、上海通用,逆变ZX7-400南通三九,SS-800上海良久,ZX5-800,ZSG-800。

c. CO_2焊机型号 KR-500松下,NBC-500-1南通三九,逆变NB-500成都熊谷、北京时代、南通三九,逆变NBC-500北京长胜。

(2)焊接动力和易耗品的配备

①电源及线路的配备,应满足船台或船坞焊接等需要。

②气体的供应，应有足够的船舶工程所需要的各种气源，如氧气、乙炔气、压缩空气等管路或瓶装供应。

③各种焊材，如焊条、焊丝和焊剂等应及时供应到现场并妥善保管。

(3)焊接辅助装置的准备

①各种焊接支架，多由万能杆件组成，适合于船体周边焊接和各种高空焊接之用。

②焊接用吊笼适合于大合龙焊接用。

③焊接升降机适合于大型船舶大合龙用。

④焊接抽风机供焊接舱内通风之用。

⑤满足焊接诶施工需要的其他设施，如人梯，跳板等。

6.2.3.2　焊接设备的布置

(1)船台上焊接设备布置

船台上焊接设备布置有几种方式：

①均布焊接设备　适合于大型船台或船坞，在船台后船坞四周均匀布置焊接设备，特别是目前广为流行的 CO_2 气体保护焊设备，逆变焊机等。在船台或船坞周围的焊接设备都搭建有防雨棚，各种电源的输出口也都装有防雨罩。

②按工作任务布置焊接设备　焊接量大的部位多配置一些焊接设备，少的地方就少布置一些，以提高焊接设备的利用率。

③按装配进度布置焊接设备　按照船舶的建造工艺要求，依次增加焊接设备，从船首到船中，再到船尾，适当移动焊接设备。

(2)辅助焊接装置的布置

辅助焊接装置的布置主要指满足焊接用的辅助胎夹具，吊笼，升降机等，围绕焊缝布置，并注意周边的环境。

6.2.4　船台总装焊接准备工作计划的编写

船台总装焊接准备工作计划或准备工作要求或主要设备使用方案的编写，均应根据船舶产品的焊接施工要求编写，做到设备，人员，场地，时间，定额，责任落实，安全措施落实，质量措施落实，确保计划的执行与实施。

6.3　总段装配与焊接

一、知识目标

1. 掌握船台总装与焊接的要求。
2. 掌握船体的船台总装与吊装工艺。
3. 掌握船台上总装焊接工艺。

二、能力目标

1. 能提出船台的总装与焊接的要求。
2. 能编制船体的船台总装与吊装工艺方案。
3. 能编制船台上总装焊接工艺方案。

6.3.1 船体分段合龙施工要点

6.3.1.1 大型船舶的分段合龙施工

为确保船体分段合龙后的主要尺度和外壳线型等符合图纸及相关船东、船级社的要求,应拟订施工要领。

(1)根据图纸在船台(坞)上勘画出待合龙船舶的船体中心线和数根平行中心线,假定中心线及各分段的肋骨检验线,大接缝端线、船底水平线、船的总长、型宽、两柱间水线分别用漆笔或洋冲在船台(坞)上及标杆(坞墩)上做好标记。

(2)货舱底部分段合龙定位

①将分段吊至船台的合龙处,调整分段中心线与船台中心线(假定中心线)吻合;将分段置于垫墩上,然后调整分段水平度,使各误差在公差范围内,分段一次定位结束后,需将各项数据记录完整。

②按设计图纸规定的肋检线、半宽尺寸,测量分段接缝区的余量并勘测出余料线做好记录,测定各项数据经自检互检确认无误,并报专检确认后方可切割余量,并打好焊接坡口。

③将分段吊起重新调整分段的中心线、肋检线与船台上线条吻合,再调整分段水平及高度符合标准要求,检查其与已合龙的几个分段肋检线的间距,保证在公差范围内及龙骨变形情况,做好自检互检记录经专检确认后进行定位焊及加强,分段二次定位结束。

④待二次定位装配结束,须自查、互查合龙区结构完整性、板缝间隙、焊接坡口打磨情况等,测量各项数据的正确性确认无误后,报专检验收合格并报船东船检认可后方可进行焊接作业。

(3)其他规则分段合龙定位

①此类分段包括货舱区舷侧、纵/横舱壁分段、甲板分段等。

②在内底上勘画出待合龙的纵/横向舱壁、舷侧分段的结构线、肋检线,并标注好结构理论线方向。

③舷侧段、横舱壁分段等需调整分段垂直度、高度、梁拱值、纵壁距中位置,甲板或平台的纵、横向高度、肋检线位置等,甲板需调整中心线(假定)、甲板水平度、肋检线与内底上肋检线的相交偏差等。

(4)带主机座分段合龙定位

①分段合龙程序参见(2)。

②分段中心线调整时按主机座中心线为依据并进行调整,而且要与船台中心线吻合,其误差在规范范围内。

③分段水平及高度调整时应调整主机座面板,以四角水平及基座面板距基线高度为依据,并将调整后的所有数据做好详细记录,对主机座分段合龙时加以全过程重点监控。

(5)球艏分段通常垂向尺度较大,而底部已有升高,平台面较小,合龙该分段时主要依据为横壁及艏柱中心线和艏柱纵向理论线位置为依据进行调整。

①艏、艉端分段定位时,需对照船台艏、艉端位置进行调整,保证船舶的总长度及垂线长。

②将分段吊至待合龙区,调整分段纵向、垂向中心线与船台上中心线吻合,再调整横舱壁的垂直度,全部复测后分段进行一次定位。

③测量船台上艏柱前端点实际纵向尺度，分段肋检线与船台肋检线偏差情况，调整后画出余量线报专检认可后修割余量。

④分段进行二次定位，再次调整复测各项数据，并将各项数据详细记录，报专检验收。

(6)艏、艉门形立体分段定位

①将分段吊至合龙部位，调整中心线（假定中心线）与船体中心线平行吻合，调整甲板水平定位。

②测量分段肋检线与已合龙分段肋检线间距，定出分段纵向位置，并画出余料线，测量平台（甲板）高度值，定出分段下口余料线，测量分段中心线（假定中心线）与船体中心线距离，画出左右分段的余料线。经自检、互检确认无误后报专检验收确认修割余量。

③分段合龙二次定位，重新将中心线调准确后，再调整甲板（平台）水平度及高度尺寸，经全部调整结束确认无误，并报专检进行验收，做好详细记录。

(7)上层建筑分段合龙定位

①上层建筑分段合龙定位程序参见(6)。

②上层建筑如有梁拱及仰势定位时高度值需考虑升高量，甲板无梁拱合龙时在中心线处需加放 20～25 mm 升高量，保证合龙后棚顶无凹陷现象，上棚层高应在正公差 $0\ \text{mm} \leq h \leq 20\ \text{mm}$ 的范围内。

③上层建筑四周外围壁必须保证在各自同一面上，且保证一上下的垂直度，围壁下脚余量画线不能以弯对弯，应以强骨架为准取和直，每层棚顶保证平整度在公差范围内。

(8)特殊段的合龙定位

特殊段的合龙定位按《特殊分段定位精度控制指导书》JJS－WP－0908 执行。

(9)舱口围板合龙定位

舱口围板合龙定位按《舱口围板定位精度控制指导书》JJS－WP－0913 执行。

(10)货舱区分段合龙时舱口精度控制

货舱区分段合龙时舱口精度控制按《舱口主要尺度控制指导书》JJS－WP－0904 执行。

6.3.1.2　中小型船舶合龙分段的定位

对于中小型船舶，为确保船体中合龙分段的主要尺度、平整度、外壳线型、合龙区域的准确性、完整性，以符合设计图纸及相应船级社的要求，施工要领如下：

(1)检验员要以图纸为依据，有疑问时需及时向船舶设计所咨询以寻求解决的办法。

(2)胎架检验要注意检查胎架的刚性、精度及必要的基准线（梁拱值、纵横向昂势等）。

(3)母栈的固定及画线检验需重点控制画线的精度（中心线、假定中心线、角尺线、肋检线、型宽线、两端余量线及甲板/平台/开孔的尺寸、位置等）。

(4)结构装配检验要根据图纸检查结构安装的完整性及结构是否安装在结构线上，检查结构的临时加强及各种结构节点和焊接坡口。

(5)对主机座分段，应检查机座中心线、面板水平度等，控制分段扭曲变形，负责对主机座分段从预制到总组全过程中各工序的质量和精度进行跟踪检测和验收，并做好详细记录。

(6)焊接检验要按图纸检查焊脚尺寸是否正确，所使用的焊材是否符合工艺要求，焊缝外观成形如何。

(7)对一些重要位置的焊缝如挂舵臂、艉轴分段的焊接要严格控制焊接变形，外板拼接缝、需熔透焊位置等须用无损探伤以检验其内在质量。

6.3.2 总段的装焊

6.3.2.1 船体结构的小、中组立装焊

大型船舶的总段是由小、中立体段组装起来的,如图3-43所示,船首总段由①~④段组成,总段的装焊根据起重能力可分两种情况:一种是在车间经过“小组”组装焊成“中组”;二是在船台将立体分段或“中组”组装成总段,装焊时应采用合理的焊接方法。

艏、艉总段的装焊

总段装焊通常步骤为:船体零、部件→船体分段→小、中组立→分段舾装→船体总段→总段舾装。

一种方法是以甲板胎架为基础倒装,先装甲板、肋骨框架、舱壁和纵向构件,再安装船体外板,然后进行总段舾装而成总段,这种方法多用于装配艏、艉总段。另一种方法是以底部分段为基础正装,在其上安装舱壁、舷侧和甲板等分段,并进行总段舾装而成总段,这种方法多用于装配船中总段。

艏、艉部总段一般采用倒装法制造,如果艏、艉部总段质量太大,还可沿第二甲板处切开而成上下两个立体分段,其装配方法与总段倒装法基本一样。艏、艉总段倒装可简化胎架,改善工作条件,但总段翻身比较复杂。艉总段倒装法制造总段时采用甲板胎架的装焊方法,艏总段的装焊方法与此类同,如图3-44~图3-57所示,恕不赘述。

6.3.2.2 船台分段装焊工艺

现以纵向倾斜船台上用塔式法建造万吨级船体为例,说明船台装焊工艺的要点。

(1)基准分段的定位

基准分段是船台合龙起始点,其选择应使船台上舾装工作与船体建造能同时完成。由于机舱舾装工作量大,一般常把起始点选在机舱及其附近,以便使机舱部船体尽早形成,尽早开展舾装工作。

①使分段定位肋骨线对准船台上相应的肋骨线,以确定分段长度方向上的位置。

②使分段中心线对准船台槽钢中心线,如图6-21(a)、(b)所示。以确定分段宽度方向上的位置。

以上两种定位一般都采用线锤检验,如发现偏差,可利用船台上的拉桩作为力点,用松紧螺丝进行前后左右调节。

③校正分段基线高度。一般可用水平软管或激光经纬仪,以高度标杆为基准。从船底测量分段的高度,以确定分段在高度方向上的位置,如图6-21(c)和(d)所示。如有偏差,可用油泵顶高或将木楔放松来调节。测量高度时应注意船体的倾斜度。

④测量分段左右水平检验线,以确定分段的左右水平度,方法同高度的测量与调节。

以上几项调整工作互有影响,因此需反复多次,直到各个方向都符合要求为止。

(2)相邻底部分段吊装

①定位 其方法与基准分段的定位基本相同。考虑到大接头端部放有余量,新吊装的分段应离开基准分段一段距离,如图6-22所示。然后根据两分段肋骨检验线间的距离与船台上两肋骨检验线间的距离的差值,可求出应该切除的余量值。如采用无余量上船台工艺。则可直接靠拢、定位。

②拉拢与对接 当分段大接缝余量割除,并对坡口进行加工后,便可将分段向基准分段拉拢,再一次测量分段位置,最后将大接缝用电焊进行点焊(定位焊),安装大接头附近的

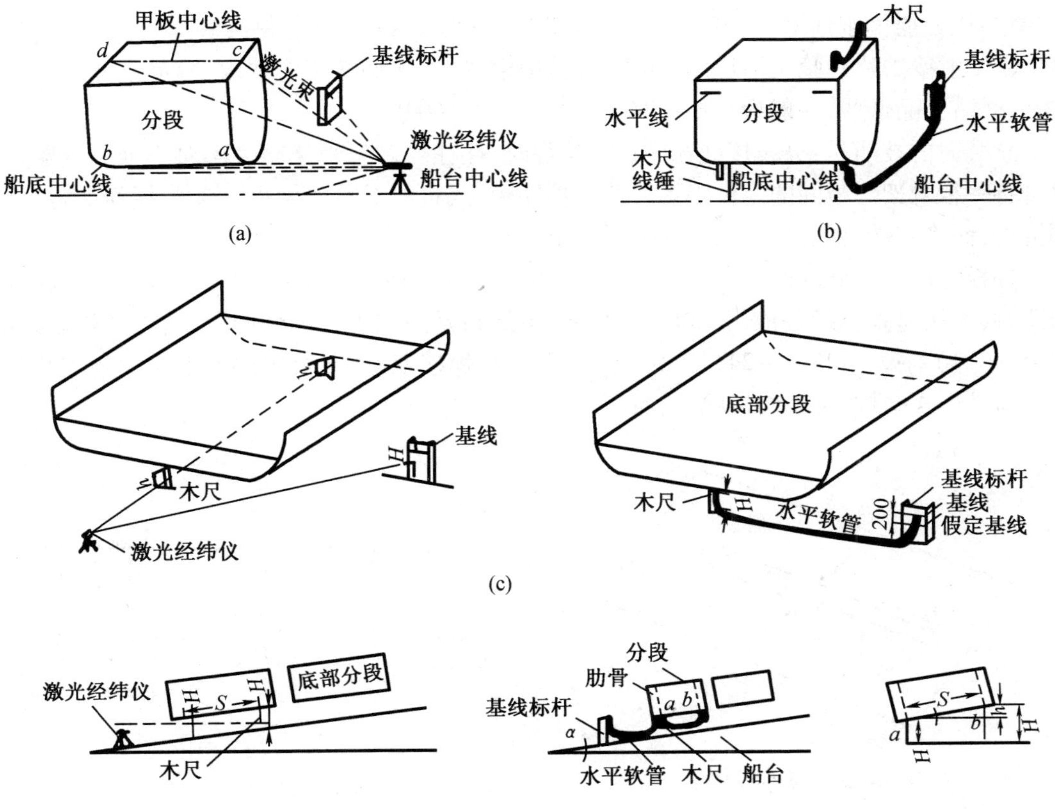

图 6 – 21　底部分段的定位测量

(a)用激光经纬仪的分段定位；(b)用水平软管线锤的分段定位；

(c)水平船台上测量底部分段距基线高度；(d)倾斜船台上测量底部分段距基线高度

内部骨架。大接缝处坡口加工的方法可用风动批凿、气割或碳弧气刨。坡口一般开在内面。

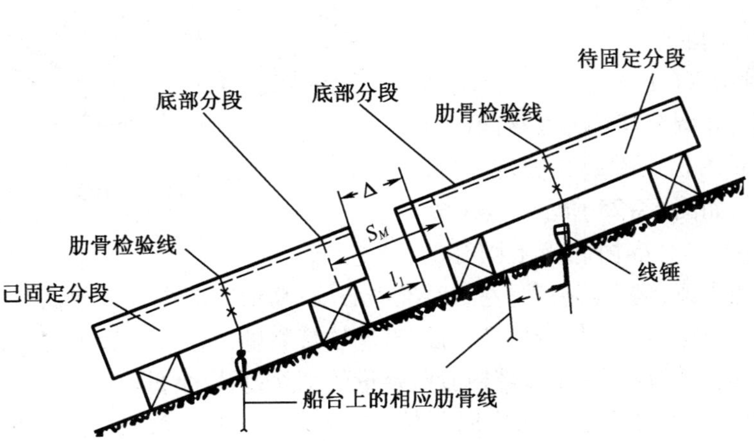

图 6 – 22　船台上画余量线的画法

③焊接　为防止变形，通常应左右对称地进行焊接，并且应装配好若干个分段后再开始焊接，以使船体刚性增大，不易产生上翘变形。内面先焊，外面扣槽封底焊。

④X射线拍片检验　拍片部位由检验员确定，拍片比例按工艺要求，军品高些，一般为5%～8%；民品低些，一般为3%～5%。

总装时的技巧是：分段接缝在进行定位焊时，往往会产生骨架与骨架对不准的现象，这时可将一根骨架与板间的定位焊拆去约一挡肋距，或将相对接的两根骨架与板间的定位焊都拆去，而将其借直或借对，如图6－23所示。

外板定位焊到舭部产生圆势不对时，如图6－24(a)所示，可将焊缝接头处割开(在分段制造时，大接缝处纵缝都应留150～250 mm不焊)，从下向上逐渐装配，最后将伸长出来的多余部分切割掉，如图6－24(b)所示。为了防止焊接变形，外板定位焊后应加装梳状马。一般纵骨架式结构，可少装梳状马，而在型线弯曲处适当增加。

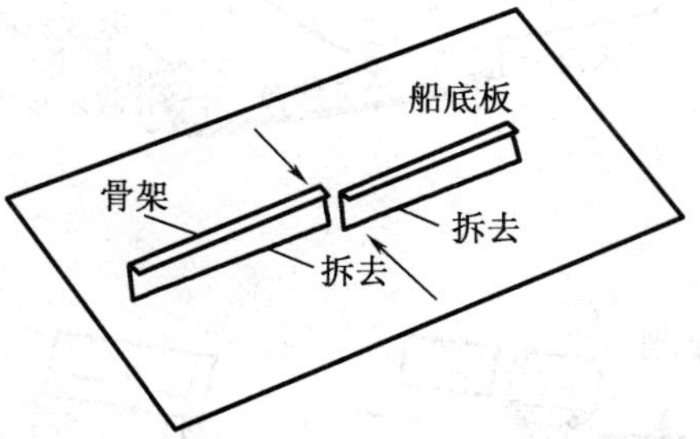

图6－23　骨材的借对

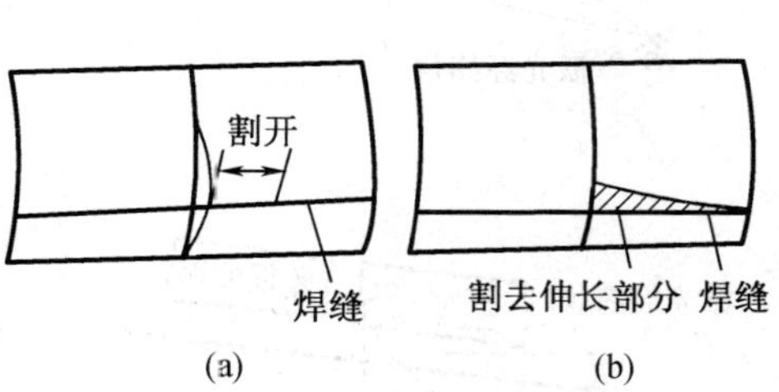

图6－24　舭部接缝

(a)割开焊缝接头；(b)切除伸长部分

(3)舱壁分段吊装

舱壁分段有纵舱壁及横舱壁两种。底部分段对接后，在该区域内先装纵舱壁，然后将横舱壁靠上，这样安装较方便；也有先装横舱壁，后装纵舱壁，再将另一端横舱壁装上的交叉装配法。

①内底板上画线。

②吊装横舱壁(下口有余量)　为防止横舱壁倒下，并调节其与内底板间的垂直度，可在前后用松紧螺旋扣固定，吊装纵舱壁也一样，如图6－25所示。

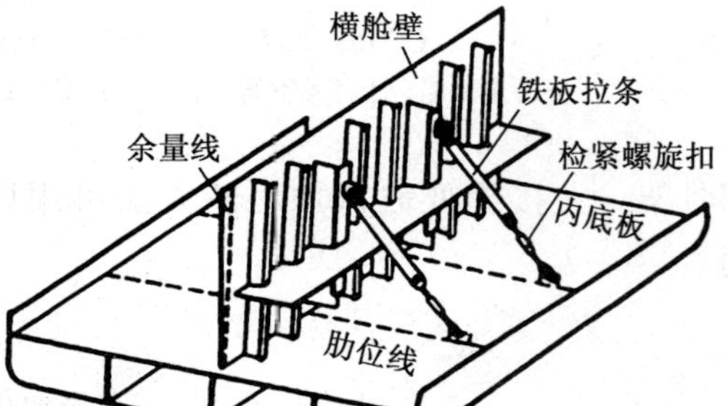

图6－25　纵舱壁的安装

③定位　下口对准内底板上画好的肋骨线，上口挂线锤，测定其夹角；左右对准中心线；高低方向可预先放高些，与高度标杆对照后，决定应该切除的余量值；水平度可用玻璃软管测量，如图6－26所示。

④割除余量　特别应注意舭部横舱壁余量的割除，量取余量值时，应从铅垂方向量。

⑤定位焊　在内底板上是从中间开始，向两舷展开的。对槽形舱壁则应先定槽形转角，后定平直部分。

纵舱壁的装配方法基本上与横舱壁的装配方法相同。当纵舱壁装配完毕，首尾两端若有余量则需画线切割正确，以便靠上横舱壁。

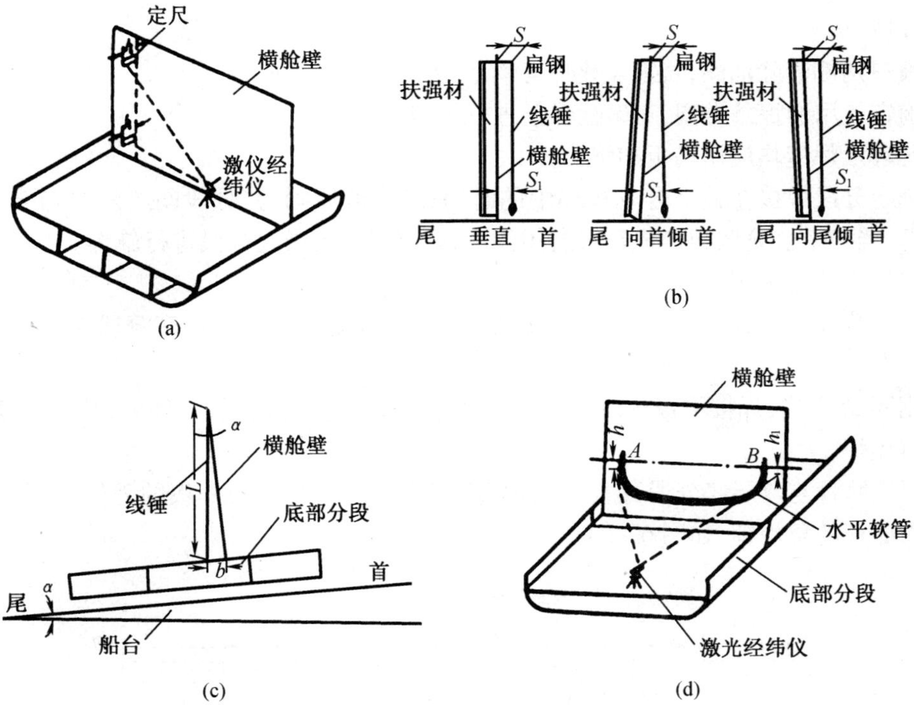

图 6 - 26　横舱壁的定位测量

(a)用激光经纬仪测量舱壁垂直度;(b)水平船台上用线锤测舱壁垂直线;
(c)倾斜船台上用线锤测舱壁垂直度;(d)舱壁水平位置的测量

(4)舷侧分段吊装

舷侧分段的安装一般以横舱壁为支撑,将舷侧分段吊运到船台上与船底和舱壁定位。

①依靠横舱壁或假舱壁定位舷侧分段。

②对齐相关线条 主要线条有:

a. 舷侧分段的肋骨检验线对准船底相应的肋骨检验线;b. 甲板理论线处的半宽应符合要求;c. 使水平检验线与基线平行;d. 检查水平检验线高度与理论高度的偏差值。

③分段余量套割或画线切割。

④二次定位。

⑤固定分段以待焊接。

(5)甲板分段吊装

只需将甲板分段吊上,对准下面的舱壁、舷侧分段即可。

(6)艏艉分段吊装

中、小型船舶的艏艉分段,一般均以总段形式在船台上合龙。

6.3.2.3　船台分段合龙的焊接

(1)分段船台合龙的焊接工艺规程

分段与分段之间的焊接是在分段船台合龙过程中进行的。由于分段间的焊缝形式类似,故其焊接工艺程序及方法亦相似,所以仅制订出一般典型焊缝施焊原则即可。分段船台合龙的焊接工艺规程一般包括以下内容。

①焊前准备工作

a. 开坡口。

b. 坡口两侧清除油漆，切割氧化皮等物。

c. 确定使用的焊条类型，对碱性焊条进行烘培。

d. 凡环形焊缝均应用马板加强。

②确定分段焊接在整个合龙程序中的时间，其一般原则为：分段间的焊接与合龙工作平行进行，当一个合龙区域形成环形封闭体后，即可对该区域之分段进行施焊。

③焊接工艺与程序

a. 由双数焊工，采用手工焊用分中退焊法，焊接舷侧分段与双层底分段对接缝的内侧焊缝。

b. 用同 a. 方法，焊接甲板分段与舷侧分段的对接板缝，先内侧、后外侧；凡直焊缝，可采用埋弧自动焊。

c. 焊接肋骨与双层底分段外板的角焊缝，完后焊接内底板与外板的外侧角焊缝，以及肋板与内底板的角焊缝，如图 6 – 27 所示。

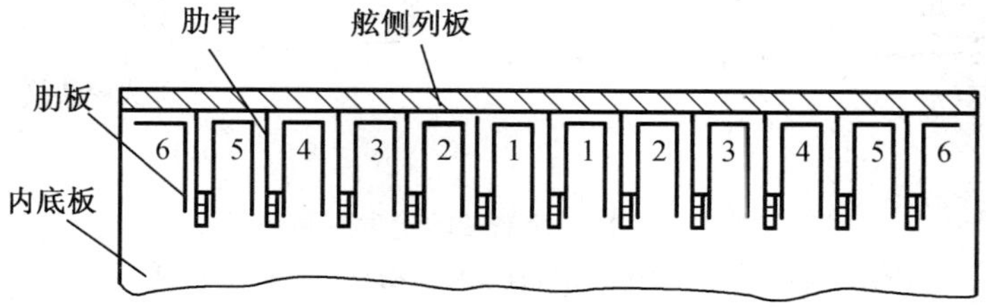

图 6 – 27 外板、肋骨的肘板与内底板的角焊接程序

d. 焊接肘板与甲板的角焊缝。

e. 舷侧分段与双层底分段的外对接焊缝开坡口，进行手工封底焊，施焊方法同①。

(2) 分段纵向大接缝的焊接

①先焊横向构件间的连接焊缝，如梁肘板与横梁或肋骨，舭肘板与肋骨或肋板或内底边板之间的焊缝。

②然后焊接板与板的舱内纵向大接缝，如甲板边板与舷侧顶板，舭部列板与舷侧外板，内底边板与外底板之间的接缝。

③再焊骨架与板材的角接焊缝，如肋骨框架与外板、甲板及内底边板在纵向大接缝处的角接焊缝。

④最后在外板外表面碳弧气刨开槽后焊接板材纵向大接缝，如甲板与舷侧顶板，舭部列板与舷侧外板。这样便形成了环形总段。

(3) 总段横向大接缝的焊接

①总段环形接缝焊接前，先将总段间的纵向构件的对接焊缝焊完，然后才进行环形接缝焊接，最后焊接内部构件与船体外板、甲板、内底板等的角接焊缝。

②环形接缝在十字接头的焊接程序，应先焊纵向焊缝，后焊环形焊缝。

③船体外板的对接焊，先焊接有构件一侧的内面焊缝，焊完后，再将外板外表面接缝采用碳弧气刨开槽，吹净焊根，然后进行手工封底焊。

④内底板或甲板对接焊，如果采用坡口向下，应先采用手工仰焊焊接有坡口一面的焊缝，焊完后采用埋弧自动焊进行平焊封底焊；如果采用坡口向上，正面焊缝采用埋弧自动焊时，应先用手工焊打底。焊完正面焊缝后，用碳弧气刨在反面接缝开槽，吹净焊根，再进行手工封底焊，现在多采用单面焊双面成型工艺。

⑤总段环形接缝焊接时，应由双数焊工在船的左右同时对称施焊，大型船舶采用气电立焊工艺。总段环形接缝的典型焊接程序如图 6－28 所示。

⑥有主甲板和次甲板时，应先焊次甲板，再焊主甲板。

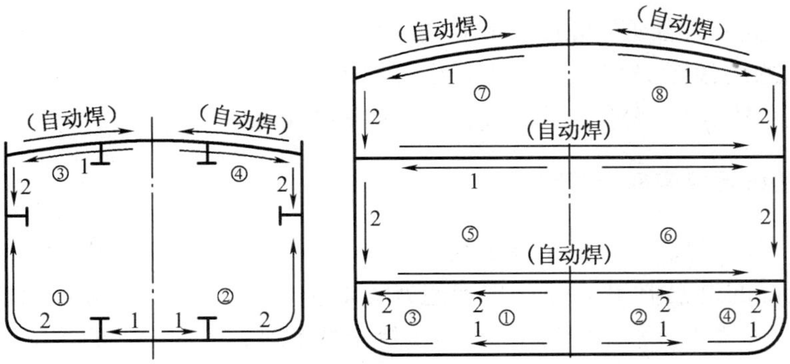

图 6－28　总段环形焊缝的焊接程序

(a)单底分段；(b)双层底分段

6.3.2.4　船台其他装焊

(1)上层建筑吊装　凡是有条件的，应采用上层建筑整体吊装工艺，这样可以改善施工条件，平行作业，扩大预舾装，从而缩短造船周期。

(2)起重架，吊艇架等的装焊。

(3)舾装与涂装　对分段大接缝焊接好的舱室开展舾装工作，如内装、机装、电装，以及舱室外的舾装工作即外装。

船舶下水之前，船体建造、舾装和涂装工程基本完成，必须进行船舶主尺度、船底基线以及船体型线的测量，并绘制竣工图样，对施工中改变了原设计的地方，一一记录下来，以备参考和改进。

6.3.2.5　塔式建造法的船台装焊顺序

(1)吊装基准分段。

(2)吊装基准分段上的仓壁分段和前后的底部分段。

(3)吊装舷侧分段，向前后方向继续吊装底部分段和舱壁分段。

(4)吊装甲板分段，继续吊装底部分段、舱壁分段、舷侧分段和甲板分段。对已形成环形船体段部分，进行分段大接缝的焊接。

(5)继续向首尾方向吊装底部分段、舱壁分段、舷侧分段和甲板分段，继续对装配完工的分段大接缝进行焊接，并对分段大接缝已施焊结束的舱室开展舾装作业。

(6)吊装首尾分段，继续完成分段大接缝的焊接工作和舱内舾装作业。

(7)吊装及焊接上层建筑，继续进行舾装作业。

6.4 船体焊接变形及预防

一、知识目标

1. 掌握分段总段、船台大合龙的焊接变形特征。
2. 掌握分段总段、船台大合龙装焊焊接变形的预防。
3. 掌握总装、合龙的装焊噶不接变形的矫正工艺方案。

二、能力目标

1. 能提出总装,大合龙的焊接变形的关键特征点。
2. 能编制总段、船台大合龙装焊焊接变形的预案。
3. 能编制总段、船台大合龙装焊焊接变形的矫正方案。

6.4.1 船体焊接变形的原因

6.4.1.1 常见的船体焊接变形形态

在船体装配的过程中,由于选择的建造方法不同,施工中装配位置正确性有差距、焊接工艺措施不同、焊缝不对称于船体中和轴、预制分段变形等多种因素的影响,必然造成船体总体或局部变形。常见的船体变形形态有:

(1)主船体船底基线产生中垂现象。

(2)船体艏艉两端产生上翘现象。

(3)主船体总长缩短。

(4)沿船体中纵剖面左右线型不完全对称。

(5)船体分段接缝局部凹凸不平。

6.4.1.2 船体焊接变形的原因

船舶在船台上建造时,其变形也具有一定的特点。例如,船体龙骨线向下挠弯,而艏艉端向上翘曲;艏艉上翘及大接缝处的横向收缩,形成船舶总长度缩短,此外还有船体中纵剖面的左右变形。但表现突出的是艏艉上翘和船舶总长缩短。

(1)艏艉上翘(船体基线产生中垂)的原因

①由于船底结构较强,故船体的中和轴位置偏于船底,而大部分焊缝(包括上层建筑和舾装件等焊缝)却又分布在中和轴上侧,焊接后使船体上部受到压缩应力,导致整个船体产生两端上翘的变形。

②位于中和轴上侧的甲板结构较船底弱,特别是上层建筑的板材较薄,焊后变形大,火工矫正工作量也大,造成较大的收缩,增大了船体的上翘。一般来说,火工矫正所引起的船体总变形比焊后收缩所引起的更大。

③一般船体中间的质量较大而两端较轻(尾机型船除外),更易形成两端上翘。

(2)船舶总长缩短的原因

①由于横向大接缝焊后收缩。

②艏艉上翘而形成的总长缩短。

③分段端部余量不足。

(3)引起分段对接缝局部凹凸变形和船体左右不对称的原因

分段大接缝的凹凸变形　如船体接缝,特别是大接缝,因焊接收缩变形,型线曲率有缓坦的趋势。

①分段装配焊接没有按左右对称的顺序进行。

②分段的接头线型不光顺，特别是舭部外板圆角处。

③底部墩木布置左右不对称。

④火工矫正顺序不当。

⑤船体接缝在焊接后型线曲率有缓坦的趋势，一般正圆势接缝焊接后型线向内凹进，反圆势焊缝则向外凸出。

6.4.2　船体变形的预防措施

在船体建造过程中，避免和减少船体总变形是一个重要的问题。一般所用的预防措施有以下几种。

6.4.2.1　船体反变形法

(1)船体反变形概念

反变形法是使焊后变形被反变形所抵消而达到防止焊接残余变形的一种积极办法。其关键是在实践中积累和掌握变形的规律和变形的大小。在船台合龙中，船体经焊接以后引起收缩变形，如图6－29(a)是1 000 吨油轮船台焊后总长收缩了20 mm，往往产生总长缩短以及两端上翘现象。在实船建造中，为克服这种纵向弯曲变形，通常采用反变形法，就是在船底基线预放反变形，如图6－29(a)、(b)、(c)所示。

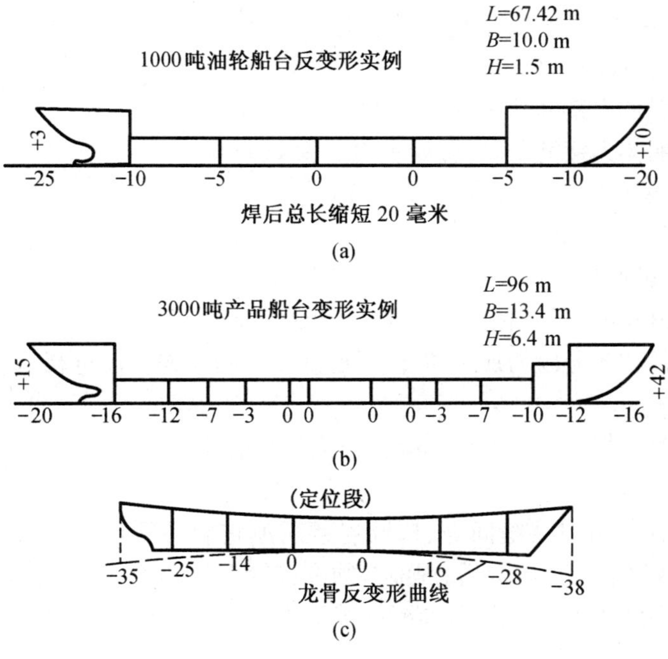

图6－29　船体总段大合龙反变形图

(2)船体反变形量的设置

船底基线预放反变形是以底部奠基分段为基准，向艏艉逐段由小至大放低一定的反变形。其数值大小可根据经验以光顺曲线作出，并且要考虑施工的可能性。

预放反变形应在第一艘船舶建造的基础上，进行测量得出数据，那么在以后建造同类型船舶时，则需在相同的施工条件下预放由上艘船测得的反变形数值，才比较可靠。一般反变形数值如下：

①塔式法建造时的反变形值：大船的上层建筑钢板较厚，火工矫正量少，相应变形也小，可取为 $L/2\ 000$；而中小型船舶可取为 $L/1\ 000$。L 是首尾端间的最大水平距离（总长）。

②总段建造时的反变形值：对中小型船舶，每 10 m 长内放 −6 ~ −10 mm（向下加放）；对大型船舶，每 10 m 长内放 −5 ~ −8 mm（向下加放）。

【工程案例】 船体反变形应用实例。

①某 12 000 吨系列油船在船台合龙时考虑了艏艉上翘因素，并借鉴了之前建造同类型船舶的实测数据，采用的反变形值最大处达 50 mm，效果很好，最后主尺度和船底挠度测量值精度很高，都能满足规范要求。

②如船台装配时，由于船体中和轴偏于船底部，而此时船体中的大部分焊缝及甲板以上所有结构焊缝都位于中和轴之上，焊接后船体产生向上翘起的变形。此外，上层建筑多位薄壁结构，容易产生波浪变形，为消除波浪变形而采用火焰矫正，这部分热量的加入更加剧了船体的上翘。这时采用龙骨线反变形法消除船体上翘非常有效。反变形的数值可根据经验，用光顺曲线作出。一般采用的经验数据为：总段建造时，每米长放 −1 mm（适用于中小船舶，负号表示反变形向下）。塔式或岛式建造时，每米船长放 −0.5 ~ −0.8 mm（适用于大型船舶）；对于具有长上层建筑及长护舷材的船舶，反变形数值应加大。

6.4.2.2 增加肋骨间距

为了保证船体总长度，在大接缝处的肋骨间距可适当加大，以抵消焊接后船体总长的缩短，肋骨间距的增加量如下：

(1)横骨架式船体大接缝肋距，可放 +5 ~ +10 mm。

(2)纵骨架式船体大接缝肋距，可放 +10 ~ +20 mm。

(3)一般分段之间的接缝（纵向）可放 +5 mm。

6.4.2.3 提高船体装配质量。

提高船体的装配质量应从以下几个方面着手。

(1)严格控制材料的下料精度，减少误差，为装配提供尺寸合格的零部件。

(2)提高零部件和各分段的加工精度，对已加工完的零部件需进行二次矫正，使其符合规定的尺寸要求。

(3)各分段的对接焊缝坡口的大小应符合工艺要求，防止坡口过大，增加焊缝填充量而导致焊接收缩量增大。

(4)严格控制各分段对接缝间隙、构件连接间隙它们必须符合工艺要求，分段接缝装配定位焊后，焊前必须在接缝上加装梳状马，如图 6−30 所示，避免由于过大的装配间隙而增大焊接变形的数值。

(5)采用合理的装配顺序，防止因装配顺序不合理而导致的变形，增加不必要的工作量，或因焊接应力的存在为后续装配焊接产生变形而留下隐患。

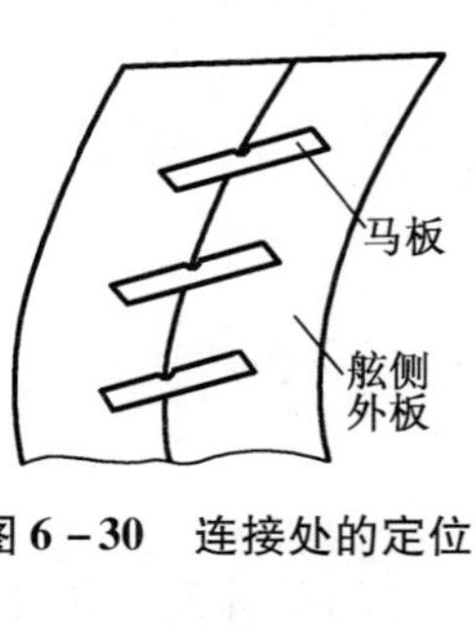

图 6−30 连接处的定位

6.4.2.4 严格遵守工艺规程

船厂工艺规程包括通用工艺规程和装用工艺规程，都应严格遵守。应重点做好：

(1)船台装配与焊接的先后程序及其工艺要求,减少由于安装程序不当而增大船体变形。

(2)必须保证正确的焊缝规格,过大的焊脚尺度,既浪费焊条,又造成不必要的额外变形。

(3)分段在吊上船台前,应将能进行的焊接工作尽量完成。

(4)分段总装前,应将分段矫正好,以减少船台上因焊接与矫正工作量增多而引起的变形。

6.4.2.5　采取必要的工艺措施

(1)为了防止船体艏艉上翘,可在艏艉分段上压重物,并在艏艉分段下面用松紧螺旋扣与船台上的拉桩固定,即用强制的方法来减少船体上翘变形的数值。

(2)各分段在船台进行对接焊时,可用各种马板加强。

(3)采用水火弯板法。将接头处的外板于焊前作出反变形,其方法为:当外板呈正圆势时,可在外板外表面上的骨架位置附近(约距骨架3~4 mm),用氧炔火焰沿骨架方向加热,使外板形成反变形(其大小约为2~5 mm)待封底焊接后,连接缝处型线即可光顺。

(4)对于外板呈反圆势部分一般不加放反变形;个别的可向内稍加反变形,这对横骨架式底部分段较为适用,对舷侧分段采用得更多。

6.4.2.6　改进建造工艺

尽可能减少船台焊接工作量,扩大分段施工范围,采用自动焊、半自动焊、气体保护焊等焊接工艺,提高焊缝质量,减少焊缝返修量,以达到减小船体总变形的目的。

6.4.2.7　加固船台

合理布置墩木,以防船体下沉变形。对于中小型船舶,焊前可在艏艉部加压载以减小上翘。

6.4.2.8　分段吊装前矫正

分段吊上船台安装前必须矫正分段制造阶段的焊接变形,以减小船台装配阶段的焊接和火工矫正工作量。船台装配阶段定期测量各分段的焊接变形的实际情况,以便及时采取措施。

6.4.2.9　艏艉总段最后吊装

艏艉总段应待其他分段装配、火工矫正结束后再吊上船台定位,确定切割余量,以减少艏艉上翘和船体总长的收缩量。

6.4.2.10　编制正确的焊接工艺规程

进行合理的分段划分,确定正确的分段吊装顺序,编制焊接工艺规程。

6.5　分段和总段的吊运、翻身与焊接

一、知识目标

1. 掌握分段总段、船台大合龙的吊运与翻身特点。

2. 掌握分段总段、船台大合龙吊运工艺方案。

3. 掌握分段、总段的翻身工艺方案。

二、能力目标

1. 能提出总装,大合龙的吊运与翻身的关键特征点。

2. 能编制总段、船台大合龙吊运的方案。

3. 能编制分段、总段翻身的方案。

6.5.1　分段和总段吊运翻身概述

分段和总段的吊运与翻身是船体建造过程中的一项重要工作。在分段和总段吊运翻身过程中,一般要考虑以下几方面的问题。

(1)分段和总段的加强措施。

(2)分段和总段重量大小(包括舾装件与加强材)及吊车的许可负荷。

(3)吊运翻身方式。

(4)吊环数量的结构形式,如图6－31～图6－33所示,吊环数量、强度及其安装位置。

(5)钢索的许可负荷和钢索间的夹角。

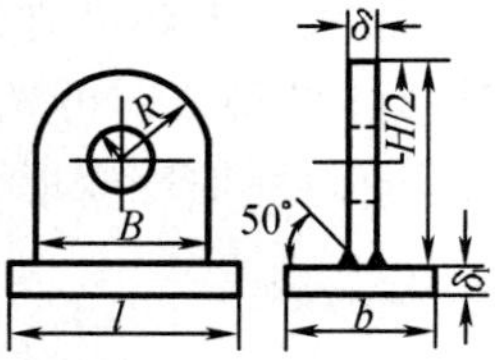

图6－31　B型吊环型式

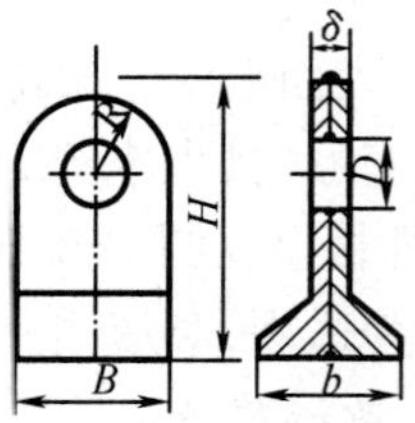

图6－32　C型吊环形式

6.5.2　分段和总段的加强措施

分段和总段的加强措施主要是针对防止吊运中的变形,因此,对易于变形的分段需要采取临时加强措施,采用的方法有:

(1)采用临时扶强材,前面已述。

(2)采用临时舱壁,以增加分段的刚性。

(3)安装临时支柱实现力的连续传递,保证分段的整体性。

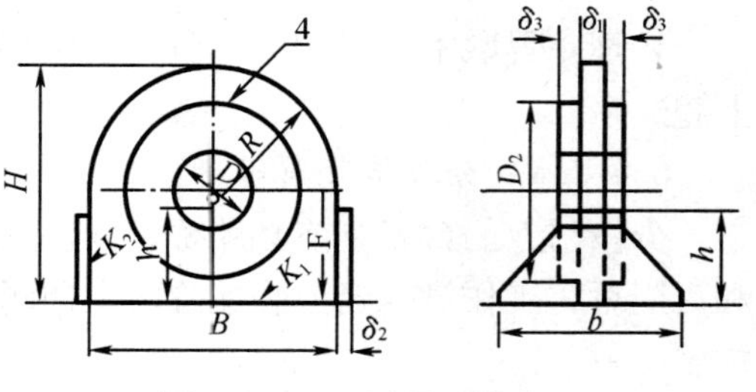

图6－33　D型吊环形式

6.5.3　分段和总段质量大小及吊耳和焊缝的许可负荷

主要讲述分段和总段的吊耳或吊环的设计,吊环的布置(数量和位置)及装焊。

6.5.3.1　吊耳使用的一般规定

(1)使用焊接吊耳时,必须经过设计计算。

(2)吊耳孔中心距吊耳边缘的距离不得小于吊耳孔的直径。

(3)吊耳孔应用机械加工,不得用火焊切割。

(4)吊耳板与构件的焊接,必须选择与母材相适应的焊条。

(5)吊耳板与构件的焊接,必须由合格的持证焊工施焊。

(6)吊耳板的厚度应不小于6 mm,吊耳孔中心至与构件连接焊缝的距离为1.5～2D(D为吊耳孔的直径)。

(7)吊耳板与构件连接的焊缝长度和焊缝高度应经过计算,并满足要求,焊缝高度不得小于 6 mm。

(8)吊耳板可根据计算或构造要求设置加强板,加强板的厚度应小于或等于吊耳板的厚度。

6.5.3.2　吊耳计算

(1)拉应力计算

如图所示,拉应力的最不利位置在 A－A 断面,其强度计算公式为:

$$\sigma = N/S_1 \qquad \sigma \leq [\sigma]$$

式中　σ——拉应力;

N——荷载;

S_1——$A-A$ 断面处的截面积;

$[\sigma]$——钢材允许拉应力。

(2) 剪应力计算

如图所示,剪应力的最不利位置在 B－B 断面,其强度计算公式为:

$$\tau = N/S_2 \qquad \tau \leq [\tau]$$

式中　τ——剪应力;

N——荷载;

S_2——$B-B$ 断面处的截面积;

$[\tau]$——钢材允许剪应力。

(3) 局部挤压应力计算

如图所示,局部挤压应力的最不利位置在吊耳与销轴的结合处,其强度计算公式为:

$$F = N/(t \times d)\phi \qquad F \leq [\sigma]$$

式中　F——局部挤压应力;

N——荷载;

t——吊耳厚度;

d——销轴直径;

ϕ——局部挤压系数;

$[\sigma]$——钢材允许压应力。

(4)角焊缝计算

$$P = N/l \times h \times k \qquad P \leq [\sigma_1]$$

式中　P——焊缝应力;

N——荷载;

l——焊缝长度;

h——焊缝高度;

k——折减系数;

$[\sigma_1]$——焊缝允许应力。

6.5.3.3　吊耳的强度校核

在吊装工程中经常使用板孔式吊耳,而相应的规范或参考资料没有大于 20 t 的板孔式吊耳的相关设计参数。通常板孔式吊耳的失效形式以吊耳板与设备本体的焊接强度不够及板孔撕裂为多,易造成不安全因素。所以吊耳板孔的强度和焊缝强度是板孔式吊耳设计的最重要环节。本文仅介绍单板孔吊耳的设计计算,双板孔吊耳的设计计算参照执行。

(1) 吊耳板孔的强度计算

①拉曼公式

图 6－34 为板孔式吊耳的基本形式,即单板孔吊耳。图 6－35 为板孔式吊耳在受外力作用下孔壁承压应力分布情况。图 6－36 为板孔式吊耳板孔强度不够吊耳板被撕裂的主要失效形式示意图。也就是说板孔失效是吊轴与板孔接触所形成的接触压应力过大,不是造成接触处压溃,而是吊耳在外力的作用下对吊耳板进行的剪切作用引起的。所以吊装工程中常用拉曼公式来对吊耳板孔进行抗剪强度校验。

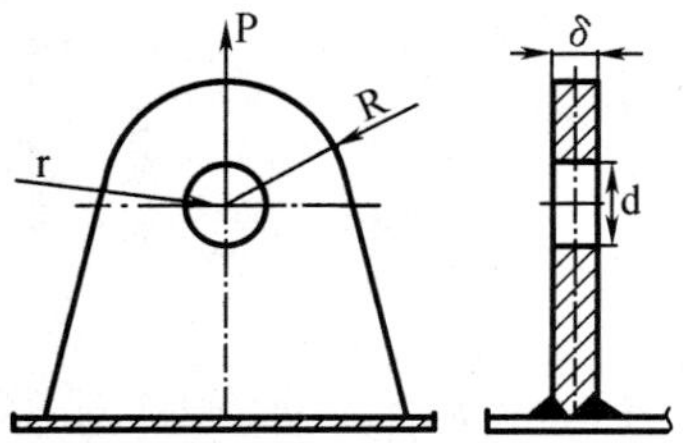

图 6－34 板孔式吊耳

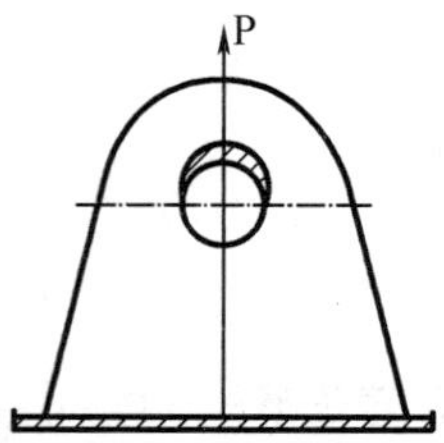

图 6－35 孔壁承压应力分布

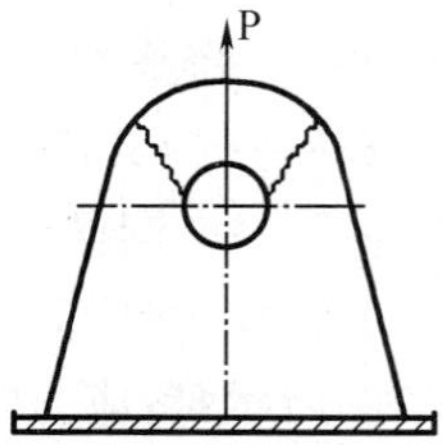

图 6－36 板孔失效形式

拉曼公式板孔校核表达式为

$$\sigma = \frac{kP}{\delta d} \cdot \frac{R^2 + r^2}{R^2 - r^2} \leqslant [f_v] \qquad (6-1)$$

式中 k——动载系数,k = 1.1;

σ——板孔壁承压应力,MPa;

P——吊耳板所受外力,N;

δ——板孔壁厚度,mm;

d——板孔孔径,mm;

R——吊耳板外缘有效半径,mm;

r——板孔半径,mm;

$[f_v]$——吊耳板材料抗剪强度设计值,N/mm^2。

②吊耳参数确定

从(6－1)式可以看出,当 P,d,δ 一定时,取$\frac{R^2+r^2}{R^2-r^2}$适宜的值可最节省材料,显然$\frac{R^2-r^2}{R^2-r^2}$ >1,令$\frac{R^2+r^2}{R^2-r^2}=1.1$,则$\frac{R}{r}=4.583$。从理论而言,$R=4.583r$ 较为科学,但使用单板孔吊耳,还应考虑卸扣和绳扣连接时必须预留的间隙,显然 R 值不宜太大。$R=(3:4)r$ 较适宜。

通常设计时,应首先按负荷选定使用的卸扣或受力轴的尺寸,则孔径:

$$d = d_{卸扣} + (10:20)\,\mathrm{mm}$$

因此,吊耳设计时应在 R 与 δ 上进一步做文章。

首先,确定板厚 δ,使根部焊缝的强度与设备本体局部稳定性满足要求。必要时,可延长焊缝长度或增加筋板加以解决,如图 6－37 所示。

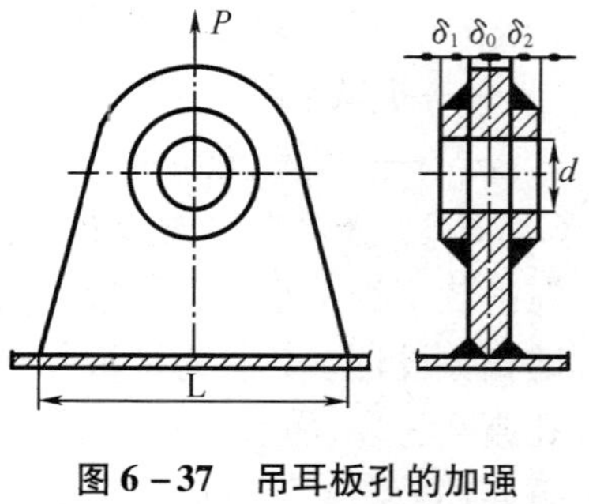

图 6－37 吊耳板孔的加强

其次,按 $R=(3:4)r$ 选定 R 值。

再次,采取加补强板的措施增加板孔局部的强度。通常在吊耳孔处焊接单或双面补强板。

通过以上措施可以比较合理的利用材料。校核时需按照公式(6-1)中 $\delta=\delta_0+\delta_1+\delta_2$,$R=R_{补强}$ 来替换,即补强圈的半径。

(2)吊耳板强度计算

①吊耳板材料选择

吊耳板选择材料时,宜选择与母材的材质相同或相近为好。施工现场一般选择 $Q235$、$Q345$ 等普通材质的材料,且可焊性较好。按《钢结构设计规范》对应的钢材板厚取$[f_v]$值,只要(6-1)式成立,吊耳板的强度可满足要求。

②吊耳板焊接与焊缝强度校核

吊耳板焊接应有焊接工艺评定。焊缝应为连续焊,不应有夹渣、气孔、裂纹等缺陷。主受力焊缝应按 JB4730—2005 进行渗透检测,Ⅰ级合格。焊缝强度按《钢结构设计规范》GB50017—2003 选定焊缝的 f_f^w 值,并进行校核。焊缝强度计算时,应具体分析。

a. 当吊耳受拉伸作用,焊缝不开坡口或小坡口时,属于角焊缝焊接,焊缝强度按《钢结构设计规范》中式 7.1.3-1 校核,即:

$$\sigma_f=\frac{N}{h_e l_w}\leqslant\beta_f\cdot f_f^w \tag{6-2}$$

式中　σ_f——垂直于焊缝方向的应力,MPa;

N——焊缝受力,$N=kP=1.4P$,其中 $k=1.4$ 为可变载荷分项系数,N;

h_e——角焊缝的计算厚度,$h_e=0.7h_f$,h_f 为焊角尺寸,mm;

β_f——角焊缝的强度设计增大系数,取 $\beta_f=1.0$;

f_f^w——角焊缝的强度设计值,N/mm^2。

b. 当吊耳受拉伸作用,吊耳板采用双面 $50\pm5°$坡口满焊时,可按对接焊缝校核,即:

$$\sigma_f=\frac{kP}{0.7(L-2\delta)\delta}\leqslant f_f^w \tag{6-3}$$

式中　k——动载系数,$k=1.1$;

L——焊缝长度,mm;

δ——吊耳板焊接处母材板厚,mm。

其他符号意义同上。

c. 当焊缝在三向应力状态下受力时,按材料力学第四强度理论校核,即:

$$\sigma_f=\sqrt{(\sigma_N+\sigma_M)^2+3\tau^2}\leqslant f_f^w \tag{6-4}$$

式中　σ_N——焊缝所受轴向应力,MPa;

σ_M——焊缝所受弯曲应力,MPa;

τ——焊缝氢受剪切应力,MPa。

应当指出,虽然焊缝的强度计算满足要求,但由于吊耳板与设备焊接处产生的焊接应力及连接面较小产生的应力集中,使用吊耳时也不可能在设计的理想状态下受力等原因,可能造成设备局部变形或将母材撕裂等不良后果。因此,应有以下有效安全措施:一是对焊缝进行焊后热处理,以消除焊接应力,特别是当吊耳板的厚度达到规范要求焊后热处理的厚度时,必须进行焊后热处理;二是在吊耳板与设备之间焊接连接筋板,增大了焊缝受力面积,同时也加强了局部稳定性。焊缝强度计算时,应在不考虑连接筋板的作用下强度和局部稳定性同时满足要求。

(3) 板式吊耳设计校核示例

【工程实例】 某设备吊装抬尾需设计一载荷 $P=50$ t 的板式吊耳,材质 Q235A。选择 55 t 卸扣,卸扣轴直径 70 mm,取板孔 $r=45$ mm,$R=200$ mm,$R_{补}=175$ mm,$\delta_0=30$ mm,$\delta_1=\delta_2=16$ mm,焊缝长度 $L=400$ mm。Q235A 强度设计值 $f_v=120$ MPa,$f_f=16$ MPa(GB50017—2003)。拉曼公式校核吊耳板孔强度

$$\sigma=\frac{1.1\times50\times9\ 800}{62\times90}\times\frac{175^2+45^2}{175^2-45^2}=110.3\ \text{MPa}<[f_v]$$

板孔强度满足要求。

吊耳在受力最大时为拉伸状态,按吊耳受拉伸校核焊缝强度。

由式(6-2)按角焊缝校核

$$\sigma=\frac{1.1\times50\times9\ 800}{62\times90}\times\frac{175^2+45^2}{175^2-45^2}=110.3\ \text{MPa}<[f_v]$$

由式(6-3)按对接焊缝校核

$$\sigma_f=\frac{1.1\times50\times9\ 800}{0.7\times30\times(400-2\times30)}=75.5\ \text{MPa}<[f_v^w]$$

结果与(6-2)相差不大。焊缝强度满足要求。

6.6 船体建造精度控制技术

6.6.1 船体建造精度控制技术概述

6.6.1.1 国内精度控制技术状况

我国从 20 世纪 70 年代初期就开始了船体建造精度控制技术的研究和实践,在国内各大中型船厂不同程度地取得了一些成果和经验。随着造船模式的转换,即"区域造船"或"壳、舾、涂一体化"造船新方法的应用,船体建造精度控制技术显得越来越重要。这是因为采用新的造船模式,必须采用与之相适应的新的造船技术,否则新的造船模式将难以发挥出它的优越性。新的造船技术中最重要的一项技术就是船体建造精度控制技术。因此可以说,船体建造精度控制技术的应用,是转换造船模式的需要,也是新的造船模式能够充分显示其缩短建造周期、保证建造质量和降低造船成本的技术保证。

船体建造精度控制技术的核心内容是精度控制,这种技术是"精度"的定量表示,是一个量化的技术。也就是说,如果应用精度控制技术,那么从号料开始,直到船台(船坞)合拢的一系列施工过程中,只要按照正常的标准生产工艺,在每道工序完成后,其产品精度就能够满足下道工序的要求,而不用进行两次修整。这种先进的造船技术,在国外一些船厂中已经广泛应用,提高了企业的竞争力。成功地应用船体建造精度控制技术,也就是说,从原来定性地给出号料板材、型材的余量,到定量地号料(精确地计算出补偿量),是需要投入大量人力、物力的,且需要较长的时间和一个循序渐进的过程。有一部分船厂已做到了从生产设计开始将精度控制信息反映到工作图上,进行精度设计,体现精度管理和控制的意图。将精度控制值、补偿值和各种信息反映到船体放样的零件上,实现所有零件、部件和分段的

精度控制。国内精度控制水平已经基本上达到内部构件无余量号料，全船分(总)段无余量上船台(船坞)合龙。

6.6.1.2　国外造船精度控制技术现状

国外较先进的造船国家，如亚洲的日本、韩国，西欧的德国、英国、法国等在船舶精度控制技术上均有所突破，西欧的造船先进国家均以承接高技术、高附加值的船舶为主，如液化气船 LNG 和 LPG、大型集装箱船、超级豪华游船等。而亚洲的日本、韩国以承接大型、超大型油船 VLCC 船为主。就日本而言，在精度控制技术方面已经居于世界领先水平。如日立造船公司有明工厂在建造大型与超大型船舶过程中已经积累了丰富经验，他们已经做到了从号料开始，在加工、分段建造、坞内合拢等方面均实现了分段全方位无余量(均以补偿量的形式代替余量)。

为了确保船舶建造精度控制的实施，他们从船体生产设计开始就准确标注余量信息，确保补偿量的合理分布。为了保证加工精度，95%的板材包括平直板、构件均由数控机进行切割(NC)，目的是确保整体精度和加工速度。零件加工的各种焊接坡口在加工时直接开出(尤其各种曲面外板的焊接坡口)，变截面坡口也在钢材加工阶段完成。各种装配的精度信息如肋板轮廓线、纵桁装配线、板材对合线和各类检验线等均由数控机画线功能完成。

由于各种零件在生产设计阶段就已经具有各种精度控制信息，使零件号料、钢料加工都能满足设计要求，给分段组装的精度控制带来了极大方便。较突出的有：双曲率过渡段、机舱部分、外板双曲率分段的精度控制均达精度控制要求。

大合拢阶段只要按分段的对合线来控制分段水平，大合拢缝处焊接坡口的间隙就能得到保证，在保证质量的同时，吊装速度相当快。

由于船体的精度控制给舾装、管系的精度控制奠定了基础。现阶段已将精度控制拓宽到舾装、管系等专业。日本日立造船公司有明工厂舾装部分已经达到了全方位无余量装配，管系按单元进行组装，端部无余量合龙。

6.6.1.3　船体建造精度控制的目的和现实意义

(1)船体建造精度控制的目的

船体建造精度管理(其主要内容是精度控制)，就是以船体建造精度标准为基本准则，通过科学的管理方法与先进的工艺技术手段，对船体建造进行全过程的尺寸精度分析与控制，以达到最大限度地减少现场修整工作量，提高工作效率，降低建造成本，保证产品质量。船体建造精度控制技术的理论基础是数理统计、尺寸链理论；技术核心是尺寸补偿量的加放；管理内容是健全精度保证体系、建立精度管理制度、完善精度检测手段与方法、提出精度控制目标、确定精度计划、制订预防尺寸偏差的工艺技术措施等。

(2)精度控制技术研究与应用的现实意义

①船舶精度控制技术是转换造船模式，实现"壳、舾、涂一体化"的基础之一，只有该项技术的实施才能保证其他相关技术的应用。如先吊主机后镗管技术、上层建筑整体吊装技术、泵舱底部全幅总组技术、机舱盆舾装技术、管系单元预舾装技术等。这些先进技术均建立在船舶精度控制技术的研究与应用基础上，只有船舶建造精度达到了一定的水平，其他各项技术的实施才能够得以发展并在实船建造中应用。

②船舶精度控制技术是缩短造船周期、提高质量、降低成本、提高我国造船业在国际船舶市场上竞争能力的重要手段之一。如：我国目前已具备承接超大型油轮 VLCC 与超大型货船 VLOC、超大型集装箱船、液化气船 LNG 和 LPG 液化气船等的能力，但由于精度控制技

术与先进国家差距较大,诸多项目都是由于建造技术(含精度控制技术)达不到设计要求而导致建造周期拖延、质量下降而失去市场上的竞争能力。

③船舶精度控制技术可以辅助拓宽船舶市场的开发。通过船舶精度控制技术的应用和推广,大大提高造船质量,缩短船舶建造周期,从而赢得客户的信任,提高企业的船舶市场的信誉,为企业进一步开拓船舶市场打下坚实的基础。

④船舶精度控制技术是当代造船新技术,也是整个造船生产技术的重要组成部分。它主要是在船体建造过程中加放尺寸补偿量取代余量,通过合理的工艺技术和管理技术,对船体零件、部件和主尺度进行精度控制,以提高建造质量,最大限度的减少现场修整的工作量,缩短船舶建造周期,降低船体建造成本。

⑤船舶精度管理提高了船厂科学管理的水平,在船体建造过程中推行精度管理是生产的客观需要,也是确保船体建造质量,促使科学管理,提高造船生产能力,缩短船体建造周期的重要手段。国内外的生产实践表明,开展船体建造精度管理对造船企业、船东、员工、社会和国防建设都有重大作用。

因此,船舶精度控制技术研究是一项长期而持久的课题,在船舶建造技术中具有十分重要的意义。

6.6.2 造船变形与误差与精度控制技术的发展

6.6.2.1 造船变形

钢质船体的建造,是一个按设计的船体型线图和结构图,经过放样、号料、加工、装配和焊接等一系列工序的生产过程。在船体建造过程中,钢料经预处理,随后加工成零件,再组装成部件,各类分段(平面、曲面、半立体)与总段在组装好的基础上,再上船台(船坞)装配与焊接,直至形成整艘船体。船体建造有别于机械制造,它有如下施工特点:

(1)船体建造周期长、工序多,建造过程中的累积误差比较大;

(2)工件(船体结构零部件的统称)大,其形状尺寸所允许的误差绝对值虽比机械制造中工件的误差大,但其相对值却很小;

(3)船体建造过程中的变形情况比机械制造复杂,要掌握由切割、冷热加工、焊接、矫形以及吊运等所引起的弹塑性与热塑性变形的规律较困难;

(4)工件在制造过程中的手工作业量比机械制造大得多,且有相当一部分工件是在高空、室外相互交叉,冷热加工相互交叉,各种工序相互交叉的施工环境中进行的,工件完工后的误差难以控制。

以上施工特点充分表明,要在船体建造中使工件的几何形状、尺寸和位置都处于可控状态具有很大的复杂性。因此,造船变形在船舶建造中的控制是一个十分艰难的课题,必须依靠科学的技术手段加以控制。

6.6.2.2 造船误差

钢质船体建造要按照船舶设计图纸,经过放样、号料、加工、装配、焊接和吊运等工序完成的。在建造过程中,受切割、加工、焊接和吊运等因素影响,船体零件、部件、分段、总段和船体主尺度不可避免地产生实际尺寸偏离放样尺寸的尺寸偏差和形状偏差。造船误差是指船舶在生产过程中因各种原因引起的尺寸误差。在生产实践中,可以把所有的误差分为随机性误差、规则性误差和草率性误差3种。

所谓随机性误差,一般是指在测量一批同样的零部件或分(总)段中发现的误差,它是各种生产因素的综合结果。实际调查统计表明，这种误差具有一定的规律性，并集中分布于某个误差分布中心的附近。在运用概率论和数理统计方法来研究其规律性时，这种误差被称为随机性误差。

所谓规则性误差，是指生产过程中固定的误差，如在工艺过程标准化的情况下，焊接一批同样分段所产生的焊接变形，对于每个分段而言基本上是固定的；在用气割机切割一批同样的板件时，对于每块板件来说其热变形也是固定不变的。又如冷加工机床、测量仪器及工具的系统误差，实际上都是固定的。

所谓草率性误差，是指生产过程中，由于操作人员的疏忽大意，发生工作错误所引起的误差。

精度标准是以随机性误差为主要依据而制定的，故在分析误差的性质时，应将规则性误差和草率性误差加以排除。

6.6.2.3　造船精度控制技术的发展

在传统的船体建造过程中，实施尺寸精度控制都采用加放余量的方法。这种控制方法已不再适应当前造船生产发展的需要。船体建造精度控制就是在实际尺寸精度控制的过程中，以系统补偿量取代余量，来保证各工序间的尺寸精度，最终满足船体建造的精度要求。目前，造船精度控制的方法还在不断的更新和完善。

船体建造精度管理大致经历了尺寸公差与余量加放、补偿量加放、全过程精度控制、全站仪测量与模拟搭载等几个阶段，目前正向着以数据库和软件系统为基础的信息化管理方向发展。

6.6.3　船舶精度控制与管理

为了把造船偏差控制在国家标准要求的范围内，船厂开始普遍采用船体零件上加放余量再修割的方法，这必然会带来造船现场大量的修整工作量。这些修整工作量几乎全部为手工作业，所消耗的工时约占船体建造总工时的1/4。为了尽量减少修整工作量，各国在取得大量生产实践测量数据的基础上，运用数理统计方法，逐步以不须修割的零件补偿量代替余量的方法来控制造船偏差，这样逐步发展形成造船精度管理技术。

6.6.3.1　船体建造精度管理术语和定义

船体建造精度标准是船舶设计、制造与检验部门为确保船体建造质量而制定的技术文件，又是推行船体建造精度管理，实施尺寸精度控制的依据。为了正确表述船体精度标准，应对下列名词进行定义：

(1)船体分段：为方便船体结构建造合理划分的结构单元，通常为大组立而形成的中间产品。

(2)余量：对船体零件、工件和中间产品通过加工、装焊、火工矫正等多道工序，而产生的变形及收缩进行定性和定量分析后，加放的比实际变形及收缩略大的工艺量值，一般要在装配后割除。

(3)补偿量：对船体零件、工件和中间产品通过加工、装焊、火工矫正等多道工序，而产生的变形及收缩进行定量分析后，加放相当实际变形和收缩的工艺量值，一般不需再切割。

(4)基本尺寸：指图面上标注的理论尺寸，它是描述零件、工件和中间产品(部件、分段和总段)的几何形状、外形尺寸以及所处位置的量值。

(5)实际尺寸：指零件、工件和中间产品完工后测得的尺寸。

(6)尺寸偏差:基本尺寸与实际尺寸的差值。

(7)标准范围:正常控制、检验尺寸偏差满足精度造船的偏差范围。

(8)允许极限:检验尺寸偏差时,允许少数偏差超出标准范围的最大偏差值。

6.6.3.2 船体建造精度管理范围

造船精度管理,就是在船体建造过程中,将船体零件、部件、分段和全船的建造尺寸,控制在规定范围内的工作方法和管理制度。应用统计分析的原理和方法,制定出各工序中每个零件、部件、分段直至总段的最合理的精度标准,以便控制和掌握零件与分段的尺寸精度,可使加工好的零件和分段等中间产品不留余量,无需进行二次定位、划线和切割,将大大提高生产效率,提高同类零件的互换性。从而实现船体建造全过程的精度控制,使主船体精度达到标准要求或顾客需要。

精度造船简单的说就是在船舶建造过程中用补偿量代替余量,逐步增加补偿量的使用范围,并控制船体结构位置精度。以最少的成本控制船体建造的主尺寸偏差、线形偏差和结构错位在标准范围内,保证船舶质量。精度管理是系统工程,关键是全面、全过程推行精度控制,核心是实施造船精度设计。

船体建造精度管理就是以船体建造精度标准为基本准则,通过科学的管理方法与先进的工艺技术手段,对船体建造进行全过程的尺寸精度分析和控制,以达到最大限度减少现场修割工作量,提高工作效率,降低建造成本,保证产品质量。管理的对象为船体在建造过程中的产生的收缩变形、扭曲变形和角变形。其内涵包括健全精度管理体系、建立精度管理制度、完善精度检测手段与方法、提出精度控制目标、确定精度计划、制订精度标准、制订预防尺寸偏差的工艺技术措施和精度超差后的处理措施等。

6.6.3.3 造船精度管理体系

(1)造船精度管理体系概念

造船精度体系作为造船质量体系的一个子系统,精度管理体系也与质量管理体系类似,见图6-38,主要包括组织体系、精度标准、资源管理、精度控制、测量改进和信息技术等几个方面。

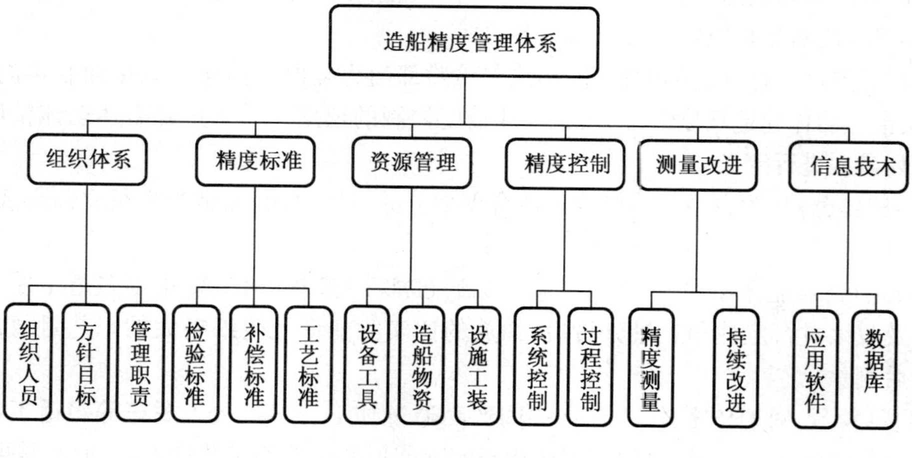

图6-38 造船精度管理体系

(2)组织体系

为了实施造船精度管理,必须成立精度管理的组织体系。这需要企业高层领导给予足够的支持,配备必要的组织和人员,制定造船精度方针、目标和计划,明确管理职责制度。

精度方针是确定造船精度管理的方向和原则。精度方针确定为"精度设计、过程控制、检测改进",精度设计是精度管理的源头,过程控制是精度管理的核心,不断改进提高精度水平。精度目标是依据本船厂精度管理水平,分阶段提出精度的合格率,包括拼板、冷热加工、分段的焊前焊后、总组和搭载等。确定精度目标后,就要制订精度计划。船体建造的精度计划,实际上就是对船体建造从精度角度判断的一种工程分析。通过分析,可以对建造全过程的精度状态有一个数量上的全面了解,事先就能发现问题并采取相应的补偿和控制措施－其中包括加放补偿量、余量与选择余量的切割阶段,以确保船体建造的尺寸精度能控制在允许的范围之内。简单的说,船体建造的精度计划是对建造全过程的精度分析,在这种分析的基础上建立相应的尺寸精度控制措施。精度分析必须建立在大量的调查研究,掌握足够的实际数据,以及实践与理论相结合的基础上。在编制精度计划前,需要进行大量的数据实测与理论分析的准备工作。经过相当时期的调研、试行、推广和巩固的反复循环的过程及专题研究,才能取得符合本企业的精度分析的实际结果。科学的、符合实情的精度分析,有助于提出有效的尺寸精度控制措施。在精度计划编制过程中,应根据船体结构图确定建造方法和装配工艺流程,分析各个工艺阶段的误差累积过程,决定各个控制阶段的允许误差,按照允许误差值决定施工要领和工艺技术方法,保证船体建造精度符合工艺技术要求。这里所说的施工要领和工艺技术方法,是指在精度分析的基础上,采取各种相应的控制措施。其中,最重要的措施是加放系统补偿量、余量,及余量切割时机的合理选择。这些工作都是围绕一个根本目的,这就是精度计划的编制。通过提出相应的工艺技术,确保船体建造精度,包括船体主尺度精度,以及形状精度和位置精度。精度计划包括船体建造各个阶段的精度目标、影响精度的主要原因和采取的措施等内容。

(3)精度标准

精度标准包括补偿量标准、精度检验标准、精度控制基准、精度测量表、基准线设计基准等。精度补偿量包括切割补偿量、加工补偿量、装配补偿量和焊接补偿量等方面,一般通过现场多次测量或理论计算得出补偿量数值,通过生产设计反映在船体零件上,然后在主船体完工后测量主尺度来检验补偿量的正确性,通过测量值修正补偿量数值。精度检验标准是根据精度目标细化到船体建造各工序阶段的精度要求。精度工艺标准是对于一些精度容易出现问题的工序阶段制定专门的装焊工艺。

(4)资源管理

要进行造船精度管理必须对影响造船精度的各种资源进行管理,这里资源主要包括设备工具、造船物资和设施工装等。这些在下面的精度系统控制的章节中有详细叙述。

(5)精度控制

精度控制是实施造船精度管理的核心,主要包括精度系统控制和过程控制。精度系统控制指对影响造船精度的人员、精度设计、设备工具和物资进行系统的控制以保证造船精度。过程控制是对船体建造过程各阶段进行过程控制。对于各阶段易出现的精度问题采用"人、机、料、法、环和计量"六因素质量分析法进行分析,确定主要因素,采取必要措施,在验证有效后,把这些措施固化为标准。这样逐步提高船体精度,最终以最低的成本控制船体精度在标准范围内。这里的精度控制以施工者自我控制为主。具体的船体精度控制在下面一节有详细的介绍。

(6)测量改进

测量处理和改进就是对于船体建造过程中的中间产品－分段、总段进行测量验收,对于精度超差的中间产品必须采取修整措施,分析原因,采取预防改进措施,并对相关责任人进行处理。这里的预防改进措施在验证有效后固化为标准,这样就改进了船体建造精度。精度改进还包括低成本控制船体精度的措施。

(7)信息技术

信息技术包括应用软件和数据库技术。如 TRIBON 船舶设计软件、精度数据处理软件和有限元计算软件。关于精度信息技术发展非常快,如国内也在开发,并部分地应用。韩国大型船厂也广泛应用精度系统,精度系统的应用大大提高了分析速度和数据分析水平,精度数据完全可以在系统中实施封闭,大大减少了人为因素的干涉。

(8)船体建造精度管理的关联技术

船体建造精度管理是一门交叉学科,涉及到很多新工艺、新技术。关联的技术有软件技术、信息技术、设计技术、装配技术、焊接切割技术、成型矫正技术、测量技术等各个方面,见图6－39。

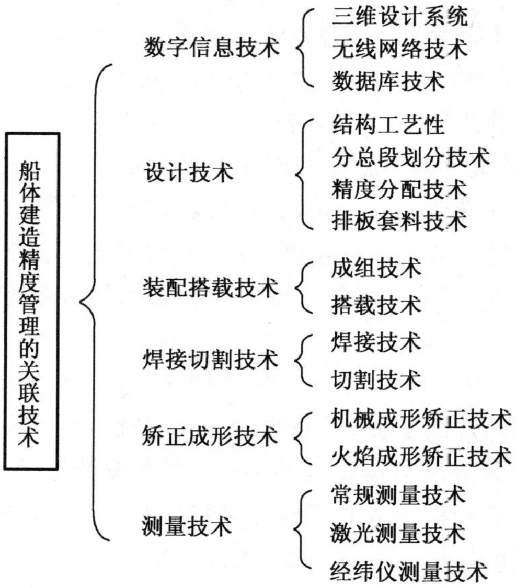

图6－39　船体建造精度管理的关联技术

6.6.3.4　精度标准

(1)标准的分类

精度标准按适用范围一般可分为,行业标准、企业标准和作业标准三类。

行业标准是指同行业共同制订的标准。作为造船行业的船体建造精度标准,既要反映国内整个造船业船体建造精度的质量水平,又要满足国外有关标准的要求。行业标准是船厂为了满足船级社和船东要求必须遵守的技术文件。

企业标准是本企业制定的标准。作为造船企业的船体建造精度标准,既要反映本企业船体建造精度的质量水平,又要满足行业标准的有关要求。企业标准是船厂为确保产品建造精度达到行业标准要求而制订的一种"内控标准"。对于船体特殊结构的建造精度,可在企业标准的基础上予以补充,或另行编制某产品建造的专用精度标准。

作业标准是船厂为确保船体建造精度能控制在企业标准范围内,而制订的作业要领与作业精度标准。作业标准是船厂长期以来在船体建造中实施精度控制的经验总结,作为船体建造的作业标准既要反映优秀操作人员的最佳作业方法与所应控制的精度数值,又要满足企业标准的有关要求。

(2)精度标准的作用

精度标准是整个精度管理工作的出发点、基本点和归结点,贯穿于整个精度管理的始终。

①精度标准是精度管理的基础文件 在船体建造中开展精度管理,必须明确精度管理所要达到的精度目标,也就是要符合精度标准的各项标准值。有了精度目标,才能据此制订精度计划,并在执行中对照精度标准进行检查,以便对造船精度进行有效的控制。因此,船体建造精度标准是船体建造精度管理的基础文件。

②精度标准是精度设计的依据 把船舶结构设计作为精度造船的源头,必须重视结构设计中的精度设计。精度标准中的全船精度管理图是精度设计的依据,根据精度布置图的余量和补偿量分布在结构设计中加放,保证零件放样中包含补偿量的数值,以确保对船体建造中结构的尺寸、形状和位置的控制,并为舾装与船体结构的配合提供精度保证。

③精度标准是工艺装备选型的技术依据 根据船厂的精度目标和标准,在装备选型时要注意其达到的精度能力。如钢板切割精度尺寸偏差标准为1 mm,在选购的切割机要满足其精度要求。随着造船精度的提高,更新装备也要注意精度能力。

④精度标准是考核船体建造质量的基本准则 船体建造质量包括材料、精度、焊接、密性和涂装等系列指标,其中形位尺寸精度是评定建造质量的主要指标值。船体建造精度标准是从放样工序开始到船体建造完工,按各工艺阶段所应满足的尺寸精度要求编制的,因此船体建造精度标准可作为船体建造各工艺过程的工序质量控制指标值,并成为评定船体建造质量的基本准则。

(3) 标准的制订

①标准制订原则　船体建造精度标准既要满足船舶结构强度和设计性能要求,又要满足建造过程中船体零部件、分段和总段在各工艺阶段的有效配合,以控制各工序的完工质量。船体建造精度行业标准或企业标准的制订均需遵循下列原则。

a. 满足船体结构强度与性能要求 制订船体建造精度标准的基本原则应满足船体结构强度要求,也就是规定船体建造的精度以允许界限内其强度下降不超过10%为原则。这个原则应用于对接接头或十字接头错位的精度标准中,这种偏差范围称为允许极限。在满足强度要求的同时,还必须注意满足船体设计性能上的各种要求。如,船体完工主尺度精度将直接影响到船舶航行时的排水量、稳性和快速性。尾柱分段的安装精度又将直接影响轴系与舵系的效用和航向稳定性。

b. 符合有关规范、规则与国标、船标的规定 船舶建造规范、规则与国标、船标均是为确保船舶性能、航行安全和建造质量制订的,必须严格执行。对其中涉及船体建造精度的有关项目与内容,必须作为制订精度标准的依据。

c. 切合船厂的工艺技术水平 制订船体建造精度标准必须考虑船厂设施条件和工艺技术水平,否则标准脱离实际,造成无法执行。企业在制订精度标准时,还要参照企业的主要产品，将某些船体特殊结构的精度要求纳入企业标准。

d. 具有先进性和经济性 制订船体建造精度标准，既要考虑标准具有一定的先进性，以促进船厂工艺技术水平的提高；又要在保证船体建造质量的前提下，考虑工艺技术的可行性与经济上的合理性。

②标准制订的依据

a. 参考国内外有关船体建造精度标准我国要成为造船强国，必须向国外造船先进标准靠拢 作为衡量船体建造质量水平的船体建造精度标准，同样要遵循这一原则。例如，我国的船舶行业标准 CB/T 4000—2005（中国造船质量标准中），船体主尺度的标准范围是参考日本、德国的精度标准确定的。在制订企业标准时，除参考国外有关精度标准外，还要收集国内有关船厂的企业标准作为参照。

b. 强度的分析论证 在制订精度标准确定允许界限数值时，采用强度分析论证的方法是标准制订的科学依据，也是使精度标准保持先进性和经济性的必要手段。强度分析可以通过疲劳强度试验证实，例如应用于对接接头或十字接头错位的精度标准中。为经济、合理、可靠地制定精度标准值，随着条件许可，逐步扩大对强度的分析论证将是必然的趋势。

c. 设备精度的测定 船体建造精度受到设备精度的影响，特别是数控切割机对零件加工精度影响很大。这就需要测定切割机的加工精度，将设备的固有精度作为制订切割精度标准的依据。

d. 数理统计分析 通过大量实测数据证实，船体建造精度的分布规律，最常见的是正态分布。对于放样、划线和加工精度的制订，不宜采用强度分析论证的方法，而可通过对实测值做数理统计后按正态分布律确定建造精度的标准值与允许值，一般能满足生产要求。

e. 经验估算通过数理统计方法得到精度标准，虽然是一种以实践为基础的科学统计值，但由于各船厂的设备、生产条件和施工工艺不同，要确定能满足生产实践所需要的最佳标准范围，必须对数理统计值进行经验估算，做适当的修正。

③标准的修订 船体精度标准制订后不是一成不变的，它随着科学技术的发展与船体结构力学理论水平的提高及船体建造工艺装备的更新，必然感到不能适应新技术的需求，应定期进行修订，使精度标准逐步完善并保持一定的先进性、合理性和可行性。修订船体建造精度标准的依据是：

a. 国内外有关精度标准、规范和规则的情报资料；

b. 精度对结构强度影响的程度，需进一步通过强度分析论证，以取得科学的结论；

c. 新设备、新材料、新技术、新工艺的应用，必将对精度标准的项目和内容提出新的要求；

d. 船体建造工艺技术的提高；

e. 精度管理中的数理统计数值。

船体建造精度的行业标准一般二年修订一次，企业精度标准可根据自身条件定期进行。标准修订的原则和依据与前面的标准制订类。

【思考与练习】

1. 谈谈船台的选用与布置对焊接有什么影响？
2. 谈谈船坞的选用与布置对焊接有什么影响？
3. 为什么说船体总装方式的确定对提高船舶焊接质量具有十分重要的意义？

4. 为什么说不同的船体总装方式其焊接工艺不同？
5. 试比较分段造法和总段造法的工艺特点。
6. 试比较总段建造法和整体建造法的工艺特点。
7. 试说明整体建造法的船台装焊工艺。
8. 什么是船体总装焊接方案？
9. 影响船体焊接总装焊接方案的因素有哪些？
10. 编写船体焊接总装焊接方案的要求有哪些？
11. 船体焊接总装焊接方案的主要内容有哪些？
12. 船台装焊准备工艺有哪几个方面？
13. 船台焊接设备的布置有哪几种方式？
14. 试简述大型船舶分段合龙的施工要领。
15. 简述总段装焊的步骤和方法。
16. 船体分段在船台上装配时应满足焊接的哪些工艺要求？
17. 简述分段船台合龙的焊接工艺规程。
18. 简述分段船台纵向大接缝的焊接规程。
19. 简述总段船台横向大接缝的焊接规程。
20. 常见船体焊接变形的形态有哪些？变形原因是什么？
21. 预防船体焊接变形的措施有哪些？
22. 简述船体反变形的原理。
23. 分段或总段吊装时采用的吊环有哪几种，如何应用？
24. 对分段或总段吊装时采用的吊环或吊耳的焊接是如何规定的？
25. 对所采用的吊环或吊耳应作哪些计算？
26. 如何进行吊环或吊耳的强度校核？
27. 什么是船体建造的精度控制技术？
28. 船体建造的精度控制的目的和意义是什么？
29. 什么是造船的变形和误差？焊接的变形和误差为什么危害较大？
30. 常见的误差有哪几种？如何实现船舶精度控制？

【作业与任务】

1. 编制船台装焊的焊接工艺规程。
2. 编制船坞装焊的焊接工艺规程。

项目七　整船焊接原则工艺的编写

【职业能力目标】

1. 掌握整船焊接工艺的规范和图纸要求。
2. 掌握整船焊接工艺的关键点。
3. 掌握整船焊接原则工艺的编写的内容。
4. 能提出整条船的焊接工艺方案。
5. 能列出整条船的主要焊接设备及焊接胎夹具。
6. 能编制船舶特殊部位的焊接工艺。
7. 能编制整船焊接原则工艺。

【工作任务项目】

1. 能够根据船舶的类型,指出船舶的结构特点和焊接特点。
2. 区分不同用途船舶及其对焊接的要求。
3. 能编制整船焊接原则工艺。

【教学目标要求】

一、知识目标

1. 掌握船舶结构整体焊接的原则工艺。
2. 掌握船舶结构特殊部位的焊接要求。
3. 掌握船体结构焊接顺序的基本原则。

二、能力要求

1. 能根据船舶结构焊接的基本原则,编制具体船舶结构的焊接工艺。
2. 能根据船舶焊接的特殊要求,制定船舶结构专项焊接要求。
3. 能根据船舶结构焊接顺序的基本原则,提出具体船舶结构的焊接程序。

【教学内容导航】

1. 整船焊接工艺的规范和图纸要求

(1)钢质海船入级与建造规范关于焊接要求的介绍。

(2)船舶焊接工艺及焊接要求。

2. 整船焊接工艺的关键点

(1)整体造船焊接工艺要点。

(2)焊接原则工艺的编写。

(3)焊接工艺的认可规定。

3. 整船焊接原则工艺的编写方法

7.1 整船结构焊接工艺原则

一、知识目标

1. 掌握整船结构焊接特点及焊接工艺基本原则。
2. 掌握船体总装的准备工作、船台装焊工艺方法。
3. 掌握船体焊接变形预防及控制方法。

二、能力目标

1. 能提出总装,大合龙现场的使用方案。
2. 能编制船坞总装的焊接工艺方案。
3. 能编制船台大合龙的焊接工艺方案。

7.1.1 整船结构焊接特点及焊接工艺基本原则

7.1.1.1 整船结构焊接特点

(1)整个船体结构的零部件数量多,焊接量大。据统计,焊接工时一般约占船体建造工时的30% ~40%,焊接成本约占船体建造成本的30% ~50%,因此,对船体各部位的构件合理选用各种高效焊接技术是船舶焊接的特点之一,也是提高焊接生产效率、缩短造船周期,提高焊接质量,降低制造成本的重要途径。

在推广高效焊的时候,要尽量减少熔敷金属量和焊接变形,同时特别注意以下几点。

①船体结构中角焊缝的数量占焊缝总量的80% ~90%。在规定各种角焊缝的焊角尺寸时,要按各船级社的规范要求,不宜随意加大尺寸,以节约焊接材料、减少焊接变形和焊接工作量。

②在一些受力不大的结构中,加强材与板的角焊缝,规范允许采用间断角焊缝。但为推广全自动角焊,重力焊等高效焊接方法,必要时可根据等强度原则,将间断角焊缝改为:a 一侧连续焊缝,另一侧两端包角焊缝(长度为200 mm);b 两侧连续角焊缝,将焊角尺寸相应地减少。

③承受较大拉伸应力的角焊缝,其焊接尺寸需为板厚的1/2。当板厚大于20 mm时,则宜采用开坡口(坡口角为45° ~50°)角焊。这种部分焊透的角焊缝可减少熔敷金属量近50%并改善接头中的应力流。更重要的一点是提高了焊缝疲劳强度,在受到交变应力时不易产生裂纹(如:主机基座的焊缝),保证了船舶的安全,施工时千万要注意这一点,不要因为疏忽或怕麻烦而漏开坡口。

(2)现代船舶使用的钢材品种多。如船用碳钢、高强钢、奥氏体不锈钢、双相不锈钢、低温用钢等,对焊接工艺的要求较为复杂。

对于货船、集装箱和油船而言,船体结构用钢主要是碳钢、高强度钢。这些钢的焊接性良好,一般的焊条电弧焊、埋弧自动焊、CO_2气体保护焊、垂直气电焊等均可焊接。另外,还有一些铸钢件的焊接。因此,焊接船舶结构时除特殊材料外,主要就是要控制好船舶的焊接变形。随着造船量的加大,更要注意焊接变形的控制,不要因为工期紧就一味加大焊接进度而忽视焊接质量和变形的控制。

7.1.1.2　焊接工艺基本原则

(1)焊接顺序的基本原则

在船体建造中,为了减小船体结构的变形和应力,正确选择和严格遵守焊接顺序,是保证船体焊接质量的重要措施。由于船体结构复杂,各种类型的船体结构也不一样,因此焊接顺序也有所不相同。船体结构焊接顺序的基本原则是:

①船体外板、甲板的拼缝,一般应先焊横向焊缝(短焊缝),后焊纵向焊缝(长焊缝),如图7-1所示。

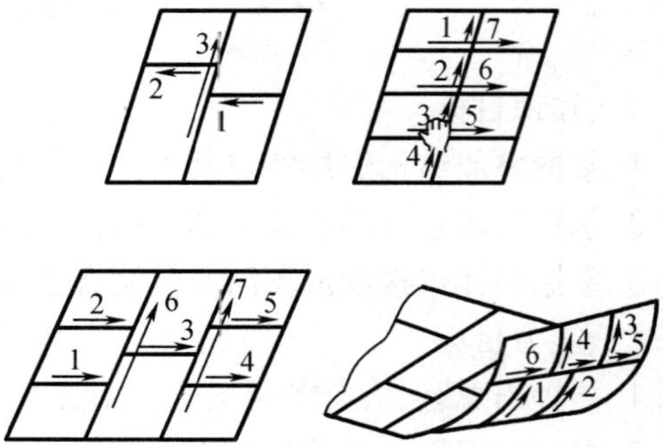

图7-1　拼板焊缝焊接顺序

②构件中如同时存在对接焊缝和角接焊缝时,则应先焊对接缝,后焊角焊缝。如同时存在立焊缝和平焊缝,则应先焊立焊缝,后焊平焊缝。

③凡靠近总段和分段合龙处的对接缝和角焊缝应留出200~300 mm暂不焊,以利船台装配对接,待分段、总段合龙后再进行焊接。否则,合龙时的装配质量就不能保证,焊接质量就会下降。

④手工焊时长度≤1 000 mm可采用连续直通焊,≥1 000 mm时采用分中逐步退焊法或分段逐步退焊法等方法。

⑤具有对称中心线的构件由双数焊工对称地焊接。

⑥在结构中同时存在厚板与薄板构件时,先焊收缩量大的厚板多层焊,后焊薄板单层焊缝。多层焊时,各层的焊接方向最好要相反,各层焊缝的接头应互相错开。或采用分段退焊法,如图7-2所示。以免出现变形。焊缝的接头不应处在纵横焊缝的交叉点处。因为该处由于焊接残余拉应力而非常容易产生裂纹,在此处若有焊缝接头会促使裂纹的产生。

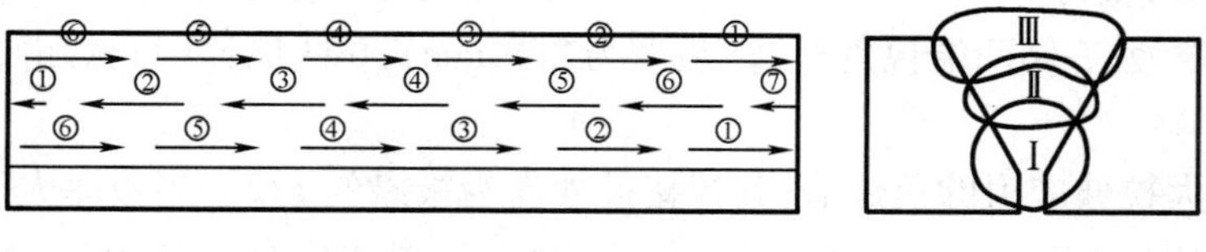

图7-2　多层焊的分段退焊法

⑦刚性较大的接缝,如立体分段的对接焊缝(俗称大接头),焊接过程不应间断,应力求迅速连续完成。

⑧像T_a^b这样的焊缝先焊a、再焊b。如图7-3所示(图中圆圈数字表示焊工代号)。

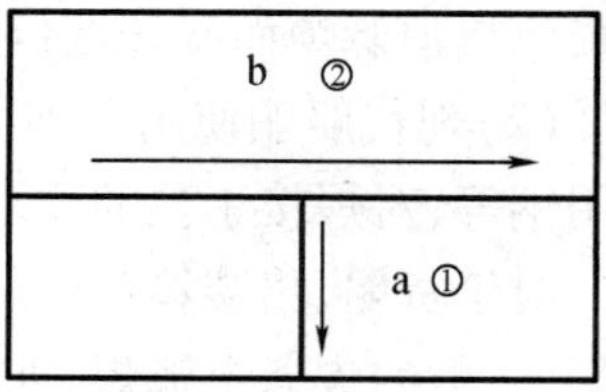

图7-3　交叉对接焊缝的焊接顺序

⑨船台大合龙时,先焊接总段中未焊接的外板、内底板、舷侧外板和甲板等的纵向焊缝。同时焊接靠近大接头处的纵横构架的对接焊缝。再焊接大接头环形对接焊缝,最后焊接构件与船体外板和甲板的连接角焊缝。

⑩整体建造船舶或平面分段和立体分段建造时,应从结构的中央向左右和前后逐格对称地进行焊接。

(2) 焊接材料使用范围的要求

造船规范中明确规定下列结构和构件必须使用低氢型焊条：

①船体大合龙时的环形对接缝和纵桁材对接焊缝。

②具有冰区加强级的船舶，船体外板端接缝和边接缝。

③桅杆、吊货杆、吊艇架、系缆桩等承受强大载荷的舾装件及其他所有承受高应力的零部件。

④要求具有较大刚度的构件，如首框架、尾框架、尾轴架等及其与外板和船体骨架的接缝。

⑤主机基座及其相连接的构件。

⑥当焊接高强度钢或碳当量大于0.41%钢材时，建议采用低氢型焊接材料。

现在各大船厂普遍采用CO_2气体保护焊，而CO_2气体保护焊由于电弧气氛的氧化性，使焊缝中氢含量很少，因此，CO_2气体保护焊是一种低氢型焊接方法，也普遍适合焊接上述部位。

(3) 采用双面连续焊的部位及采用间断焊时的加强

①当建造内河船舶等较小船舶时，CCS等船级社规范规定下列船体结构部位应采用双面连续角焊缝：

a. 风雨密甲板和上层建筑外围壁边界的角焊缝，包括舱口围板、升降口和其他开口处。

b. 液体舱、水密舱室的周界。

c. 机座和机器支承结构的连接处。

d. 艉尖舱内所有结构(包括舱壁扶强材)的角焊缝。

e. 装载化学品和食用液体货舱内的所有角焊缝。

f. 液舱内所有的搭接焊缝。

g. 船首0.25L区域内，主要、次要构件与船底板连接处的所有角焊缝。

h. 中桁材与平板龙骨的连接角焊缝。

i. 厨房、冷冻库、配膳室、盥洗室、浴室、厕所和蓄电池室等处的周界角焊缝。

j. 其他特殊结构或在高强度钢板上安装附件和连接件时的角焊缝应特殊考虑。

k. 船体所有主要、次要构件端部与板材连接的角焊缝和肘板端部与板材连接的搭接焊缝。

l. 散装货船的货舱肋骨及其上下肘板与舷侧外板、上下边舱的底板之间的所有角焊缝。

m. 高强度钢角焊缝通常应为双面连续焊缝。

②当船体构件采用断续角焊缝时，对下列部位的规定长度内应采用双面连续角焊缝的加强焊：

a. 凡焊缝长度在300 mm以内者。

b. 肘板趾端应为连续包角焊缝，其长度应不小于连接骨材的高度，且不小于75 mm。

c. 桁材、肋板、强横梁、强肋骨的端部应不小于腹板高度；且不小于削斜长度。

d. 纵骨切断处端部削斜时，不小于1个肋距。

e. 骨材端部削斜时，应不小于削斜长度；骨材端部以焊接固定时，应不小于骨材高度。

f. 各种构件的切口、切角、开孔(如流水孔、透气孔等)的两端，应按下述规定：

当板厚$t>12$ mm时，长度$\not<75$ mm。

当板厚$t\leqslant12$ mm时，长度$\not<50$ mm。

g. 各种构件对接缝的两侧，长度不小于 75mm。

h. 构件上堵漏孔至密性舱壁的角焊缝。

i. 甲板机械下构件的角焊缝。

（4）船体水密构件焊接时采取焊缝堵漏工艺措施，常用方法有：

①双层底分段内的海底阀箱、污水井、测深仪舱、计程仪舱等要求水密的舱室其周围贯通构件应开堵漏孔。

②双层底分段内的水密肋板尤其两舷呈尖角型的区域，除了焊双面连续角焊缝外，在内底边板边缘的水密肋板位处应开堵漏孔，以便焊接时，在孔内将内底板厚度堆焊堵漏。

③外板纵缝若为衬垫焊，如果纵缝里面设有水密舱壁，则其水密舱壁两侧的衬垫不得垫至舱壁，应留空一层垫板板厚的空隙，以便水密舱壁两侧能通焊堵漏。

④艉轴支架等船体附件若支脚伸入船体又装焊在水密舱壁上，则外板上的覆板应在水密舱壁位置处间断，以便在间断处堆焊堵漏。

（5）焊接时的一般工艺要求

①构件的坡口加工、装配次序、定位精度及装配间隙应符合认可的工艺规程的要求，并应避免强制装配，以减少构件的内应力。若因焊缝坡口或装配间隙过大必需修正时，其修正方法应征得验船师的同意。

②焊缝坡口区域的铁锈、氧化皮、油污和杂物等应予清除，并保持清洁和干燥。

③涂有底漆的钢材，如在焊接之前未能将底漆清除，则应证明该底漆对焊缝的质量没有不良的影响，并应经船级社认可。

④当焊接需要在潮湿、多风或寒冷的露天场地进行时，应对焊接作业区域提供适当的遮蔽和防护措施。在下列情况下应考虑对焊件采取适当的预热和（或）缓冷措施，以防焊件内产生过大的应力或不良的组织：

a. 施工环境的温度低于 0 ℃时。

b. 材料的碳当量 C_{ep}大于 0.45% 时，要考虑进行焊后热处理。

c. 结构刚性过大，构件板厚较厚或焊段较短时。

⑤定位焊的数量应尽量减少，定位焊缝应具有足够高度。其长度按 CCS 规定，对一般强度钢，应不小于 30 mm；对高强度钢，应不小于 50 mm。定位焊的质量应与施焊的焊缝质量相同。有缺陷的定位焊应在施焊前清除干净。（定位焊的长度，不同船级社其规定长度不一样）。

⑥凡是担任船体焊接的焊工，必须按相对应的船级社（如 BV，GL，ABS，LR，DNV 等）规则进行考试（包括定位焊工），并取得考试合格证。

⑦为了保证焊透和避免产生弧坑等缺陷，在埋弧焊焊缝两端应安装引弧和熄弧板。引弧与熄弧板的尺寸，最小为 150 × 150 mm，厚度与焊件相同。

⑧所有对接焊缝（包括 T 型构件的面板、腹板）正面焊好后，反面必须碳弧气刨清根，未出白的焊缝不得焊接。

⑨缺陷未补，不上船台。分段建造产生的焊接缺陷和焊接变形，应修正和矫正完毕后，再吊上船台。

⑩焊条、焊剂等材料的烘焙、发放应按有关技术要求严格执行，一次使用不得超过 4 小时，而且回收烘焙允许重复两次。

⑪在焊接时，不允许在焊缝的转角处或焊缝交叉处起弧或收弧，焊缝的接头应避开焊缝交叉处。引弧应在坡口中进行，严禁在焊件边缘引弧。因为起弧，收弧都易产生缺陷，这

些缺陷若产生在上述应力较大的部位，易留下安全隐患。

⑫装配使用的定位焊条必须与焊工施焊焊条牌号相同。在施焊过程中，遇到接头定位焊开裂，使错边量超过标准要求，须修正后再焊接。如果坡口间隙过大，可采用堆焊坡口方法，以及采用临时垫板工艺。切不可以嵌焊条或用切割余料等作为填充嵌补金属材料。这样易造成假焊，未熔合等缺陷。

⑬在去除临时焊缝、定位焊缝、焊缝缺陷、焊疤和清根时，均不应损伤母材。

⑭焊缝末端收口处应填满弧坑，以防止产生弧坑裂纹。进行多道焊时，在下道焊接之前，应将前道焊渣清除。

⑮若全焊透对接焊缝因结构原因而无法进行封底焊时，经验船师同意，允许加固定垫板进行对接焊。此种接头的坡口形式及装配间隙应保证其在垫板上能完全熔合。

⑯船体构件的角焊缝和板材的对接焊缝在交叉处，应符合下列规定：

a. 应将交叉处的对接焊缝的余高铲平，或将跨过对接焊缝的构件腹板边缘挖孔（通焊孔），以使构件与板材能贴紧，保证焊接质量。

b. 连续角焊缝的构件腹板上如有对接焊缝时，应先焊好对接焊缝，并将角焊缝处的余高铲平，然后进行连续角焊接。

7.1.2　整体造船的焊接工艺

7.1.2.1　整体造船法

整体建造法目前在船厂中用得比较少，对于起重能力小，不能采用分段建造法的小型船厂，或虽然起重运输能力足够但采用分段建造法不能产生明显收益的小型船舶，可采用整体建造法建造船舶，一般适用于吨位不大的船舶。

所谓整体建造法又称散装法，即直接在船台上由下至上，由里至外先铺全船的龙骨底板，然后在龙骨底板上架设全船的肋骨框架、舱壁等纵横构架，最后将船外板、甲板等安装于构架上，待全部装配工作基本完毕后，再进行主船体结构的焊接工作。

整体建造法要求用船台胎架保证船体线型和尺寸，船台胎架有纵向和横向两种。纵向胎架根据船体纵剖线制造，横向胎架根据船台肋骨线制造。一般采用纵向胎架，因为相对横向胎架可节省辅助材料和减少工时，如图 7－4 所示。

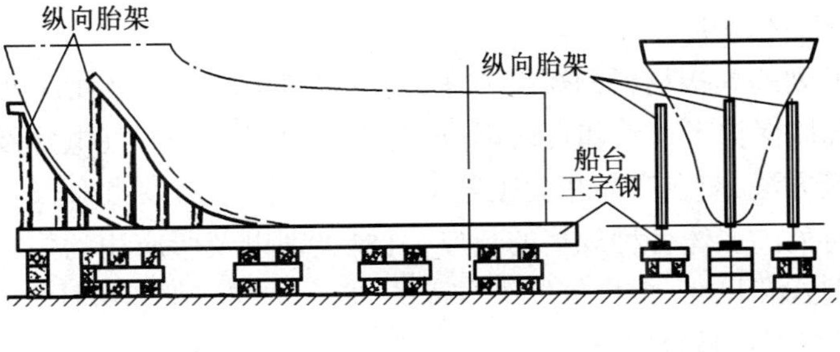

图 7－4　整体建造法要求用的船台胎架

7.1.2.2　整体造船法焊接工艺

（1）整体建造法的船台装配焊接工艺过程

整体建造法的装配焊接工艺过程如下：

①铺底板:先铺平板龙骨,由中间向前后、向左右铺其他各行底板。

②在底板上面出纵横构架位置线。

③安装纵横舱壁。

④安装肋骨框架和纵向桁材。

⑤安装左右舷顶列板。

⑥安装甲板边板和其他各行外板。

⑦安装其余甲板板。

⑧进行船体的舱内焊接。

⑨安装舭部外板。进行船体外板接缝的封底焊。

⑩进行船体的密性试验。

⑪安装上层建筑(或甲板室)并焊接之。

⑫进行船台舾装工作。

(2)整体造船法的焊接工艺要点

采用整体造船法的焊接工艺要点如下:

①先焊纵横构架对接焊缝,再焊船壳外板及甲板的对接焊缝,最后焊接构架与船壳外板及甲板的连接角焊缝。前两者也可同时进行。

②船外板的对接焊缝应先焊船体内一面,然后外面碳弧气刨清根进行封底焊。甲板对接焊缝可先焊船内一面(仰焊),反面气刨进行平对接封底焊或采用埋弧自动焊。也可以采用外面先焊平对接,船内气刨仰焊封底,还有一种办法就是 CO_2 气体保护焊单面焊双面成型工艺。

③按船体结构焊接顺序的基本原则要求,船壳外板及甲板对接焊缝的焊接顺序是:若是交叉焊缝,如 T_a^b 则先焊 a 后焊 b;若是平列接缝,则应先焊短缝,后焊长缝。

④船板缝的焊接顺序应等纵横焊缝焊完后,再焊船艏柱与船壳板的焊缝。

⑤所有焊缝均要采用由船中向左右,由舯向艏、艉,由下向上的焊接,以减少焊接变形和应力,保证建造质量。

7.1.3 船体结构焊接原则工艺的编写

7.1.3.1 船体结构整体焊接原则工艺要求

(1)船体结构整体焊接原则要求

①原则工艺所列的焊接材料和焊接方法,均应取得国内外船级社认可。

②应用 CO_2 气体保护半自动和自动焊、重力焊、下行焊、垂直气电焊及各类衬垫单面焊双面型等高效焊接方法,应在产品相关工艺文件和施工图中加以明确。

③原则工艺所列的船体各种规格的板厚,材料级别以及所应用的焊接方法,焊接材料,焊接接头的坡口型式和尺寸、焊接位置等方面的内容,均应获得船级社认可。

(2)钢种等级与焊接材料的选配

钢种等级与焊接材料的选配,见表 7-1。

表 7－1　钢种等级与焊接材料的选配

序号	焊接方法	焊接材料	钢材等级	适用范围
1	手工电弧焊	E4315.01(SH427.01)E5015.01(SH507.01)其他等效焊	A,B,D,AH32～DH36	构架对接全位置角焊外板对接
		E5015.02(SH507.02)其他等效焊材	EH32,EH36	外板对接构架全位置角焊
2	埋弧自动双面焊	焊丝:H08A 焊剂:SHJ431 其他等效焊材	A,B,D	拼板
		焊丝/焊剂: H10Mn2/HJ101(CHJ101) H10Mn2G/HJ331(SHJ331)其他等效焊材	AH32,AH36,DH32,DH36,EH32,EH36	
3	CO_2气体保护半自动焊	E71T－1(DW－100)(2Y) E70T－1(MX－200) E71T－1(SM－1F)(2Y) E71T－1(KFX－712C) E501T－1(YJ－502)(Q)E71T－1(TWE－711)　其他等效焊材	A,B,D,AH32,AH36,DH32,DH36,EH36	外板及构架对接,构架与板平角,立角焊
4	CO_2气体保护单面焊	焊丝:E71T－1(TWE－711) E71T－1(KFX－712C) 衬垫:TC－1　JN－4 其他等效焊材	A,B,D,AH32,AH36,DH32,DH36,EH32,E36	中、大组立板材对接及总组立中合龙对接缝
5	手工衬垫单面焊	焊条:E5015.01(SH507.01) 衬垫:JN－1　其他等效焊材	A,B,D,AH32,AH36,DH32,DH36	中、大、总组立中板材对接及合龙对接缝
6	高效铁粉重力焊	E4313(CJ421FeZ)其他等效焊材	A,B,D	中、大组立中的构件平角焊缝
		E5024(CJ501FeZ)其他等效焊材	AH32,AH36,DH32,DH36	
7	手工下行焊	E5015(CJ507Fe)其他等效焊材	A,B,D,AH32,DH32	船体构件合龙垂直角焊缝
8	垂直气电焊	焊丝:EG70T－2(DWS－43G) 衬垫:KL－4GT 其他等效焊材	A,B,AH32,AH36,DH32,DH36	总　1　①　2　直对接焊
		焊丝:EG70T－2(DWS－43G) 衬垫:JN－10 其他等效焊材	A,B,D,AH32,DH32,AH36,DH36	
9	FCB 三丝埋弧自动单面焊	焊丝:Y－A 表面焊剂:NSH－50 底面焊剂:NSH－IR;其他等效焊材	A,B,DAH32,DH32,AH36,DH36	平面分段流水线中板材的对接焊

（3）典型结构用焊接材料和焊接方法的规定

①当采用手工电弧焊接时，下列结构的焊接必须选用低氢型焊条焊接。

a. 船体总组立时的环形对接缝和纵桁对接。

b. 具有冰区加强级的船舶，船体外板端接缝和边接缝。

c. 主、辅机座、桅杆、吊货杆、拖钩架、系缆桩等承受强大载荷的舾装件及其所有承受高拉力的零部件。

d. 要求具有较大刚度的构件。如首框架、尾框架以及其与外板和船体骨架的接缝。

②在中、大及总组立的焊接中，下列结构不允许采用立向下行焊（包括手工电弧焊和 CO_2 气体保护半自动焊）。

a. 船体中所有板材的立对接拼缝。

b. 具有冰区加强级的船舶，冰刀区域内的所有立对接拼缝和所相关联的立角焊缝。

c. 受强大载荷或具有较大刚度的构件立角焊缝。如：主、辅机座，吊货杆等。

d. 位于 0.5*L* 区域内属于横向构件连续，纵向构件不连续的部位角焊。

（4）焊接材料的焙烘、保管及使用

①一般焊接材料的焙烘、保管及使用，按 Q/SWS41 - 002 - 2004《焊接材料的保管要求》执行。

②特殊焊接材料的焙烘、保管及使用，应编制专用工艺文件。

7.1.3.2 操作人员要求

（1）凡是参与焊接工作的焊工必须持有船级社颁发的考试合格证上岗，并只能从事与其考试相应等级范围内的焊缝焊接。

（2）各种高效焊接方法焊接的焊工（CO_2 气体保护焊、衬垫单面焊等）都必须经过短期培训，并取得合格证书后，方能从事该焊接方法工作。

（3）当验船师或船东驻厂代表要求查阅焊工合格证时，均应出示证件。

7.1.3.3 工艺要求

（1）焊接坡口型式及加工尺寸应按 Q/SWSH001《焊接坡口型式》规定进行。安装精度应符合 Q/SWS60 - 001.2—2001《船舶建造质量标准建造精度》要求。

（2）焊前，焊工必须对焊接坡口及坡口两侧各宽 20 mm 范围内，角焊缝在焊接宽度方向两侧各宽 20 mm 内，清除氧化物，水分，油污等。

（3）当焊缝清理后未能及时焊接并因气候或其他原因影响而积水，受潮、生锈时，在焊接前应重新清理。

（4）定位焊所用焊材应与正常焊接所用焊材相一致，定位焊中不允许有裂纹、气孔、夹渣存在、当定位焊中有焊接缺陷存在时，在施焊前，必须予以剔除重新定位焊接。一般强度钢的定位焊长度为 30 mm 以上；高强度钢的定位焊长度不小于 50 mm。

（5）施焊规范和要求，应严格按工艺规范要求执行。

（6）当焊接采用多道或多层焊时，焊工在每一焊道焊后须清除焊渣与飞溅，每焊道的接头应相互错开至少（30 ~ 50）mm。

（7）当焊接环境温度低于 -5 ℃施焊一般强度钢的船体结构（船体外板和甲板等）和环境温度低于 0 ℃施焊高强度钢时，均需进行预热，预热温度一般大于 80 ℃左右。对有特殊要求的钢种或大厚板（$t \geq 50$ mm）的构件，焊接时应编制焊接专用工艺，并严格按要求执行。

（8）当采用自动埋弧焊焊接时，焊缝起始端与末端（自由端）必须安装引、熄弧板。其大小尺寸为(150×150) mm,厚度与焊件相同。当采用单面焊时,引、熄弧板应按特殊要求选用。

(9)当采用手工电弧焊或 CO_2 自动、半自动焊时,焊缝起始端与末端必须安装引、熄弧板。其大小尺寸为(100×100) mm,厚度应符合表7－2要求。

表7－2　引熄弧板选用的厚度　(单位:mm)

拼板板厚	$4\leqslant t\leqslant16$	$16<t\leqslant18$	$18<t\leqslant20$	$20<t\leqslant22$	$22<t\leqslant24$	$24<t\leqslant26$	$26<t\leqslant28$	$28<t\leqslant30$
引熄弧板	16	18	20	22	24	26	28	30

(10)船体分段在焊接中,分段两端的纵向构件应留有300 mm长度的距离暂不焊接。待分段与分段合龙后再进行焊接。

(11)在拼板上安装构件时,由于拼板焊缝余高的存在而影响构件与拼板的安装紧密,

在构件安装前,应对构件与板缝交接处的板缝余高批平长度应不少于构架板厚;随后安装构件,或将跨过对接焊缝的构件腹板边缘开通焊孔,以使构件与板材安装紧密,保证焊接质量。当该处采用单面角焊或间断焊时,则在构件与板缝的交接处采用双面焊接,焊缝长度大于75 mm。

(12)焊缝末端收弧处应填满弧坑,通焊孔或止漏孔应具有良好的包角。

(13)合金钢的焊接则按其专用工艺执行。

7.1.3.4　焊接工艺过程

(1)船体焊接顺序的原则

①应考虑起始焊接时,不能对其他焊接形成强大的刚性约束。

②每条焊缝焊接时,尽量保持其一端能自由收缩。

③当采用手工焊接,焊缝长度>2 000 mm时,应采用分中逐步退焊法焊接。

④分段构架焊接,焊工应成双数由中间向四周分散焊接。

⑤焊接顺序举例

a. 长方形或圆形工艺孔封板焊接顺序,如图7－5所示。

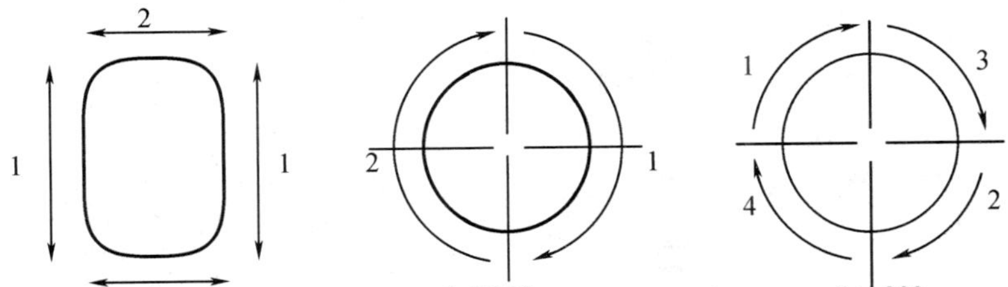

图7－5　长方形或圆形工艺孔封板焊接顺序

b. 拼板焊接顺序,如图7－6所示。

c. 分段焊接顺序,如图7－7所示。先焊外板与外板之间的拼板焊缝,然后焊构架之间的对接焊缝,再焊构架与构架间的角焊缝,最后焊构架与外板之间的角焊缝。

d. 总段环缝焊接顺序,如图7－8所示。

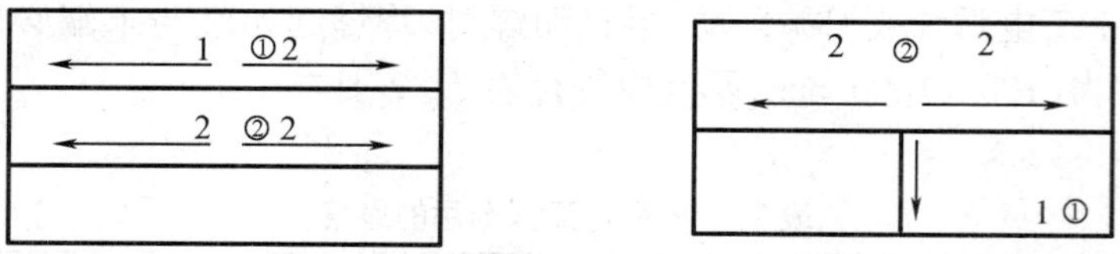

图 7－6　拼板焊接顺序（图中圆圈数字表示焊工代号）

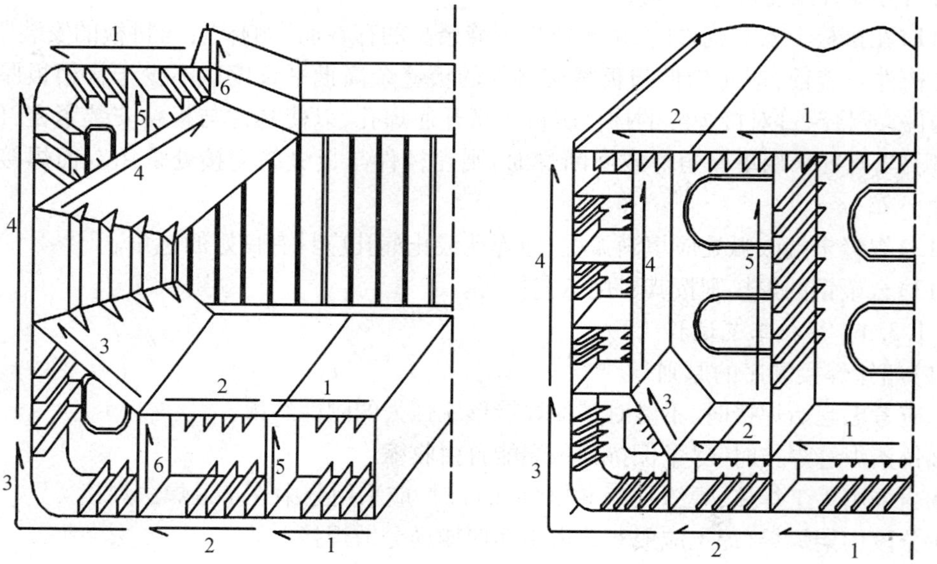

图 7－7　分段焊接顺序

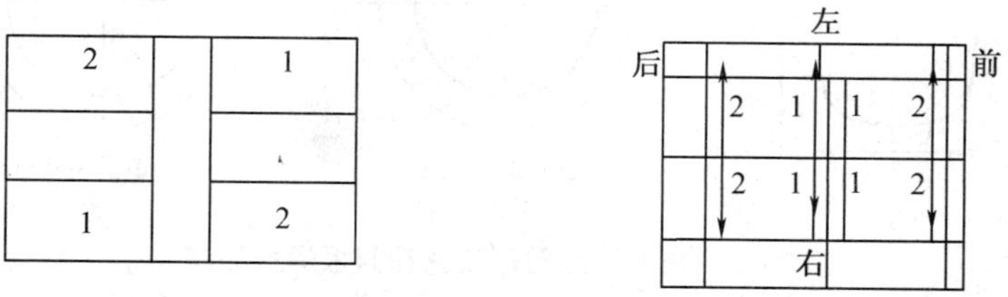

图 7－8　总段环缝焊接顺序

(2)船体焊接优先采用的焊接方法

①小、中组立优先采用的焊接方法，如图 7－9 和表 7－3 所示。

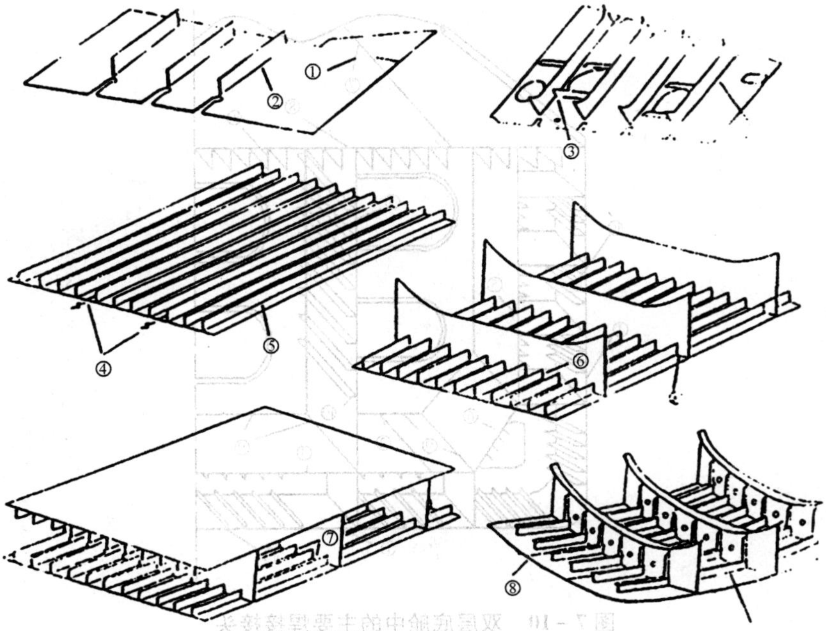

图 7－9　中、小组立工程中的主要焊接接头

表 7－3　小、中组立优先采用的焊接方法

编号	制造工程	部件和接头	焊接方法	备注
1	小组立	平板对接	CO_2单面焊 埋弧自动焊	自动
2		加强筋角焊	CO_2自动角焊 CO_2半自动焊	自动 半自动
3		纵骨的角焊	HS－MAG 法双面双头 CO_2自动角焊 CO_2半自动焊	
4		大拼板对接	FCB 法三丝焊	自动
5		纵骨的角焊	HS－MAG 法双面双头 CO_2自动角焊	
6	中组立	横向构件槽口角焊	CO_2半自动焊	
7		双层底舱内部		
8		曲面拼板对接	CO_2单面焊	
9		曲面肋骨肋板角焊	CO_2半自动焊	

②总组立优先采用的焊接方法。

a. 双底双壳船舶，如图 7－10 和表 7－4 所示。

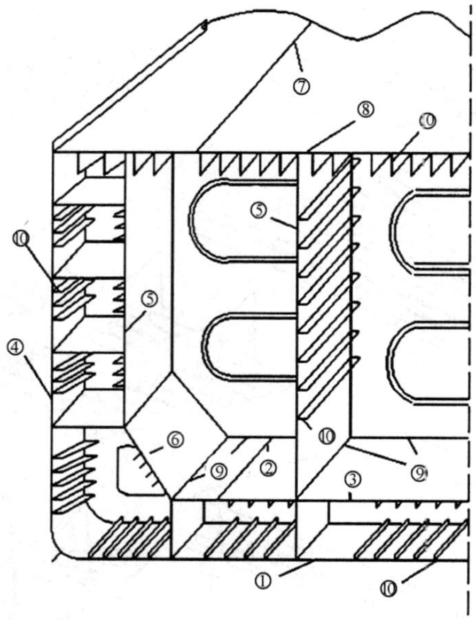

图 7－10 双层底舱中的主要焊接接头

表 7－4 双底双壳船舶总组立优先采用的焊接方法

编号	分段接头	焊接位置	焊接方法	备注
1	船体外板对接	平位置	CO_2陶瓷衬垫焊	半自动
2	内底板对接（纵向）		CO_2衬垫焊＋埋弧焊	半自动/自动
3	内底板对接（横向）		CO_2衬垫焊＋埋弧焊	
4	傍板对接	立向	垂直气电焊	自动
5	肋骨隔板对接		CO_2衬垫焊或垂直气电焊	半自动自动
6	舱底边隔板对接		CO_2衬垫焊	半自动
7	上甲板对接（纵向）	平位置	CO_2衬垫焊＋埋弧自动焊	半自动＋自动 自动
8	上甲板对接（横向）			
			CO_2衬垫焊－埋弧自动焊	半自动＋自动
9	内底板上与之相关联的角焊	水平位置	CO_2自动角焊、CO_2半自动焊	自动、半自动
10	纵骨对接	平、立位置	CO_2衬垫焊	半自动

b. 散装货轮船舶，如图 7－11 和表 7－5 所示。

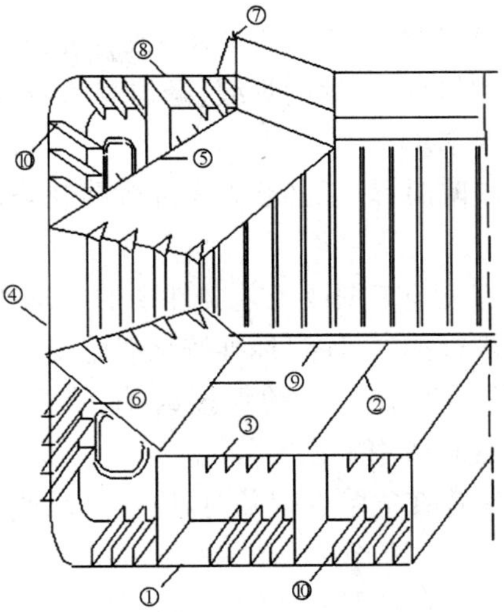

图 7－11　散货轮中的主要焊接接头

表 7－5　散装货轮船舶总组立优先采用的焊接方法

编号	分段接头	焊接位置	焊接方法	备注
1	船体外板对接	平位置	CO_2 垫焊	半自动
2	内底板对接接头（纵向）		CO_2 衬垫焊＋埋弧焊	半自动/自动
3	内底板对接接头（横向）		CO_2 衬垫焊＋埋弧焊	
4	傍板对接	立向	垂直气电焊	自动
5	上边水舱底板对接		CO_2 衬垫焊	半自动
6	下边水舱隔板对接		CO_2 衬垫焊垂直气电焊	半自动/自动
7	补强橡胶轨道角接	平位置	CO_2 半自动焊	半自动
8	上甲板对接（横向）		CO_2 衬垫焊＋埋弧焊	半自动/自动
9	双层底顶板角焊缝	水平角焊	CO_2 半自动焊 CO_2 自动角焊	半自动 自动
10	纵骨对接	平位置立向	CO_2 衬垫焊	半自动

7.1.3.5 焊缝检验

(1)焊缝外观检验

①焊缝尺寸按 CB999—82《焊缝表面检查要求》或有关施工图和工艺文件的要求。

②焊工焊接结束后，必须对自己所焊的焊缝，敲清焊渣及焊缝周围的飞溅，并检查焊缝外表质量是否符合验收质量要求。

③当焊缝外表存在焊接缺陷时，焊工必须先剔除焊接缺陷，并修补完整。

(2)焊缝内部检验

①焊缝内部检查应根据有关施工图或工艺文件中的要求执行，并由检验员根据本船焊缝无损检验检查要求按比例进行抽查，评定标准按该船施工工艺文件要求执行。

②当无损检验检查后，焊缝存在超标的焊接缺陷，焊工必须进行返修。焊缝返修按 Q/SWS42 - 010 - 2003《焊缝返修通用工艺规范》。

③当检查段在一端或两端存在危险性缺陷时，应在其延伸方向追加一检查段。

(3)焊接密性检查

①当分段全部焊接结束后，应对需密性的舱室周边焊缝进行气密性试验，当确认焊缝无渗漏时方算结束。

②当焊缝中存在渗漏时，焊工应对渗漏的焊缝，采用碳刨或风铲剔除，随后补焊，并重新进行气密性检查，直至焊缝无渗漏产生。

7.1.4 船体结构焊接原则工艺的编写要求

7.1.4.1 船体结构焊接原则工艺的编写形式

(1)船体结构焊接原则工艺的编写要求

船体结构焊接原则工艺的编写应结合船舶产品的特点和本单位的生产实际及现有焊接条件，按照单位技术管理的程序要求由技术主管部门完成，编写中主要掌握以下要求。

①根据船舶产品的技术要求，确定焊接施工中要执行的技术标准和验收规范。

②根据船舶产品的特点，决定主要焊接工艺方案，包括主要船舶结构采用的焊接方法，焊接材料，焊接工艺规范，焊接程序，焊接辅助工装等。

③船舶产品的关键部位的焊接方案的确定，如船台焊接方案的确定，上层建筑的装焊方案的确定，特别是船舶中的铸钢件，有色金属等的焊接工艺还需专门制定焊接工艺文件。

④船舶结构的主要焊接规格及其焊接要求，并列表或制定清单，以便计算焊接工作量，为车间或造船事业部的焊接生产组织提供基础性资料。

⑤船舶产品焊接质量检验的要求及各部位的检验方法的确定。主要焊接验收的焊缝等级和质量标准，主要船舶部位的焊接检验方法及要求。

⑥船东或业主及验船师的要求，包括交货期，焊接质量，检测方法，及过程验收的要求等等。

(2)船体结构焊接原则工艺的编写样式

现以某船厂的船体焊接原则工艺为例来说明原则工艺的编写形式，其中主要内容包括：总则、主要执行标准、焊接工艺要求、焊接工艺、焊接材料要求、焊接程序的一般原则、典型焊接坡口、焊接工艺认可、焊缝质量检验、焊缝缺陷的返修和补焊等。

船体焊接原则工艺样式如下：

某船厂的船体焊接原则工艺

YCS40-190-03GYa

标记	数量	修改单号	签字	日期	9000吨5#~6#多用途船	生产设计	
设计		描图			焊接原则工艺	YCS40-190-03GYa	
校对		描校				标记 / 质量kg / 比例	
审核		修改				共 11 页	第 1 页
标检		会签				中国长航宜昌船厂	
审定		日期					

焊接原则工艺	YCS40-190-03GYa	比例	共 11 页
			第 2 页

一，总则

本船为全焊接钢体结构，焊接材料及设备、工艺和检查，焊接细则，实际操作及工序均应满足中国船级社（CCS）《钢质海船入级与建造规范》以及《材料与焊接规范》要求。船体结构各构件间的焊接系数，焊接型式，焊角大小详见《焊接规格表 YCS40-190-04》.

船体焊缝质量表面检验要求参照标准：CB/T 3802-97；

船体结构焊缝缺陷修补技术要求参照标准：CB/T 3761-96.

????????

1??????????????????????????????????????

2???

3??

4???

???????????

5??????????????,??????150X400??????????????????

其中一种母材一致.

6???????????????????????????????????????CO2?????

?2m/s???????????

????????????

1、所有焊接材料均应取得CCS认可。

2、所有分段合拢焊缝均采用CO2气体保护焊，外板、内纵壁、内底板及对接焊可选用药芯焊丝。

3、主机座及其相连的构件采用碱性焊条或CO2焊。

4、主甲板与舷侧顶列板、纵壁板采用碱性焊条或CO2焊。

5、克令吊区域焊接采用碱性焊条或CO2焊。

6、房间围壁的焊接采用CO2焊.

7、高强度钢与高强度钢的焊接采用碱性焊条或CO2焊。

8、下列焊缝应选用碱性焊条：

主要的设备基座，如锚机、绞车、舵机、应急发电机，主机等基座；

内纵壁上的中间甲板支撑盒、捆绑环、拉压承座，内底上的埋入式底座；

桅杆、吊艇架、系缆桩等承受较大载荷的舾装件及其所有承受高应力的零部件；

其它工艺图纸有相应要求的。

9、除上述区域外，其余均采用酸性焊条进行焊接。

10、焊材种类、牌号参见附表。

11、手工电弧焊焊接规范参数

焊条直径 (mm)	焊接电流			
	平焊	立焊	横焊	仰焊
ø3.2	120~140	100~110	110~120	110~120
ø4	150~220	140~160	160~180	160~180

焊接原则工艺	YCS40-190-03GYa	比例	共 11 页
			第 4 页

四、焊接工艺：

1．所有焊缝应进行表面质量检验，焊缝表面应成型均匀，焊道之间及焊缝与母材之间应平缓过渡，焊缝表面不应有任何裂纹、烧穿、未填满、未熔合、夹渣、焊瘤和咬边等缺陷。

2．定位焊在保证结构有足够的稳性情况下，定位焊的数量应尽量减少，定位焊应具有足够的高度，定位焊的长度对一般强度钢，应不小于30mm；对高强度钢，应不小于50mm．其焊材及质量要求与焊缝质量相同，有缺陷的定位焊应在施焊前清除干净。

3??????????????????????????????,???????????????.

?????????????????????????

4???????????????????????????????????

5?????????????????????????,????????

6????????????????????4mm??????????????????????

差的4倍。

7??

?????????????????

8．连续角焊缝的构件腹板上如有对接焊时，应先焊好对接焊缝，并将角焊缝处的余高铲平，然后进行连续角焊.

9???????????????????????????????????????100mm

???????R25????????????????????????????

10??????????????????????150mm??????????????????

11?????????????????????

?1???????????????????????

?2???????????????

?3?????????????

?4??????????????????????????????

?5?????????????????????????????????

?6?????????????????

?7?????????????????

?8???????????????????

?9???????300mm???????

（10）、船首0.25L区域内，主要构件和次要构件与船底板连接处的所有角焊缝．

（11）、船体所有主要、次要构件端部与板材连接的角焊缝和肘板端部与板材连接的搭接焊缝。

（12）、高强度钢角焊缝通常应为双面连续焊缝。

12???

?1?????????????????????????????75mm?

焊接原则工艺	YCS40-190-03GYa	比例	共 11 页
			第 5 页

（2）、型钢端部，特别是短型钢的端部割除时，其包角焊的长度应不小于型钢的高度且不小于割斜长度；

（3）、各种构件的切口、切角和挖孔焊的端部处，以及其他构件的垂直交叉连接处的包角焊，当板厚大于12mm时，包角焊缝的长度应不小于75mm，板厚小于或等于12mm时，其包角焊缝长度应不小于50r

（4）、所有互相垂直连接构件的垂直交叉处；

（5）、所有用肘板连接的构件（如肋骨、横梁等），其端部双面连续焊的长度应不小于肘板高度；

???????????

1??????

?1???????????????????????????????????50mm????

??????????

?2????????????????????????????????350° C~400° C???1~2

???????????????????

?3???100

C~150 C?

2???

ф3.2??,???????100 C?

3?CO2????????????????????????????????????120 C?

4?????????????????????????????

?1??????????????????????

?2????????????????CO2?????????????

?3?????????????????????????

????????????,??????????.??????????????????????

????????????????????????????120°C???

六、焊接程序的一般原则.

1、在焊接过程中应首先焊接不致于对其他焊缝形成刚性约束的焊缝。

2、每条焊缝在焊接时应保持焊缝的一端能自由收缩。

3．手工焊焊接板列时，应先焊端接缝，后焊边接缝．如下图示

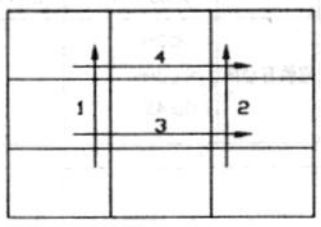

焊接原则工艺	YCS40-190-03GYa	比　例	共 11 页
			第 6 页

4、构件与板缝相交时，应先焊好板缝，再焊构架间的对接缝，最后焊接构架间的立角焊缝和构架与板的平角焊缝。

5、角焊缝的焊接顺序是先焊立角焊缝，后焊平角接缝。仰角焊缝尽量将分段翻身，使其变为水平角焊缝。

6、分段、总段及船台装配中的焊接，应尽可能由双数焊工从中间逐渐向前后、左右对称进行，以保证构件的自由和均匀收缩。

7、手工焊时，对1米以上的焊缝采用逐步退焊法或分中逐步退焊法。

8、中部分段、首尾分段以及上层建筑的下口在大合拢处的构架其两端留300mm左右长暂不施焊（但平直分段采用自动焊焊接的焊缝可不留），大合拢调顺后加码固定再焊。

9、典型结构焊接示列如下图示。

（1）板材拼板埋弧自动焊焊接程序：

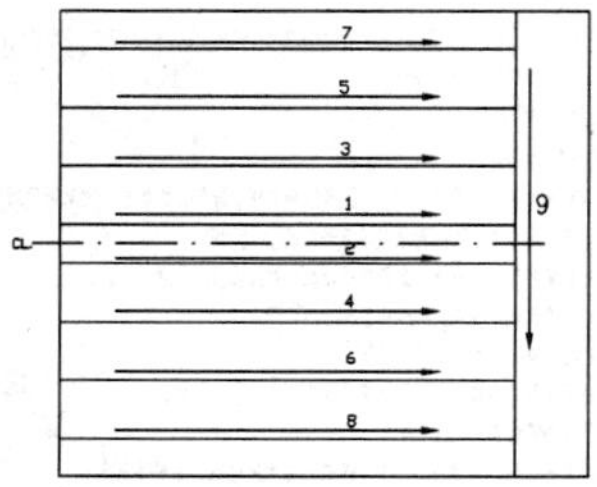

焊接原则工艺	YCS40-190-03GYa	比　例	共 11 页
			第 7 页

??????????????????

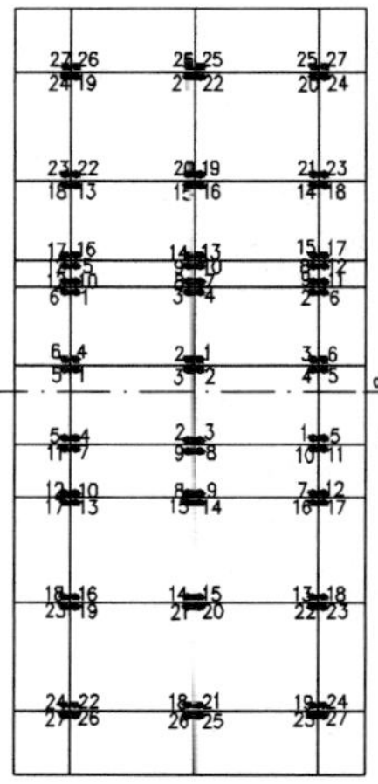
?a? ???????

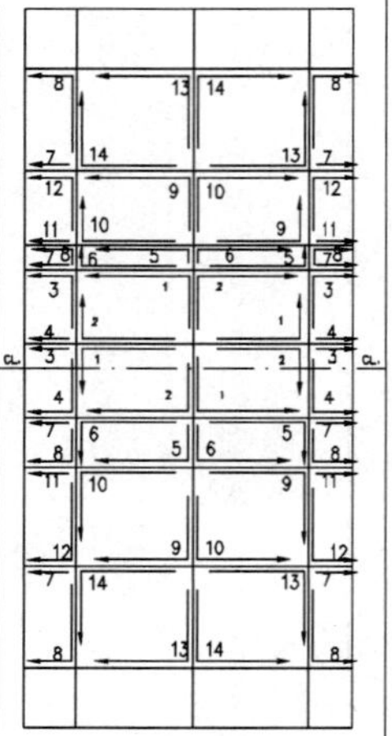
?b? ???????

焊接原则工艺	YCS40-190-03GYa	比　例	共 11 页
			第 8 页

七、典型焊接坡口

接头型式	焊接方式	标准尺寸	限定范围	备注
1、平头对接 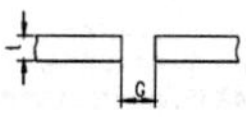	手工焊/CO2 半自动焊	G=t/2	G≤5mm	t≤6mm（最大） 当5<G≤12mm时接头开斜坡口，背面加垫板施焊，背面除垫板，清根后完成焊接。 当G>12mm，需更换部分钢板。
	埋弧自动焊	G=0~2mm		t≤12mm
2、单边V形坡口对接 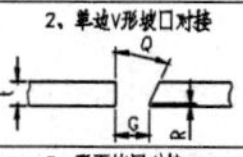	手工焊/CO2 半自动焊	G≤3mm R=2~3mm Q=50°~75°	G≤5mm R≤5mm Q=45°~75°	t=6~16mm
3、双面坡口对接 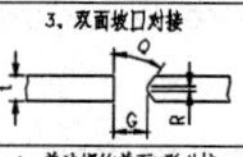	手工焊/CO2 半自动焊	G≤3mm R=2~3mm Q=50°~75°	G≤5mm R≤5mm Q=45°~75°	t=19~38mm
4、单边焊的单面V形对接 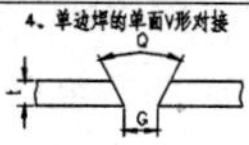	手工焊/CO2 半自动焊	G≤3mm Q=55°±5°	G≤5mm Q=40°~60°	t=直至16mm
	埋弧自动焊	G≤2mm Q=50°±5°	G≤3mm	t=直至24mm
5、V形带垫板对接 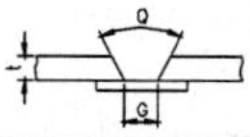	手工焊/CO2 半自动焊	G=2~6mm Q=50°	±5°	t=直至38mm 加临时垫板
	埋弧自动焊	G=2~6mm Q=50°	±5°	t=直至38mm
6、正面焊反面清根单边V形对接 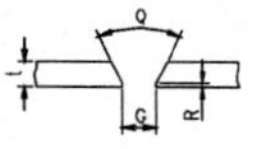	手工焊/CO2 半自动焊	G≤3mm R=2~3mm Q=50°~70°	G≤5mm R<5mm Q=45°~75°	t=6~16mm
	埋弧自动焊	G≤2mm R<3mm Q≥45°		t=8~25mm

焊接原则工艺	YCS40-190-03GYa	比　例	共 11 页
			第 9 页

接头型式	焊接方式	标准尺寸	限定范围	备注
7、对称坡口双面V形对接 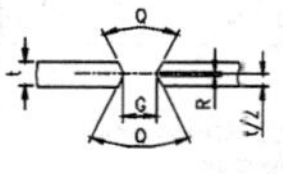	手工焊/CO2 半自动焊	G≤3mm R=2~3mm Q=50°~70°	G≤5mm R<5mm Q=45°~75°	t=直至38mm
	埋弧自动焊	G≥3mm R≥3mm Q≥45°		在平台上双面焊 t=19~38mm
8、双面不对称X形坡口对接 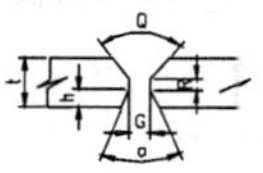	手工/自动组合焊	G≤3mm R≤2mm 6mm<h<t/3 Q≥45° α=50°~70°	G<5mm Q≥40° α=45°~70°	t=16~39mm R最大值取决于焊接工艺规程允许的限值h=t/3 仰焊部位先焊（α边）
9、不对称坡口单面坡口对接 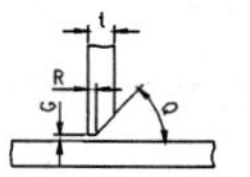	手工焊/CO2 半自动焊	G≤3mm R=2~3mm Q≥50°	G≤5mm R≤3mm Q≥45°	t=6~19mm
10、T 型双面坡口 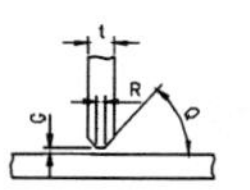	手工焊/CO2 半自动焊	G≤3mm R=2~3mm Q≥50°	G≤5mm R≤5mm Q≥45°	t=19~38mm
11、双J型坡口T型接头 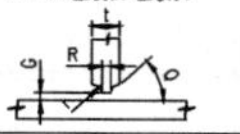	手工焊/CO2 半自动焊	G≤1.5mm R≤5mm Q≥25° r=6~8mm	G≤5mm R<7mm Q≥20° r=6~10mm	当板材厚度超过39mm时用此节点。 当t<38mm时用节点10。

焊接原则工艺	YCS40-190-03GYa	比　例	共 11 页 / 第 10 页

接头型式	焊接方式	标准尺寸	限定范围	备　注
12、T 型角接接头 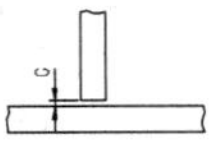		G≤3mm		1、当3＜G≤5mm时，增加焊脚长度等于规定脚长+（G−3）。 2、当5＜G≤16mm时，焊接反面加垫块，在取掉垫块后，背面封底焊透。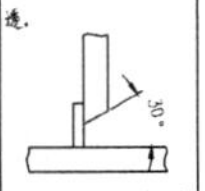 3、当10≤G≤16时，在油密或水密处及承受拉伸载荷的地方加垫块。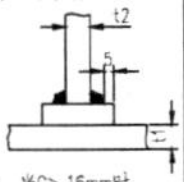 4、当G＞16mm时 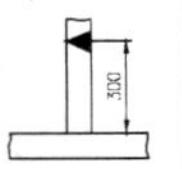 3及4点都需要与验船师协商解决。

焊接原则工艺	YCS40-190-03GYa	比　例	共 11 页 / 第 11 页

八、焊接工艺认可；（所用焊接工艺见表一）

1、通常在采用新的材料、新的工艺时，应进行工艺认可试验，以证实焊接工艺的适用性。

2、对认可试验的焊接工艺，应在验船师在场时进行试验，试验结束后应将试验结构记入工艺认可试验报告，随认可工艺规程一起提交CCS认可。

九、焊缝质量检验；

1、焊缝外形应光顺、均匀，焊缝与焊缝、焊缝与基本金属之间应平滑过渡，不得有截面的突然变化。

2、焊缝的内部质量可采用射线、超声波或其他适当的方法进行无损检测，无损检测的工艺和评定标准应经CCS同意。

3、间断焊缝的每段焊缝有效长度不得小于图纸规定的长度要求；

5、焊缝表面应成形均匀，焊道之间及焊道与母材之间应平滑过渡；

6、焊缝表面不得存在任何裂纹、烧穿、未熔合及夹渣等缺陷；

7、焊缝表面的弧坑应填满；不允许有缩孔及裂纹等存在；

8、焊缝表面不允许存在由于熔化金属滴流到焊缝以外未熔化的基本金属上所形成的满溢；

9、船体外板、强力甲板和舱口围板等重要部位的对接焊缝以及要求水密、油密或气密的焊缝不允许有表面气孔；其他部位的焊缝允许在1m长度范围内存在2个气孔。

10、在船体外板，强力甲板正面，上层建筑外围板等暴露的焊缝及其周围不应有明显的飞溅；

11、其他内部焊缝在100mm长度范围内，其明显的飞溅应不多于5个，飞溅颗粒直径不得大于1.5mm。

十、焊缝缺陷的返修及补焊：焊缝的表面质量和尺寸检验超出规定要求时，应按下列要求进行修磨或局部补焊，返修后应符合规定的要求，且补焊的焊缝应与原焊缝保持平滑过渡。

（1）、用批、磨或碳刨等到方法，彻底清除焊缝缺陷，开出相应坡口，然后进行补焊。最小补焊长度不小于50mm。当焊缝缺陷贯穿板厚时，需待一面修补后，再在反面刨槽清根，进行封底焊。

（2）、对裂纹凡用批凿清除缺陷时在两端先钻止裂孔，防止裂纹扩展和延伸。

（3）、补焊前在补焊处及两侧20~30mm范围内仔细清理，清除铁锈、熔渣、氧化皮、水分及油污等。

（4）、应用较小直径的焊条和较小的焊接电流进行补焊。

（5）、采用多层焊补焊时，下一层焊道接头与前一层焊道接头错开30~50mm。

表一

名　称	图　号
不锈钢焊接工艺	YCS40-190-06GY
尾柱安装说明及焊接工艺	YCS40-117-01GY

焊接原则工艺	YCS40-190-03GYa	比　例	共 11 页 / 第 3 页

12、埋弧自动焊焊接规范参数

板厚 (mm)	焊丝直径 (mm)	焊缝序号		焊接电流 (A)	电弧电压 (V)	焊接速度 (m/h)
6	ø4	正面	1	380~420	30	35
		反面	2	430~470	30	33
8	ø4	正面	1	440~480	30	30
		反面	2	480~520	31	30
10	ø4	正面	1	530~570	31	28
		反面	2	590~640	33	28
12	ø4	正面	1	620~660	35	25
		反面	2	680~720	35	24
14	ø4	正面	1	680~720	37	24
		反面	2	730~770	40	23
16	ø5	正面	1	740~780	38~40	28
		反面	2	820~860	38~40	26
18	ø5	正面	1	780~820	38~40	28
		反面	2	930~970	38~40	26
20	ø5	正面	1	820~860	38~40	25
		反面	2	930~970	38~40	23
22	ø5	正面	1	840~880	38~40	23
		反面	2	930~970	38~40	21
24	ø5	正面	1	680~720	38~40	24
			2	630~670	38~40	21
		反面	3	830~870	36~38	24
			4	680~720	36~38	24
30	ø5	正面	1	780~820	38~40	16~18
			2	780~820	38~40	16~18
		反面	3	680~720	36~38	18~20
			4	680~720	36~38	18~20

13、CO2气体保护焊焊接规范参数

焊丝直径 (mm)	焊接电流 (A)	电弧电压 (V)	喷嘴高度 (mm)
ø1.2	110~140	21~23	12~14
ø1.0	100~120	20~22	10~12

7.1.4.2 船体结构焊接原则工艺的编写实例

一个完整的船体结构焊接原则工艺象施工组织设计一样应包括:船体概述,施工基本原则,质量检验,安全措施等。

【工程案例】 某船厂某船舶焊接原则工艺如下:

封面(略)

目录

1. 船体概述

1.1 船型及主要结构特征

(1)本船为我厂为达门建造的一艘12 000吨级多用途集装箱船。

(2)本船为钢质船体,通过货舱和甲板运输干散货和一般性货物,右舷配有两个克令吊吊车。详细布置见总布置图000-001(略)。

(3)本船设两个货舱,货舱下面的双层底设有压载水舱和燃油舱。双层底内的管道从前货舱的尾部舱壁延伸至机舱。货舱设中间甲板,二甲板舱盖为无序开启型舱口盖。主甲板舱口盖为液压折叠舱口盖,艉楼甲板上的钢质甲板室分四层甲板共13人单人居住的房间,厨房和餐厅设在艉楼甲板。房间提供机械通风和空调,驾驶室在甲板室的顶层。中部双层底内空高1 350 mm。

(4)两个货舱内底板及舱口盖上安装齐平的ISO集装箱脚。

(5)推进系统安装的一台主机,通过一个减速齿轮箱操纵4叶推进器。

(6)本船配有一台轴带发电机、三台辅机及一台应急发电机(艇甲板上)。

(7)本船船艏部安装有一台艏侧推。

(8)本船按照LR船级社规范建造,获得芬兰/瑞典冰级1A级航区。

1.2 船体主要要素

(1)主尺度

船长	142.95 m
垂线间长	134.965 m
型宽	18.9 m
型深	10.95 m
吃水	7.9 m
载重量	12 000 t
推进力	6 000 kW
总吨位	8 999 Gt
净吨位	4 600 Nt

(2)容量

1 号货舱	6 675 m^3
2 号货舱	10 598 m^3
货舱总容量	17 273 m^3
燃油	1 765 m^3
压载水	4 790 m^3
淡水	83 m^3
柴油	106 m^3
货舱内集装箱数	312TEU
舱盖上集装箱数	372TEU
集装箱总数	684TEU

1.3 船体材料分布简介

(1)双层底内底板中间板区为板厚 20 mm,15.9 m 宽,材质 LR－A。舷边为板厚 12 mm,1.5 m 宽,材质 LR－A,根据焊接原则工艺要求拼板开过渡坡口。

(2)双层底外底板中间板区为板厚 15 mm,8.37 m 宽,材质 LR－AH36。左右舷边各为板厚 13 mm,3.65 m 宽,材质 LR－AH36,舭部为 13LR－AH36。

(3)舷侧内纵壁由下至上板区为板厚 20 mm,2.078 m 宽,材质 LR－A。板厚 11 mm,7.44 m 宽,材质 LR－A。板厚 18 mm,2.48 m 宽,材质 LR－AH36。板厚 60 mm,0.322 m 宽,材质 LR－EH36。(克令吊区域不同,详见分段图)

(4)舷侧外板由下至上板区为 13LR－A,14LR－AH36,13LR－AH36。

(5)艏艉克令吊基座材料为 WELDOX700D。

(6)驾驶室为钢质结构,在磁罗经要求的半径区域内必须是不带磁性的材料。

(7)艏艉分段结构详见分段图。

(8)材料代用按厂 ISO9000 质量管理程序文件“材料代用程序”办理。

2. 施工基本原则

2.1 材料的使用、加工及缺陷修补原则

(1)船上所有材料必须是新的、没用过的。

(2)买方提供的物资在建造过程中应得到妥善的保护。

(3)不得在船上使用含有石棉的包装及其他材料。

(4)钢板上最普遍缺陷如下：

轧制氧化皮、坑、压痕和突起、划痕和沟槽、溢出和裂缝、砂眼、热刺、砂斑、裂纹，以及锻造和铸造过程中产生的材料叠层和错动层。

喷丸后应测量缺陷。

表面缺陷既可呈分散状又可呈聚集状，分散缺陷单独考虑采用磨，錾，钻处理后，再按实际深度补焊。聚集状缺陷成组考虑，再按两者深度值和表面范围进行处理。

钢板表面缺陷的深度与范围极限与板厚的关系见表 2.1.1。

表 2.1.1 钢板表面缺陷的深度与范围极限与板厚的关系

标称板厚 t/mm	最大允许缺陷深度/mm 占表面%			
	100%	15%	5%	2%
$t<8$	0.2	—	0.3	0.4
$8<t\leqslant 25$	0.3	—	—	0.5
$25<t\leqslant 40$	0.3	0.4	—	0.6
$t>40$	0.3	0.5	—	0.8

注：①喷砂清洁表面施车间底漆后测量缺陷；
②考虑最深缺陷的深度；
③深度未超过上述极限的缺陷不需修补；
④深度超过上述极限缺陷需要修补；
⑤裂纹缺陷无论其深度大小都必须修补。

(5)最大缺陷深度超过正常板厚的 20% 或单面上整个焊接修补面超过板面的 2% 时，此板应该废弃。

(6)通过合适的无损探伤证明缺陷完全清除，焊接后检查证明修补并未产生新的缺陷。

(7)高强度钢材修补时应特别小心，应采用同强度匹配的低氢电焊条，一般还应考虑采取预热。

(8)就型材表面缺陷应经常与船级社验船师讨论协商。

(9)没有达成的书面许可，在底板、外板、甲板和房间/驾驶室甲板内严禁使用嵌入板。

(10)尽可能采取机械控制的气割设备进行板边缘加工，需配合焊接的边缘需要进行检测，以免参差不齐的边缘妨碍达到认可的焊接标准。

(11)气割边缘缺陷深度一般不超过下表 2.1.2，缺陷表面需打磨修补。

表 2.1.2 气割边缘缺陷深度数值

部位	项目	标准深度/mm	极限深度/mm
自由边缘	强构件	0.2	0.3
	其他	0.3	0.5
焊接边缘	强构件	0.3	0.5
	其他	0.5	0.8

(12)所有板边缘参差不齐如齿状或由于供气不稳造成时停时续产生的不齐均需焊接和磨光。

(13)气割产生的熔渣和毛刺一般需清除，辊床和剪切机等加工产生的毛刺也应当磨光。

(14)自由边缘的锐边必须稍微磨圆(尽量在装配以前)在淡水舱、泡沫舱和所有特殊涂装区域锐角边都必须磨圆(r = 2.0 mm)，或文件另外规定。

2.2 装配及焊接

(1)对接焊焊缝及角接焊缝接头组合型式见表 2.2.1。

(2)任何情况下，焊接位置都应保证大部分焊集中在低手位或平手位。

(3)对接接头边缘加工的方法及尺寸取决于板厚、焊接程序、位置和工艺。后表中所列接头形式的范例可作指导。

(4)手工焊和自动焊根间隙公差极限值见后表，高精度的自动化焊接是必要的，可根据焊接方法确定详尽的检验程序。

表 2.2.1　对接焊焊缝及角接焊缝接头组合型式

接头	位置	标准值	极限范围	修正
对接接头 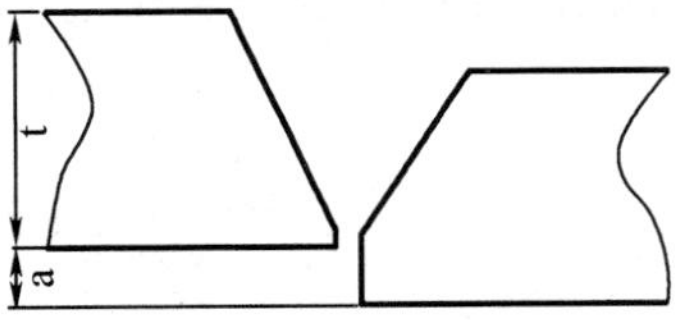 t = 较薄板的板厚	强构件 其他		a = 0.15 t (最大 3 mm) a = 0.2 t	当超过极限范围时接头重新对正安装 当超过极限范围时接头重新对正安装
角接接头 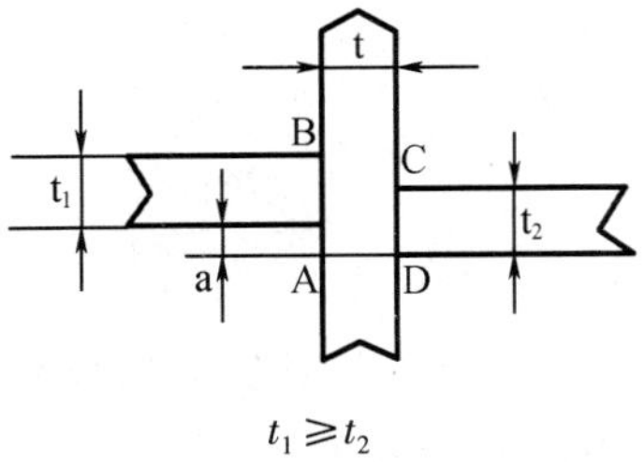 $t_1 \geqslant t_2$	强构件 其他	$a \leqslant t_2/3$	$a \leqslant t_2/3$ $a \leqslant t_2/2$	当 $t_2/3 \leqslant a \leqslant t_2/2$ 增加焊角 A 和 C。当 $a \geqslant t_2/2$，接头重新对正 当 $a \geqslant t_2/2$，接头重新对正

(5)对接接头和 T 形接头焊根间隙不能超过表中规定的公差范围。如果超过，接头表面允许堆焊。堆焊的量应不超过对接焊板的厚度，最大为 25 mm，堆焊边缘要求按重新装配焊接之前的要求磨光。

(6)焊根间隙超过公差范围可以堆焊，但接头部分要加强。修改尺度需要验船师、建造方和达门三方认可。

(7)用于堆焊的焊材应与原来焊接所用的材料相同。如果不可能，经过验船师认可的焊材可以代替。

(8)当使用焊接材料堆焊的方法以减少焊根间隙从而满足公差范围,堆焊接头焊接后要做无损探伤试验。

(9)对于对接接头双面焊,在施下一道之前,焊根反面焊接产生的坏金属应采用船级社认可的方式打磨至见白。

(10)应避免板材截面厚度的突变,文件中未明确表示时,当厚度差超过 3 mm,需焊接的较厚板应预先削斜,坡度不超过 1:3 或刨边以形成适当比例的焊接接头。

(11)当扶强材与板接触处采用角焊缝与完全焊好的对接焊缝相交时,在扶强材同板接触面上,这些对接焊应打磨平整。

(12)采用间断焊部位,在肘板、耳板、扇形孔以及形成构件垂直连接处,应该按照船级社规范要求采用连续焊。

(13)当构件穿过箱柜或水密舱壁时,向相邻舱室渗漏是危险的、不允许的。在箱柜或水密舱壁交界处两侧至少 150mm 内所有构件均应采用熔深焊(焊透),或者在舱外侧相邻构件上连接处开一个扇形孔,其四周仔细施焊。

(14)严禁在构件连接处间隙内填电焊条和钢渣。

(15)舱室潮湿空间、卫生间、舭部以及船体外侧的连续焊严禁有小孔。

(16)淡水舱、压载舱、污水舱、锚链舱、进风道、卫生间、潮湿舱室和所有露天结构均必须采用连续焊。(详见各区域焊接规格表)

(17)检查焊喉厚度,其值不允许低于电焊规格表中的极限值,特别应该注意焊量不应过大以防止不必要的变形。

(18)焊接的外观质量应保持高标准。

(19)对接焊缝应该呈直线,船体有线型部位焊缝应该光顺。

(20)焊缝与直线/光顺线的偏差必须在焊缝宽度 5%。

(21)焊接外形应显得有规律,且粗糙度不能超过 $1 \sim 1\frac{1}{2}$ mm,从最高点到最低点测量焊槽是不允许的。

(22)船外板、甲板、驾驶室和甲板室的焊接禁止出现咬边。

(23)修复咬边先焊后打磨光顺。

(24)禁止加强材的角焊缝上产生咬边。(见规范允许公差)

(25)焊渣和飞溅必须清除,在平时看不见的或不重要的区域,没有必要除去粘附性焊接飞溅。这些区域仅是居室内面、不涂油漆的油舱(滑油舱、燃油舱)和空舱。

(26)双层底船中管弄区域两列箱脚在分段翻身前安装,箱脚及内底板坡口开在内底板下表面一侧,其余箱脚翻身后安装,箱脚及内底板坡口开在内底板上表面一侧。均采用 CO_2 半自动陶瓷衬垫焊。

(27)存在扭曲变形的预制片禁止上分段装配。

(28)中间甲板支撑盒、捆绑盒、插销盒在舷侧分段翻身前安装,注意 7050 平台在支撑盒处的工艺处理。有个别盒子在分段环缝处要留到总装后装。

(29)全船焊接工艺说明

①全船焊接分为 5 个区域(尾部分段为“100”区域、房间分段为“200”区域、双层底分段为

"300"区域、舷侧分段及过桥为"400"区域、首部分段为"500"区域),详见焊接规格表(略)。

②焊接程序及工艺要求,见船体焊接原则工艺 YCS41－100－01GY。

③针对本船遇到的新材料的焊接问题,应安排焊接试验。首先参考工艺图纸和焊接规格表的要求,制定合适试验参数,通过试验获取经济有效的焊接工艺参数,并取得 LR 船级社认可。

此类焊接包括有:

a. 舱口围筋板 250×60EH36 板材的对接焊试验

b. 该筋板与舱口围面板 30DH36 板材的深熔角接焊试验

c. 舱口围面板 30DH36 与 30DH36 的对接试验

d. 舱口围面板 30DH36 与舱口围面板 30WELDOX 板材对接试验(420、470 分段与邻接分段)

e. 内纵壁顶端插销盒面板 60EH36 板与内纵壁 60EH36 板对接试验

f. 克令吊基座结构中所涉及的 WELDOX 钢材焊接试验

上述试验应考虑分段施工的不同环境,焊接的不同形式等都应取得 LR 认可。施工应严格按照 LR 认可的焊接坡口形式及其他焊接工艺参数操作。

2.3 临时加强及校正

(1)船体结构弱框架应增设临时加强材。

(2)辅助材料在使用完毕后应拆除,其焊疤应修割光顺,母材上出现的缺陷应用电焊填平,并使表面光顺。修理后的表面不得低于母材的表面。

(3)在不碍事的区域基材上的损伤,应用电焊填平,但不必打磨。当定位焊严重损伤母材表面时,必须填平,焊接光顺。采用特殊涂料的舱,如清水舱,压载舱,泡沫舱等等,缺陷修理后需平整光滑。

(4)变形超过允许公差的板材应局部加热校正,按下图所示测量板材的变形,见表 2.3.1。

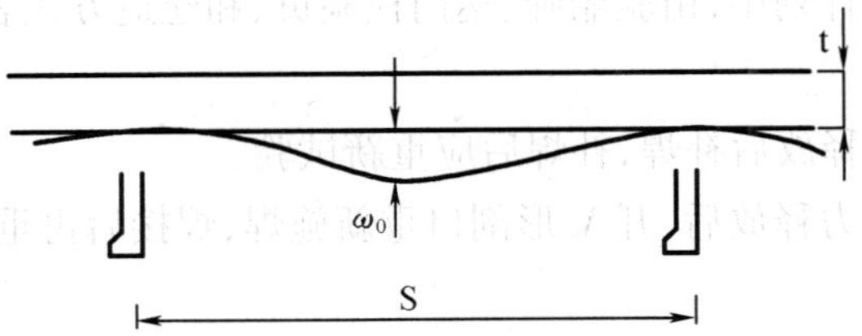

表 2.3.1　变形允许值

项目	厚度大于 10 mm 时	厚度等于或小于 10 mm
加强甲板、船壳、内底、桁材腹板、扶强材、横向材	$\omega_0 = s/200$	$\omega_0 = s/150$ 或 t 取其中最小值
沿着光顺的水线或垂直方向测量弯曲的板	$\omega_0 = s/200$	$\omega_0 = s/150$ 或 t 取其中最小值
上层建筑和甲板(含烟囱)	$\omega_0 = s/250$	

(5)火焰校正时,钢板局部加热温度不得超过900 ℃,即不能显著赤热。为了减少包括冷却过程在内的时间,允许用水冷却,在加热区域背面的温度允许低于600 ℃,即在用水之前为黑热状。

(6)重要的是保证上表面不超过上述规定的温度。则校正变形板材时,必须由有经验的人严格监控加热和冷却操作。用附加材料使其光顺的方法原则上是不允许的,在没有其他可能的情况下,必须征得他们的同意。

(7)预制片等需采用线状加热等方式(建议用3嘴烘刀)消除结构本身的刚性约束应力。

2.4 船台总装

(1)双层底分段总装以内底板上相邻集装箱箱脚之间的理论距离作为总装调节分段接缝的依据。

(2)舷侧分段总装将以舱口围上表面距基线的高度理论值作为调节分段接缝的依据。

(3)与双层底及舷侧相邻的首尾分段及过桥分段的总装在保证货舱理论尺寸的前提下调节分段接缝。

(4)其他艏艉及房间分段的总装要求见本船总装工艺图。

船台总装按照本船总装工艺图要求并结合实际情况施工。

2.5 无损探伤及密性试验

(1)无损探伤焊缝部位和数量详见无损探伤图。

不可接受的缺陷应该修补,并再次进行无损探伤。

(2)密性试验

①压力试验

a. 试验时船级社验船师和达门的代表应在场,试验压力按提供的文件要求或按船级社的验船师的要求进行试验。

b. 舱室使用之前,必须要进行压力测试和缺陷的最终修复。测试的结果要记录在一个报告中或舱室压力测试计划中,由验船师、达门检验员、和建造方代表签字。

②缺陷修复

a. 小泄漏应在压力释放后补焊,补焊后应重新试验。

b. 大的泄漏应在压力释放后,开V形剖口重新施焊,焊接后再重新试验。

③关闭装置

a. 水密门、舱、盖、窗采用冲水试验。

b. 气密、防火或非水密门和舱、盖采用“粉印法”测试。

c. 封闭设备密性测试应按照船级社的规范进行测试。

2.6 涂装

(1)本船所有预处理及油漆按照本船油漆规格配套表及涂装工艺施工。

(2)本船所用到的材料规格多,不同材质的钢材应按质计处规定用不同的预处理油漆颜色加以区分。

3. 船体施工概述

3.1 船体钢结构

船体钢结构部分主要就分段工艺图所涵盖的内容及注意事项作简要说明。

(1)建造工艺说明

①双层底分段采取以内底板为基面反造,分段在制作胎架时加放 1/1 000 的反变形。铺内底板后定位安装管弄区域箱脚,待分段翻身焊接完工,校正后安装内底板上其余集装箱箱脚。当某一组箱脚跨两个分段时严格按照结构图尺寸画线定位箱脚,最后总装时以相邻组箱脚尺寸来确定分段端缝位置。

②舷侧分段以内纵壁为基面卧造,中间甲板支撑盒在分段上安装。舷侧分段总装下口余量的调整以保证舱口围顶板的上表面距基线高度为前提。

③分段建造的总原则是货舱区双层底及舷侧分段纵向每档肋距加放 0.5 mm 焊接收缩余量。双层底分段横向每档纵骨(桁)加放 0.5 mm 焊接收缩余量。舷侧分段在距基线 7 050 至 10 950 间每档加放 0.5 mm 焊接收缩补偿量,共计 6 mm。过桥分段焊接收缩补偿同舷侧分段。货舱前后端壁焊接收缩补偿依据双层底及舷侧分段。

④首、尾分段及房间建造详见分段工艺图。

⑤分段构件装配间隙不能过大。现场确实存在间隙过大的地方,施焊需严格要求,原则上是先用小电流及小规格焊条堆焊一侧或堆焊两侧,直至间隙符合图纸要求。

⑥本船中部所有分段在分段端接缝 300 mm 范围暂不焊,待总装调整后施焊。

⑦本船高强度钢材使用广泛,涉及以往未曾经过 LR 焊接工艺认可的焊接,必须预先安排焊接试验及焊接工艺认可工作。

⑧详细分段建造方法及工艺说明见各分段工艺图纸。

(2)拼板

①所有拼板应按拼板图中注明的坡口形式及板幅加工后拼接。

②对于中部分段拼板,普遍都有一块 4m 长钢板,这个 4 m 长是由 8 m 长钢板对裁而成。由于整个拼板留给画线加放的焊接收缩及总装的余量,总共仅 30 mm 余量,所以每块钢板的四角垂直度必须要保证。

③为提高钢材利用率,部分分段拼板事先考虑了与其他分段拼板套裁,这个在分段拼板图中有注明。所以要务必做好钢板余料的管理及再利用工作。

(3)下料预制

①构件下料应尽量采用自动(数控)切割,允许少量使用半自动切割,尽量不用手工切割。

②切割后所出现的缺陷应修整,边缘应打磨光滑,并经自检和检验合格后方可送到下道工序。

③材料下料应按 A、B、D、AH36、DH36、EH36、WELDOX 级材料严格加以区分,并在板材上作出油漆标记,注明构件编号/分段号/船号。

④所有构件下料及组装加工件需经检验合格后方可运到外场装配,拼框组件应作焊接变形校正并适当增加临时加强撑材。预制片需采用线状加热等方式消除结构本身的刚性约束应力。

⑤不需要弯曲加工的现场散装的型材,需经过校直后方可流入下道工序。

⑥针对本船很多结构是属于镶嵌式的开口形式,要求所有存在此类型切口的预制片在

验收时应确保没有扭曲变形。存放及运输时也要注意。

⑦所有预制片上加强材，T 型材面板等端部需要削斜处理的一律在内业车间完成。

(4)分段胎架及吊环布置图

根据生产安排，不同的场地制作不同的分段都应根据分段胎架布置图合理化胎架站桩的高度。分段在标准胎架上制造时，胎架桩在标准胎架上增高 150mm，在其他区域制造时，胎架桩按图设置。

(5)画线

①画线时应按照图示所给的画线肋距及焊接收缩补偿量画线。

②画线后应检查不同厚度及材质的板缝线位置是否与结构图相符。

3.2 舾装

(6)舾装件的制作

所有舾装件应按图纸要求制作。

(7)舾装件的安装

①分段预舾装(根据分段舾装配送表)

a. 双层底分段上集装箱箱脚及中间甲板附件。

b. 双层底分段上机电测深透气及电缆托架等预舾装件。

c. 舷侧分段上中间甲板支撑盒、捆绑盒、插销盒。

d. 放油塞及放水塞。

e. 部分直梯、踏步、扶手等。

②后期舾装

a. 斜梯以及部分跨多个分段的直梯。

b. 个别在分段环缝上的舾装件(如支撑盒等)。

c. 小舱口盖、门窗等。

d. 栏杆及扶手等。

e. 舱室内的绝缘敷设等。

4. 质量检验及注意事项

本船建造施工中应加强质量意识，认真严格地按照质量标准的要求施工和检验，严格把关，不给下道工序遗留质量问题，确保本船建造质量。

(1)集装箱脚安装，对水平、垂直度、正方度都有很高的精度要求，安装工艺应考虑周全，施工时要根据双层底内底板平度来确定基平面，安装后必须经报检认可后才能施焊。

(2)本船线型复杂，艏艉结构狭窄空间较多。根据局部板材较厚，弯曲加工要达到的精度要求高，特别是艏艉区域，空间狭窄、线型变化大，施工中根据工艺图中所设工艺孔安排施工。

(3)本船货舱区域普通骨材(边舱纵骨、舱口围水平桁等)大部分采用扁钢形式，扁钢切割下料后要校正变形和增加打磨工序。对超标的气割缺口要补焊磨平，边缘打磨干净。

(4)船体所用厚板，施工中应认真按照图纸中有关坡口图要求开出坡口和打磨。

(5)本船船体建造精度要求高，货舱区双层底、舷侧边舱等分段建造时要合理考虑焊接反变形，并在施工中加强测量工作，及时调整控制分段变形。船台合龙时要注意定位测量工作，保证货舱开口尺寸和正方度，保证纵壁、横壁、双层底和平台的平直度。

(6)采用二氧化碳衬垫焊的大合龙接头，焊缝要严格做好焊前准备工作，精心施工，确保焊接质量。(分段大合龙接缝坡口选择内侧还是外侧以施工方便为原则)

5. 施工安全及注意事项

本船建造质量要求高，难度大，各施工单位应注意施工安全。

(1)所有吊耳，翻身装置原则上均应按图纸要求下料，加工及装配，相邻构件1米范围应加强焊(必须使用碱性焊条)。对吊运用的所有卸扣，钢丝绳等应进行事前检查，必要时进行探伤检验，验收时应严格检查。对于个别重型异形分段的吊环需要慎重考虑，为安全起见，超过90T的重型分段吊环的大小、位置及数量需要依据各分段胎架及吊环布置图，以及相关手册，各相关部门协商统一后方能进行分段吊环的安装及分段的吊运翻身。

(2)本船货舱开口尺寸较大，主船体合龙成型后舱口围安装前应在舱口周围设置临时栏杆、扶手等防止高空坠落事故。甲板上开孔、人孔开口，各梯道口等处也应在工程完善前设置临时栏杆。

(3)轻型、重型分段的翻身，除应按详细的翻身工艺进行外，执行单位还应拟定安全操作措施，并按安全处规定执行。

(4)船舶下水后及油料上船后，机舱及各层甲板室施工时应有消防器材和安全值班人员，尤其在多工种同时作业的情况下，应加强调度管理，密切协作、确保安全。

(5)舱内及晚间施工，应有适当照明设施设施，不允许采用割刀点火照明。船上照明设施应由有关部门按规定安装。

(6)油舱加油及木作工程开始后，按有关部门规定动火申报制度，并在消防人员严密监督下采取相应防范措施后方可施工。

(7)在密闭舱室切割、施焊必须实行双人监护制，人员离开时必须关电、关气、割具应拖出舱外妥善安置。

(8)油漆施工阶段的防火、防暴、防毒、防窒息及监护措施，应严格按安全处有关规定执行。

(9)在各施工阶段，各单位应严格遵守厂部及有关部门制定的安全、防火制度，确保安全生产 。

(10)为了减少分段外板的变形，要严格焊接程序，不能大电流，粗焊条高焊脚，外板尽量采用CO_2气体保护焊，以便保证外板光滑平顺，焊接变形超差处应用火工处理。

(11)对于船体在合龙时的环形对接焊缝、强力构件对接、带缆桩、导缆孔等承受高应力部件安装，应采用碱性焊条或CO_2焊。

7.2　船体结构焊接工艺认可

7.2.1　造船中焊接工艺认可规定

7.2.1.1　焊接工艺认可的条件

焊接工艺认可又称焊接工艺评定。焊接工艺编制完成以后，应按船规要求进行焊接工艺认可实验,以证实焊接工艺的正确性。并避免的实施过程中走弯路或造成不必要的质量事故。

在验船过程中,船级社验船师常发现某些船厂,特别是一些中小型船厂,由于缺乏焊接工程技术人员,或对修造船过程中焊接工艺的要求不太明确,影响到船舶的建造或修理质量。

造船过程中,进行焊接工艺评定试验,通常为对确定的母材及焊接材料,在采用一定工艺焊接后,通过检验焊缝及热影响区的性能,来评定该工艺的适用性。由于焊接工艺评定对保证后续焊接生产质量有着重要意义,各船级社均要求对拟将新采用的焊接工艺进行评定或认可,如中国船级社《材料与焊接规范》(1998)中规定,船舶、海上设施和船用产品的制造厂焊接生产前,应对采用的新材料、新工艺进行焊接工艺评定试验,以证实该焊接工艺的适用性。

通常在一条船舶开工建造前,工厂应结合自身的技术条件和生产经验,制定出船舶建造焊接工艺计划表交验船师认可。计划表中应针对建造中焊缝出现于重要结构与结点的不同位置、形式和尺寸,列出拟使用的焊接工艺名称和编号。对照本工厂以前进行焊接工艺评定的情况,对于未曾批准的工艺或超出评定焊接工艺适用范围的工艺,组织进行焊接工艺评定试验。

通常在采用新材料、新工艺时,应进行工艺认可试验,以证实该焊接工艺的适用性,如果焊接工艺已经获船级社认可,则按此工艺施工时,可免做焊接工艺认可试验。

焊接工艺认可试验标准及焊接工艺认可的适用范围要严格按照各船级社规范来执行。这里要强调的是:各国船级社标准和规范有可能有差异,能凭经验来,是哪国船级社就按那个国家船级社标准执行。

由于焊接工艺认可是对焊接工艺的认可,具有广泛的适用和覆盖性。因此,每条船要做的焊接工艺认可不会很多。加上造船厂前期造船时的积累,一般只在焊接方法,焊接材料,母材等有改变时才新做焊接工艺认可。但是认可的工艺规程,只对影响焊接接头机械性能的因素有规定,若用它来指导船舶焊接,则还需要补充和明确一些内容(如坡口型式,焊接顺序等)。所以,造船厂要针对各个分段的结构型式和焊接特点,依据认可的焊接工艺规程,制订出具体分段的焊接工艺。

7.2.1.1 焊接工艺认可的内容

焊接工艺认可的内容包括:

①装配要求。

②坡口要求(重要的坡口要有图纸说明)。

③焊接方法和焊接材料。

④焊接设备和焊接参数。

⑤焊接规格。

⑥焊接顺序。

⑦操作要点。

⑧焊前的预热、层间温度的要求、焊后热处理等。

⑨焊后检验要求等等。

还包括一些特殊要求，只有这样，焊接工艺才具有指导性及操作性。

7.2.2　焊接工艺评定的实施

7.2.2.1　焊接工艺评定的一般顺序

焊接工艺评定的一般顺序是：首先纺制焊接工艺指导书；然后焊接试件；其次进行理化试验；最后编制焊接工艺评定报告。如果理化试验不合格则还要返回到起始点进行改进。其过程如下：

(1)编制焊接工艺指导书

焊接工艺指导书是焊接工艺评定的原始依据和评定对象，应将待评定的焊接工艺内容全部反映出来。包括：焊接接头自然情况，母材种类、焊接方法、焊接材料、焊接电流、焊接电压、焊接速度、预热温度等。

焊接工艺指导书通常采用标准中推荐的格式，也可以自己设计格式。

(2)施焊条件

①按照标准规定准备试件。

②由本单位技能熟练的焊接人员使用本单位的焊接设备焊接试件。

③采用的焊接工艺条件应严格遵守焊接工艺指导书。

(3)理化实验

①按照有关标准确定试验项目。

②按照有关标准制备各种性能试样。

③按照有关标准进行各种性能试验。

④填写各个试验项目的试验报告。

(4)编制焊接工艺评定报告

焊接工艺评定报告是对焊接工艺评定试验的全面总结，因此应对各项试验的试验结果进行汇总，同时给出最后的结论。

焊接工艺评定报告的作用，作为制定焊接工艺规程的依据，具有指导作用。

7.2.2.2　焊接工艺认可实验的实施过程

(1)提交焊接工艺评定试验方案

工厂在进行焊接工艺评定前，首先要向船级社提交一份拟认可的焊接工艺评定试验方案，试验方案中通常包括以下内容：

①母材的牌号、级别、厚度和交货状态。

②焊接材料(焊条、焊丝、焊剂和保护气体)的型号、等级和规格。

③焊接设备的型号和主要性能参数。

④坡口设计和加工要求。

⑤焊道布置和焊接顺序。

⑥焊接位置(平、立、横、仰焊等)。

⑦焊接规范参数(电源极性、焊接电流、电弧电压、焊接速度和保护气体流量等)。

⑧焊前预热和道间温度控制、焊后热处理及焊后消除应力的措施等(如需要时)。

⑨施焊环境(如在现场施焊、车间施焊或试验室施焊)。

⑩焊接后进行的检验/试验项目及其要求。

⑪焊接后进行的检验/试验项目中各试样的截取位置图及各试样加工尺寸图。

⑫其他有关的特殊要求。

船级社将主要依据CCS查的主要内容为:焊接工艺是否基本正确、项目截取的试样位置是否与规范要求一致、在填写焊接规范参数前,可参考相关的资料。此外,各工厂在申请焊接工艺评定前,通常会自行对拟申请的项目进行预试验船级社在收到焊接工艺试验方案后,将会依据船级社的规范对方案进行审核,如中国船,故焊接工艺评定方案中内容的填写,也可参照预试验的数据。焊接工艺方案填写完毕后,提交船级社审查。

(2) 船级社对焊接工艺评定试验方案的审查

船级社对焊接工艺评定试验方案的审查包括:检测/试验的项目能否满足规范要求、检测/试验试样的加工能否满足规范要求、每一项试验结果的限定值是否符合规范要求等。

此外,在审查焊接工艺试验方案时,通常还要求母材与焊接材料尽量选取经船级社评定或/和检验合格的材料。由于在船板与焊接材料制造厂的工厂评定中,船级社已对这些材料的焊接性能进行了考察,如高强度船体结构用钢板工厂评定时的冲击试验,通常会考察熔合线、熔合线 +1 mm、熔合线 +3 mm、熔合线 +5 mm、熔合线 +7 mm、熔合线 +20 mm处的冲击值,冲击试验温度也比焊接工艺评定时要求严格,故选择这些经评定/检验的材料,可减少焊接工艺评定过程中不确定因素的影响,从而增加一次合格的可能性。

焊接工艺评定方案审核完后,船级社会将审核意见提交工厂,工厂按照审核意见对焊接工艺试验方案进行修改、完善,并已准备现场试验。

(3) 焊接工艺评定的现场试验

焊接工艺评定现场试验按照审查后的焊接工艺评定试验方案进行,通常验船师须见证试验过程。在试验开始前,验船师要核查待焊母材与焊接材料,是否与方案中材料的等级、规格一致;检查待焊试件的装配情况,是否符合方案要求;直流电源焊接时,还要检查电源极性是否正确。在试验过程中,要记录每一焊道的布置、焊接参数以及是否预热、层间温度控制情况、焊道打底及清根情况等,并对焊缝外观质量进行评定。如焊接试板焊缝外观检查合格,则对焊缝进行无损探伤,以及按照规范要求,在焊接试板上确定拉伸、弯曲、冲击、金相等试验试样的位置。最后一道工序为检查试样加工情况,进行理化性能试验。

如上述每一道工序试验/检测发现不合格,除力学性能试验可能涉及在原试件上重复取样试验外,其他情况均须重新进行工艺评定试验。

(4)焊接工艺评定记录

焊接工艺评定的记录应按照标准要求或验船师或船东的要求制定,记录形式有竖式和横式表格,见下表:

①焊接工艺评定记录——竖式表格　见式样一表7-6和式样二表7-7。

②焊接工艺评定记录——横式表格　见式样三表7-8和式样四表7-9。

表 7-6 焊接工艺评定记录

PROCEDURE QUALIFICATION RECORD (PQR) REV:0

Company name 公司名称 ________ × × Shipyard × ×造 船 厂 ________

Procedure Qualification Record No. PQR 编号________ Date 日期________ WPS No. WPS 编号________

Welding Process 焊接方法________

Type 自动化等级(Automatic Manual Machine or Semi – Auto)(自动 手工 机动或半自动)________

JOINTS 接头 Groove Design of Test Coupon 试件接头型式

(For combination qualifications, the deposited weld metal thickness shall be recorded for each filler metal or process used

如果所有的焊接方法或焊接工艺多于一种,则评定是应按每种填充金属或焊接方法分别记录厚度)

BASE METALS 母材

Material Spec. 材料标准________

Type of Grade 类型和等级________

P – No. ________ to 与 P – No. ________ 相焊接

Thickness of Test Coupon 厚度 ________

Diameter of Test Coupon 直径 ________

Other 其他 ________

FILLER METALS 填充金属

SFA Spec. No. SFA 标准号________

AWS Class. No. AWS 等级号________

Filler Metal F – No. 填充金属号________

Weld Metal Analysis A – No. 焊缝金属成分 A – No. ________

Size of Filler Metal 填充金属规格 ________

Thickness of Deposited Weld Metal 熔敷焊缝金属厚度________

Other 其他________

POSITIONS 位置

Position of Groove 坡口位置________

Weld Progression (uphill, downhill)

焊接方向(向上向下)________

Other 其他 ________

PREHEAT 预热

Preheat Temp. 预热温度________

Interpass Temp. 层间温度________

Other 其他________

POST WELD HEAT TREATMENT 焊后热处理

Temperature 温度 ________

Time 时间 ________

Other 其他 ________

GAS 气体

	Gas 气体	mixtures 混合比	Flow Rate 流量
Shielding Gas 保护气	______	______	______
Trailing Gas 尾部保护气	______	______	______
Backing Gas 背面保护气	______	______	______

ELECTRICAL CHARACTERISTICS 电极特性

Current 电流 ______ Polarity 极性 ________

Tungsten Electrode Size 钨极规格 ________

Amps 安倍 ________ See list below 见下表

Volts 伏特________ See list below 见下表

Other 其他 ________

TECHNIQUE 操作技巧

Travel Speed 焊接速度________ See list below 见下表

String orWeave Bead 直进或摆动焊________

Oscillation 摆动参数 ________

Multiple or Single Pass (per side) 多道焊或单道焊(每侧)________

____

Single or multiple Electrodes 多丝焊或单丝焊________

Other 其他 ________

Weld Layer(s) 焊层	Process 焊接方法	Filler Metals 填充金属		Current 电流		Volts Range 电压 (V)	Travel Speed 焊接速度 (cm/min)	Other 其他
		Class 种类	Dia. 直径 (mm)	Type olar. 极性	Amp. Range 电流范围(A)			

表 7-7 焊接工艺评定记录

PROCEDURE QUALIFICATION RECORD (PQR) REV: 0

PQR No. FCAW-P1-1

Tensile Test 拉伸试验 Report No.:

Specimen No. 试样编号	Width 宽度 (mm)	Thickness 厚度 (mm)	Area 面积 (mm^2)	Ultimate Total Load 极限总载荷 (kN)	Ultimate Unit Stress 极限单位应力 (MPa)	Type of Failure & Location 破坏性质和位置

Guided-Bend Test 导向弯曲试验 Report No.:

Specimen No. 试样编号	Type 试样类型	Result 试验结果

Toughness Test 韧性试验 Report No.:

Remark 说明: ______

Fillet-Weld Test 角焊缝试验______ Report No.:

Result-Satisfactory: Yes ______ No ______ Penetration into Parent Metal: Yes ______ No ______
结果-满意 是 否 熔透母材 是 否

Macro-Results ______
低倍检查结果 ______

Other Tests 其他试验 ______ Report No.:

Type of Test 试验类型 ______
Deposit Analysis 熔敷金属成分 ______
Other 其他 ______

Welders me 焊工姓名______ Clock No. 工号______ Stamp No. 钢______
Tests conducted by 试验执行人:______ Test No. 试验编号:______ Date 日期______

We certify that the statements in this record are correct and that the test welds were prepared, welded, and tested in accordance with the requirements of Section Ⅸ of the ASME Code.

兹证明本报告所述均属正确,并且试验是根据 规范的要求进行试件的准备、焊接和试验的。

PREPARED BY 编制:______ Date 日期:
REVIEWED BY 审核:______ Date 日期:
CERTIFIED BY 批准:______ Date 日期:

表 7-8　焊接工艺评定记录(PQR)

PROCEDURE QUALIFICATION RECORD　PQR No：PQR-07　PAGE 1　OF　2 DATE 2003.03.1

公司名称 Company Name ____

评定日期 Date ____　WPS No. WPS-H005 　WPS-H005

焊接方法 Welding Process　MAG

自动化等级 Type(s)　Semi-Auto

母材 BASE METALS

材料标准号 Material Spec.　EN10025

型号和等级 Type or Grade　ST52-3　+　ST52-3

P—NO. 1 与 to P—NO. 1 相焊接

试件厚度 Thickness of Test Coupon　12 mm

试件直径 Diameter of Test Coupon　NA

其他 Other ____

填充金属 FILLER METALS

SFA NO. Special AWS NO. Special：ANSI/AWS A5.18：ER70S-6 上海中钢焊材

F—NO. NA　A—NO. NA

焊条(丝)直径 Size of Filler Metal　ϕ1.2 mm

其他 Other ____

熔敷焊缝金属厚度 Deposited Weld Metal Thickness　12 mm

位置 POSITION

坡口位置 Position of Groove　PA

焊接方向(向上/向下) Weld Progression(Up/Down)　NA

其他 Other ____

预热 PREHEAT

预热温度 Preheat Temp.　20 ℃

层间温度 Inter pass Temp.　220～280 ℃

其他 Other ____

接头 JOINTS

Groove Design of Test Coupon

焊后热处理 POST-WELD HEAT TREATMENT

温度 Temperature　None　时间 Time　None

其他 Other ____

气体 GAS 百分组成 Percent Composition 气体 Gas(es) 混合剂(Mixture) 流量 Flow rate

保护气　Shielding 二氧化碳 + 氩气　18/82　20 L/min

尾部保护气 Trailing　None　None　None

背部保护气 Backing　None　None　None

电特性 ELECTRICAL CHARACTERISTICS

交流或直流 Current　DC　极性 Polarity　EP

安培 Amps　320A　电压 Volts　32 V

钨极尺寸 Tungsten Electrode size　NA

其他 Other ____

焊接技巧 TECHNIQUE

焊接速度 Travel Speed　10 cm/min

无摆动焊或有摆动焊 String or Weave Bead　Weave　无摆动焊

摆动参数 Oscillation　NA

多道焊或单道焊(每侧) Multiple or Single Pass(per side)　Multiple

多丝焊或单丝焊 Multiple or Single Electrodes　NA

其他 Other ____

表 7 – 9　焊接工艺评定记录（PQR）

PROCEDURE QUALIFICATION RECORD PQR　　No：PQR – 07 PAGE 2　OF 2 DATE 2003. 03. 10

拉伸试验 Tensile Test

试件号 SPEC. NO.	宽 Width	厚 Thickness	面积 Area	极限载荷 Ultimate Total Load	抗拉强度/MPa Ultimate Unit Stress	破坏性质及位置 Type of Failure & Location
PQR – 07 – L1	25	12	300		549 MPa	Ductile fracture，HAZ
PQR – 07 – L2	25	12	300		531 MPa	Ductile fracture，HAZ

弯曲试验 Guided—Bend Tests

试件号 SPEC. NO.	类型 TYPE	弯曲直径(mm)BEND DIATER	结论 Results
PQR – 07 – M1	面弯 face bend	48	合格 OK
PQR – 07 – M2	面弯 face bend	48	合格 OK
PQR – 07 – B1	背弯 root bend	48	合格 OK
PQR – 07 – B2	背弯 root bend	48	合格 OK

韧性试验 Toughness Tests

试件号 SPEC. NO.	试验位置 Test Location	试样尺寸/mm Specimen Size	试样型式 Specimen type	试验温度/℃ Test Temp.	冲击值/J Impact Values	侧向膨胀 Lateral Exp.		落锤实验 Drop Weight	
						剪切面/% Shear	mils	断裂 Break	不断 No Break
PQR – 07 – CJ1	Welding line	10 × 10 × 55	VWT	20 ℃	37				
PQR – 07 – CJ2	Welding line	10 × 10 × 55	VWT	20 ℃	27				
PQR – 07 – CJ3	Welding line	10 × 10 × 55	VWT	20 ℃	42				
PQR – 07 – CJ4	HAZ	10 × 10 × 55	VHT	20 ℃	39				
PQR – 07 – CJ5	HAZ	10 × 10 × 55	VHT	20 ℃	38				

焊工姓名 Welder's Name ________　钢印号 Stamp No. W03　试验执行人 Test conducted by ________　试验编号 Laboratory Test No. W2003 – 16

本评定按 EN288 – Ⅲ规定焊接试件检验试样，测定性能，确认试验记录正确。

评定结果：合格

焊接工程师 PREPARED BY：	日期 DATE：	质保总监 CERTIFIED BY：	日期 DATE：	授权检验师 ACCEPTED BY AI：	日期 DATE：

(5)焊接工艺评定证书的签发

现场试验结束后，由工厂整理试验结果，编制工艺试验报告，提交船级社审核。经确认合格后，船级社将在焊接工艺评定试验报告上签署，由中国船级社还签发“焊接工艺认可证书”。该证书可能包括下列信息：

①焊接工艺采用的母材为船用D36级板，焊接材料为焊丝E712C。

②焊接工艺适用的工件厚度范围为8 mm～30 mm。

③焊接方法限定为CO_2气体保护半自动焊；

④焊接位置限定在水平。

⑤焊接接头型式为对接焊。

⑥同时也注明了坡口装配形式及试验时的焊道布置、清根方法、层间温度控制、焊接工艺参数等。

上述内容基本反映了焊接工艺的主要要求，同时也可看出焊接方法、焊道布置、焊接位置、焊接参数等并不是孤立的，而是相互关联的，如改变焊接方法、焊接位置等，焊接参数也将相应的发生变化。

当然，上述工艺只能说明在此条件下，试验结果满足船级社规范要求，焊接位置可在修造船中采用，但随着焊接技术的发展，并不否认在相同的条件下，原来的焊接工艺会随之失效，会被新的焊接工艺所取代。

7.2.3　焊接工艺评定的采用

7.2.3.1　焊接工艺评定的范围

在船舶建造过程中，首次建造的船舶或采用的焊接工艺，都必须做焊接工艺评定或认可实验，并向验船师提交焊接工艺评定报告，经审批合格后，方能采用。但对批量船舶的建造或已采用的焊接工艺则不必做评定实验，即使某些（如母材等级及厚度、焊接方法、焊接接头型式等）发生改变或会有其他适合的焊接规范参数，其结果也能满足船级社规范的要求，只要经验证合格即可同意在修造船中使用。

在船体建造过程中，工厂应严格按照评定的工艺要求进行操作，验船师可随时进行抽查，以保证船舶的焊接质量。经船级社评定的焊接工艺，一般长期有效，但工厂对已批准的焊接工艺进行改动时，应将所有改动的细节向船级社报告，船级社根据改动的具体内容，决定是否重新进行焊接工艺评定试验。例如，进行立焊位置（立向上施焊）焊接工艺评定并获得通过，若工厂在实际生产中其他条件都不改变，只是将焊接方向改变为立向下施焊，认为原焊接工艺是适用的而不需重新进行工艺评定，这种观点是不能被船级社接受的，因为在焊接中，立向上施焊与立向下施焊是有很大区别的，必须重新进行焊接工艺评定试验。

评定的焊接工艺，通常都有一定的适用范围，超出此范围就应对拟采用的工艺进行焊接工艺评定试验，船舶建造中此范围为：

(1)当采用多道焊工艺时，钢板及铝合金材料厚度的适用范围为试验所用材料厚度的50% ～ －200%；采用单道焊工艺时，其适用范围为试验所用材料的80% ～110%。如多道焊，工艺评定的母材厚度为15mm，按照规范其适用的厚度即为8～30 mm。

(2)钢管直径的适用范围为试验所用钢管直径的50% ～200%，管壁厚度适用范围同板材料一样，多道焊时，为试验所用材料壁厚的50% ～200%，单道焊时，为试验所用材料壁厚的80% ～110%。

（3）钢材和焊接材料的适用范围一般为评定试验时所采用的相同等级钢材和焊接材料，但韧性级别高的材料工艺试验通过后，若能说明焊接工艺参数对焊缝性能无明显影响，经船级社同意可将此工艺用于韧性级别较低的材料，如D36 级板通过了工艺评定，一般可认为也适用于A36 级板。

（4）焊接规范参数中的焊接电流或电弧电压的任一个值的波动范围一般不能超过 ±5% ，焊接速度的波动范围一般不超过 ±10% 。

（5）预热温度、层间温度的波动范围应不超过规定最高或最低预热温度。

（6）焊缝坡口形式不应作任意变更。

7.2.3.2 工厂在执行焊接工艺时常出现的问题

工厂在执行焊接工艺时常出现的下列问题，需引起注意：

（1）为了加快生产进度，在操作中不按照评定的工艺要求而增大焊接电流。

（2）在焊接前，待焊工件需预热而实际没有进行。

（3）在焊接过程中，不按照评定的工艺要求清理干净每一道焊缝。

（4）在焊接过程中，不按照评定的工艺控制层间温度。

（5）在操作过程中，坡口装配达不到工艺要求。

（6）没有按工艺文件规定选择适当的焊接材料种类、规格。

（7）焊接材料没有按规定烘干、保温使用。

（8）保护气体流量没有按照评定的工艺选择或气体纯度达不到要求（包括在新开启一瓶保护气体及一瓶保护气体将耗尽时处理不当）。

以上问题，都可能在焊缝中形成焊接缺陷或引起焊缝机械性能变差，从而影响船舶建造质量，这些问题的解决，最主要依赖于造船厂的质量保证体系。

为保证造船厂良好的焊接质量，工厂与船级社可在以下几方面做好具体工作：

（1）工厂技术人员根据生产需要，开展焊接工艺评定试验，条件成熟时申请船级社对焊接工艺进行评定，如试验合格，根据船级社颁发的焊接工艺评定证书及签发的焊接工艺评定试验报告，编制相应的岗位焊接作业指导书或操作规程。

（2）工厂管理人员对技术人员编制的岗位焊接作业指导书或操作规程，按照质量体系规定进行相应的审批，使之成为工厂生产的受控文件。

（3）工厂的装配工、焊工应严格执行岗位焊接作业指导书或操作规程，技术人员同时进行相应的指导。

（4）工厂组织工艺执行情况的检查，通过定期/不定期的检查，了解岗位焊接作业指导书或操作规程的执行情况，同时针对出现的问题作出相应的整改措施。

（5）船级社验船师在船舶建造过程中，应检查焊接人员的工作情况，确认是否按照船级社签发的焊接工艺评定证书执行。

（6）在船舶一些重要构件的建造过程中，还须进行焊缝的产品性能试验，以验证焊接工艺的执行情况。

【思考与练习】

1. 整船焊接工艺的特点是什么？
2. 整船焊接顺序的基本原则有哪些？
3. 造船规范中是怎么规定低氢焊条的使用范围的？

4. 在船体结构中哪些焊缝必须采用双面连续焊？
5. 在船体结构中哪些焊缝采用断续角焊时需要加强焊？
6. 船体水密构件焊接时常常采用哪些方法堵漏？
7. 在船体结构焊接的一般工艺要求是什么？
8. 什么是整体造船法？
9. 简述整体造船法的工艺过程。
10. 整体造船法的焊接工艺是什么？
11. 如何编写船体焊接的原则工艺？
12. 分别说明散货船和油船总段环缝的何时能解顺序。
13. 试说明小、中组立工程中的主要焊接接头采用什么焊接方法？
14. 试说明总组立工程中双层底舱中的主要焊接接头采用什么焊接方法？
15. 试说明总组立工程中散装货船的主要焊接接头采用什么焊接方法？
16. 船体结构焊接原则工艺的编写要求是什么？
17. 船体结构焊接原则工艺的编写的内容有哪些？
18. 什么是焊接工艺认可？认可条件是什么？
19. 焊接工艺认可的内容有哪些？
20. 焊接工艺认可的顺序是什么？
21. 焊接工艺认可的范围是什么？
22. 焊接工艺认可在执行中常出现哪些问题？

【作业与任务】

1. 编写 2 m^3挖泥船的原则焊接工艺。
2. 作出 2 m^3挖泥船的焊接工艺认可项目。

附件 1 船体通用焊接工艺

1. 总则

本通用工艺适用于＊＊＊＊公司采用手工电弧焊、埋弧自动焊,钨极氩弧焊及熔化极CO_2气体保护焊工艺的各类船舶结构的焊接。

2. 焊工

2.1 焊工必须按《船舶焊工考试规则》进行考试,并取得焊工合格证,方能在有效期内从事合格项目的焊接工作。

2.2 焊接前焊工必须了解所焊焊件的钢种、焊接材料、焊接工艺要点。

3. 焊接方法

3.1 下列焊缝一般采用埋弧焊:

3.1.1 $10 \leqslant \delta \leqslant 60$ 的拼接焊缝。

3.1.2 直径 $\phi \geqslant 1\,000$ mm 且 $\delta \geqslant 10$ mm 的 A,B 缝内、外口;600 mm ≤直径 $\phi < 1\,000$ mm 的 A,B 缝外口。

3.2 下列焊缝一般采用手工焊:

3.2.1 直径 $\phi \geqslant 1\,000$ mm 且 $\delta < 10$ mm 的 A,B 缝内、外口。

3.2.2 600 mm ≤直径 $\phi < 1\,000$ mm 的 A,B 缝内口。

3.2.3 直径 $\phi \geqslant 89$ mm 接管与法兰 B 类缝外口。

3.2.4 C、D 类焊缝。

3.3 下列焊缝一般采用钨极氩弧焊:

3.3.1 直径 $\phi \geqslant 1\,000$ mm 且 $\delta \leqslant 8$ mm 的 A,B 类缝打底焊。

3.3.2 600 mm ≤直径 $\phi < 1\,000$ mm 的 A,B 类缝打底焊。

3.3.3 直径 $\phi \geqslant 89$ mm 接管与法兰 B 类缝打底焊。

3.3.4 $\phi < 89$ mm 的接管与法兰 B 缝焊接。

3.3.5 图样要求采用氩弧焊的 C,D 类焊缝焊接。

3.4 下列焊缝一般采用熔化极CO_2气体保护焊:

3.4.1 塔器的裙座和底座环的焊接。

3.4.2 容器和换热器等设备的鞍座和支座的焊接。

4. 焊接材料

4.1　根据产品图纸或JB/T4709《钢制压力容器焊接规程》的规定选用相应的焊接材料。

4.2　焊条、焊丝、焊剂必须具有产品质量证明书,并符合相应的标准规定,经验收或复验合格后方可使用。

4.3　焊条存放处必须干燥,焊条应堆放整齐,分类、分牌号存放,避免混乱。

4.4　焊条、焊剂使用前应按说明书规定进行烘烤,焊条领用时须用焊条筒存放,随取随用。连续使用的焊剂应过筛,除去其中的尘土和粉末。

4.5　焊丝表面应无铁锈、氧化皮、油污等污物。

4.6　焊接用保护气体的纯度必须达到规定的标准要求,有含水量要求的要严格控制其含水量。

5. 焊缝坡口形式与基本尺寸

5.1　采用手工焊的坡口形式和基本尺寸规定如下:

5.1.1　单面V形坡口,见图5.1.1。(略)

5.1.2　不对称X形坡口,见图5.1.2。(略)

5.1.3　当直径≤600 mm,采用单面焊双面成形工艺时可采用单面V形外坡口。

5.1.4　当直径>600 mm选用V形和X形坡口,先焊大坡口侧,背面清根,再焊小坡口侧。

5.2　采用埋弧自动焊工艺时,焊缝坡口形式和基本尺寸规定如下:

5.2.1　I形坡口见图5.2.1(适用于$\delta=10\sim14$ mm钢板)。(略)

5.2.2　单面V形坡口,见图5.2.2(略)

5.2.3　不对称X形坡口,见图5.2.3。(略)

5.3　采用氩弧焊工艺时,一般采用单面V型外坡口,见图5.3。(略)

5.4　除5.1条、5.2条、5.3条规定外,可根据产品图纸和相关标准选择焊缝坡口形式和基本尺寸。

6. 焊前准备

6.1　全面检查电源、焊机、焊枪、供气系统、工装等设备是否正常。

6.2　确认焊条、焊剂、焊丝牌号、规格及质量是否符合要求。

6.3　检查焊件的装配质量和坡口情况。

6.3.1　焊接的坡口形式和基本尺寸以及装配公差必须符合产品图纸要求及技术工艺文件的规定,坡口应保持平整,不得有裂纹、分层、夹渣等缺陷。

6.3.2　坡口表面及两侧20 mm范围内的水分、铁锈、油污等有害杂质应清理干净。

6.4　不锈钢及其复合钢板复层坡口两侧各100 mm范围涂白垩粉,以防止黏附焊接飞溅。

6.5 采用埋弧自动焊焊平板拼缝、筒体纵缝时，必须有引弧板和熄弧板各一块，长 150 mm，宽 100 mm，厚度、材质与筒体相同。

6.6 氩气的纯度不低于 99.99%（体积比），含水量不超过 20×10^{-6} L，当瓶内气体压力低于 1MPa 时应停止使用。

6.7 按工艺文件要求实施预热，要保持预热的均匀性，确认达到预热温度后才能施焊。

7. 焊接要求

7.1 焊接环境出现下列任一情况时，须采取有效防护措施，否则禁止施焊。

7.1.1 风速大于 10 m/s；

7.1.2 相对湿度大于 90%；

7.1.3 雨、雪环境；

7.1.4 焊件温度低于 -20 ℃。

7.2 不锈钢、有色金属容器应有与钢制产品隔离的专用的焊接场地，地面应铺设橡胶等软垫，保持环境清洁。

7.3 焊接环境必须符合安全卫生要求。

7.4 焊工的工作环境应有足够的光线。

7.5 当焊件温度为 0 ℃时，应在施焊处 100 mm 范围内预热到 15 ℃左右。有预热要求时，应不低于预热温度。

7.6 应在引弧板或坡口内引弧，禁止在非焊接部位引弧。应防止地线、电缆线、焊钳与焊件打弧。

7.7 定位缝若存在裂纹必须清除定位焊重焊；如存在气孔、夹渣时应去除气孔、夹渣。

7.8 熔入永久焊缝内的定位焊两端应修磨至便于接弧。

7.9 受压元件的角焊缝根部应保证焊透。

7.10 双面焊需清理焊根，显露出正面打底的焊缝金属，接弧处应保证焊透与熔合。

7.11 每条焊缝应尽可能一次焊完，当中断焊接时，对冷裂纹敏感的焊件应及时采取后热、缓冷措施，重新施焊时，仍需按规定进行预热。

7.12 按焊接工艺卡执行焊接规范，并注意及时调整电流、电压和焊速，以确保焊接质量。

7.13 采用控制线能量，选择合理焊接次序等措施，防止和减少焊接变形。

7.14 当焊缝出现大量气孔、裂纹及成型不良时，应立即停止焊接，分析原因，进行修补和调整后方可继续施焊。

8. 焊接工艺参数的选择

8.1 手工电弧焊工艺

8.1.1 一般根据焊件厚度选择焊条直径，见表 8.1.1。

表 8.1.1　焊条直径的选择

材料厚度/mm	<4	4~12	12
焊条直径/mm	2.5~3.2	3.2~4	≥4

8.1.2　碱性焊条采用直流电源且反极性焊接，酸性焊条采用交流或直流电源，正或反极性焊接。

8.1.3　焊接电流的选择一般根据焊条直径来确定。在采用同样直径的焊条焊接时，当焊件较厚，可选择电流上限，立、横、仰焊一般应比平焊时小 10% 左右。焊接奥氏不锈钢时，电流应比焊接碳钢、低合金钢等材料的电流小。

8.1.4　应尽量采用低电压短弧焊，焊接速度应保证焊缝成型良好。

8.1.5 焊接电流、电压匹配关系见表 8.1.5。

表 8.1.5　焊接电流、电压匹配关系

焊条直径/mm	2.5	3.2	4.0	5.0
电流/A	50~80	100~130	160~200	200~250
电压/V	16~18	18~20	21~23	23~25

8.2　埋弧自动焊工艺

8.2.1　酸性焊剂适用于交流或直流电源焊接，碱性焊剂适用于直流电源用反极性焊接。

8.2.2　焊接中、厚板压力容器纵、环缝时，焊丝直径一般为 4 mm、5 mm。

8.2.3　焊接电流与电压的匹配关系见表 8.2.3。

表 8.2.3　焊接电流与电压的匹配关系

焊条电流/A	600~700	650~750	700~800	750~850
焊接电压/V	34~36	35~38	36~40	38~42

8.3　手工钨极氩弧焊工艺

8.3.1　电源种类与极性应根据焊件材料进行选择，一般选用直流正接。

8.3.2　焊丝直径：碳钢和低合金钢及铬钼耐热钢一般为 2.5 mm，奥氏体不锈钢及其他高合金钢一般为 2.0 mm。钨极直径一般为 2.5~4 mm，端部形状为 90°锥形，通常情况下，氩气流量为 8~12 L/min，当采用双面通氩保护时，背面氩气流量小于正面氩气流量，一般为 4-8 L/min。

8.3.3　焊接电流一般为 70~110 A，电弧电压为 9~13 V。

8.4　熔化极气体保护焊工艺

8.4.1　此工艺一般仅适用于焊接碳钢和低合金钢，选用直流反接。

8.4.2　焊丝直径一般为 1.2 mm，通常情况下 CO_2 流量为 5~15 L/min。

8.4.3　焊接电流一般为 180~220 A，电弧电压为 18~22 V。

9. 焊缝表面的形状尺寸及外观要求

9.1 焊缝内、外表面的外观应符合以下规定。

9.1.1 焊缝和热影响区表面不得有裂纹、气孔、夹渣、未熔合、未焊透、弧坑和焊瘤 等缺陷。

9.1.2 焊缝上的熔渣和两侧的飞溅必须清除干净。

9.1.3 对接焊缝区应平滑过渡,无突变,角接焊缝区应圆滑过渡到母材 σ_b。

9.2 A,B 类接头焊缝的余高 e_1、e_2及宽度,按表 9.2、图 9.2 的规定。

表 9.2 焊缝余高及焊缝宽度允许偏差

余高	标准抗拉强度下限值 $\sigma_b \leqslant 540$ MPa 的钢材以及 Cr – Mo 低合金钢材				其他钢材			
	单面坡口		双面坡口		单面坡口		双面坡口	
e_1	e_1	e_2	e_1	e_2	e_1	e_2	e_1	e_2
e_2	0 ~ 10% δ_s 且≤3	≤1.5	0 ~ 10% δ_1且≤3	0 ~ 10% δ_2且≤3	0 ~ 15% δ_2且≤4	≤1.5	0 ~ 10% δ_s 且≤4	0 ~ 10% δ_s 且≤4
宽度	不大于坡口外沿宽度			同条接头宽度差		同类型宽度接头差		
	+8			≤4		≤8		

9.3 C,D 类焊缝的焊脚高度应符合设计图样要求,当图样无规定时,取焊件中较薄件厚度。补强圈的焊脚高度:当补强圈厚度≤8 mm 时,其焊脚高等于补强圈厚度;当补强圈厚度 >8 mm 时,其焊脚高等于补强圈厚度的 70%,且不小于 8 mm。

9.4 使用标准抗拉强度下限值 $\sigma_b > 540$ MPa 的钢材及 Cr – Mo 低合金钢材和不锈钢材料制造的容器以及焊缝系数取 1 的容器、低温压力容器,其焊缝表面不得有咬边,其他容器焊缝表面的咬边深度不得大于 0.5 mm,咬边连续长度不得大于 100 mm,焊缝两侧咬边总长不得超过该焊缝长度的 10%。

9.5 筒节施焊后,应检查焊缝棱角度,其值不得大于($\delta_s/10 + 2$ mm),且不大于 5 mm,同时检查筒节的椭圆度 e,应不大于设计内径 D_i的 1%,否则应校圆。

10. 焊后工作

10.1 对焊缝外观质量进行自检。

10.2 对按规定进行焊缝标记。焊缝外观质量进行自检。

10.3 按要求填写焊接记录。按规定进行焊缝标记。

10.4 整理设备,清理现场。

11. 说明

本通用工艺的规定若与有关标准和图纸的技术要求不一致时,按有关标准和图纸的技术要求执行。

GB/T 19866—2005 焊接工艺规程及评定的一般原则

GB/T 19867. 1—2005 电弧焊焊接工艺规程

GB/T 2822—2005 标准尺寸

附件 2　船体分段划分图设计规范

1. 范围

本规范规定了船体分段划分的设计依据、设计准则、设计内容和设计方法。

本规范适用于大型油轮、散货轮、FPSO 等民用船舶船体分段划分图设计，其他船舶也可参照使用。

2. 设计依据

分段划分的基础：以船体初步设计阶段的初定船体分段的划分为基础，在详细设计以前完成和确定。

3. 设计准则

3.1　结构特点与强度

3.1.1　环形接缝应尽可能避免布置在船体总强度或局部强度的受力位置，如船舯、船梁剖面突变处，以及每一肋骨间距的中点。

3.1.2　结构应力集中的区域，如甲板大开口（货舱口）的角隅、上层建筑的末端、主机基座纵桁末端、双层底向单底结构过渡的部位（与分段接缝距离应超过一档肋距或纵桁间距）、机舱海水箱，应避免布置分段接缝（参见图 A.1）。（略）

3.1.3　对纵骨架式的船体，应尽可能减少横向分段接缝的数目；为保持一定的长度，必要时可将分段作纵向划分。对横骨架式的船体，一般尽可能减少纵向划分，以保持结构的连续性。

3.1.4　对同类型结构，如横向封闭型结构（如边水舱、双层底）、甲板或舷侧的平面板架结构等，应尽可能采用同一的划分方法（参见图 B.2、图 C.4）。（略）

3.1.5　分段接缝应尽可能选择在结构原有板缝或节点零件（如肘板）的连接部位。尽量采用优化设计使分段的长度与结构强度要求的分布区域相匹配，达到减少钢板拼缝的目的。

3.1.6　分段应具有足够的刚性，使不致因焊接、火工校正及翻身吊运而引起较大的变形。

3.2　工艺和施工条件

3.2.1　货舱区平行舯体部分，要充分利用平直分段流水线，满足平直分段流水线的生产工艺要求，并保证平直分段的重量和尺寸在平直分段流水线的生产能力范围之内（尺寸在 20 m×20 m 以内，高度在 5 m 以内，少量分段高度可在 7 m 以内）；上下边水舱分段主要考虑尺寸和形状，同时也要考虑加强和翻身吊运的方便性，要满足曲面生产中心的生产能力（尺寸在 20 m×20 m 以内,少量分段可超长,高度在 12 m 以内）;艏、艉分段以结构合理性划分。

3.2.2　分段应尽可能根据钢板的尺度划分（长度和宽度,但主要是长度。钢板的常用尺寸为 4 m×20 m,单张板重量在 20 t 以内,最佳长度取 19 970 mm。但公司可流转钢板的最大规格为 4.5 m×22.5 m）,以减少对接缝,提高钢材利用率。

3.2.3　分段的划分应考虑装配和焊接的方便性。尽量在大接缝处创造比较良好的操作空间,同时考虑舾装、涂装的方便性。分段尽量形成开敞式,以便出砂、搭脚手架,检查和涂装作业等（参见图 A.2、图 C.4）。

3.2.4　分段的划分应有利于最大限度地采用自动和半自动焊接。为此,船体平行舯体以及平直部分的分段尺寸,可划得大些,艏艉部位曲型较大的分段则可划得小些。同时,曲度较大不能采用自动焊的部分,应尽可能不要与平直部分划在同一分段内。

3.2.5　单一产品的分段,应尽可能利用结构上的特点,减少或简化制造分段所需的工艺装备（如胎架、加强材等）。

3.2.6　分段接缝的位置,应为船舶预舾装和涂装作业创造有利条件。如充分考虑相邻分段安装件的布置,分段内的舾装单元与结构的配合,尽量减少接缝处的管子接头,使分段具有单独进行密性试验的条件。尽量保证封闭型舱室涂装的完整性,减少焊缝对舱室涂装的破坏等。

3.2.7　分段接缝处结构的参差（即板与骨架的相对位置）,应考虑船坞装配的程序及操作的方便性。目前采用的接缝处参差的形式有两种:"阶梯形"和"平断面形"（即"一刀齐"）。阶梯形结构应设在同一肋骨间距内,以利操作和控制焊接变形。

3.3　生产计划和劳动量

分段划分的分段数量应考虑工厂的劳动组织及场地面积。尽量使装配工序作业量的变动要少。若平直中心生产能力较大,而曲面中心、船坞较紧张时,则可划分较多的平面分段（如散货船顶边水舱,可划分为甲板、舷侧及内斜侧三个平面分段）,减少密闭区域内和高空脚手架上作业,将平面分段合成立体、半立体分段或总段,然后吊上船坞安装,以利劳动力的展开和船坞周期的缩短。

3.4　起重运输能力

公司的起重运输能力是决定分段尺寸和质量的主要因素。所谓起重能力,是指平直中心和曲面中心装配焊接区域的起重能力、制造部运出分段时的输送条件和方法、船坞起重能力（如平直中心流水线的两台升高台车负载能力在 250 t 以内、曲面中心两台 150 t 车负载能力在 270 t 以内、大型平车的负载能力 378 t、船坞门式起重机使用吊排时总段重量控制在 550 t 以内、无吊排时总段质量控制在 600 t 以内）,以及分段翻身的条件和能力等。比较理想的分段质量,应接近制造部和船坞区域的最大起质量;分段尺寸则应在起重运输条件允许范围之内。在决定分段的质量时,还应考虑到分段的临时加强材料和预舾装的质量。

4. 设计内容

4.1　分段要素表:总段名及组成总段的有关分段名以及各分段的质量、尺寸（参见附录 B）。

4.2　分段划分图

4.2.1　中纵剖面视图：标明分段横接缝肋位、分段长度、外板纵接缝高度、分段名（参见图 A.1、图 C.1）。

4.2.2　主甲板、舱底、平台等剖面视图：标明分段横接缝位置、分段纵接缝距舯尺寸、分段名（参见图 A.1、图 A.2、图 C.1、图 C.2、图 C.3）。（略）

4.2.3　典型横剖面视图：标明分段纵接缝距舯尺寸、外板及舱壁纵接缝高度、分段名（参见图 A.2、图 C.4）。

4.3　总组分段

分段划分图完成后，要参考单个分段的形状和重量来决定总组分段，以缩短船坞周期，使在船坞内合龙的分段尽可能的少。在分段划分图上，由几个分段组成的总段应用点划线交叉表示出总段（参见图 A.1、图 A.2）。（略）

5. 设计方法

5.1　底部分段

5.1.1　分段长度

根据船舶类型和平直中心流水线的生产能力，最大不许超过 22.5 m。当采用纵向划分时，比较理想的分段长度在（18 ~ 20）m 范围内（参见图 A.1）。

5.1.2　分段的横向划分

双层底一般均划成环形分段，两端应尽可能带有实肋板。

分段接缝处的外板、内底板及骨架，通常以平断面形接头为宜。

5.1.3　分段纵向划分

当大型船舶的底部为纵骨架式时，可采用纵向划分，以减少纵向结构的对接接头，并有利于船坞装配时调节分段的高度和半宽。但对横骨架式，应尽量避免作纵向划分，以减少对接工作量。

分段纵向接缝的位置，当划为两个分段时，应在中桁材附近；当划为三个分段时，应在旁桁材附近；同时，接缝处的结构应呈阶梯形布置，或平断面形。

5.1.4　分段高度的划分

平直的双层底分段在平直中心的流水线上反造，出流水线后翻身焊接，所以分段须保证内底板是个平面，双层底分段的高度即为内底板高度。

单底分段的高度，一般不宜超过肋板上缘 200 ~ 300 mm，并考虑平直中心可通过分段的允许高度。

5.2　上下边水舱分段

5.2.1　分段的长度

分段的长度可根据钢板规格，一般取（18 ~ 20）m，长度应与底部分段一致。

5.1.2　分段的横向划分

分段的端接缝应尽量布置在曲率变化较小的部位。当采用总段或半立体分段建造时，分段接缝应与甲板分段接缝在同一平面内。

5.1.3　分段的纵向划分

当具有两层或两层以上甲板而又必须将舷侧分为上、下两个分段时，其纵向接缝应位于中间甲板（或平台）以上（100 ~ 150）mm，且最好带有中间甲板的边板，以利安装。上下边水舱分段连接处的接缝，应考虑下列因素：

(1)骨架与板避免错开过多；

(2)分段翻身吊运可靠；

(3)便于分段在船坞内的安装。

5.1.4　分段高度的划分

除边水舱、边油舱等立体分段外，一般的舷侧分段仅包括舷侧骨架——肋骨、强肋骨和舷侧纵桁。对纵骨架式的舷侧分段，还可带有横舱壁边板和甲板边板，以增加分段的刚性。但限于涂装中心涂装房的高度，分段进涂装房时的高度一般不许大于 12 m。

5.3　甲板分段

5.3.1　分段的长度

根据钢板规格，一般取(12 ~ 20)m，最长不超过 22.5 m。

5.3.2　分段的横向划分

分段的端接缝应避免位于舱口角隅或将舱口割开。分段的端接缝应尽量布置在横舱壁附近，以利船坞装配。分段接缝处板和骨架的参差，可根据工艺上的考虑采用阶梯形或平断面形。

5.3.3　分段的纵向划分

当中间甲板的边板具有折角形式时，则甲板分段的边接缝可取在折角线处，并将折角板划入舷侧分段内。如折角线接近船舯部位，应将两侧的折角线划入中间甲板分段，以方便舷侧分段制造。

5.3.4　分段高度的划分

一般的甲板分段仅包括甲板骨架——横梁、强横梁和甲板纵桁等。当纵骨架式的甲板纵桁和甲板纵骨贯穿横舱壁，或甲板分段的长度跨及两道横舱壁时将横舱壁的上部作为围槛板形式划入甲板分段。甲板间轻围壁的围槛板，也应划入甲板分段内。舱壁和轻围壁的围槛板的高度，一般约(300 ~ 500)mm，也可取为甲板纵桁或连接肘板的高度。

5.4　舱壁分段

在多层甲板的船体中，一般应使舱壁在甲板处切断，而使甲板连续通过。甲板间的舱壁，原则上应保持一个完整的独立分段，不宜再作分割，以减少船坞内的对接工作量。但对纵骨架式船舶，其边缘部分可作为边板(围槛板)分别划入甲板分段和舷侧分段，以利安装。

对单底船，若舱壁(包括纵、横舱壁)直接座于底部外板上，且不位于底部分段间的连接处，则舱壁分段的下部可划入底部分段(可高出肋板约 100 mm)。

大型船舶的槽形舱壁，可以分左右舱壁分段和中间舱壁分段。当左右舱壁分段参加舷侧总段总组时可增加总段强度，并简化槽形舱壁在船坞搭载时的对接焊工作。划分中间舱壁分段时可连上下墩座，上墩座的面板也连在舱壁分段，以方便搭载时的焊接工作(参见图 A.2)。

5.5　艏、艉总段

5.5.1　艏、艉部分在重量和尺寸允许的情况下，应尽量划分为总段。艏总段的横向接缝宜设在艏尖舱壁后 1/4 肋骨间距处，艉总段的横向接缝宜设在艉尖舱壁前 1/4 肋骨间距处(参见图 A.1)。

5.5.2　当艏、艉总段的重量或尺寸超过起重能力时，可再将总段沿高度划成(3 ~ 6)个半立体分段，其边接缝一般取在中间甲板或平台以上(150 ~ 200)mm，同时也可将肋骨设计成不连续的上下部分。

5.5.3　球鼻部分可单独划为带有舱壁和平台的封闭的球鼻艏分段。

5.6　上层建筑分段

上层建筑(包括甲板室)分段的高度均按甲板层划分,即为其本身的高度(参见图 A.1、图 C.1)。

由于上层建筑结构较弱,刚性不足,当长度较大时,可在横向划分为若干段。通常上层建筑分段不作纵向划分。

本公司对上层建筑的舾装有完整性要求,当上层建筑分段单独完成后,可在平台区总组成多层上层建筑的立体总段,以利进行上层建筑整体舾装。为此,当上层建筑分段横向划分时,上层建筑各层的横向接缝,最好布置于同一船体横剖面上。

附录 A　(资料性附录)

175000DWT 船体划分图(略)

内容见图 A.1 ~ A.2

图 A.1 中纵剖面和主甲板船体分段划分图(略)

图 A.2　舱底、三平台、二平台和典型横剖面船体分段划分图(略)

参 考 文 献

Ⅰ.参考资料

[1] 邓洪军.焊接结构与生产[M].北京:机械工业出版社,2005.

[2] 中国船级社编.法定检验实施指南(国际航行船舶),2006.

[3] 陆俊岫.船舶建造质量检验[M].哈尔滨:哈尔滨工程大学出版社,1996.

[4] 中国船级社编.船舶结构防腐蚀检验指南,2009.

Ⅱ参照标准:

1. CB257—2001 钢质海船船体密性试验方法
2. CB999—82 船体焊缝表面质量检验标准
3. CB3136—95 船体建造精度
4. CB3177—94 船舶钢焊缝射线照相工艺和质量分级
5. CB3190—1997 船体结构焊接坡口及尺寸
6. CB3558—94 船舶钢焊缝射线照相工艺和质量分级
7. CB3559—94 船舶钢焊缝射线照相和超声波检查规则
8. CB/T860—1995 船舶焊缝代号
9. CB/T7348—1995 船用铝合金焊接工艺评定
10. CB/T3747—1995 船用铝合金焊接接头质量要求
11. 钢质海船入级与建造规范 中国船级社(2006)
12. 材料与焊接规范 中国船级社 (2012)
13. CB999-82 焊缝表面检查要求
14. Q/SWS 42-010-2003 焊缝返修通用工艺规范
15. G16-SWS004 焊接材料保管要求
16. G16-SWSH001 焊接坡口型式
17. Q/SWS 60-001.2-2001 船舶建造质量标准建造精度

Ⅲ参考网站:

1. http://www.cnshipnet.com/
2. http://www.chinaship.cn/
3. http://www.china-weldnet.com/
4. http://www.31huiyi.com/event/29227/
5. http://www.shipwelding.com.cn/
6. http://www.tjweldnet.com/Index.html